DIGITAL GOVERNMENT

電子政府

— IT가 정부를 혁신한다 —

DIGITAL GOVERNMENT

電子政府

— IT가 정부를 혁신한다 —

히다치 (日立) 종합계획 연구소

白井 均·城野敬子·石井恭子 共著

강형기·허 훈·안선희　　　共譯

比峰出版社

역자서문

이 책은 선진 각국에서 전자정부를 추진해 온 과정과 그 과정의 안쪽에 숨어 있는 전자정부의 추진논리를 일본의 관점에서 설파한 책이다. 90년대의 세월을 '잃어버린 10년'이라고까지 부르며 정보화시대를 대비하지 못한 자신들의 과오를 스스로 비판하는 일본지성의 절치부심한 자성의 결과로 나온 책이기도 하다.

저자들은 뒤처진 일본의 정보화를 오히려 자극제로 삼아 전세계의 선진사례들을 발굴하여 우리가 보지 못하거나 어려운 정보를 일목요연하게 제시하고 있다. 따라서 이 책의 장점은 무엇보다도 풍부한 자료를 제시하고 있다는 점이다. 그리고 또한 우리가 걸어 왔거나 앞으로 가야 할 길을 달리고 있는 일본을 통해서 우리가 보지 못한 점을 볼 수 있게 해 준다는 것이다.

정보화의 일부 국면에 있어서는 우리가 일본에 비하여 앞서 나가고 있다고 생각하는 사람이 많다. 이러한 생각이 사실일지도 모른다. 그러나 일본과 우리나라는 그 추진과정의 모습에 상당한 차이를 보인다. 우리는 단말기 등의 기기를 먼저 사 놓고 나서 법과 제도를 만든 다음 이를 운영할 인력을 양성한다. 일본은 인력을 양성하고 법과 제도를 정비한 다음에 단말기 등 하드웨어를 구축하는 스타일을 취한다. 따라서 지금 눈에 보이는 현상으로서의 정보화는 한국이 일본보다도 앞서가고 있는 듯이 보인다. 그러나 문제는 마음에 달려 있다. 정보화의 첫 글자 정(情)은 마음심변(心)으로 시작한다. 정보화(情報化)란 원래 마음·표정·느낌을 표현하고 나타내는 것이다. 따라서 정보화 마인드가 구축되고 제도가 정비되면 단말기의 보급은 시간문제이다. 독자들은 본서를 통하여 이러한 차이를 나타내는 일본과 비교를 해 나가면서 차이점을 찾아내는 즐거움을 맛볼 수 있을 것이다.

이 글을 번역하고 있던 어느 날 아침, 역자는 2003년의 목표보다 2년 앞당겨 우리가 초고속정보통신망을 농어촌지역까지 완성하였다는 보도를 접했다(중앙일보, 2001. 2. 10 1면 톱). 1987년 초고속정보통신망을 구축하기 시작한 이래 전자정부를 실현하기 위한 인프라 중 가장 기초적인 것의 정비에 있어서는 우리가 상당히 빠른 셈이다. 국토가 좁고, 정보화시대에는 뒤처지지 않겠다는 의지가 우리의 행보를 재촉한 것이다.

하지만, 아직 한국이 가야 할 길은 너무 멀다. 2000년 6월에 800만 명이던 것이 불과 반 년 만인 연말에는 무려 1,000만 명을 훌쩍 넘는 인터넷 이용자가 생겼다. 그러나 한편으로 볼 때, 그들의 절반 이상이 포르노사이트, 엽기사이트, 자살사이트 등의 반사회적 사이트를 찾는다는 충격적인 기사를 자랑스러운 위의 기사와 같은 날 같은 신문에서 접해야 하는 상황인 것이다. 그러니 우리가 해 온 일은 앞은 보고 달렸으나, 속살은 채우지 못한 형국이다. 마치 박대통령 시절 지붕개량사업으로 초가지붕을 슬레이트지붕으로 바꾸기는 했으나, 부엌도 화장실도 그리고 안방의 세간살이도 그대로인 꼴이다. 이제는 속살을 채워 가며 앞으로 나아가야 한다. 세간살이도 바꾸고 그 안에 든 사람들의 생각도 바꾸고 앞으로 뛸 일이다.

IT 혁명은 시민의 문화소비 방식과 사고의 변화는 물론 생활양식을 근본적으로 바꾼다. 앞으로는 컴퓨터가 지금의 텔레비전이나 전화처럼 사용하기 편리해지고 비용에도 신경 쓸 필요 없이 고속 대용량 통신이 가능해질 것이다. 그리고 이에 발맞추어 사회제도나 법률도 시대에 걸맞게 변하면 그야말로 시공을 극복한 생활이 가능해질 것이다. 즉, 전자화할 수 있는 정보가 모두 디지털화됨으로써 모든 필요한 정보를 원터치로 세상에서 모을 수가 있을 것이다.

이러한 정보화사회의 시민생활은 구체적으로 어떠한 양상을 하고 있을 것인가. 본서의 부록 I 은 바로 이러한 의문에 대답하려는 것이다. 본서의 본문을 집필했던 일본 히다치연구소의 세 연구자가 금년 2월 23일 공동으로 발표했던 「고객지향의 전자정부: 전자정부 구축을 위한 33가지 제언」은 전자정부의 필요성과 양상을 그림을 통하여 시각적으로 제시해 주고 있다. 독자들은 이 "33가지 제언"을 통하여 전자화된 정부하에서 영위하게 되는 미래의 생활양상을 미리 살펴보면서 또한 많은 상상을 할 수도 있을 것이다.

한편, 전자정부의 지방판이라고도 할 수 있는 전자지방정부의 실현을 위한 노력이 구체화되고 있는 가운데, 전자지방자치에 대한 새로운 관심도 대두되고 있다. 부록 II 는 행정 내부의 효율성 향상과 서비스의 질적 향상뿐만 아니라 시민참여의 측면을 보다 중시하는 전자지방자치의 적용사례들과 이를 실현하기 위한 조건들을 적시한 것이다. 許燻교수가 주로 집필한 부록 II 는 대의민주주의를 대체하고 전자민주주의를 발전시키려는 전자지방자치의 성공을 위한 프로그램과 조건 등을 보여 줄 것이다.

본서를 한국어로 번역함에는 많은 분들로부터 도움을 받았다. 먼저 본서의 한국어판 번역을 적극 지원해 주신 白井 均·城野敬子·石井 恭子 세 분의 저자께 감사드린다. 그리고 역자들의 번역 작업을 물심 양면으로 지원해 주신 자치정보화지원재단의 김덕영 이사장과 일본 지방자치정보센터의 山本征二 부장, 저자를 소개해 주시고 또한 귀찮은 모든 뒤처리를 맡아 주신 日立製作所 公共시스템 事業部 秋葉 穗 부장께도 진심으로 감사를 드린다.

2002년 5월

역자 대표 姜 瑩 基

저자서문

시장경제화의 경향이 확대되어 가고 있는 가운데 정부의 역할 변모도 또 하나의 세계적인 추세로 나타나고 있다. 돌이켜 보면, 과거 20년 사이에 선진국을 중심으로 정부의 역할이 축소되고, 과거에 정부가 수행하던 역할의 일부를 기업이나 NPO 등에게 완전히 이전하거나 아니면 이들이 정부와 분담하여 책임을 지게 되었다. 이러한 경향의 계기는 1979년의 영국의 대처 정부, 1980년대 초의 미국의 레이건 정부가 취한 신자유주의적 정책에서 찾아 볼 수가 있다. 이들 두 정권은 이제까지 많은 선진국들이 정부지출에 의하여 시장의 수요를 창출하고 정부의 의식적인 산업육성 정책으로 국가를 이끌던 전통적인 방식으로부터 탈피한 것이다. 규제완화와 감세정책을 조합하여 시장경쟁을 확대시키고, 그 결과 경제를 활성화시키고자 하는 정책으로 방향을 틀었던 것이다. 이러한 방향전환이야말로 오랜 기간 동안 지배적이었던 공업화사회에서 벗어나는 새로운 패러다임의 시작이라 할 수 있다.

한편, 1990년대를 맞이하여 냉전이 종결되자 시장메커니즘이 체제의 벽을 넘어 전세계적으로 확산되게 되었다. 또한 시장경쟁의 주체인 기업은 국가의 경계를 뛰어넘어서 자유롭게 활동하는 것을 당연시하게 되었다. 어느 기업이 본국 이외의 나라에 경쟁우위를 갖는 경영자원이나 투자환경이 존재한다는 것을 알게 되면, 사업기반을 국경에 연연하지 않고 이전시켜 기업을 운영할 수 있게 된 것이다. 그 결과 20세기 말의 정부들은 스스로가 기업에 대하여 압도적인 지배력을 갖고 있었던 과거의 상황이 바뀌었다는 것을 인식하지 않을 수 없게 되었다.

미국에서는 1993년에 임기를 시작한 클린턴 정권이 당시 노동장관 로버트 라이슈, 그리고 대통령 경제자문위원회 위원장인 로라 타이슨 등의 영향으로 '전략적 경제'(Strategic Economy)의 개념을 제창하기에 이르렀다. 전략적 경제의 제창은 '기업에 외면당하지 않는 국가를 만들려면 어떻게 해야 할까, 더 나아가 경쟁력있는 기업을 만들려면 정부는 어떤 역할을 하여야 할까'라는 관점에서 정책을 검토하게 만들었다. 이러한 일련의 검토작업은 세계적으로 시장경제화가 진전되는 가운데 미국이라고 하는 국가가 스스로를 재평가하게 된 것이라고 보아도 좋다. 클린턴 정부가 내건 NII(National Information Infrastructure) 구상의 배경이 된 것도 다름 아닌 이러한 사고에서 비롯된 것이다. 그리고 이 구상에 기초하여 IT산업발전을 위한 환경정비, 규제완화, 연구개발투자에 대한 세금우대조치, 벤처기업지원 등의 정책이 실시된 것이다.

구미선진국만이 아니라 싱가폴 같은 아시아 국가들도 이제는 국가의 산업구조를 제조업 중심에서 지식산업 중심으로 전환시키고 있다. 지식산업시대에 있어서는 경제패권을 둘러싸고 국가간 경쟁이 가속화되면, 미국만이 아니라 어느 나라나 국가권력을 구성하는 정부부문 그 자체의 존재방식이 의문시되고 일대 변혁이 추진된다. 이것은 시장경쟁이 세계적으로 확산되는 가운데, 기업이 효율적이고 질 높은 정부의 존재를 사업환경에 있어서 매우 중요한 변수로 여기기 때문이다. 지식산업을 지탱해 줄 국가의 기반은 제조업 중심의 공업화사회와는 당연히 다른 것이다. 즉, 고도의 교육을 받은 지식노동력, 정보통신의 고도이용이 가능한 인프라와 이를 낮은 요금으로 이용할 수 있고 규제완화가 이루어진 경쟁환경, 그리고 효율적이고 편리한 행정서비스를 제공하는 정부와 행정부문의 존재 등이 지식산업시대의 기반인 것이다.

이러한 새로운 경향은 1990년대 초에 이미 미국 최대의 IT산업의 집적지가 된 실리콘밸리에서 나타나기 시작했다. 실리콘밸리에 집적해 있던 IT기업들의 제품수명은 고작 6개월에서 1년에 지나지 않았다. 그런데 만약 공장을 건설하는 데 있어 지방정부의 인허가 과정이 6개월 이상 걸린다면 그 사업의 결과는 어떻게 되겠는가? 이러한 환경변화 때문에 실리콘밸리의 기업들은 시장에서는 경쟁해도 행정·의회·정치가와는 상호협력하였으며, 정책결정의 속도와 효율을 강력하게 희구했던 것이다. 실리콘밸리에서 일어났던 행정개혁, 즉 민간에서 행정에 대하여 행정효율과 서비스의 질적 향상을 추구한 움직임은 다른 지방정부로 확산되었고, 곧이어 이러한 변화의 바람은 연방정부로 번져 나갔다. 이러한 가운데 인터넷의 폭발적인 보급과 행정이 이를 활용하는 정도가 늘어나자, 미국의 행정개혁은 ‘전자정부’라고 하는 새로운 개념으로 귀결되게 되었다. 그 결과 ‘전자정부를 통한 지식산업시대의 개화’에 가장 빨리 눈을 뜬 미국은 지금 2차대전 후 최고의 전성기를 구가하게 된 것이다.

그러나 일본에서는 1999년 3월이 되어서야 당시 오부치(小淵) 수상 직속으로 발족한 산업경쟁력회의의 제언에 기초하여 2003년까지 세계최고 수준의 전자정부를 실현하는 프로젝트를 민간협력을 통해 추진하기로 하였다. 이 전자정부프로젝트는 단순히 행정에 있어서 정보기술을 활용하는 것에 한정한 것은 아니다. 이는 정보기술을 수단으로 활용함으로써 지식산업사회를 지탱하는 새로운 행정시스템을 창출하고 전환시켜야 하는 것이다. 또한 일본경제가 지식산업 중심의 산업구조로 전환해 가기 위해서는 새로운 지식을 계속 만들어 내야 하고, 전자정부를 구성하는 데도 이러한 맥락에서 정부와 민간이 각각 제 역할을 다해 내지 않으면 안 된다.

지식산업사회에 있어서는 민간이 혁신의 주체라는 점을 감안한다면, 가령 민간주체가 시장에서 패자(敗者)가 되더라도 이는 어디까지나 자기책임이라고 하는 시장경제의 원칙을 재확인하여야 한다. 그러므로 기업과 시민의 입장에서는 전자정부의 바람직한 양상을 행정에 적극적으로 제시하고, 스스로도 전자정부의 실현에 공헌하겠다는 자세가 중요하다.

이 책은 2003년까지 세계최고 수준의 전자정부를 구축하려는 일본정부의 목표달성을 돕기 위해 해외의 선진사례를 벤치마킹하면서 일본 전자정부의 미래상을 제시한 것이다. 당연한 것이지만, 전자정부의 구축이란 선진사례를 단순히 모방하는 작업이 아니다. 왜냐 하면, 경제활동의 세계화가 진전되더라도 정치와 행정시스템은 각국의 역사와 전통을 벗어나서 존재할 수 없기 때문이다. 한편, 일본의 전자정부프로젝트를 자기만족 정도로 끝내지 않게 하기 위해서는 목표를 세계최고 수준으로 명확히 하고 이를 더욱 구체화해야 한다. 이 책에서는 각국의 자료를 조사할 뿐만 아니라 실제로 각국의 정책담당자와 관련기업, 그리고 NPO 등과의 인터뷰를 통해 세계최고의 수준을 가늠해 보았다. 전자정부 선진국이라고 불리는 국가에서는 현재 수준에 만족하지 않고, 지금 이 순간에도 부단한 노력을 경주하고 있다. 본서에서는 이러한 선진국들의 장래계획도 살펴보았다.

전자정부의 구축은 21세기에 있어서 일본 산업경쟁력의 기반이 된다는 점에서만 중요한 것은 아니다. 민과 관의 관계에 있어서도 종래의 민의 관에 대한 일방적인 의존관계를 벗어나서 상호 긴장관계를 유지하게 할 것이다. 그리고 새로운 경제적 활력을 만들어내는 중요한 계기가 될 것이라는 점에서도 중요하다. 이러한 요소들이야말로 21세기에 있어서 일본의 위상을 재정립하는 작업이 될 것이다.

2000년 5월
집필자대표 白井 均

차   례

제2부 앞서가는 전자정부 선진국의 사례

제3장 장기적 국가전략으로서 전자정부 구축을 추진하는 미국 ·················· 55

제3부 세계최첨단 전자정부 구축을 향해

부록 Ⅰ 고객지향의 전자정부

부록 II 전자지방자치의 대두와 성공조건

제1부
세계적으로 확산되는 전자정부비전

제1장 지식산업사회의 기반이 되는 전자정부

제2장 출발점에서 선 일본정부의 전자정부구축

제1장
지식산업사회의 기반이 되는 전자정부

제1절 지식산업사회의 신경향

21세기에 들어서면서 지식산업사회로의 전환을 지향하는 본격적인 움직임이 전세계적으로 확산되고 있다. 그리고 지식산업사회를 먼저 구축하려는 경쟁을 둘러싸고 국가간, 기업간의 공방 또한 치열하다. 일본이 세계경제에서 확고한 지위를 구축하고 NIES 및 ASEAN 제국이 그 뒤를 좇던 1990년대 초까지만 하더라도 세계는 하드웨어를 중심으로 한 제품의 우위경쟁으로 국가간의 경쟁력을 가늠했던 공업사회였다. 공업사회를 선도했던 산업은 철강, 자동차, 전기 등의 장치산업이었고, 설비와 자금의 조직적인 집중이 경쟁우위를 확보하는 가장 중요한 요소였다. 예컨대, 과거 일본이 관 주도에 의하여 자동차, 컴퓨터, 반도체산업 등을 국산기술에 의하여 진흥시키려 했던 육성책은 공업사회라는 틀 속에서는 가장 효율적인 산업진흥책의 본보기가 되었다. 따라서 한국, 대만 같은 국가들이 이를 따라 일본과 비슷한 정책을 추진했던 것이다.

그러나 공업사회와는 달리 지식산업사회는 우월한 지식을 보유한 인재와 이들간의 지식교류가 새로운 가치를 창출하는 사회를 말하며, 정보기술 및 인터넷은 이러한 지식산업사회를 지탱하는 기반이 된다. 미국의 Netscape Communication사의 창업자로 유명한 Jim Clark가 지적한 것처럼, 기업경영에 있어서 "공업사회의 가장 중요한 경영자원은 자본력이었지만, 지식산업사회에 있어서의 그것은 인간의 지혜와 시간"인 것이다.

저자들이 소속되어 있는 일본의 주식회사 히타치종합계획연구소에서는 미국의 실리콘밸리, 프랑스의 소피아·안치·폴리스, 인도의 벵골, 말레이시아의 멀티미디어 슈퍼 코리도(Multimedia Super Corridor) 등처럼 하이테크를 핵심으로 하여 급성장하는 지역의 성장모델에 주목해 왔다(자세한 것은 '글로벌 경쟁에서 승리하는 지역경영', 1998, 일본동양경제신문사). 이들 지역을 지탱하고 있는 산업은 정보통신, 소프트웨어, 콘텐츠, 인터넷 관련 서비스 등이고, 이 가운데 중심적인 역할을 담당하는 것은 신진기업가 및 벤처기업이다.

[그림 1 - 1] 일본 산업기반의 경쟁력 추이

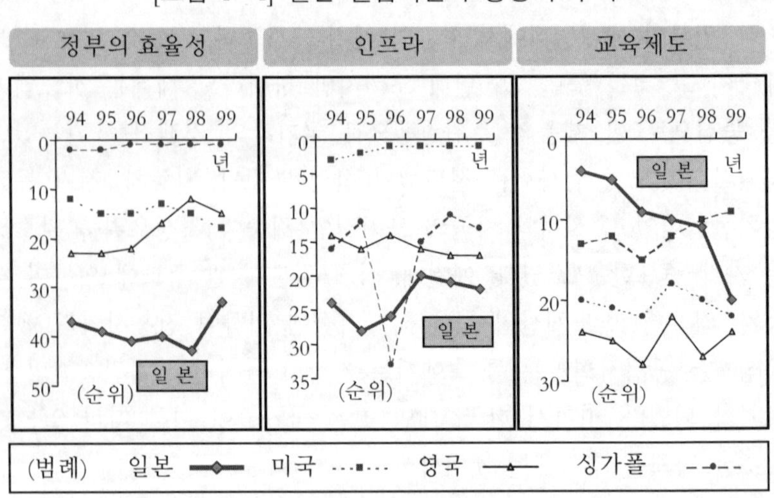

자료 : IMD, *The World Competitiveness Yearbook* (1998, 1999).

한편, 지식산업사회에서는 정부와 행정에게 기대하는 역할 또한 철강, 자동차, 전기 등 설비집약형 산업에 의존하던 시기와는 판연히 달라진다. 정부와 행정의 역할은 규제완화를 철저히 실천함으로써 인터넷 등의 정보기술을 자유롭게 응용할 수 있는 환경을 정비하고, 자금과 지식노동력 그리고 정보의 자유로운 이동가능성을 보증하며, 효율적이고 질 높은 행정서비스를 제공하는 것이다. 마찬가지로 높은 수준의 정보통신 인프라의 정비, 지식수준이 높은 노동력을 공급하기 위한 질 높은 교육제도 등도 지식산업사회의 중요한 기반일 것이다. 그러나 스위스의 경영연구소 IMD가 매년 실시하는 조사에 의하면, 유감스럽게도 [그림 1 – 1]이 보여주듯이 이들 각 분야에서 일본의 경쟁력은 최근에 급격히 저하하고 있음을 알 수 있다.

이제 지식산업사회의 패권을 쟁취하기 위한 노력은 구미 선진국만이 아니라 싱가폴, 인도, 말레이시아, 대만 등 아시아 각국에까지 확산되었다. 그리고 이들 나라에서는 지식산업을 지탱하는 중요한 기반으로서 효율적이고 수준 높은 서비스를 제공하는 정부 내지는 행정을 구축하려는 프로그램이 소위 '전자정부'라는 이름 아래에 진행되고 있다.

제2절 전자정부가 가져온 국가개념의 재구축

일반적으로 '국가'란 행정부, 입법부, 사법부로 구성된 시스템을 의미한다. '국가'와 구별하여 '정부'라는 말을 사용하는 경우에는 행정부를 지칭하는 것이 일반적이다. 본서가 대상으로 하는 전자정부라는 용어에 있어서도 정부란 일차적으로는 행정부를 의미하는 것이다. 그러나 뒤에서 설명하는 것처럼 전자정부 선진국이라 불리는 국가에서는 정부의 개념에 입법부와 사법부도 포함하여 각각 그 바람직한 존재양식을 정립하기 위한 새로운 노력을 경주하고 있다. 이들 나라에서 진행하고 있는 전자정부 구축은 인터넷의 광역적 보급과 정보기술의 이용을 배경으로 지식산업사회에 있어서 국가라는 개념 자체를 재구축하는 작업이기도 하다.

20세기 후반 많은 선진국은 복지국가라는 이름 아래 정부는 광범위한 역할을 담당해 왔고, 그 결과 엄청난 재정적자에 빠지게 되었다. 그러나 정부란 시대와 환경의 변천에 부응하여 끊임없이 그 역할을 재구축할 때에만 비로소 팽창과 비효율이라는 숙명적인 함정에서 벗어날 수가 있는 것이다. 전후 일본의 경제발전은 정책결정 기능을 독점적으로 장악한 중앙정부의 행정의사결정시스템이 주도하여 왔다. 중앙이 주도하는 법률과 정책지침, 정부 및 관청이 발주한 심의회의 연구보고서에 의해 중점적으로 육성할 만한 산업을 선정한 후, 한정된 자원을 이들 특정 분야에 집중적으로 투입했다. 인허가제도와 행정지도 등 정부가 광범위하게 관여하는 행정규제, 국내기업을 보호하기 위한 수입규제 등과 같은 정책도 중앙의 판단에 따라 만들어지고 집행되어 왔다. 선진국에 비하여 기술축적이 늦은 분야에 대해서는 복수기업이 참가하는 공동연구개발 프로젝트를 정부가 조직하고 여기에 재정지원을 하기도 하였다. 이렇게 함으로써 연구개발경비가 기업간에 분산되고 연구의 분업에 의해 기업간의 중복을 피하면서 그 성과는 공유하는 것이 가능하였다. 천연자원이 부족한 작은 나라 일본이 제2차대전 이후 그렇게도 황폐해진 환경하에서 세계 제1의 경제대국으로 성장한 것도 결국은 앞에서 열거한 정책을 통해서였다.

일본 정부의 정책이 언제나 올바른 방향을 취해 왔던 것은 아니다. 자동차, 컴퓨터, 반도체 등의 산업분야에 있어서 일본 정부의 관주도적 정책이 성공한 것은 사실이다. 그러나 고도성장시대에 있어서도 화학, 항공기 같은 산업은 정부의 막대한 자금원조에도 불구하고 성공을 거두지 못했다. 이들 산업에 있어서는 정부가 잘못된 역할을 하기도 했고, 때로는 정부가 해야 할 제 역할을 감당하지 못하기도 했다. 어떤 때는 시장에 위임하는 것이 보다 효율적인 영역에까지 관여하기도 했다. 일본의 1990년대가 '잃어버린 10년'이 되어버린 것도 1980년대 후반의 경제버블 현상과 이에 따른 장기 경제불황에 대처하는 정책 부재 및 정부의 정책적 실패에 기인하는 것이라고 인정하지 않을 수 없다.

한 나라를 경영함에 있어서는 시대의 변화를 앞서서 읽고 이에 입각하여 정책의 방향을 근본적으로 전환시킬 수 있는 정치적 리더십이 필요하다. 그러나 일본 정부에는 1990년대에 들어서면서 미국의 클린턴 정부가 강력한 리더십을 통하여 IT산업을 개화시킨 것과 같은 리더십이 결여되어 있었다. 일본에는 미국에서와 같이 새로운 싹을 틔우고 기르는 리더십이 부족하였던 것이다. 일본의 정부는 리더십을 발휘한다면서 노젓기까지를 정부가 담당해야 한다고 생각해 왔다. 이에 비해 미국의 리더십은 키를 잡는 것에 그치고 노젓기는 시장에 맡겼다. 시장경제가 관철되고 있는 비율이 높은 사회일수록 정부는 만능의 기획가가 아니라는 사실을 체감할 수가 있다. 우리는 정부도 기업이나 개인 등의 민간 경제주체와 마찬가지로 고유한 인센티브에 의하여 움직이는 하나의 경제주체일 뿐임을 인식할 필요가 있다.

제3절 지식산업사회에 있어서 정부의 역할

지식산업사회에 있어서는 공업사회와는 달리 금융, 정보통신, 유통, 서비스 등의 새로운 산업이 대두하고, 실리콘밸리로 대표되는 것처럼 소규모기업, 벤처기업도 중요한 경제주체가 된다. 지식산업의 융성을 위해서는 혁신의 주체이기도 한 민간 경제주체를 중심으로 "새로운 지식"이 계속 창출될 수 있는 메카니즘이 형성되어야 한다. 지식산업사회에서 정부가 수행해야 할 중요한 역할은 다음과 같다.

첫째, 지금까지 혁신을 담당한 것은 어디까지나 기업을 중심으로 한 민간 경제주체였음을 인식하고, 규제완화 등에 의해 민간 경제주체가 여러 분야에서 새로운 도전과 투자를 할 수 있는 환경을 정비해야 한다. 또한 적지만 효율적인 민간 경제주체를 본받아 정부 스스로의 효율성 확보를 위해 노력하는 것도 중요하다. 정부는 국내에 존재하는 다양한 이익단체들로부터 정부규제를 통하여 경쟁을 제한시켜 줄 것을 요구받는다. 그러나 정부규제에 의한 경쟁제한은 많은 경우 경제적 복지를 저하시킨다. 따라서 경쟁을 촉진하여 시장경제의 메카니즘에 심판을 맡기는 것이야말로 정부가 수행해야 할 기본역할이다. 오늘날의 기업은 국경과는 관계없이 세계를 무대로 하여 활동할 수 있게 되었다. 이러한 상황에서 정부가 정책결정 속도가 느리고 민간의 효율성을 제약하는 등 기업의 경쟁력을 저해한다고 판단되면, 이제 그 기업은 가만히 앉아서 경쟁력을 상실하기보다는 다른 나라 혹은 다른 지역으로 활동기반을 옮기게 된다.

둘째, 정부는 납세자인 기업 및 시민에 대하여 상대적으로 높은 수준의 행정서비스를 제공하여 줄 것을 요청받고 있다. 일반적으로 관료제도 아래에서 공무원은 규정을 준수하고, 결과보다도 오히려 절차를 중시하고, 위험을 회피하는 행동을 하기 쉽다. 그러나 중앙정부, 지방정부 모두 행정서비스를 제공하는 데 있어서 경쟁력을 상실하게 되면 국가와 지역의 쇠퇴를 동반하는 시대에 우리는 살고 있다. 그러므로 이제 정부도 소극적으로 위험을 피하는 것에 만족할 것이 아니라 보다 적극적으로 정부의 효율성과 서비스의 수준을 향상시키고 자신의 경쟁력을 높이는 작업에 전향적으로 임하지 않으면 안 된다.

정부의 효율성과 서비스 수준을 향상시키기 위해서는 몇 가지 효과적인 방법을 동원할 필요가 있다. 이미 많은 선진국에서 검증된 것처럼 시장 메카니즘을 도입하고 민간의 노하우를 활용하는 것은 유효한 수단의 하나이다. 예컨대, 정부가 활동의 일부분을 아웃소싱(outsourcing)하는 것, 입찰제도를 이용하여 최적의 구매활동을 벌이는 것 등이 이에 속한다. 또한 행정의 활동과정과 결과에 관하여 평가제도를 도입하고, 인센티브제를 도입함으로써 기업활동과 유사한 메카니즘을 만드는 것이 가능하다. 실제로 미국 등은 전자정부의 구축과 함께 이러한 개혁을 확산시키고 있다.

셋째, 정부의 효율성과 서비스 정신을 향상시키는 전제로서 정부의 투명성을 높이는 것도 중요하다. 투명성을 높인다는 것은 정치적 압력 및 특정 이익단체의 압력을 약화시킴과 동시에 시민의 의사를 반영할 기회를 높여 준다는 말이다. 행정이 고도의 전문성에 입각하여 운영된다고 해서, 기업 및 시민에 대한 설명책임을 회피하고 일방적으로 운영한다면 이러한 정부가 직면하게 될 위험은 실로 크다. 투명성이 결여된 정부는 어떤 특정 집단 이외의 이해관계자를 의사결정에서 배제시켜 버릴 위험성도 크다. 그런 의미에서 정보공개 등에 의해 정부의 투명성을 높이고 설명책임을 다하는 것은 정부에 대한 견제기능을 높이는 일이다.

제4절 전자정부에 있어서 정보기술 활용의 의의

정보기술과 인터넷의 활용은 지금까지 검토한 정부의 효율성과 서비스의 수준 그리고 투명성의 향상에 어떻게 공헌하게 될까? 정보기술은 BPR(Business Process Reengineering) 등의 업무혁신기법과 함께 활용될 때 행정혁신을 효율적으로 달성하는 핵심으로 기능할 수 있다. 정보의 분산처리와 그에 수반하는 의사결정의 분권화는 기업 및 시민의 다양한 욕구 그리고 지방행정의 개별적 · 구체적인 수요에 대한 대응을 보다 적절하게 할 수 있을 것이다. 정보의 공개와 공유도 인터넷을 활용함으로써 시간과 장소의 제약을 받지 않을 뿐만 아니라 이용자의 개별적 욕구에 대응하는 것도 가능하게 된다.

　정보기술의 활용은 지방분권의 흐름에도 대응하는 것이다. 정보기술의 진전은 지방자치단체의 권한과 재량권을 확대해 줄 수 있으며, 정책에 있어서 지역간 경쟁을 촉진함으로써 지역의 활력을 창출하는 또 하나의 원천이 될 수 있다. 인터넷으로 대표되는 자율분산형의 네트워크는 지방자치단체가 스스로 지역의 제약을 초월하여 다양한 의사표현과 정보발신을 할 수 있는 중요한 통로가 될 것이다.

제5절 전자정부의 구축과 행정혁명

　경제활동의 세계화가 진전되고 있다. 그러나 아무리 경제활동의 세계화가 진전되더라도 국가는 국민의 경제적 복지향상을 도모할 책임을 포기해서는 안 된다. 역사적으로 볼 때, 현재의 자본주의는 국민국가와 함께 발전해 왔던 것처럼 앞으로도 국가는 자국의 안정을 도모하는 독자적 정책을 강구하고 국민의 경제적 복지향상을 위하여 노력하는 역할을 계속해야 한다. 이러한 의미에서 아무리 지식산업사회라 할지라도 정부가 수행해야 하는 역할은 여전히 중요하다.

　일본의 경우는 미국 등의 서방국가와 비교해 보아도 정부에 우수한 인재가 몰려 있다. 따라서 이러한 인재의 집적은 국제적으로 보아도 충분한 경쟁력이 있다. 정부가 의사결정을 할 때 다수의 이해관계자가 참여할 수 있는 조직을 만들어 낼 필요가 있다. 이러한 참여가 전문분야로서의 정치 및 행정의 가치를 저하시키는 것은 아니다. 이제 우리가 수행해야 할 절대절명의 과제는 전자정부의 구축을 절호의 기회로 삼아 중앙집권적인 시스템에 의해 획일적인 서비스를 제공하던 공업화 사회의 정부에서 벗어나는 것이다. 그리하여 급격하게 변화하는 지식산업사회에서 요구되고 있는, 즉 개별적·구체적인 수요에 부응하는 수준 높은 서비스를 효율적으로 제공하면서도 투명성이 높은 정부를 구축하는 것이다. 이런 뜻에서 볼 때 전자정부의 구축은 정부부문에 있어서 단순히 정보기술을 이용한다는 것을 의미하는 것이 아니다. 전자정부의 구축은 과히 행정혁명이라 부를 만한 어렵고도 힘든 작업인 것이다.

제2장
출발점에 선 일본정부의 전자정부 구축

제1절 각국에서 전개되는 전자정부 구축

일렉트로닉 거번먼트(Electronic Government), 디지털 거번먼트(Digital Government), 온라인 거번먼트(On-line Government) 등으로 다양하게 표현되고 있는 전자정부는 이미 여러 나라에서 구체적으로 전개되고 있다. <표 2-1>에서 나타나고 있는 것처럼, 전자정부의 구축을 목표로 행정부문의 종합적인 정보화를 진행시키고 있는 국가는 영국, 스웨덴, 싱가폴, 말레이시아 등 일일이 거론할 수 없을 정도로 많다. 이들 국가들은 효율적이고 질 높은 서비스를 제공하는 정부·행정기능의 확립이야말로 지식산업을 지탱하는 중요한 기반이라는 인식하에 인터넷기반 정보기술을 유효하게 활용하기 위해 노력하고 있는 것이다. 미국의 경우 클린턴 대통령의 취임 직후인 1993년부터 전자정부 구축에 착수하였다. 특히 고어 부통령이 위원장이었던 NPR(National Performance Review: 後에 National Partnership for Reinventing Government로 개명함)은 정보기술을 활용하여 종래의 업무절차를 바꾸고, 문서를 삭감하는 등의 혁신을 추진하는 핵심적 주체가 되었다.

캐나다도 팽창하는 재정적자에 자극받아 비교적 빠른 시기인 1993

<표 2-1> 각국에서 진행되고 있는 전자정부 프로젝트

국가	프로젝트명	시작년도	실시이유 및 목적	실시내용 및 예정
캐나다	Government on-line	1995	• 재정적자 해소를 위해 1993년부터 행정서비스의 검토를 시작. 처음에는 정부 내용의 효율화에, 다음에는 외부에의 서비스 제공에도 정보기술을 사용 • 1995년부터 포괄적 정보화 프로젝트 'Connecting Canadians'을 개시. 2000년까지 캐나다를 가장 정보화된 국가의 하나로 만드는 것이 목표 이 프로젝트의 일부로서 행정서비스의 전자화를 실시	• 기업형 비즈니스 정보의 제공(200만 건의 서류에 접근 가능) • 소비자에게 광범위한 정보 제공
영국	Government. direct	1996	• 1996년에 발표된 보고서를 계기로 서비스 개시. 동시에 보다 좋은 정부를 목표로 한 일련의 행정개혁 중 하나가 됨.	• 세입, 물품세 등에 대한 정보를 공공엑세스 터미널로 공개 • 온라인상에서 비즈니스에 필요한 신청서류의 서식을 공개완료 • 2001년까지 정보 조달의 90% 전자화가 목표
싱가폴	Connected Government	1995	• 싱가폴 국가정보화 전략에 기초한 프로젝트 • 1995년 행정서비스 향상, 행정개혁 프로그램(PS21)을 개시. 또한 행정부문에 정보화 프로젝트를 실시함으로써 질이 높은 행정서비스를 효율적으로 제공하는 것이 목표.	• IC카드로 행정서비스에 활용 • 정보키오스크로 자동차 보유 변경절차 시책 등을 실현
말레이시아	Electronic Government	1995	• 멀티미디어 슈퍼코리도(MSC) 계획의 중요 프로젝트로서 선정된 7개의 프로젝트 중 하나 • 정보화에 의해 행정절차의 변혁을 통한 행정개혁을 실현하는 것과, 정부의 정보화를 MSC 추진의 촉매로 하는 것이 목적	• 프로젝트 자체는 초기 단계이지만, 경험이 풍부한 다국적기업과 긴밀히 연계하면서 신속히 추진

자료 : G8, GOL, G8 Government On-Line Project-Final Project Report(1999), 日本總研 인터뷰에 의해 작성.

년부터 전자정부 구축에 힘쓰기 시작했다. 그리고 1995년부터는 '캐나다인을 전자적으로 연결함'(Connecting Canadians)이라고 명명한 종합적인 정보화 프로젝트를 전개하고 있으며, 2000년까지 캐나다를 '최우수 정보화 국가'(most connected countries)의 하나로 만들자는 목표로 지금까지 정부DB의 공개 등 기업 및 국민에게 제공하는 행정서비스의 온라인화를 광범하게 추진하고 있다.

호주에서는 각 부처가 최신의 정보기술을 적극적으로 이용함으로써 민간부문의 정보화를 선도하고 있다. 현재 '정부 온라인청'(Office for Government Online)이 중심이 되어 2001년까지 온라인화에 적절한 행정서비스를 인터넷상에서 제공하는 것을 목표로 하는 프로젝트를 진행하고 있다. 영국은 1996년에 발표된 보고서를 계기로 Government.direct라고 하는 전자정부 구축 프로젝트를 본격화하였다. 그리고 최근 2001년 3월까지 낮은 가격대의 정부조달품목을 90%까지 전자화하기로 한 야심적인 정책을 추진해 왔다. 스웨덴에서는 국민복지 향상 수단으로서 전자정부 구축이 선택되었다. 1995년에 재무성 장관을 팀장으로 해서 각 부처의 간부로 구성된 '간부위원회'(Toppledarforum)가 발족되었고, 이 기구가 정보기술을 활용한 행정개혁과 보다 안전하게 정보교환이 가능한 환경을 정비하는 프로젝트를 제창하여 전자정부 구축을 추진하고 있는 것이다.

싱가폴에서는 1980년대부터 국가정보화전략의 일환으로서 정부·행정부문의 정보화를 추진하고 있다. 1995년부터 행정개혁, 서비스 향상 프로그램과 병행하여 '전자정부'(Connected Government) 프로젝트가 시작되었고, 현재는 정부의 정보인프라 정비 단계를 넘어 국민 및 기업이 실제로 이용할 수 있는 서비스를 제공하는 단계에 도달하고 있다. IC카드를 사용한 행정서비스 제공 및 KIOSK 단말기에 의한 자동차등록 등의 수속을 이미 실용화하고 있는 것이다. 말레이시아는 전자정부 구축 프로젝트를 현재 국운을 걸고 추진하는 MSC(Multimedia

Super Corridor) 계획의 핵심내용의 하나로 설정하고 있다. 현재 말레이시아정부는 전자정부 구축을 민간부문의 정보화 및 MSC 계획추진의 원동력으로 삼고 있는 것이다. 이 프로젝트는 아직 초기단계이지만, 구상단계에서부터 경험과 노하우를 갖고 있는 다국적기업이 참가하도록 한 후 이들 기업과 긴밀한 제휴를 계속하고 있는 점이 주목할 만하다.

이렇듯 세계적으로 전자정부가 확산되고 있는 배경을 커뮤니케이션의 역사를 통해서 고찰해 보자. 1990년대에 급속하게 보급됐던 인터넷은 이제까지의 커뮤니케이션의 형태를 근본적으로 변화시킬 만한 영향력을 갖고 있다(그림 2-2). 전화나 편지 등은 1대 1로 제3자에게는 비밀로 하는 것을 전제로 정보를 전달하는 통신수단이다.

그리고 어떤 특정한 사람으로부터 다수의 사람에게(1대 다수) 공개된 정보를 전달하는 것, 즉 방송과 같은 전달수단은 예전에도 존재했

[그림 2-2] 인터넷으로 실현되는 새로운 커뮤니케이션 형태

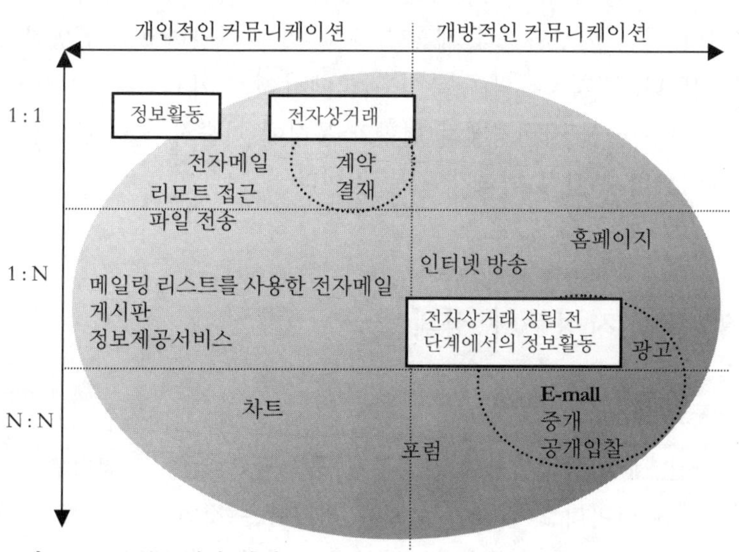

자료 : 日立總研에서 작성.

다. 그러나 인터넷은 불특정 다수간에(다수 대 다수) 쌍방향 통신을 가능하게 하는 새로운 커뮤니케이션 수단으로 등장한 것이다. 인터넷의 등장과 거의 같은 시기에 정보기술의 진보가 있었고, 정보수집·가공·편집·분석·송신도 극히 용이하게 되었다. 문자뿐만 아니라 화상·영상 등 여러 가지 정보를 순식간에 보내는 것이 가능하게 된 것이다. 이제 머지 않아서 인터넷을 사용하여 불특정 다수가 참가하는 포럼이나 공개입찰 등 다수가 참가하는 쌍방향의 커뮤니케이션이 일상화될 것이다.

인터넷의 보급에 따른 의사소통수단의 변화는 정부·행정부문의 존재양식도 크게 변화시킨다. 기술적으로 지금까지보다는 훨씬 용이하게 행정부문 내에서의 정보공유가 가능하게 되었다. 또한 국민과 기업 등 외부와 실시간으로 정보발신과 정보수신이 가능하게 되었고, 기업 및 국민의 개별적인 욕구에 대응하는 쌍방향의 행정서비스를 제공하는 것도 기술적으로는 가능하게 되었다. 이제 정부·행정부문은 종래의 폐쇄적이고 획일적인 독자적 존재에서 탈피하여 스스로 원하기만 하면 외부환경과 제휴할 수도 있는 다양하고도 유연한 존재가 되었다. 전자정부의 구축이 각국에서 확산되고 있는 배경에는 제1장에서 기술한 사회경제적 변화와 동시에 기술적 진보에 의한 커뮤니케이션의 본질적 변화가 있는 것이다.

제2절 전자정부의 정의

오늘날 세계 각국에서 전자정부가 구축되고 있다. 그렇다면 과연 전자정부란 한마디로 말하여 무엇을 의미하는 것인가? 그리고 이를 어떻게 정의하는 것이 좋을까? 각국에서 전자정부가 구축되고 있는 양상과 철학을 정리해 보자.

세계 여러 나라에서는 이미 1970년, 80년대를 통하여 행정 각 기관마다 정보시스템을 구축해 왔는데, 전자정부라고 하는 새로운 개념이 급속히 침투하게 된 것은 관과 민의 양쪽에서 인터넷의 이용이 가속화되기 시작한 1995년 전후이다. 각국의 정부는 부처간 및 부문간의 이해를 초월하여 정부·행정부문의 존재양식을 근본적으로 바꾸는 개혁에 착수하고 그 수단으로서 인터넷을 비롯한 정보기술을 이용하게 되었다. 따라서 전자정부는 당초부터 행정개혁과 일체화한 개념이라고 할 수도 있다. 이러한 전자정부의 구축은 민간에서 인터넷을 이용한 여러 가지 서비스가 등장하게 된 것과 때를 같이하여 네트워크를 통해 국민 및 기업이 쉽게 사용할 수 있는 형태로 행정정보를 공개한다는 정보공개의 개념을 일반화시켰고, 네트워크를 통해 여러 가지 질 높은 행정서비스를 제공함으로써 이용자의 편리성을 높여 준다는 개념으로 확립되었다.

최근 들어 인터넷을 활용함으로써 민주정치의 혁신(Digital Democracy)을 실현시키기 위한 논의도 활발하게 전개되고 있다. 즉, 인터넷을 통한 선거운동, 전자투표, 선거기간 이외에는 교류가 적은 유권자들과 대표 간 의사소통의 확대, 법제화 과정의 공개 등에 의해 시민과 정치의 거리를 좁히려는 시도가 이루어지고 있는 것이다.

이러한 여러 가지의 현상을 심사숙고해 보면, 협의의 전자정부란 첫째, 효율향상, 둘째, 정보공개, 셋째, 서비스 향상을 목표로 하는 정부·행정부문 및 국민과 기업 등 민간부문과의 사이에 정보화·네트워크화를 의미한다고 생각해도 좋을 것이다. 이것은 당연한 것이기도 하지만 정부·행정부문에 있어서 업무 및 조직의 존재양식의 근본적인 변혁을 전제로 하는 것이다. 한편, 구미제국 등에서 볼 수 있는 것처럼 광의로 볼 때의 전자정부란 정치가와 행정, 정치가와 시민·기업 간의 커뮤니케이션을 보다 밀접하게 하는 민주정치의 형태,

[그림 2 - 3] 각국의 대응으로 본 전자정부의 정의

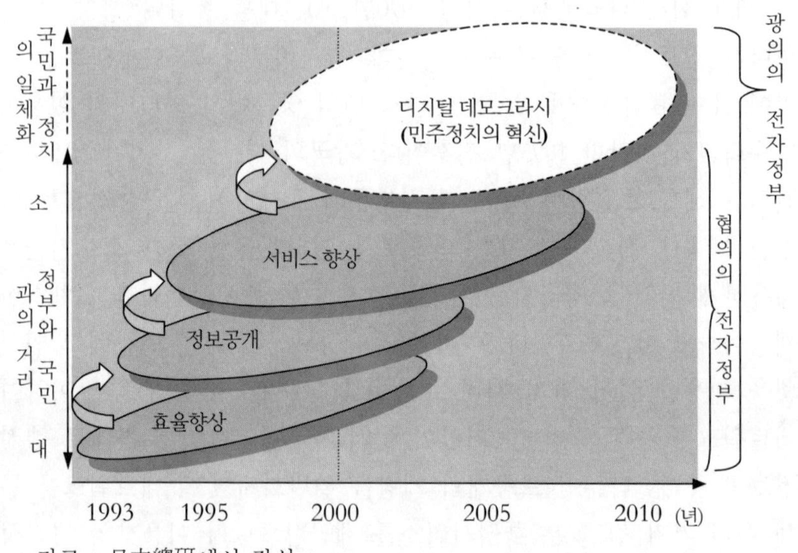

자료 : 日立總硏에서 작성.

즉 디지털 데모크라시(Digital Democracy)의 실현을 포함하는 것이라 말할 수 있을 것이다.

1. 전자정부 구축의 장점

전자정부의 구축은 경제주체에 어떠한 이점을 가져다 줄까? 우선 국민 쪽에서 보면 행정서비스는 이제까지는 복잡한 수속과 절차 때문에 시간과 수고를 그 대가로 지불해야 했다. 그러나 전자정부가 실현되면 접수와 신청 등의 각종 수속이 가정의 컴퓨터뿐만 아니라 공공시설이나 공공 KIOSK, 또는 휴대전화를 통하여 네트워크상에서 간단하게 처리할 수 있게 된다. 또한 아이들과 고령자 간에는 행정부문에 대한 서비스의 욕구가 서로 다를 수 있다. 정자전부를 구축할 경우 이처럼 상이한 개별적 욕구에 대응하는 서비스를 제공할 수 있게 된다.

기업 쪽에서 보면, 비용이 줄어든다는 큰 이점을 얻을 수가 있다. 왜냐 하면, 각종 수속이 네트워크상에서 이루어지므로 관할행정기관에 출두할 필요가 없어 황금같은 시간을 절약할 수 있기 때문이다. 이렇게 되면 접수와 신청서류 작성에 드는 시간과 비용을 대폭 삭감할 수 있다. 또한 인허가 업무의 신속처리에 의한 업무코스트 삭감도 실현될 수 있을 것이다. 게다가 행정정보가 인터넷상에 공개되면, 비지니스에 유용한 정보를 빠르고도 간단히 입수할 수도 있게 된다.

행정부문에서는, 기존 업무절차의 개편과 업무 그 자체의 필요성에 대한 검토를 정보기술을 활용하여 할 수 있게 되며, 업무속도의 향상 및 공무원의 자료작성 업무에 대한 부담을 경감시킬 수 있게 된다. 또한 DB 및 인트라넷의 활용에 의해 부처 및 부국마다 축적된 노하우와 경험을 공유할 수 있게 된다.

제3절 전자정부의 범위

현재 최첨단의 전자정부를 구축해 가고 있는 전자정부 선진국들과 일본의 현실을 비교해 보면, 이들 선진국의 경우는 전자정부의 대상영역, 활용하는 경영관리기법, 기술, 운영형태 등이 일본보다 매우 광범하다는 것을 알 수 있다(그림 2-4).

1. 전자정부의 대상영역

일본에서 전자정부라고 하면 중앙 부처의 정보화라고 하는 인상이 강하다. 이에 비해 전자정부 선진국에 있어서는 그 대상에 지방정부를 포함하고 있고, 중앙 부처의 전자정부 구축시에 습득한 노하우를 지방정부로 이전하는 것은 물론, 거꾸로 지방정부의 전자정부가

[그림 2-4] 전자정부 선진국과 비교한 일본의 전자정부 범위

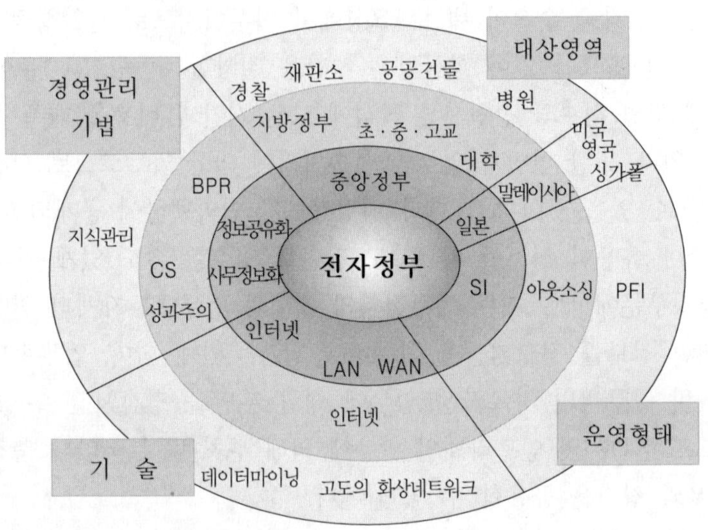

자료 : 日立總研에서 작성.

더 나은 실적을 보인 때에는 중앙 부처에 영향을 주고 있음도 알 수 있다. 그리고 중앙정부와 지방정부 간에 전자정부의 구축을 촉진하기 위한 기법 및 노하우도 공유해 나가고 있다. 한편, 일본에서는 전자정부의 대상영역을 일반행정부문에 국한하는 사람이 많지만, 전자정부 선진국에서는 경찰과 법원 그리고 병원 등 공공분야의 업무 전반을 대상으로 하는 것이 일반적이다. 정부가 보유하고 관리하는 건물 및 주차장 같은 시설의 운영도 정부·행정부문에서 구축된 여러 가지 노하우를 이전시켜 업무를 보다 효율적으로 수행하도록 하고 있는 것이다.

2. 경영관리기법

각국에서 채택하고 있는 경영관리의 기법이라는 관점에서 일본과 선진국을 비교해 보자. 구미선진국들은 거액의 재정적자를 줄이는

수단의 하나로서 1990년대 이후 민간기업에서 널리 활용되고 있던 BPR과 지식경영(Knowledge Management) 등의 경영관리기법을 정보기술과 함께 적극적으로 도입하여 행정부문의 효율화를 진척시켜 가고 있다. 그리고 정보기술을 활용하여 정책결정에서부터 사무처리에 이르기까지 일련의 업무절차를 간편하게 할 수는 없는지, 혹은 도대체 이 업무가 왜 필요한 것인지 등의 근본적인 문제 제기를 통하여 점검하였다.

한편, 각 부처 혹은 부국별 '할거행정'을 불식하고 각 행정부문이 보유하고 있는 정보를 배타적 재산으로서 존재하게 하지 않고 이를 DB에 담아 공유하는 등의 횡적 유대를 강화하고 있다. 그리고 고객만족(CS: Customer Satisfaction)을 위한 시책도 광범하게 추진하고 있다. 이에 비하여 일본은 기존 업무를 전제로 한 정보기술 활용에 그치고 말았다. 이렇게 볼 때 정보기술의 도입이 최대한의 효과를 거둘 수 있도록 하기 위해서는 정부경영에 민간부문의 경영관리기법을 도입할 필요가 있음을 알 수 있다.

3. 기술

활용되는 기술면에서 보면, 일본은 인트라넷과 부처(省廳)간의 전용선 구축이 중심인 것 같다. 그러나 전자정부 선진국에서는 네트워크의 정비는 당연한 것이고, 이것을 전제로 한 네트워크의 고도화, 대용량 DB의 구축 등 최첨단기술의 활용에까지 손을 쓰고 있다. 여기서 말하는 네트워크의 고도화란, 첫째로 해킹과 이로 인한 자료변경 및 누설 등을 막는 보안수준이 높은 네트워크를 구축하고, 둘째로 동화상과 지리정보 등의 송수신도 단시간내에 정확하게 수행할 수 있는 네트워크의 구축을 말한다. 대용량 DB의 구축이란, 정부가 수집하여 보유하고 있는 대량의 통계정보, 지리정보, 조사정보, 화상·음성·영상 등의 자료를 DB화하는 것은 물론 이를 네트워크 상에서 이용가능하도록 하는 것을 의미한다. 전자정부 선진국에서는 이러한 DB의 정비가 지식산업의 우열을 결정짓는 것이라고 하는 인식을 공유하고 있는 것 같다. 또 이들 나라에서는 DB에 대량으로 축적된 데이터를 해석하는 데이터 마이닝(Data Mining)이나, 화상정보의 저장, 전송 및 관리 등을 용이하게 하는 고도의 화상네트워크 기술 등 기존에 상품화한 첨단기술을 행정부문의 통계처리와 정책판단에 활용하고도 있다.

4. 운영형태

전자정부의 운영형태에 있어서 일본의 경우 현 단계는 중앙정부와 지방정부를 불문하고 이제부터 민간부문을 활용하려는 단계이다. 그러나 전자정부 선진국에서는 프로젝트의 내용별로 종래의 민간위탁 방식뿐만 아니라 사업 자체의 민영화와 PFI(Private Finance Initiative)의 활용 등도 일반화되고 있는 중이다.

제4절 일본 행정정보화와 전자정부 구축의 행로

지금까지 일본의 전자정부 구축은 구체적으로 어떻게 진행되고 있는가? 일본 행정정보화의 발자취를 돌이켜 보자.

일본은 1994년 4월 고도정보통신사회 추진본부의 설립을 계기로 '고도정보통신사회화 기본방침', '행정정보화 추진기본계획', '규제완화 추진계획', '버추얼 에이전시 구상' 등을 발표하고, 이에 기초한 정보화 추진시스템을 범정부적인 차원에서 진행하여 어느 정도의 성과를 거두어 왔다.

<표 2 - 5> 일본정부의 행정정보화 대응

	년 · 월, 실시내용	목표
고도정보통신사회를 향한 기본방침	1994. 4 고도정보통신사회추진본부 설립 1995. 2. 고도정보통신사회를 향한 기본방침 1998. 11. 기본방침 개정 1999. 4. 액션플랜 발표	사회 전체의 정보화를 지향. 당면의 목표는 ①전자상거래를 위한 환경정비, ②공공분야의 정보화, ③정보리터러시 향상, ④네트워크 인프라 정비
행정정보화추진기본계획	1994. 12. 행정정보화추진기본계획 1997. 12. 기본계획 개정	행정개혁의 일환으로 정보화를 추진. 총무성이 중심이 되어 작성. 21세기 초두에 고도로 정보화된 행정을 실현.
규제완화추진계획	1995. 4. 규제완화추진계획 1998. 4. 규제완화추진 3개년 계획 1999. 3. 규제완화추진 3개년 계획 개정	규제완화의 일환으로 각종 신청 및 절차의 전자화 온라인화, 그리고 문서의 전자적 보존을 추진.
Virtual Agency	1998. 12. 버추얼 에이전시 발족 1999. 12. 버추얼 에이전시 보고서	기존 부처의 틀에 얽매이지 않는 새로운 정보화추진체제 정비가 목표. 수상직할의 task force. 업무수행에 컴퓨터 네트워크를 활용.

자료 : 「고도 정보통신사회를 향한 기본방침」(1995), 「행정정보화 추진기본계획」(1994), 「규제완화 추진계획」(1995), 「버추얼에이전시 검토결과에 입각한 향후의 대응에 대해서」(1999)에서 작성.

1. 고도정보통신사회화 기본방침

「고도정보통신사회화 기본방침」은 고도정보통신사회가 정보혁명이라고도 할 수 있는 변혁을 일본 사회에 가져다 줄 것이라고 전제하고, 정보·지식의 창조, 유통, 공유화의 밑바탕이 되는 정보통신 인프라의 정비 필요성을 강조하고 있다. 일본은 이 방침에 입각하여

통신망의 정비 등 사회 인프라의 정비를 촉진하였다. 그후 이 방침을 1998년 11월에 개정하고, ①민간주도, ②정부에 의한 환경정비, ③국제적인 합의형성을 추구하는 이니셔티브의 발휘라고 하는 3가지 행동원칙을 도출하였다. 그리고 1999년 4월에는 행동계획을 발표하였고, 이 행동원칙에 기초하여 ①전자상거래를 위한 환경정비, ②공공분야의 정보화, ③정보리터러시의 향상, 인재의 육성, 교육의 정보화, ④네트워크 인프라의 정비 등 4가지 목표를 당면한 최우선 과제로 선택하였다.

두 번째의 목표인 '공공분야의 정보화'에는 행정정보화를 포함하였고, 정보기술을 이용할 만한 주요 섹터로서 정부·행정부문이 중요하다는 합의를 형성하였다.

2. 행정정보화 추진기본계획과 규제완화 추진계획

행정개혁의 일환으로서 행정정보화를 추진하고, 21세기 초에 고도의 정보화된 행정수준을 실현하려고 하는 것이 '행정정보화 추진기본계획'이다. 이 계획은 과거 총무청이 주무관서가 되어 추진한 것이다. 1994년 12월에 발표된 이 계획은 1995년도를 시작으로 하는 5개년 계획으로, 청내 행정정보화와 사회정보화의 진전에 따라 1997년에 개정되어, 1998년도부터 2002년까지의 5개년 계획으로 수정되었다. 개정된 이 계획에는 국가의 사무·사업을 대상으로 행정정보의 제공, 신청·접수 등의 수속을 전산화하는 것, 원스톱(One-stop) 서비스의 실시, 조달수속의 전자화, 정보기술의 활용에 의한 사무·사업의 간소화와 효율화, 네트워크 기반의 고도화, 표준화 등 다양한 범위에 걸친 세부사항을 열거하고 있다. 이 계획은 중앙 부처가 정보기술을 이용하여 국민과 기업에 대한 행정서비스를 향상시키는 계기가 되었다.

규제완화 추진계획은 정보화를 통해 규제완화를 추진하는 것으로서 각종 신청 및 수속의 수단으로 과거와 같이 종이가 아니라 디스켓 등의 전자매체를 사용한 것도 인정하는 방향으로 추진하고 있다. 또 사회 전체의 정보화에 대응하기 위하여 인터넷 등 네트워크를 활용하는 수속과 문서의 전자적 보존도 추진하고 있다. 이 계획에 있어서 정보기술의 이용은 특히 민간기업이 제출해야 하는 각종 접수서류 및 신청서류의 부담을 대폭 경감하는 데 큰 의미를 갖는다.

3. 버추얼 에이전시(Virtual Agency) 구상

이 구상은 수상 직속의 프로젝트팀을 만들어 기존 부처의 조직에 얽매이지 않는 새로운 정보화 추진체제를 정비하려는 것을 그 목표로 한 것이다. 각종 정보화 프로젝트 가운데 자동차 보유관계 수속(검사·등록, 차고증명, 납세, 자동차 보험 확인 등)의 원스톱(One-stop) 서비스 프로젝트, 정부조달(공공사업 제외) 수속의 전산화를 지향한 전 정부적 행정계획, 행정사무의 전산화(paperless)에 관한 행동계획, 교육정보화 프로젝트 등의 4가지 시책이 그 실천 프로젝트로 선택되었다. 전담기구는 한 부처가 아니라 부처의 경계를 벗어나 상호 협조하는 조직을 만들어 위임하였다. 이러한 기관형성 방식은 다른 프로젝트에도 응용되고 있다.

4. 중앙 부처의 정보화

상기와 같은 시책에 의해 일본의 행정정보화는 착실히 진행되고 있다. 전자정부의 3대 목표에 따라 중앙 부처의 대응실태를 살펴보면, 효율화 면에서는 물품관리 사무 및 인사·급여·공제사무 등의 내부사무를 시스템화하는 것, 행정관리시스템이라고 하는 문서관리·유통의 시스템화, 데이타베이스 정비 등 정보공유의 조직원리를 채택하고 있고, 일부는 이미 본격적으로 가동되고 있다.

정보공개는 지금 거의 모든 중앙 부처가 홈페이지를 통해 실천하고 있다. 보도자료 및 심의회 정보 등의 제공이 본격화되고, 공개내용도 부처에 따라 다소 차이는 있지만 몇 년 전과는 비교할 수 없을 정도로 충실해졌다. 이에 따라 각 부처가 제공하는 행정정보의 소재, 정보입수 방법 등을 안내하는 링크(소재 안내) 시스템도 가동되고 있다. 그리고 부처에 따라서는 매우 독특한 조직도 관찰된다. 예를 들어, 특허청에서는 1980년대부터 정보화를 위해 노력한 결과 방대한 특허정보 DB를 구축하고, 홈페이지상에서 이 데이터를 무료로 검색할 수 있는 서비스를 제공하고 있다.

서비스 향상에 관해서는 신청 · 접수 등의 전산화와 원스톱(One-stop) 서비스를 추진하고 있다. 신청 · 접수 면에서는 규제완화를 함께 추진하여 8,822건의 수속건수 가운데 2000년 말 3,064건이 플로피 디스켓이나 온라인으로 신청이 가능하도록 하였다. 또 일반 이용자에 대한 서비스로 우편국에 정보단말기를 설치하여 각종 수속이 가능하게 하였다. 앞에 소개한 특허청에서는 정보공개뿐만 아니라 서비스 향상도 추구하여 이미 출원에서 심사, 등록까지 문서 없이 처리할 수 있도록 하였다. 원스톱(One-stop) 서비스 면에서는 대장성, 후생성, 농림수산성, 통상산업성, 운수성 등이 부처간의 협력을 꾀하고 수출입 및 항만수속 절차의 원스톱(One-stop) 서비스를 개시할 예정이다.

이러한 정보화의 추진 기반으로서 행정부문에 있어서는 PC와 네트워크의 정비가 불가피한데, 중앙 부처에서는 특별지방행정관서를 포함하여 2000년 2월 현재 1.6인당 1대의 PC를 지급하고 있다. 또한 네트워크 면에서도 중앙 부처의 청내 네트워크를 묶어 주는 부처간 네트워크인 가스미가세키(霞ヶ關) WAN이 1997년 1월부터 운영을 시작하였고, 1999년 3월 현재 36개 기관이 이를 이용하고 있다. 이처럼 일본에서는 중앙 부처의 정보화를 발전시켜 가면서 통신 네트워크, 즉 정보화의 기반을 정비해 나가고 있다.

5. 밀레니엄 프로젝트로 제창된 전자정부

일본 정부는 경제의 혼미와 산업경제의 경쟁력 저하로 위기감이 확산되고 있던 1999년 3월에 당시 오부치 수상의 직속으로 산업경쟁력심의회를 발족하였다. 산업경쟁력심의회는 일본 경제구조를 근본적으로 개혁하고, 지식산업사회에 진입한 국가로서의 경쟁력 향상을 목표로 이를 위한 구체적인 정책을 검토한다. 이 심의회는 미국의 레이건 정권이 1980년대 국가경쟁력 회복을 목표로 발족시켰던 관민합동의 '대통령산업경쟁력위원회'를 모델로 한 것이다. 구성인으로는 수상이 의장이 되어 회의를 소집하며, 산업계 리더와 대부분의 각료가 참가한다.

심의회는 일본의 산업재생을 목표로 특히 공급측의 개혁이라는 관점에서 관민이 취해야 할 과제를 검토하였다. 일본에서 이처럼 관민이 지혜를 결집하여 중요한 정책을 결정하는 것은 처음 있는 일이었다. 심의회는 관민의 새로운 관계를 향도하였다는 데 커다란 의의를 갖는다. 논의 결과, 밀레니엄 프로젝트라 불리는 민관협동의 주요 정책이 1999년 7월에 결정되었다. 이 프로젝트는 정보화에 대한 대응, 고령화에 대한 대응, 환경에 대한 대응의 3가지를 주요 과제로 한 것이다.

이 가운데 정보화에 대한 대응으로는 교육의 정보화, IT 21(정보통신기술 21세기 계획)의 추진과 함께 2003년을 목표로 세계최고 수준의 전자정부를 실현하는 것이 그 중점과제로 선정되었다(그림 2-6). 이 프로젝트에서 결정된 전자정부 구축은 민관의 합의를 얻은 것이기 때문에 향후 양 부문의 협력하에 사업이 추진될 것으로 기대된다. 제1장에서 서술하였듯이, 이 전자정부 프로젝트는 21세기 일본 산업의 국제경쟁력을 지속시키기 위하여 정부·행정부문이 나아갈 방향을 검토하는 역사적인 기회로 자리매김할 것이 기대되었다. 이 전자정부 프로젝트에 의해 정부부문의 정보화가 급속도로 전개되었다. 이

[그림 2-6] 밀레니엄 프로젝트로 제창된 전자정부

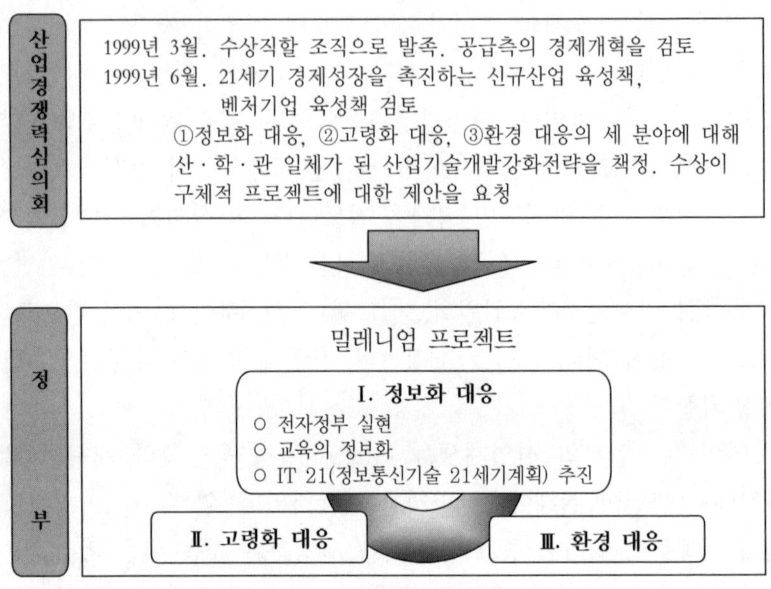

자료 : 「밀레니엄 프로젝트에 대해서」(1999)에서 작성.

프로젝트는 2003년까지 민간에서 정부로, 정부에서 민간으로 행해지는 행정수속을 인터넷을 이용하여 문서 없이 처리하는 전자정부의 기반을 구축하는 것이 그 목표이다. 이 프로젝트의 구체적인 내용은 다음의 6가지로 압축될 수 있다.

①전자인증 기반구축
  각종 수속이 정당한 행정주체에 의해 행해지는지의 여부를 알 수 있는 정부인증 기반구축(GPKI)[1].

---

1) PKI(Public Key Infrastructure)는 공개키 기반구조이다. GPKI는 정부에서 사용하는 공개키 기반구조를 말한다. 암호방식 가운데서도 공개키 암호는 송수신자 양측에서 똑같은 비밀키를 공유해야 하는 기존의 전통적인 관용암호시스템과는 차이가 있다. 암호화키와 복호화키가 서로 달라 암호화키를 공개하더라도 개인이 소지하는 복호화키를 통해 통신비밀을 보장할 수 있는 것이다.

②공통기반기술개발

바이러스 대책 및 부정접속 대책 등의 보안시스템의 고도화라는 부처 공통의 과제를 추진하는 기술개발.

③신청·접수 수속 등의 전산화

예를 들면, 현재 디스켓 제출을 인정하고 있는 서류가 늘어나고 있는 데 대하여 이를 인터넷 등의 네트워크를 통하여 제출하도록 하기 위한 방침의 책정.

④신청·접수 수속 등의 전산화를 선도하는 조직의 편성

실제로 타 부처보다 앞선 조직으로서 6개의 부처가 접수 수속 등을 인터넷을 통하여 할 수 있도록 할 것임.

⑤정부조달(공공사업 제외) 수속의 전산화

조달과정이 다른 행정과정과 달리 특수한 것으로, 거액의 조달 금액이 드는 공공사업을 제외하고는 정부조달 수속을 인터넷을 통해 할 수 있도록 하는 것.

⑥지방공공단체의 정보화를 선도하기 위한 실험

공개키 암호방식은 대칭키 암호기술이 제공하는 기밀성, 무결성 기능뿐만 아니라 인증, 부인방지, 전자서명과 같은 다양한 정보보호기능을 제공하고 키분배 문제를 해결할 수 있는 가장 효과적인 대안으로 인식되고 있다. 그러나 공개키 암호의 상용화를 위해서는 무엇보다 키의 생성, 분배와 안전한 관리를 위한 체계를 갖춘 PKI가 필수적이다. PKI는 안전한 인증서 관리를 기본적으로 수행해야 하며, 인증서의 발행, 보관, 폐기, 인증정책 수립 등의 기능을 제공해야 한다. 또 부가적으로는 데이터 저장이나 사용자 및 인증기관의 명명과 등록 기능을 지원해야 한다.

이같은 기능 외에도 PKI는 최근의 전산환경인 클라이언트서버(CS) 개념으로 운영될 필요가 있다. 이때 PKI 클라이언트는 키의 생성 및 교환, 디지털서명 생성 및 검증 등의 기능을 구현하고, PKI 서버는 인증서의 전송 및 공증, 보안 및 인증 관련 응용서비스를 제공한다. 정보통신기술의 발전과 인터넷 환경의 확산을 배경으로 하는 탄탄한 PKI 체계구축은 안전한 전자상거래 실현의 기반이 되는 당면과제라는 점이 우선 인식되어야 한다. PKI 체계구축과 관련해 무엇보다 국내에서 필요한 것은 법, 제도적 정비와 추진기관의 책임성을 명확히 해야 한다는 점이다. 두 번째로는 암호, 인증프로토콜, 시스템보안, 분산데이터베이스(DB)화, 표준화 등 기반기술의 확보가 시급할 것으로 보인다 (http://www.etimesi.com/db/word/detail_word.html?code=200002908.0).

중앙 부처의 네트워크인 가스미가세키 WAN과, 지방자치단체 간을 연결하는 종합행정네트워크의 정비 및 실험.

한편, 전자정부 프로젝트에는 이외에도 몇 개의 과제가 더 있다. 좀더 상세히 이 내용을 살펴보면, 2003년까지 '원칙적으로', '노력하자', '일부분의 운용개시', '기대한다' 등과 같은 애매한 표현이 눈에 띈다. 이로 미루어 보면, 프로젝트에 담겨 있는 모든 내용의 완전한 실현이 보장되어 있는 것은 아닌 것 같다. 또한 전자정부의 본래 목적에서 보면 행정부문의 사무 및 업무의 개혁이 불가피한데, 이에 대해 명확하게 언급되어 있지도 않다. 예산으로 보면, 2000년도 밀레니엄 프로젝트의 전자정부 관련예산은 99억 엔인데 이도 충분한 것이 아니다.

21세기의 산업발전을 촉진시키는 행정부문을 구축하기 위해서는 종래의 행정정보화를 초월하는 과감하고도 시의적절한 개혁을 추진할 필요가 있다.

제5절 세계 최고수준의 전자정부 구축을 위해

일본 정부가 밀레니엄 프로젝트를 통하여 2003년까지 세계 최고수준의 전자정부를 구축하겠다고 했지만, 자고 나면 바뀌는 정보기술의 특성을 생각할 때 쉽지 않은 목표이다. 그런데 이하의 장에서 설명하는 각국의 상황을 보면, 전자정부 구축에 있어서도 각국 공통의 추진원리가 있음을 쉽게 알 수 있다.

그것은 첫째, 추진체제의 확립이다. 각 부처 간의 벽이나 중앙·지방 간 인식이 다르고, 실제 추진에 있어서도 수많은 장애가 예상되는 까닭에 정치 리더십과 전문조직 등 전자정부 구축의 추진체제가 중요시되는 것이다. 둘째, 법제 제정, 기술개발, 자금확보 등 전자정부를 구축하는 기반정비가 필요하고, 셋째, 정보보안 및 정보약자에 대한 대응과 모든 국민 및 기업이 전자정부 구축의 열매를 다같이 누릴 수 있도록 구축되어야 한다는 것이다.

이러한 점에 주목하면서 다음 장부터 미국, EU, 아시아 각국에서 실제 취하고 있는 추진정책들을 살펴보려 한다.

제2부
앞서가는 전자정부 선진국의 사례

제3장
장기적 국가전략으로서 전자정부 구축을 추진하는 미국

제1절 미국 IT정책의 역사와 전자정부

미국의 학자들과 전자정부에 대해 이야기해 보면, 정말로 미국 국민이 전자정부 선진국의 주인이라는 실감이 난다. 인터넷에 의한 세금의 신고 및 자동차면허의 갱신수속 등 전자정부는 이미 미국인의 일상생활에 깊숙이 침투되어 있고, 이러한 행정서비스의 전산화를 뛰어넘어 사법, 입법, 정치활동에까지 정보기술을 이미 활용하고 있다.

따라서 이제 학자들의 관심은 정부·통치의 존재양식이 어떻게 변화해야 하는가에 초점이 맞추어져 있을 정도이다. 행정서비스의 제공 등 전통적인 정부의 역할 중 많은 부분이 정보기술에 의해 경감되고 있다. 인터넷의 활용에 의해 국민들의 직접적인 정치참여가 가능하고, NPO 등의 단체도 새로운 조직력을 얻게 되었다. 이러한 가운데 정부가 최후까지 감당해야 할 역할은 무엇인가라는 데 대하여 21세기다운 논의가 한창이다.

미국에서 세계를 선도하는 선진적인 전자정부가 구축된 배경을 정확하게 이해하기 위해서는 레이건 정권 시대부터 계속된 정부의 역할에 대한 논의와 이에 기초하여 전략적으로 전개된 장기적인 IT 정책·행정개혁의 흐름을 더듬어 볼 필요가 있다. 이 장에서는 이러한 인식 아래 미국에서 전자정부가 어떠한 역사적 경위를 거치면서 전개되고 형성되어 왔는가를 살펴보려 한다. 그리고 미국의 전자정부가 향후 목표로 하는 것이 무엇인가를 전망해 볼 것이다.

미국의 전자정부 구축은 ①IT산업 육성을 지렛대로 하여 경제재생을 도모하던 초기단계에서 이미 전자정부가 구상되었다는 것, ②이 구상을 법률·제도 면에서의 개정·개편을 통해 행정개혁을 도모함으로써 극적인 성과를 거두었다는 것, ③그후로도 다른 나라를 선도하여 세계 각국이 전자정부를 구축하도록 하는 장래비전을 민관협력의 분위기 아래 계속하여 추진해 왔다는 것으로 집약해 볼 수 있다. 따라서 이 세 가지에 초점을 맞추어 설명을 해 보고자 한다.

1. Young 리포트에 나타난 민관의 역할에 관한 논리

2000년대 말에 미국은 IT관련 설비투자와 개인소비 확대를 양대축으로 해서 역사적으로 전례 없는 장기호황을 누렸다.

그러나 미국은 불과 15년 전인 1980년대 중반에는 재정적자가 무려 2,200억 달러에 달했고, 민간부문의 생산성 저하로 국제경쟁력이 약화되는 경제침체를 겪었다(그림 3-1, 그림 3-2).

1981년에 취임한 레이건 대통령은 규제완화에 의한 시장경쟁의 확대와 감세를 통한 산업활성화 정책, 이른바 '공급중시 경제정책'을 추진하였다. 이는 일본을 포함하여 제2차대전 이후 많은 선진국 경제정책의 중심이 되었던 정부의 공공수요 창출에 의한 성장정책, 즉 '수요중시 경제정책'으로부터 방향을 일대 전환시킨 것이었다. 물론

[그림 3 - 1] 미국의 재정적자 추이

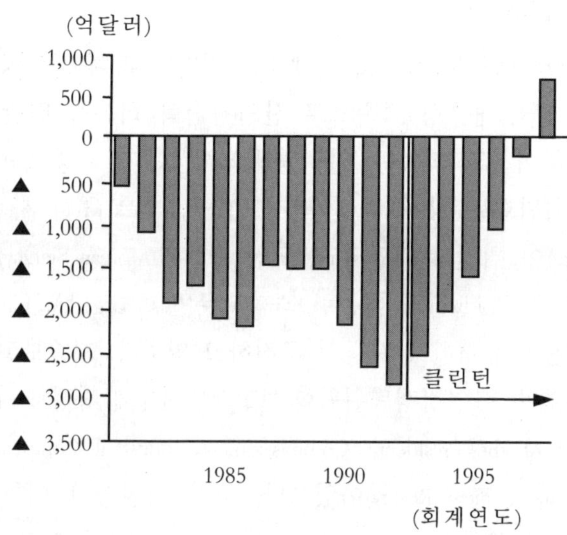

자료 : 행정관리예산국(Office of Management and Budget) 자료에서 작성.

[그림 3 - 2] 미국의 노동생산성 추이

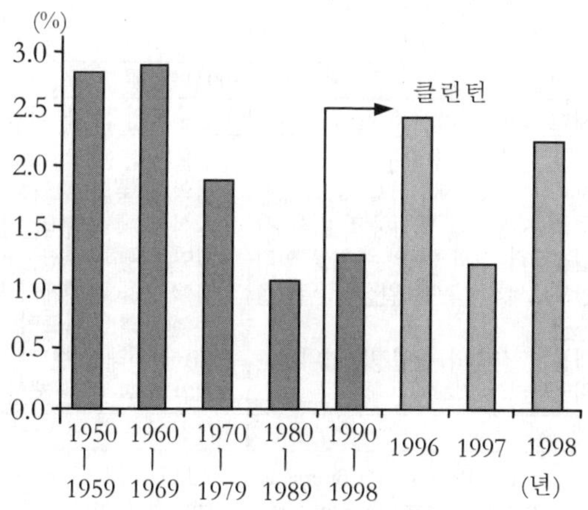

자료 : 노동통계국(Bureau of Labor Statistics) 자료에서 작성.

소위 레이거노믹스(Reaganomics)라 불리는 이때의 경제정책이 곧바로 커다란 성과를 보인 것은 아니다.

오히려 당시 대규모 감세로 인해 재정적자가 확대되는 상황에 직면한 1985년 1월, 대통령 직속으로 산업경쟁력 회복을 위한 시책을 연구하기 위하여 조직되었던 '산업경쟁력위원회'가 최종보고서를 내놓았다. 이 위원회는 당시 휴렛 팩커드(Hewlett-Packard)의 사장이었던 John A. Young이 위원장을 맡았고, 모건 스탠리(Morgan Stanley)의 회장인 Robert H. B. Boldwin과 대통령 과학고문인 George A. Kiwors Ⅱ 박사 등 민과 관의 유력한 인사들이 포진하고 있었다. 최종보고서의 제목은 '대통령직속 산업경쟁력위원회 보고서: 전세계 경쟁과 새로운 현실'(The Report of the President's Commission on Industrial Competitiveness—Global Competition, New Reality)이었으나, 통칭 위원장의 이름을 따서 Young 리포트라 부른다.

<표 3 - 3> 「Young 리포트」와 NII구상 제언 내용

리포트명	·대통령 직속 산업경쟁력위원회 보고서 −전세계 경쟁, 새로운 현실− (「Young 리포트」)	·국가정보기반(NII): 행동을 위한 아젠다
발표시기	1985년 1월	1993년 5월
배경	국제적 경쟁 격화에 의한 위기감	민간주도의 IT화 진전
목적	·<u>민간의 자조노력 요구</u> ·정부에 금융·재정정책, 교육정책 등 거시정책을 개선하고 미시 산업경쟁력 정책으로의 주의를 환기함으로써, <u>정부에 일정한 역할을 요구</u> ·대통령 직속의 산업경쟁력위원회로부터의 정책제언	·정보기술, NII의 중요성 제창 ·이의 구축의 주역은 민간이라는 인식 하에 <u>정부의 역할을 명확화</u> ·이미 진행하고 있는 민간의 IT 산업 진흥을 정권에서 뒷받침하겠다는 행동의 의사표명, 결속 ·NII에 의해 실현되는 새롭고 효율적인 <u>사회 비전 제시</u>
초점 산업	·제조업	·IT산업

자료 : The Report of the Presidents Commission on Industrial Competitiveness(1985). THE NATIONAL INFORMATION INFRASTRUCTURE: AGENDA FOR ACTION(1993)에서 작성.

이 보고서에는 민주당의 클린턴 정권이 탄생한 후에도 변함없이 그 기본 기조가 유지된 민관의 역할에 대한 미국정부의 기본적 사고방식이 정리되어 있다(표 3-3).

이것은 산업경쟁력의 강화를 위해서는 어디까지나 민간기업 자신들의 노력이 전제되어야 한다는 것이고, 그 바탕 위에서 정부는 기업활동을 활발하게 할 수 있는 환경정비에 힘써야 한다는 철학이다. 여기서 말하는 환경정비란 법률·제도의 정비, 규제완화, 그리고 민간기업만으로는 감당하기 어려운 기초연구에 정부가 필요한 지원을 아끼지 않는다는 것 등을 말한다. 일본에서는 미국 정부가 다시금 정부의 역할을 축소하여 보다 「작은 정부」의 실현을 지향해 왔다고 알려져 있지만, 재정지출을 삭감했다는 점만을 들어서 정부의 역할 전체를 축소시켰다고 생각하는 것은 올바른 판단이 아니다. 다시 말하자면, 민간기업의 활동무대를 정비한다고 하는 점에서 정부가 상당한 역할을 수행해 왔음을 알아야 한다.

2. NII구상에 나타난 두 가지 비전

레이건 대통령의 퇴임 후, 같은 공화당의 부시 정권을 거쳐 1993년에는 민주당의 클린턴 정권이 들어섰다. 클린턴 정권에서도 'Young 리포트'에서 제기한 민관의 역할에 관한 기본철학은 그대로 계승되었다. 클린턴 정권하에서는 주로 고어 부통령의 이니셔티브에 의하여 IT산업에 정책의 초점을 맞추어 왔다. 고어 부통령이 주도하여 1993년에 발표한 NII(National Information Infrastructure: 국가정보기반) 구상은 IT정책에 관한 두 가지 중요한 비전을 천명하였다(그림 3-4).

첫째, 지금까지 일본에서도 지적되어 온 것처럼, IT산업 그 자체의 육성과 타 산업에서 정보기술의 이용확대에 의해 미국 산업 전체의 경쟁력을 재생시키고자 하는 비전이 제시되고 있다. 둘째로, NII에 의해 효율적이고 질 높은 정부를 구축한다는 것이다. 그리하여 경

[그림 3 - 4] NII구상에 제시된 장래비전

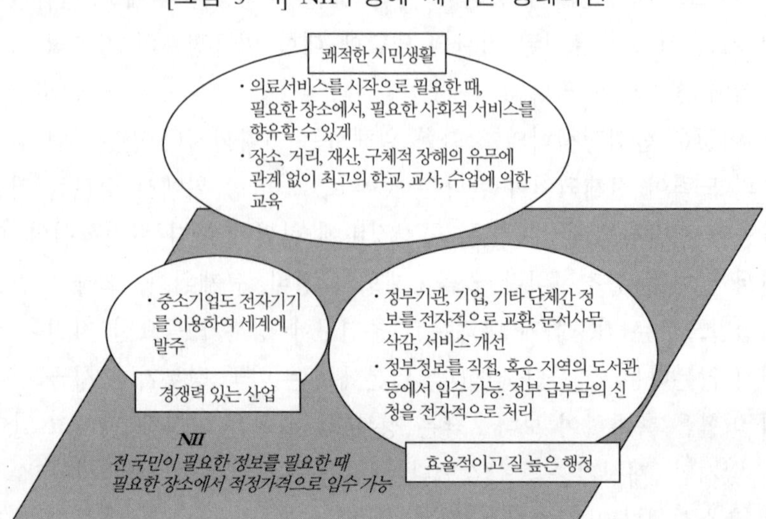

자료 : *The National Iinformation Infrastructure: Agenda For Action* (1993)에서 작성.

쟁력 있는 산업과 효율적인 정부를 양 축으로 해서 국민의 경제적 복지를 향상시키는 것을 최종목적으로 삼고자 했던 것이다. 이 두 가지 비전 중에서 효율적이고 질 높은 행정을 실현한다는 것은 일본에서는 별로 주목을 받지 못한 것이었다. 그러나 정부의 효율화라고 하는 비전이야말로 1990년대의 미국에서는 매우 중요한 테마였다. NII에 의한 행정업무의 효율화는 재정적자의 감축과 연결되면서 또한 온라인 행정서비스의 제공도 가능하게 했다. 이는 시민생활의 쾌적성과 편리성 향상을 통해 시민생활의 질적 향상(Quality of Life)을 가져다 준 것으로 생각되었다. 그리고 보다 원활한 기업활동을 가능하게 한다는 점에서 민간기업의 산업경쟁력 향상에 기여한다는 생각도 이 NII구상에 나타난다.

또 이들 두 가지 비전의 실현기반이 되는 IT산업의 육성을 위해, 일찍이 Young 리포트가 그랬던 것처럼, 정부가 민간기업의 경쟁환경

<표 3 - 5> 정부의 행동 9원칙

```
1. 민간부문의 역할 촉진
2  부담가능한 요금으로 이용할 수 있는 「보편적 서비스(universal service)」의 개
   념을 확대
3. 기술혁신과 어플리케이션 개발을 촉진하는 촉매로서의 역할 추진
4. 사용자 중심의 NII운용 추진
5. 정보보호와 네트워크의 신뢰성 보장
6. 주파수 관리 개선
7. 지적 소유권 보호
8. 정부 내부와 제 외국과의 조정
9. 정부정보에의 접근을 가능하게 하고,  정부조달을 개선
```

자료 : *The National Information Infrastructure: Agenda For Action* (1993)에서 작성.

을 정비하고 자유로운 활동이 가능한 토양을 만들자는 것도 NII구상상의 한 내용이다(표 3 - 5). 이처럼 NII는 미국사회의 장래비전을 제시하면서 이러한 비전의 실현 주체는 민간기업이고 정부는 민간기업의 자유로운 활동을 방해하지 않는 환경을 만들겠다는 결의를 표명한 것이다.

3. IT산업 육성에 있어서 정부의 역할

현실적으로 미국 정부는 이러한 두 가지 비전에 입각하여 어떠한 역할을 수행하였을까? 먼저 제1의 비전, 즉 IT산업 육성을 위해 정부는 법률·제도 면에서 민간기업의 활동환경을 정비하고, 산업의 귀추를 제어하는 기초연구개발 분야에서 민간기업에게 자금을 보조하고, 민간부문의 활동을 촉진하는 촉매로서의 역할에 충실하였다. 이처럼 법률 및 제도 면에서 환경을 정비하는 것과 핵심 분야의 연구개발을 지원하는 것이야말로 정부가 수행해야 할 역할이라는 생각은 전자정부의 구축에 있어서도 공통적으로 찾아 볼 수 있는 미국 정부

의 기본방침인 것이다. 그렇다면 우선 먼저 미국 정부가 IT산업 육성을 위해 지금까지 행해 온 구체적인 정책내용을 검토해 보자.

4. 법률 ·제도 면의 민간기업활동 지원내용

첫째, 미국 정부는 규제완화, 세금우대조치 등, 법률·제도 면에서 민간기업의 활동을 활발하게 하기 위한 환경을 정비하였다(표 3-6).

예컨대, 규제완화의 측면을 살펴보면 1996년 전기통신법에 의해 신규 진입과 경쟁을 촉진하는 정책을 실시했다. 미국에서도 일찍이 통신사업은 공익사업의 하나로 간주되었던 까닭에 1934년의 전기통신법에 의해 여러 가지 규제가 부과되었다. 그후 단계적으로 자유화가 추진되어 PC통신, 음성메일 등의 통신서비스, 시장 점유가 적은 비지배적 분야 등에 대한 규제완화가 진행되어 왔다. 그리고 1996년의 법개정에 의해서 대폭적인 규제완화가 실현되어 IT분야에서 자유로운 기업활동의 장이 확보되었다. 그 결과 민간기업의 지역통신시장에의 진입과 장거리통신시장에서의 경쟁이 촉진되었다.

한편, 세제 면에서는 민간의 연구개발투자를 촉진하기 위해 과거 3년간의 평균 연구개발비를 초과하는 지출을 할 경우 그 일부에 대하여 세금을 공제해 주는 제도를 도입하여 현재까지 계속 운영하고 있다.

이 밖에도 단기적으로 성과를 보이는 연구개발에만 치중하던 민간기업으로 하여금 실패율이 높아도 성공하면 수익이 큰 연구를 수행하도록 유도하기 위하여 연방정부가 기업의 연구개발자금을 원조하는 '선진기술프로그램'(Advanced Technology Program)을 만들었다. 이 프로그램은 1981년에 시작된 이래 레이건 정부의 기술정책의 핵심이 되었다. 예산상으로 볼 때, 이 사업에 지출된 예산이 1994년에 1억 9,950만 달러에서 1999년에는 2억 350만 달러로 증가하였다. 또 클린턴 정권은 보다 범용성이 높은 기초기술에 초점을 맞추기 위해 모든 분야를 대상으로 하는 일반프로그램(general program)과 이에 더하여 특

<표 3-6> IT산업 육성을 위한 법률·제도 면에서의 환경정비

목적	법률·제도	년	내용
참여·경쟁의 촉진	1996년 전기통신법	1934	• 공중통신사업자, 무선통신사업자 면허부여, 선로부설의 인가, 외자규제 등 공익사업인 통신사업을 규제
		1970	• 「기본전기통신」과 「고도통신서비스」를 구별. 「고도통신서비스」에 관해서는 규제를 해제
		1982	• 「지배적 캐리어」와 「비지배적 캐리어」를 구별. 「비지배적 캐리어」에 대한 규제를 해제
		1984	• AT&T 분할
		1991	• 요금규제에 상한요금제(price cap)를 채택
		1996	• 완전자유 경쟁을 목표로 한 참가규제 완화 ①지역레벨 전화회사에 의한 신규서비스에 참가 ②주내 통신시장의 개방 ③지역 전화회사에 의한 케이블텔레비전 제공 ④케이블 사업자에 의한 통신서비스 ⑤전력, 가스회사의 전기통신사업에 참가
민간의 연구개발 투자촉진	연구개발비 세액 공제제도	1981	• 과거 3년간 평균 연구개발비를 초과한 지불을 한 기업에 대해서 증액분의 25% 상당을 세공제 • 기업이 대학 및 연구기관에 연구개발을 위한 설비 및 시설을 기부한 경우에도 비용의 일부 공제 가능
		1996	• 제도의 3년간 연장을 결정
민간의 기술개발을 지원, 방향설정	선진기술 프로그램 (ATP)	1987	• 기술의 조기상업화 및 제조기술의 개선에 필요한 기초연구를 수행하는 기업에 자금원조. 기술경쟁력법의 일환으로 성립 • 레이건 정권하에서는 제도로서만 존재하였고 실행되지는 않았음
		1993	• 클린턴 정권은 경제성장을 목적으로 기술정책 중심으로 강화. 단기적으로 성과를 나타내는 연구개발에 치우친 민간기업을 위험은 높아도 성공 후 이익이 큰 연구도 수행하도록 유도하기 위해 민관협력 정책을 시행. 다만, 제품개발에는 관여하지 않고 범용성 높은 기초기술에 초점 • 모든 분야를 대상으로 하는 일반프로그램(general program)에 더하여, 특정의 중요기술을 대상으로 한 주력프로그램(focused program)을 창설 • 예산은 1994년 1억 9,950만 달러에서 1999년 2억 350만 달러로 확대
		1982	• 중소기업기술혁신촉진법에서 정부 연구예산의 2.0%를 하이테크·벤처기업에 배정하는 것을 의무화
		1992	• SBIR의 개선 및 확대를 결정하고, SBIR의 할당을 정부 연구예산의 2.5%로 증액. 개별 프로젝트에 자금제공액 상한을 확대하여, 프로젝트의 단계에 따라 10만 달러와 75만 달러를 제공액 상한으로 설정. 실시기간을 2000년 10월까지 연장
		1997	• SBIR 자금은 1997년도에 연간 11억 달러를 넘어섬

자료 : Lewis M. Branscomb, *Investing in Innovation*(1998). 白川一郎 「글로벌화와 진화하는 정보통신산업」(1999) 외 각종 자료에서 작성.

정한 중요기술을 대상으로 한 주력프로그램(focused program)을 창설하기도 하였다.

또한 벤처기업 육성을 위해 1982년에는 정부 연구예산의 일정액을 벤처기업에 지원할 것을 의무화한 SBIR(Small Business Innovation Research: 중소기업기술혁신제도)도 도입하였다. 그리고 1997년에는 이 제도에서 정한 중소기업 지원예산 할당 비율을 인상하여 현재는 연간 11억 달러 이상을 벤처기업에 지원하도록 하고 있다.

5. 기초연구개발에의 투자

IT산업육성을 위하여 미국 정부가 수행한 또 하나의 중요한 역할은 기초연구에 관한 지원이다. 1990년대에 들어 미국 IT관련 연구개발 지출은 연방정부와 민간기업을 합친 다른 산업의 연구개발 지출의 신장률을 상회하고 있다. 이러한 적극적인 연구개발이 오늘날 미국 IT산업의 기초를 구축하게 된 것이다(표 3-7).

미국의 IT산업 발전은 기본적으로는 실리콘 밸리에 집적된 기업군으로 대표되는 우수한 발상과 도전정신을 가진 기업가, 이를 지탱

<표 3-7> IT관련 연구개발지출 동향

(단위: 10억 달러, %)

	년 도	1993	1994	1995	1996	1997
연방정부	전 산업	26.9	27.4	28.4	28.3	29.4
	전년대비 신장률	9.8	1.9	3.7	▲ 0.6	3.9
	IT관련	1.7	1.6	1.8	1.8	1.9
	전년대비 신장률	11.5	▲ 7.9	12.6	1.1	5.4
민간기업	전 산업	94.6	97.1	108.7	121.0	133.6
	전년대비 신장률	0.2	2.7	11.9	11.4	10.4
	IT관련	25.2	24.8	31.5	39.0	44.2
	전년대비 신장률	NA	▲ 1.5	27.0	23.9	13.3

자료 : 미국과학재단(National Science Foundation) 자료에 의해 작성.

[그림 3 - 8] 미국 연방정부의 IT관련 연구지출 내역

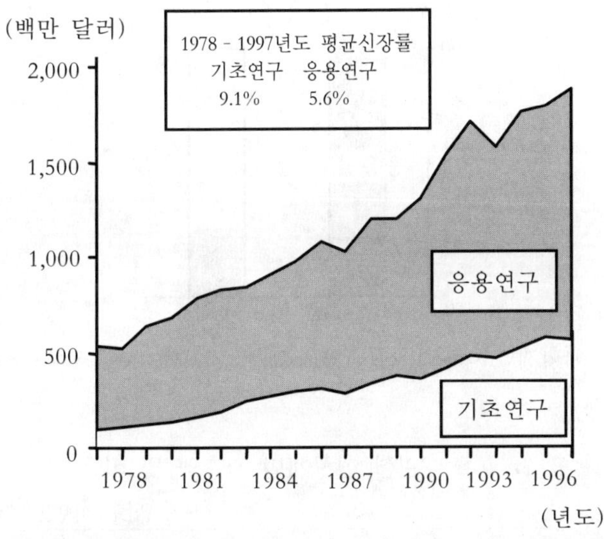

자료 : 미국과학재단(National Science Foundation) 자료에 의해 작성.

하는 벤처 캐피탈 등이 가져다 준 것이지만, IT관련 연구개발투자, 특히 기초연구에 있어서 연방정부가 수행한 역할에도 주목할 필요가 있다.

[그림 3 - 8]이 보여주는 것처럼, 연방정부의 IT관련 기초연구 지출은 응용연구의 지출을 상회하는 속도로 증가하였다. 그 결과 1997년에는 민간기업에서의 기초연구투자는 겨우 연구개발비의 약 3%이내였으나 연방정부의 경우는 연구개발지출의 약 30%가 기초연구에 투자되었다(그림 3 - 9). 또한 IT관련 기초연구 지출에 있어서도 그 30%를 연방정부가 부담하고 있다(표 3 - 10). 물론 연구개발비의 절대액에서 보면 민간기업의 지출액이 많기는 했지만, 기초연구에 있어서 연방정부가 수행한 역할도 간과해서는 안 된다.

한편, 1990년대에 들어 미국이 IT산업에서 우위를 확립하게 된 가

[그림 3 - 9] IT관련 연구개발 지출의 목적별 내역

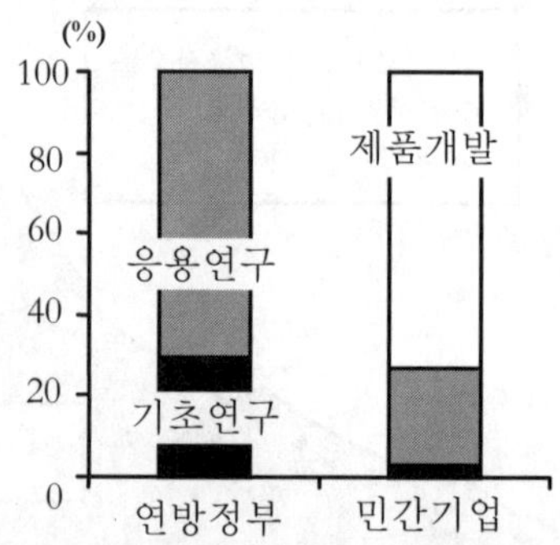

자료 : 미국과학재단(National Science Foundation) 자료에 의해 작성.

<표 3 - 10> IT관련 연구개발 지출액 및 비율

(단위: 100만 달러, %)

		합계	기초연구	응용연구	제품개발
연방정부 · 민간기업 합계		46,039 100	1,987 100	11,608 100	31,732 100
구 분	연방정부	1,887 4	562 28	1,324 11	NA —
	민간기업	44,152 96	1,425 72	10,284 89	31,732 —

주 : 하단은 연방정부 · 민간기업 합계를 100으로 한 비율.

자료 : 미국과학재단(National Science Foundation) 자료에서 작성.

(참고) 도표 3 - 7~3 - 10에서 IT관련 연구개발 지출에 포함된 분야

연방정부	• Computer Sciences and Electrical Engineering
민간기업	• Office, Computing and Accounting Machines • Communications Equipment • Electronic Component • Communications Services • Computer and Data-Processing Service

장 큰 이유는 미 국방성의 연구개발 결과 만들어진 인터넷의 폭발적인 보급의 결과이기도 하다. 현재 미국 정부는 앞으로도 이러한 우위를 계속 유지해 나가기 위해 연방정부 주도로 연구개발사업을 실시하고 있다. 클린턴 정권에 들어서서는 새로운 NGI(Next Generation Internet), IT^2(Information Technology for the Twenty-First Century : IT square)라고 하는 두 가지 연구개발사업에 착수하였다(표 3-11). NGI는 초고속 차세대 인터넷과 어플리케이션 개발을 목표로 하여, 연구기관을 차세대 인터넷으로 접속시키는 응용실험을 하는 것이다. IT^{2}란 인간의 언어를 듣고, 말하고, 이해하는 컴퓨터 등 미래를 향한 혁신적 기초정보기술의 연구개발이며, 아울러 정보기술 이용의 경제·사회적 영향 등을 분석함으로써 사회과학 분야의 연구도 수행하는 두 가지 목표를 성취하고자 하는 것이다. 이를 통해 21세기 IT산업의 기초를 정부주도로 조성하려는 것이기도 하다. 그러나 여기에서 또 한 가지

<표 3-11> 연방정부가 추진중인 연구개발 프로그램

	NGI	IT ^{2}
기본인식	연방정부가 소액의 종자돈으로 산업계 및 대학의 막대한 투자를 유발하는 인터넷의 거대한 성장시장을 창조하고, 그 다음 단계로서 차세대 초고속 인터넷에 정부가 투자하는 것이 중요	IT관련 연구에 미국정부의 장기적 투자는 이 기술의 중요성에 비하여 불충분함. 계속적인 정보혁명에 필요한 장기적 기초연구에 민간부문이 투자할 가능성이 낮으므로 정부의 투자가 필요
개시시기	1998년	2000년
예산	1998년도 실적 1억500만 달러	2000년도 3억6,600달러를 제안
연구내용	①차세대 네트워크 기술의 실험 ②신기술의 실증과 장래 연구지원을 위해 대학과 국립연구기관을 접속하여 차세대 네트워크의 실험장을 개발 ③국가목적의 실현을 위해 혁신적 어플리케이션 개발과 실증실험	①기초적 정보기술(소프트웨어, 언어를 듣고 말하며 이해하는 컴퓨터, 정보의 비주얼화, 스케러블 정보 인프라, 하이엔드 컴퓨팅) ②과학기술, 국가목적용 선단컴퓨팅 ③정보기술의 경제적, 사회적 임프리케이션과 인재개발

자료 : *Next Generation Internet Initiative, Concept Paper*(1997), *Information Technology for the Twenty-First Century*(1999)에서 작성.

특기할 만한 사실은 이러한 두 가지의 계획 모두가 민간기업에는 부담을 주지 않고 있다는 것이다. 이는 장기적으로 추진해야 하면서도 실패의 위험성이 높은 기초연구는 연방정부가 맡아서 차세대 IT산업 발전의 초석을 구축하겠다는 의미이다. 여기에는 정부가 이러한 고난도 사업의 실시를 통해서 민간의 연구개발 투자를 유발하는 촉매 역할을 담당해야 한다는 의미가 숨겨져 있기도 하다.

6. 미국 IT산업의 도달 목표

이상에서 살펴본 것처럼 법률·제도와 기초연구개발 분야에서 정부가 정비한 환경을 전제로 미국 IT산업은 민간주도로 발전했고, 그 결과 IT산업이 미국의 경제성장을 견인해 왔다.

1999년에 미 상무성이 발표한 보고서인 'The Emerging Digital Economy Ⅱ'에 의하면, 1988년의 실질 경제성장의 약 3할이 IT산업의 성장에 기인한 것으로 보고 있다(표 3-12). 그리고 실질설비투자 신장률의 약 6할이 IT관련투자라고 보고되고 있다(표 3-13).

[그림 3-12] 실질 경제성장률에의 IT산업 기여도

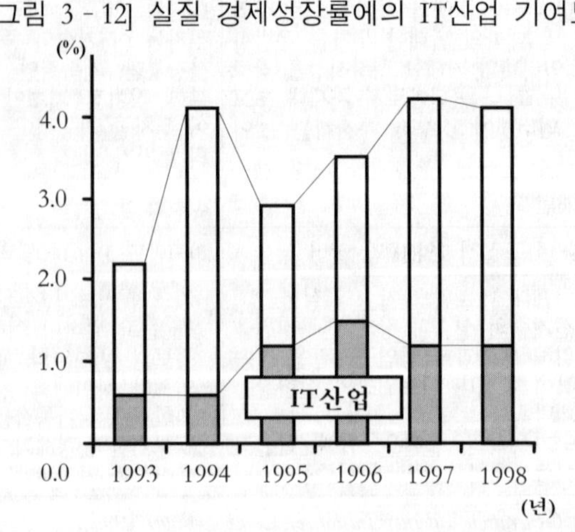

자료 : 미국상무성, The EMERGING DIGITAL ECONOMY Ⅱ, (1999).

[그림 3 - 13] IT 관련투자가 실질 설비투자 신장률에서 점하는 비중

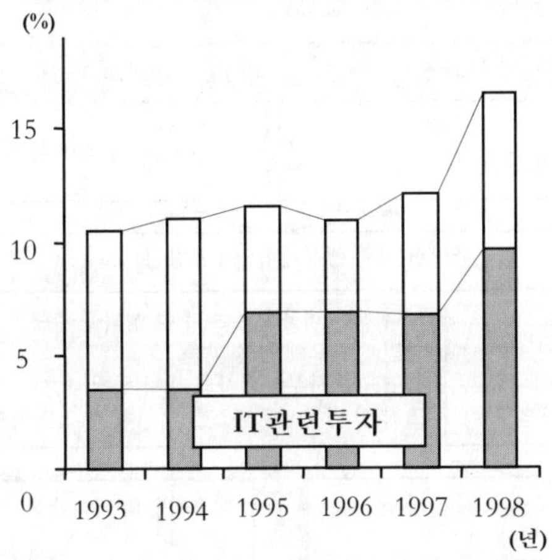

자료 : 미국상무성, The EMERGING DIGITAL ECONOMY Ⅱ, (1999).

제2절 행정개혁과 함께 추진된 전자정부 구축

다음에는 NII가 목표로 하는 제2의 비전, 즉 효율적이고 질 높은 정부의 구축에 대해서 살펴보자.

클린턴이 취임한 직후 미국 연방정부는 약 3,000억 달러에 달하는 거액의 재정적자와 부정 및 비효율적인 정부지출에서 기인한 국민들의 대정부 불신에 직면하였다. 클린턴 정권 이전에도 재정적자의 축소와 행정개혁을 추구하였던 정권이 있었지만, 냉전에 의한 군사비 증가가 근본적인 개혁의 발목을 잡았다. 그러나 클린턴 정권에서는 1991년의 소련연방의 붕괴와 함께 냉전이 종식된 상황이었으므로 보다 근본적인 개혁에 착수할 수 있는 환경이 조성되었다.

대통령선거에서 재정적자의 축소와 행정에 대한 국민의 신뢰회복을 선거공약으로 내건 클린턴은 취임 직후 정부재창조(Reinventing Government)

<표 3 - 14> 클린턴 정권의 행정개혁 개요

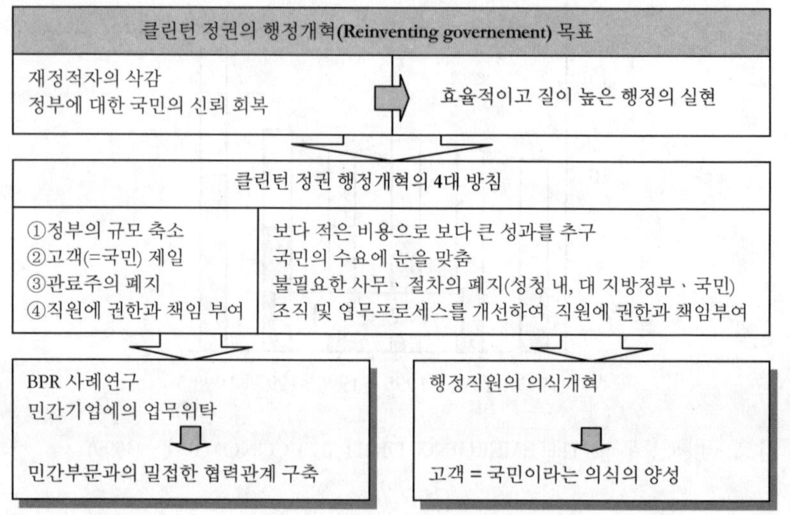

자료 : National Partnership for Reinventing Government에서 작성.

라는 관점에서 정부개혁에 착수하였다. 이는 일본에서 전개했던 것처럼 외형적으로 정부 부처를 통폐합하는 정도에 그치지 않고, ①정부의 규모 축소, ②고객제일, ③관료주의 타파, ④직원에게 권한과 책임의 부여 등의 4대 방침을 내걸고 정부 자체의 존재양식을 재검토한 것이었다. 또 개혁의 실천에 있어서 민간부문을 활용했고, 기업들이 실천하고 있는 BPR(Business Process Re-engineering)의 사례연구와 민간기업에의 위탁 등에 의해 민간부문에 축적된 노하우를 적극적으로 흡수하고자 한 것이 다른 정권에서 수행했던 행정개혁과 크게 다른 점이었다(표 3 - 14).

1. 행정개혁과 전자정부

클린턴 정부에서는 이러한 정부혁신을 시작했던 초기부터 이미 전자정부의 구축을 검토하고 있었다. 1993년 9월에는 정보화사회가 가져다 줄 가능성과 미국 정부의 대응에 대하여 서술했던 '정보기술에 의한 행정개혁'이라고 하는 제안이 행정개혁추진 전문조직인 NPR(National Partnership for Reinventing Government)에 의해 발표되었다. 이 제안서에는 '전자정부'(Electronic Government) 구축의 필요성과 정부의 구체적 실천항목을 열거하고, 당시 미국정부가 전자정부로서 무엇을 상정하고 있는가에 대한 진지한 질문을 담고 있다. 그 내용을 간략히 소개하면 다음과 같다.

1) 정보화 추진을 위한 리더십의 강화
정부의 업무처리에 정보기술을 적용시키기 위해서는 기관의 최고 책임자가 강력한 리더십을 발휘해야 한다.

2) 전자정부의 도입
①전국규모로 통합된 급부금 전송제도 도입
②정부정보 및 서비스에의 전자적 접속방법의 개발
③법 집행기관/공공안전 네트워크의 확립
④부처 공통의 세금전송·보고·지출시스템의 제공
⑤국제무역 데이터 시스템 확립
⑥전국 환경 데이터 목록의 작성
⑦전 부처에서 전자메일 도입

3) 전자정부 지원기능의 확립
①정부의 정보인프라 개선
②프라이버시와 보안을 인증하는 시스템과 조직의 개발
③정보기술을 도입하는 절차의 개선
④혁신에 대한 장려금의 제공
⑤연방직원에 대한 IT교육지원

위에서 보듯이, 전자정부의 도입에 임하여 당시 미국정부가 우선순위가 높다고 판단한 구체적인 7개의 시책이 제시되고 있다. 첫째는 전국규모의 통합된 급부금 전송제도의 도입이었는데, 이는 저소득층에 대한 식료품 쿠폰 및 의료보조, 장애자에 대한 보험급료, 사회보장청의 급부 등 각종 급부제도에 대한 사무를 전국적으로 전산화하려는 것이었다. 둘째, 정보 및 서비스의 전자적 접속방법의 개발로, 국민 및 기업 등 이용자가 전화와 KIOSK 단말기로 어느 장소에서나 행정수속 및 정보입수를 가능하게 하자는 것이다. 셋째, 법 집행기관/공공안전네트워크의 확립은 경찰 및 법원과 검찰 등의 법 집행기관이나 재해 및 대형사고에 대응하는 기관에 있어서 매우 중요한 무선통신 네트워크를 정비하는 것이다. 넷째, 부처 공통의 세금전송·보고·지출시스템의 제공은 세금에 한정되지 않고, 금전적인 데이터에 관한 일련의 사무를 정보화하고, 연방정부와 지방정부의 사무방식을 통일하여 묶는 것이다. 다섯째, 국제무역데이터시스템의 확립이란 각 부처마다 실시하고 있는 무역관련 조사를 일원화하고, DB를 구축할 것을 목표로 하는 것이다. 여섯째, 전국 환경데이터목록의 작성은 각 부처가 보유한 환경관련 데이터를 통합시킨 DB를 구축하고 일반 이용자 등이 열람할 수 있는 목록을 작성하는 것이다. 마지막으로, 전 부처의 전자메일 도입은 과거 서류에 의한 업무를 줄이고 전자메일의 이용을 확대하는 것이다.

실현 목표의 세 번째로 들고 있는 전자정부 지원기능의 확립이란 전자정부의 구축 자체와는 직접적인 관계는 없지만, 전자정부를 실현하기 위한 전제가 되는 것이기에 정비의 필요성이 있는 것이다. 이처럼 제안서는 전자정부의 구축을 위해 정부가 실시해야 할 것을 망라하고 있다. 우리는 여기에서 이미 1993년에 정보화를 개혁수단으로 확정하였다는 점에 주목할 필요가 있다. 다만 이러한 제안서가 발표된 후 그 실천항목의 진척을 확인하는 보고서가 관련 부처에서 나왔는데, 이에 의하면 당시부터 전자정부의 개념이 미국 전역으로 확산된 것은 아니었다.

전자정부의 개념이 민관 쌍방으로 급속하게 침투하고, 전자정부 구축에 가속이 붙은 것은 미국사회에 있어서 정보화가 급속히 진전된 1995년 전후부터이다. 미 정부는 당초 행정부문 내에서의 효율화의 수단으로서 정보화를 추진하였으나, 인터넷의 보급과 함께 홈페이지 등을 활용하여 국민과 기업이 사용하기 쉬운 형태로 정보공개 및 서비스제공을 하고자 하였다. 그리고 최근에는 정치활동 및 입법과정에 있어서 인터넷의 활용에 의한 민주정치의 혁신(Digital Democracy)도 추진되고 있는 중이다. 그렇다면 여기서는 행정개혁과 전자정부의 구축이 실제로 어느 정도로 진행되고 있는지를 살펴보자.

2. 미국의 행정개혁 추진조직

연방정부는 행정개혁을 추진하기 위한 조직적 정비를 단행하였다. 1993년 이후 미국에서 행정개혁 전체를 총괄하고 정보기술을 활용한 행정개혁에 있어서 리더십을 발휘한 것은 고어 부통령이었다. 실무적으로는 그를 책임자로 하여 <표 3-15>에 나타난 조직이 이러한 행정개혁을 추진하였다.

이 가운데 1993년에 고어 부통령이 직접 관리하는 조직으로 설립된 NPR은 각 부처와 정부기관의 영역을 초월한 수범사례(best practice)를 발굴하고, 각 부처에 전파·실행시키는 역할을 담당하여 왔다. 당초 NPR은 인력감축 및 불필요한 서류의 축소에 활동의 주안점을 두었으나, 그후 정보기술을 활용한 개혁을 추진하는 것으로 그 역할이 변화하였다. 뒤에서 살펴보겠지만, NII구상 및 '정부혁신' 계획이 발표된 시기부터 정부부문에서 정보기술의 활용을 실천항목으로 선택하여 본격화한 것도 1990년대 후반 인터넷이 미국 내에 보급된 후였다.

<표 3 - 15> 클린턴 정부의 행정개혁 추진 체제

	조직명	명칭	역할
새롭게 설립된 조직	National Partnership for Reinventing Government	NPR	1993년에 설립. 고어 부통령 직속 조직. 각 부처, 지방정부의 개혁을 추진
	Chief Information Officers	CIO	1996년에 설립. 각 부처 간부가 담당. 부처내 정보화 투자의 입안·성과관리 책임을 담당
	Government Information Technology Services	GITS	1996년에 설립. NPR 제언의 추진 모체. 각 부처의 담당관이 모여 정부내에 IT이용의 촉진과 부처간 협력관계 수립을 목표로 함
	Electronic Processes Initiatives Committee	EPIC	1997년 설립. 관리예산처(OMB), 총무처(GSA), 국방성(DoD: Department of Defense), 재무성(Treasury: Department of the Treasury)의 간부가 모여, 정부의 비즈니스 프로세스 및 정부의 EC를 개선하기 위해 구체적 방안을 제언
전통적인 조직	General Services Administration	GSA	일본의 총무청에 해당(현재 자치성)
	National Science Foundation	NSF	일본의 과학기술청에 해당. 정부의 정보화에 관한 연구개발을 실시
	Government Printing Office	GPO	일본의 대장성 인쇄국에 해당. 문서의 전자화 추진
	Office of Management and Budget	OMB	정부의 예산관리를 실시. 개혁의 추이를 체크
	General Accounting Office	GAO	일본에서 말하는 회계감사원이지만, 일본과 다른 점은 의회의 관점에서 정부개혁의 진척도, OMB의 업무를 감사

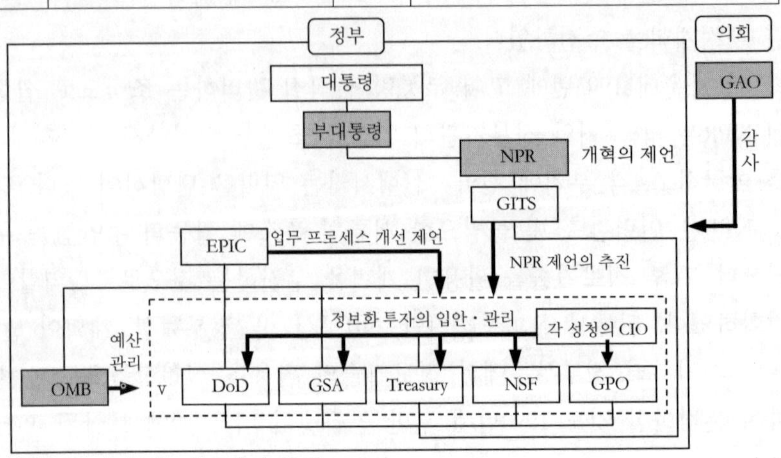

자료 : 각 부처 자료에서 작성.

정보화를 개혁의 유력한 수단으로 삼게 된 것을 배경으로 모든 부처는 IT와 관련한 예산, 기획, 구매의 권한을 장악하는 실질적인 책임자로 CIO(Chief Information Office: 정보최고책임자)를 임명하였다. 그리고 CIO를 소집하는 CIO회의(Chief Information Officers Council), 정부정보기술서비스(GITS: Government Information Technology Service), 전산화추진위원회(EPIC: Electronic Processes Initiatives Committee)라고 하는 기관도 설립하였다.

행정개혁을 추진한 것은 이러한 새로운 조직만이 아니었다. 특히 관리예산처(OMB: The Office of Management and Budget)와 회계감사원(GAO: General Accounting Office)은 개혁의 논리 및 체계를 평가하고 적극적으로 뒷받침하는 기관으로서의 역할을 수행하였다. OMB는 NPR과 제휴하면서 각 부처가 제출한 예산안을 사정하고, '업무과정을 개선하면 예산을 더욱 절감할 수 있다'는 지도를 하였다. 이에 대해 GAO는 의회 직속의 감사기관으로서 집행된 개별 업무의 사후감사뿐만 아니라 현재 입안중인 정책에 대하여 타당성을 평가하기도 하고 의회에 정책을 판단할 수 있는 보고서를 제출하기도 하는 등 광범위한 역할을 하였다. 이는 일본의 회계검사원보다 다양한 기능을 하는 것이다. 클린턴 정권에서 행정개혁을 시작한 이후 GAO는 의회의 관점에서 MBO를 포함한 정부 개혁의 진척을 감사하고, 여러 가지 개선점을 권고하였다.

3. 법률과 제도 면에서의 종합적인 환경정비

이처럼 NPR을 중심으로 여러 조직이 협력·보완해 가면서 미국의 행정개혁과 전자정부는 구축되어 왔다. 그리고 실제로 이를 추진함에 있어서는 단지 정보화 프로젝트만 실시된 것이 아니라 정보화가 최대의 효과를 발휘할 수 있도록 법률과 제도 면에서의 종합적 개편을 동시에 추진해 왔다는 점에 주목할 필요가 있다. 즉, 전자정부의 구축에 필요한 구조개편을 법률로 의무화한 것, 그리고 실제로 제도화를 통해 전자정부 구축을 촉진했던 것이다(표 3-16). 그러면 여기에서 전자정부의 목표인 효율성 향상, 정보공개, 서비스향상에 관한 각각의 법과 제도상의 논리를 살펴보자.

4. 효율향상

미 연방정부는 단지 지금까지의 업무프로세스에 정보기술을 도입하는 것에 그치지 않고 법률로 의무화하여 업무프로세스 그 자체의 개선을 통한 효율화를 추진했다. 그 중에서도 특히 중요한 역할을 한 법률은 1990년의 재무최고책임자법(CFOA : Chief Financial Officers Act), 1993년의 GPRA법(Government Performance & Results Act: 정부성과법), 1995년의 문서감축법(PRA: Paperwork Reduction Act) 등이다.

재무최고책임자법은 연방정부의 회계제도 개선을 목표로 각 부처가 재무최고책임자(CFO)를 임명할 것을 의무화한 것이다. 이 법에 의하여 효율성 여부의 판단자료가 되는 정부의 수지통계가 정비되었다.

GPRA법은 2000년도까지 7년간의 유예기간을 둔 후, 연방정부의 모든 부처에 대하여 그 정책과 예산을 구체적인 목표와 지표를 사용하여 성과를 설명하도록 의무지운 것이다(표 3-17). 즉, 정부에 대하여 명확하게 수치로 설명이 가능한 생산성 향상을 추구하도록 한 것이다. 이 법에 의해 연방정부에도 행정평가가 본격적으로 도입되었고, 각 부처에 있어서 정책목표가 명확해진 것은 물론 업무추진 방식도 개선되었다. 연방정부의 각 기관이 민간 컨설팅회사에게 의뢰하여 BPR(Business Process Reengineering)을 실시하기 시작한 것도 이때부터이다.

한편, 1995년에 성립된 문서감축법은 정보기술의 활용을 의무화하고, 과거 종이를 사용하던 업무절차를 근본적으로 바꿔서 효율화를 도모하였다. 또한 앞에서 설명한 것처럼, 관리예산처(OMB)와 회계감사원(GAO)는 최고재무책임자법, GPRA법, 문서감축법 등의 실효

<표 3-16> 미국의 행정개혁 관련법 제정의 추이

년	실시항목	법률 등	내용
1980	인원·종이 삭감	Government Paperwork Reduction Act of 1980	· 문서감축법. 행정의 효율화를 추진하기 위해 정부 내의 종이를 삭감
1990 1993	업무 프로세스 개선	Chief Financial Officers Act of 1990	· 최고재무책임자법. 주요 부처에 최고재무책임자(CFO: Chief Financial Officer)를 설치하고, 성과 보고를 의무화
1994		Government Performance and Results Act of 1993	· GPRA법. 각 부처에 ①장기목표의 작성, ② 매년 구체적인 달성목표의 설정, ③달성목표에 대한 달성도 평가를 의무화
		Government Management Reform Act of 1994	· 각 부처의 재무보고 강화 · 성과에 기초한 재무보고를 의무화
1995 1996	정보기술의 적극적 활용	Federal Acquisition Streamlining Act of 1994	· 연방구매합리화법. 각 부처에 고객서비스 계획의 입안을 의무화 · 2004년까지 연방정부기관의 <u>총 조달 가운데 95% EDI화</u>를 의무화 · 각 부처의 주요한 조달항목에 대해서 비용과 실제의 금액, 개선도입 스케줄, 도달목표를 기록하여 추적조사하도록 제정
		Paperwork Reduction Act of 1995	· 1980년 제정된 문서감축법 개정 · 정부 내 종이 삭감을 위해 <u>IT를 적극적으로 이용</u>
1998		Federal Financial Management Improve-ment Act of 1996	· 각 부처가 예산과 실제 추진을 용이하게 파악할 수 있도록 환경정비를 목표
		Information Technology Management Reform Act of 1996	· 각 부처의 예산입안 프로세스에 <u>정보화 투자계획과 결과평가방법을 포함하도록 의무화</u> · 각 부처에 CIO(Chief Information Officer)설치를 의무화
		Debt Collection Improvement Act of 1996	· 1999년까지 연방정부의 지출을 전부 전자화하는 것을 의무화
		Freedom of Information Act of 1996	· 정보공개법. 각 부처는 국민에게 전자적으로 각종 기록을 공개할 것을 의무화
		Government Paperwork Elimination Act of 1998	· 2003년을 기한으로 종이에 의한 문서작업 의무를 철폐
		Federal Activities Inventory Reform Act of 1998	· 각 부처의 상업활동에 대한 목록을 작성하고 같은 서비스를 제공하는 민간부문과 비용을 비교하여, 민영화 여부를 검토하는 것을 의무화. 또한 이의 내용 공개 의무화

자료 : 미국 정부자료에 의해 작성.

<표 3 - 17> GPRA법 개요

전략적 계획	• 1997년 9월까지 각 부처는 의회와 관리예산처(OMB)에 해당 부처의 전략계획을 제출 • 전략계획에 포함되는 내용: ①부처의 미션과 기능 · 업무 ②부처의 목표와 정책의 목적 ③목표와 정책의 목적을 달성하기 위한 구체적 프로세스 ④달성도 평가방법 • 전략계획은 5년 이상을 대상기간으로 하고 적어도 3년마다 개선 실시 • 계획입안의 과정에서 회의와 협의로 조정
연차 사업계획과 보고	사업계획 • 사업의 수행에 따라 달성되는 결과를 상정하여 이를 목표로 설정 • 목표의 객관화 · 정량화에 주력 • 목표달성을 위한 방법을 명기 사업보고 • 2000년 3월까지 도입하여 이후 매년 실시 • 대통령과 의회에 보고 • 목표에 대해 달성도를 평가 • 달성/미달성의 이유를 명기 • 미달성의 경우 개선방법 표시

자료 : NPR(National Partnership for Reinventing Government) 자료에서 작성.

성 있는 집행을 위해 각 부처의 업무를 감독하였다. 이처럼 미국은 업무절차의 개선과 정보기술활용을 의무화하는 법률을 제정하여 감독기능을 담당하는 조직을 활용해 가면서 효율화를 달성하고자 했던 것이다.

5. 정보공개

행정의 투명성을 높이면서 정부가 보유하고 있는 정보를 민간부문이 폭넓게 이용할 수 있게 하는 정보공개를 추진하기 위해서는 정보기술을 활용하기에 앞서서 정부정보를 입수할 권리를 국민에게 보장하여야 한다. 그리고 그 대상이 되는 정보의 범위를 법률과 제도로 규정하는 것도 전제되어야 한다. 미국에서는 이미 1966년부터 정보공개법(FOIA: Freedom of Information Act)이 시행되었다. 그러나 인터넷의 보급에 발맞추어 1996년에 이 법을 개정하였다(표 3－18). 개정된 법은 전자정보공개법(eFOIA)이라 불려지기도 하는데, 1996년 11월 이후 각 부처에서 작성된 정보는 일부의 예외를 제외하고는 1년 이내에 인터넷 등의 전자매체를 통해 의무적으로 공개할 것을 규정하였다.

이 법에서는 각 부처가 '정보공개법 전자열람실'(FOIA Electronic Reading Room)이라 불리는 홈페이지를 개설하도록 하였다. 이에 따라 각 부처는 정보공개 홈페이지를 정비하고 있다. 이 전자열람실에는 각 부문의 연차활동보고서 등의 기본적인 자료는 물론 과거에 정보공개 신청이 많았던 정보들을 등재하여야 한다. 이를 통해서 신청빈도가 높은 정보를 파악하고, 이들 정보에 대해서는 개인적으로 신청하지 않아도 홈페이지에 접속하기만 하면 정보를 열람할 수 있는 체제를 구축하려는 것이다. 미국의 정보공개법은 정보를 디지털 데이터로 원하면 디지털 데이터로, 팩스로 원하면 팩스로 제공하는 등 여러 가지 방식으로 정보를 공개하도록 하여 정보 청구자가 다양한 선택을 할 수 있도록 하고 있다.

<표 3－18> 정보공개법(FOIA: Freedom of Information Act)의 개정 요점

항목	내용
전자매체의 활용	일부의 예외를 제외하고 1996년 11월 이후 작성된 정보는 전부 1년 내에 인터넷 또는 유사한 전자매체를 이용하여 공개
전자열람실의 개설	·각 부처가 전자열람실을 개설 ·과거에 빈번히 열람 청구 및 문의가 있었던 정보를 게재 ·정보공개법에 의해 입수가능한 정보와 입수방법을 표시
제공수단의 선택 가능	정보 청구자가 요구하는 형식(디지털 데이터, FAX, 종이에 의한 복사 등)에 따라 정보를 제공

자료 : NPR(National Partnership for Reinventing Government) 자료에서 작성.

6. 서비스 향상

　국민=고객이라는 의식을 공무원에게 갖도록 하여 국민서비스 향상을 도모하려는 것이 클린턴 정권이 지향하였던 정부혁신의 목표였다. 이러한 개혁 목표에 입각하여 1993년 이후 순차적으로 개혁을 추진한 결과, 현재에는 지속적으로 서비스 향상이 이루어질 수 있도록 하는 일련의 자동적인 절차가 확립되었다(그림 3-19). 이러한 절차 안에는 각 부처가 고객인 국민에 대하여 서비스 향상을 목표로 하는 전략계획과 실행계획을 작성하고, 이것에 예산을 배정하는 구체적인 제도가 도입되어 있다. 그런데 이러한 자동적인 절차를 구성하는 시스템에는 공무원의 의식과 행동의 개혁을 추진하는 인적 프로그램과 전자정부 구축을 추진하는 정보화 프로그램이 두 개의 기둥으로 자리 잡고 있다. 그리고 제공된 행정서비스의 질에 대하여 이용자 설문조사를 통해 측정하고, 그 결과를 다음 계획의 작성시에 기초정보로 활용한다. 또 의회 및 백악관 등에서 그 결과에 대해 논의하고 차기 계

[그림 3-19] 미국 정부의 서비스 향상 사이클

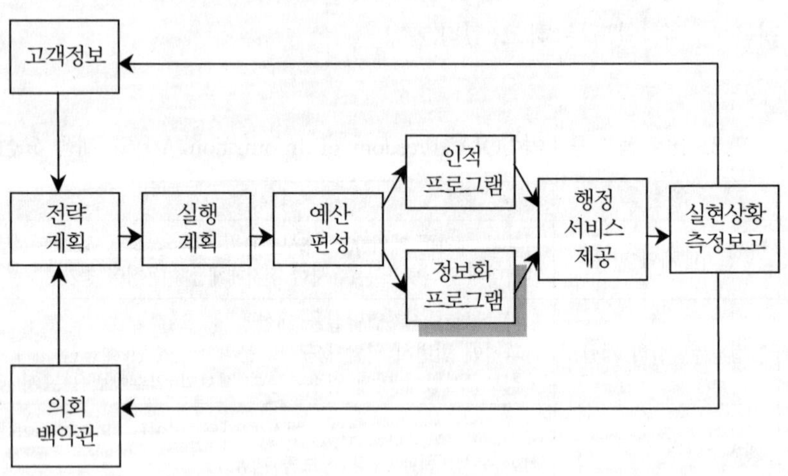

자료 : NPR(National Partnership for Reinventing Government) 자료에서 작성.

획에 의견을 반영한다. 정보화프로그램을 포함한 이러한 일련의 흐름을 통해서 서비스가 계속해서 자동적으로 향상되기를 기대하는 것이다.

미 연방정부의 서비스 향상을 위한 노력은 1993년에 클린턴 대통령이 국민에 대한 고객서비스 기준(Customer Service Standard)을 설정하도록 각 부처에 지시한 것으로부터 시작되었다. 이 대통령령에 의하여 4년 동안에 570개의 부처가 4,000개에 달하는 고객서비스 기준을 책정하기에 이르렀다. 고객서비스 기준의 내용은 <표 3 - 20>에서 보이듯이 공무원의 구체적 행동에까지 개입하여 목표를 설정하고, 이의 달성을 촉구하는 것이다.

고객서비스 기준을 책정을 하는 데 있어서는 도요타 및 월트 디즈니 등 민간기업의 우수사례를 벤치마킹하고, 이를 뛰어넘는 수준의 서비스를 달성하는 것이 목표가 되었다. 고객서비스 기준은 달성 상황에 대하여 민원인들에게 설문조사를 실시하고, 필요에 따라 개선을 하는 등 적극적으로 활용하였다. 이러한 개혁을 통해서 처음으로 공무원들에게 국민=고객이라고 하는 의식이 싹트고, 공무원들은 '고객욕구에 부응하는 서비스가 무엇일까'하는 질문을 자연스럽게 하게 되었다. 또한 1994년에 제정된 연방구매합리화법(FASA: Federal Acquisition Stream-lining Act)에서는 각 부처에 고객서비스 계획을 입안할 것을 의무화하였다.

1995년에는 이러한 개선을 계속할 것, 고객서비스 기준을 민원인들에게 공표할 것, 달성 상황을 매년 고객의 입장에서 가능한 한 객관적인 기준으로 평가하고 보고할 것이 의무화되었다. 그 결과 각 부처가 설계한 모든 고객서비스 기준과 달성 상황이 DB화되어 NPR 홈페이지에 공개되었다. 1999년부터는 이용자의 만족도 조사를 민간기업이 사용하는 기법을 사용하여 실시하도록 했다. 즉, 미국의 민간기업 중 약 200개 사가 사용하는 서비스만족도 지표(American Customer

<표 3 - 20> 연방정부의 고객서비스 기준의 예

부처 부문	상무부 소비자 문제실	교통부 국가고속도로교통안전국 주(州)커뮤니티 교통안전 프로그램 서비스
업무	소비자에 대한 대응· 정보제공	주립 고속도로 안전사무소와 협력하여 안전 프로그램을 계획·관리
고객	소비자	주립 고속도로안전사무소
고객서비스기준	1. 당사무소에 연락이 있는 경우는 · 우리들은 소비자 모두에게 항상 공평하게 정중히 대응한다 · 전화가 울리면 2회 이내에 직원이 응답한다. 대응할 수 없는 자동응답기의 경우는 자동응답기 메시지에 대해 당일중 혹은 다음 영업일중에 응답한다 · 문서는 언제나 쉬운 언어로 작성한다 · 대응이 늦는 경우는 언제 완전한 회답을 할 수 있는가를 중간보고로 연락한다 2. 소비자의 고정상담에 대해 · 10일 이내에 회답한다 · 회답에는 필요에 따라 개별 정보원 및 연락처를 소개한다 · 전화로의 고충상담은 전화로 어드바이스한다. 전문가가 없는 경우는 다음날 회답한다 3. 상무부의 정보에 관한 문의 · 문서로의 문의는 10일 이내에 회답한다 · 전화로의 문의는 전문 지식이 있는 사람이 대답한다. 다른 사무실에의 조회가 필요한 경우에는 바로 정확히 답한다 4. 출판물이 요구되는 경우 · 요청을 받은 후 5일 이내에 발송한다 · 출판물은 쉬운 언어로 알기 쉽게 쓴다 · 응답에 따라 활자가 큰 출판물도 준비한다	1. 프로그램의 계획에 대해 · 새로운 교통안전 프로그램의 개시에 있어서는 초기의 계획단계에서 해당사무소와 공동으로 일하고, 계획의 전개에 따라 해당사무소에 의견 및 조언을 요구한다 · 적어도 4반기에 1번, 중요 프로젝트에 대해서 연락하고 정보를 제공한다 2. 기술적 원조에 관해 · 적어도 1년에 1번, 해당사무소와 미팅을 하여 최신정보를 공유한다(자금원, 고속도로사고를 감소시키기 위한 기술, 다른 연방기관이 계획 중인 교통안전 프로젝트, 정보교환 촉진을 위한 컴퓨터 설비 등에 관해) · 해당사무소의 연차보고서를 검토하고, 연방의 규제가 준수되고 있는지를 확인한다 3. 프로그램 정보 및 서류에 관해서 · 주요 프로젝트에 관한 정보를 정리한 정보지를 문서에 기반한 것과 전자데이터로 하여 해당사무소에 배포한다. 앞으로 6개월 내 완성, 배포 예정인 출판물도 해당사무소에 배포한다 · 주요 프로그램에 관한 문서는 문서가 필요한 기간의 90일 전까지 발송한다 · 매스컴용 캠페인은 매스컴 발표가 있기 적어도 30일 전까지 해당사무소에 통지한다 · 주문방법과 접속처를 명기한 교통안전 프로그램 관계서류의 카탈로그를 출판한다 4. 훈련에 관해서 · 매년 9월에 교통안전전문가 육성기술 코스 리스트를 해당사무소에 배포한다 · 매년 1월~3월에 해당사무소가 어떤 훈련을 필요로 하는지를 조사하는 데 도움을 준다 · 조사 결과 필요하다고 판명된 코스를 개강한다

자료 : NPR(National Partnership for Reinventing Government) 자료에서 작성.

Satisfaction Index: 1994년에 미시건(Michigan)대학이 중심이 되어 개발)를 가지고 연방정부가 제공하는 30가지 주요 서비스에 대한 이용자 만족도를 조사하고자 하였다. 민간기업이 적용하고 있던 고객만족의 기법을 정부서비스에도 활용하게 된 것이다.

7. 지식 · 노하우의 공유화

이상과 같이 미 정부는 효율향상, 정보공개, 서비스향상을 촉진하는 법률 및 제도를 만드는 한편, 목표달성을 위해 각 부처의 구조개편을 하는 가운데 도출된 지식 및 노하우를 공유하는 일종의 지식경영도 실천하였다.

미 연방정부는 직원을 대상으로 NPR이 설정하는 개혁목표에 대해서 뚜렷한 성과를 거둔 경우에 표창을 하는 해머상(Hammer Awards) 제도를 도입하였다(표 3-21). 이 상은 고어 부통령의 주도로 1994년부터 시작한 것인데, 클린턴 정권의 4대 개혁 방침, 즉 ①정부규모의 축소, ②고객제일주의, ③관료주의 타파, ④권한과 책임의 위임 중 어느 하나라도 실현하고 현저한 효과를 거둔 부처와 지방정부의 공무원 개인이나 팀을 표창하는 프로그램이다. 이 상은 부통령이 직접 표창을

<표 3-21> 해머상(Hammer Award)의 개요

목적	고어 부대통령이 직접 표창 · 우수한 개혁 사례를 행정부문 내에 공유 · 개혁을 위한 인센티브 향상
개시 년도	1994년
대상	연방, 주, 지방정부 직원 및 시민팀
선정 기준	고어 부통령이 설정한 연방정부 개혁목표 실현에의 공헌도 · 연방정부의 효율화 · 국민에 대한 서비스 향상 · 경비삭감 등

자료 : NPR(National Partnership for Reinventing Government) 자료에서 작성.

함으로써 개혁에 인센티브를 주려고 고안한 것이다. 이 상의 특징은 우수한 개혁사례를 DB로 축적하고 홈페이지에 공표하여, 전 행정부문이 공유하게 한 데 있다. 이 상을 통해서 우수한 개혁 기법이 발굴되고, 이 기법을 정부 내에서 상호 활용하는 계기가 마련된 것이다.

제3절 전자정부의 목표와 과제

이상에서 본 것처럼, 미국은 법률·제도 면에서의 개편과 병행하여 정보화프로젝트를 진행하였고 그 결과 큰 성과를 거두게 되었다. 그렇다면 여기에서 전자정부 구축 프로젝트에 대해서도 효율향상, 정보공개, 서비스향상이라는 세 가지 관점을 가지고 설명을 해 보면 다음과 같다.

1. 효율향상

미 연방정부가 전자정부로의 전환을 위하여 제일 먼저 손을 댄 것이 바로 행정의 효율화였다. 정보기술을 활용함으로써 부처 내에서의 무사안일을 척결하고, 네트워크를 통하여 타 부처 및 지방정부와의 연계를 긴밀하게 하여 행정의 효율화를 달성하고자 했던 것이다. 클린턴 정권이 수립한 NII구상 속에는 정부가 대응해야 할 주요 과제의 하나로서 정부조달의 개선도 포함되어 있었다. 그리고 1994년에 성립된 연방구매합리화법(Federal Acquisition Stream-lining Act)에 의해 2004년까지 연방정부기관이 행하는 총조달의 95%를 EDI화할 것을 의무로 규정하고 있다.

특히 조달가가 높은 국방부와 2,500달러 이하의 소액조달을 취급하는 총무처(GSA: General Service Administration)를 중심으로 정부조달의

<표 3 - 22> 미국 연방정부의 조달 개선

	정보화	BPR
실시 사항	· IC카드 (인터넷)의 이용에 따른 지불 · 정부조달관련 데이터베이스 구축	· 직원에게 권한 이양 · 구입절차의 간소화
성과	· 종이의 삭감 · 비용관리의 효율화	· 결재 프로세스 개선
	· 구입까지의 일수 단축 (23~53일→ 5 ~10일) · 거래비용의 삭감 ($120/거래 → $58/거래)	

자료 : 총무처(General Services Administration) 자료에서 작성.

개선을 추진중에 있다. 이제까지는 공무원이 비품 하나를 구입하려 해도 수많은 신청용지를 채워야 했고, 여러 부서의 결재를 받아야 했다. 클린턴 정권에서는 IC카드와 인터넷의 이용, 민간기업이 실행했던 BPR을 정부에 도입한 결과 업무절차의 개선이 이루어져 비품구입에 걸리는 시간이 대폭 단축되고 비용의 절감도 체감할 수 있게 되었다(표 3 - 22).

2. 정보공개

미국에서는 인터넷의 보급에 따라 정보공개의 정의가 달라졌다. 단지 행정정보를 국민에게 공개한다는 의미에서 이제는 이용자에게 가능한 한 편리한 형태로 정보를 제공하는 것으로 그 의미가 확대된 것이다. 앞서 설명한 것처럼, 1996년 정보공개법의 개정에 의해 각 부처는 국민에게 각종 기록을 전자적으로 공개하도록 되었고, 국민들은 거꾸로 전자적으로 정보공개를 청구할 수 있는 권리를 갖게 되었다. 이는 인터넷상에서 추진되고 있다.

예컨대, 미국 항공우주국(NASA: National Aeronautics and Space Admini-stration)의 홈페이지에는 정보공개법이라는 주제의 페이지가 만들어

져 있다. 이 페이지에는 NASA가 보유한 정보 중 어떠한 정보가 정보
공개법에서 정한 공개대상 정보인지, 공개청구는 어떻게 하면 좋은
지 등이 상세하게 소개되어 있다. 또 담당자의 이름 · 전화번호 · 팩
스번호 · E-메일 주소 등이 명시되어 있다. E-메일로 정보공개청구를
하게 되면, 즉 정보공개청구라는 버튼을 클릭하고 나타난 서식에 이
름과 연락처, 그리고 필요한 정보개요 등을 기입하여 전송하면, 자동
적으로 회신을 해 주도록 한 것이다. 그리고 NASA 이외의 기관에서
관련정보를 보유하고 있는 경우에는 그 기관의 홈페이지 리스트를 연
결시켜 주기도 한다.

1996년 개정된 정보공개법이 각 부처의 홈페이지에 전자열람실
(Electronic Reading Room)을 개설할 것이 의무화된 후에, NASA도 전자
열람실 코너를 마련하였다. 여기에서는 기본적인 정보와 공개청구 빈

[그림 3 - 23] 미국 항공우주국(NASA) 홈페이지의 전자열람실

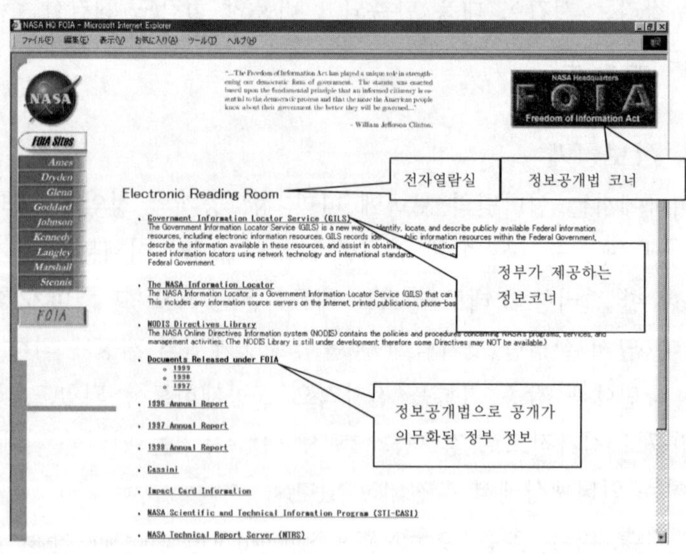

자료 : http://www.hq.nasa.gov/office/pao/FOIA.

도가 높은 정보를 상시 게재하도록 하는 규정에 따라 NASA의 연차 활동보고서와 같은 기본정보, 과거 국민들로부터 공개청구가 많이 있었던 기술보고서의 검색 코너, UFO에 관한 정보, NASA 이외의 정부부문에서 보유하는 정보의 정보검색코너 등이 하나의 홈페이지로 연결되어 국민들에게 정보활용의 편리성을 높여 주었다(그림 3 - 23).

3. 국민에 대한 서비스 향상

미국 정부의 국민에 대한 서비스 향상은 당초 각 부처마다 정보공개의 연장선상에서 정보를 제공하는 서비스를 중심으로 진행되었다. 그러나 민간부문에 있어서 인터넷의 보급과 검색기술 및 보안기술이 향상됨에 따라 정부도 이러한 기술을 이용하여 이용자들의 수요에 대응했고, 보다 편리하게 서비스를 제공해야 한다고 인식하였다. 이러한 가운데 인터넷상의 정부서비스는 단순한 정보제공에서 전산화된 신청수속과 접수를 포함하는 방향으로 발전하였다. 그리고 이러한 서비스도 각 부처의 개별적인 개선노력을 벗어나 부처 횡단적인 원스톱(One-stop) 서비스로의 변화를 도모하게 된 것이다.

각종 접수 및 신청수속을 전산화한 대표적인 사례는 국세청(IRS: Internal Revenue Service)이 시작한 세금의 전산신고제도이다. 과거에는 세금의 환급신청을 서류로 받았는데, 전화 버튼이나 인터넷으로 신청할 수 있는 시스템을 도입한 것이다. 서류로 신청하던 때는 오류율이 16%에 달하여 이의 수정을 위해 국민은 수 차례 국세청을 오가야 했었다. 그러나 새로운 서비스를 도입한 후부터는 오류율이 0%로 떨어졌고, 신청하는 데 소요되는 시간도 종래의 반인 6분으로 단축되었다고 한다(그림 3 - 24).

원스톱(One-stop) 서비스는 1998년에 발표된 NPR의 새로운 전략, 즉 'America@Its.Best' 가운데 정부가 고객지향을 실현하기 위한 중점 항목으로 선정한 것이다. 이에 따라 연방정부는 민간기업의 포탈사

[그림 3 - 24] 미국 국세청(IRS) 홈페이지

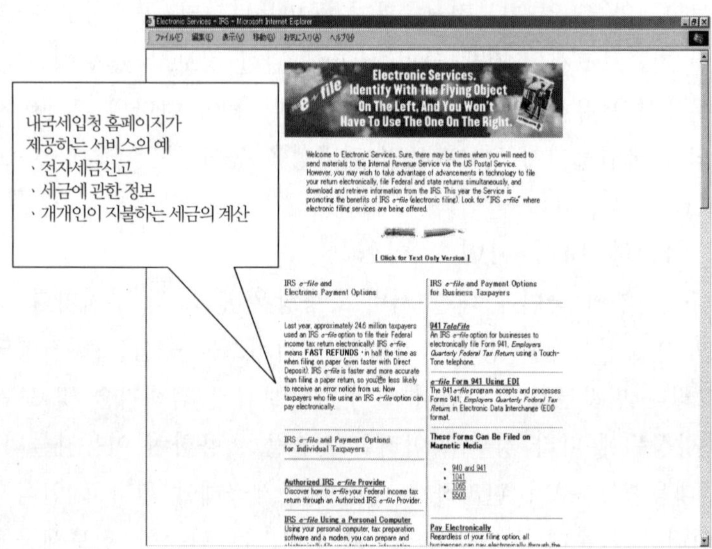

자료 : http://www.irs.gov/elec_svs/index.html.

이트를 참고하여 이용자를 학생·고령자·중소기업경영자·여행객 등으로 세분류하고, 이들 각각의 욕구에 대응하는 부처 횡단적인 원스톱 서비스의 정비를 추진하였다.

예를 들어 고령자를 위한 원스톱 서비스 사이트를 방문해 보면, 주소변경 수속 및 노인주택의 비교검토, 사회보험관계의 서류청구 등이 모두 가능하다(그림 3 - 25).

4. 행정개혁의 성과

이처럼 미 연방정부는 법률·제도의 개정과 각종 프로젝트의 실시에 의해 효율향상, 정보공개, 서비스의 향상이라는 성과를 거두었다. NPR이 발표한 행정개혁의 성과를 보면, 클린턴 정권은 1993년부터 1996년까지 4년간 35만 1천 명의 연방정부공무원 감축과 1만 6,000

[그림 3 - 25] 고령자용 연방정부 홈페이지

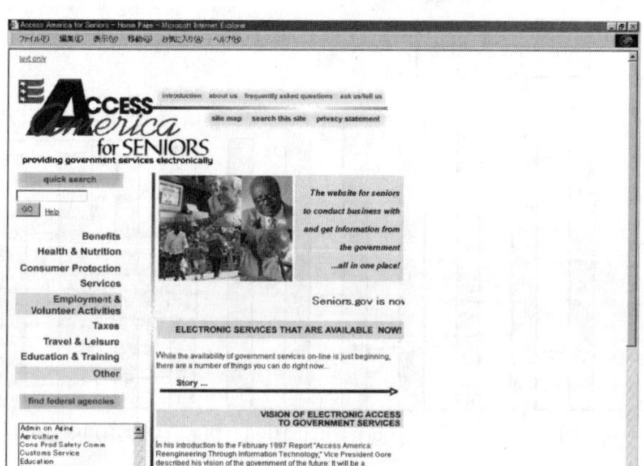

자료 : http://www.seniors.gov.

쪽 분량의 규제를 폐지하는 데 성공하였다. 이러한 성공의 배경에는 개혁의 성과를 추구한 의회의 압력이 컸었고, 또한 민간부문의 협력을 얻을 수 있었다는 점, 그리고 고어 부통령이 행정개혁운동에 앞장서서 리더십을 발휘하였다는 점 등을 들 수 있다.

5. 향후 과제

그러나 미국에서도 행정개혁은 완성된 것이 아니다. 개혁의 성과로서 거론되는 연방정부공무원 감축도 부처별로 보면 실제로는 냉전의 종식에 따라 이미 축소가 불가피했던 국방부가 중심이고, 그 외의 부처는 극히 저조하였다(그림 3 - 26).

또한 GPRA법에 의해 각 부처마다 수치로 설명가능한 목표의 설정이 의무적으로 부과되었다. 그러나 1998년 각 부처가 제출한 목표에 대하여 회계감사원(GAO)이 실현가능성을 수치로 지수화한 후 100점 만점으로 평가해 본 결과, 각 부처의 평균 점수는 겨우 42.2점에 모범사례의 흡수에 주력했기 때문에 실무적으로 전체를 관철하는 개

[그림 3 - 26] 연방정부의 직원수 추이

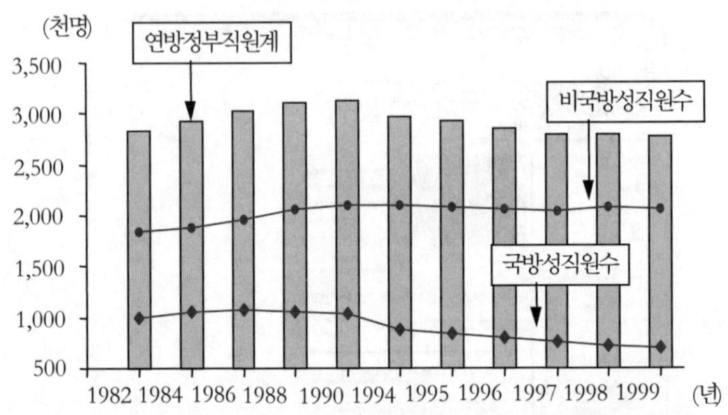

자료 : 인사관리처(Office of Personnel Management) 자료에서 작성.

념이 취약하다고 지적하였다. 따라서 이 연구소는 앞으로는 시대환
경에 대응하는 정부의 역할에 대한 명확한 지표를 설정하고, 그 철학
적 바탕에 근거를 두어 개혁을 추진할 것을 제안했다. 구체적으로 살
펴보면 세계화와 지방화가 진전되는 가운데 연방정부가 맡아야 할
역할을 소득재분배 및 국방 등의 기능에 한정해야 한다는 것이었다.
그리고 이러한 기능에 있어서도 그 서비스를 직접 제공하는 것이 아
니라 간접적인 서비스 중개자에 만족하여야 한다는 것이다. 연방정
부가 이러한 역할을 하기 위해서는 정보화와 조직분권화에 의한 행
정개혁이 필수적이라고 부루킹스연구소는 제시했다(그림 3-27).

민주당계의 싱크탱크인 진보정책연구소(PPI: Progressive Policy Institute)
도 '전자정부: 연방정부개혁의 다음 단계'(Digital Government, The Next
Step to Re-engineering the Federal Government)는 보고서를 발표하고, 정보
화 프로젝트가 복수 부처간에 연계되지 않는 것은 자금과 인재 그리
고 각료들의 지원 등이 부족한 까닭이라고 지적했다. 이를 해결하기
위해서는 각 부처에만 CIO를 임명할 것이 아니라 연방정부 전체의

[그림 3 - 27] 향후 개혁의 방향

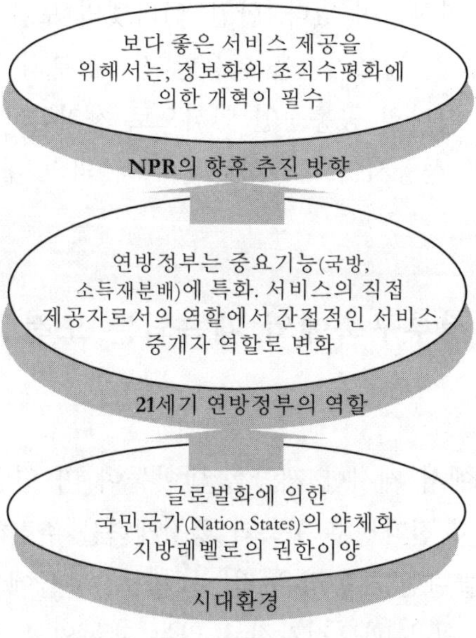

보다 좋은 서비스 제공을
위해서는, 정보화와 조직수평화에
의한 개혁이 필수

NPR의 향후 추진 방향

연방정부는 중요기능(국방,
소득재분배)에 특화. 서비스의 직접
제공자로서의 역할에서 간접적인 서비스
중개자 역할로 변화

21세기 연방정부의 역할

글로벌화에 의한
국민국가(Nation States)의 약체화
지방레벨로의 권한이양

시대환경

자료 : Donald F. Kettl, *Reinventing Government: A Fifth-Year Report Card*(1998)에서
작성.

정보화를 책임질 연방정부 CIO를 임명하고, 부처별 예산으로부터 독립된 예산을 지급하며, 복수의 부처에 관련된 프로젝트를 추진할 것과 이에 자금을 제공하는 투자기금을 설치할 것 등을 제안하고 있다. 또한 각 부처에 대하여는 권한과 자금 면에서 보다 많은 재량권을 부여하고, 정보화에 의해 절약된 자금은 재무부에 반환할 것이 아니라 각 부처가 개별로 보유하여 활용할 수 있도록 하는 제도를 도입하는 것이 각 부처의 정보화프로젝트를 확대지원하는 대책으로서 중요하다는 주장을 하였다.

이러한 정책제언에서도 볼 수 있는 것처럼, 행정개혁은 미국의 경쟁력을 유지하기 위해 불가피한 요소라는 인식이 정부와 민간에 확산되어 있다. 동시에 행정업무 프로세스의 개혁을 통해서 최종적으로는 행정문화의 변혁을 실현하는 것이야말로 행정개혁을 실현하는 것이라는 인식도 확산되어 있다. 한편, 인터넷의 보급에 따라 행정문화의 변혁수단으로서 정보기술을 활용한 전자정부의 구축이 가장 효율적이라는 것이 하나의 공통적인 인식으로 자리잡고 있다. 다만 이를 어떤 방식으로 성공시키느냐 하는 것이 논의의 대상이다.

제4절 전자정부구축에의 계속되는 도전

각 연구소 등에서 제시한 제안을 받아들여 미 연방정부는 이후 장기적인 관점에서 전자정부 구축과 행정개혁을 추진해 갈 방침이다.

1999년 12월 클린턴 대통령은 각 부처의 간부들에게 「사회개선을 위한 정보기술의 활용」과 「전자정부」라는 제목의 두 문서를 주면서 정보화를 계속 추진하도록 독려하였다.

전자의 문서는 대통령과 부통령의 리더십 하에 정보기술을 활용한 업무개선 목표를 부처 스스로가 설정하고 각 장관의 책임으로 목표달성을 위한 장기적인 시책을 추진할 것을 명한 것이다(표 3-28). 뒤의 문서에서는 국민들의 이용빈도가 높은 상위 500개 서비스를 선정해서 2000년 12월까지 이들 서비스에 필요한 서류는 가능한 한 온라인으로 제공하고, 2003년에는 모두 온라인으로 할 수 있도록 하는 비교적 단기적인 집행목표와 그 책임자를 정해 놓은 것이었다(표 3-29).

한편, NII구상에서도 제시되고 있듯이 네트워크 인프라의 구축과 보안기술의 확립 그리고 DB의 구축 및 정보화사회의 도래에 대비한 법규제의 정비, 국민교육 등 미래를 위해 계속적으로 노력하지 않으면 전자정부는 이루어지지 않는다. 미국 정부는 이러한 점을 일찍이 인식하고 미래를 위한 대비책을 마련하기 시작하였다. 이러한 대비책

<표 3 - 28> 사회 개선을 위한 정보기술 이용

책임자	조치 내용
대통령	• 각 부처 상층관리자의 대통령과 부통령에 대한 보고를 지도
부통령	• 미국 정부 전체의 EC전략을 조정
후생장관	• 정보기술 활용에 의한 농촌부 및 도시부의 의료서비스 부족지역에 고품질, 저가격의 의료서비스 확대
교육장관	• 주 및 지역의 학교에 대한 스쿨 리포트카드를 인터넷으로 공개하도록 지원 • 민족단체가 운영하는 대학에 IT관련 학위설치 및 혁신적 원격교육기술의 활용을 지원 • 클린턴 정권의 교육기술향상 운동으로 교사의 훈련, 커리큘럼에의 기술 추가, 기술평가 등에 관한 제안을 작성
노동장관	• 신체장애자 및 원거리 통근자를 위한 재택근무 활용의 유효성에 대해 검토
교육장관 · 노동장관	• 주와 협력하여 법률제도상 장애를 배제하고 고품질의 원격교육을 추진
교육장관 · 미국과학재단(NSF) 이사장	• 신체장애자도 사용하기 쉬운 정보기술을 실현하는 것을 연구목적으로 설정
환경장관	• 환경보호를 위한 정보기술의 활용전략을 개발
농무장관	• 농촌지역에 전자적 서비스의 제공을 검토 • 농촌지역 등에의 선진적 통신기술 추진정책을 개발
상무장관	• 민간기업이 신체장애자도 사용하기 쉬운 컨텐츠 및 소프트웨어, 기기를 개발하도록 장려 • NPO의 정보기술 활용을 장려하는 정책을 책정
재무장관	• 정보기술의 활용에 의해 재무서비스에의 접근을 용이하게 하는 정책책정을 검토
국무장관	• 인디언 등 민족마다 관할하는 학교의 스쿨 리포트 카드를 인터넷으로 공개하도록 추진 • 주, 지역 레벨에서 지리정보시스템의 활용을 추진하는 정책을 책정
미국위기관리청장관	• 민간부문, NPO와의 협력을 통해 천재, 인재시 정보기술의 활용방법을 연구
스미소니안박물관장 · 미국과학재단이사장 · 박물관 도서관서비스 연구소 소장	• 민간부문, 교육기관과 협력하여 전자도서관(digital library) 설립을 추진

자료 : Memorandum for Heads of Executive Departments and Agencies: Use of Information Technology to Improve Our Society에서 작성.

으로서 특히 정부주도로 진행되고 있는 정보보안의 확보, 정보격차
의 해소, 첨단기술 개발이라는 세 가지를 소개하고자 한다. 물론 미
국의 이러한 노력들 또한 민관 협력하에 진행되고 있음을 주목하여
야 한다.

<표 3 - 29> 전자정부 추진체제

책임자	취해져야 할 조치
대통령	• 각 부처의 최고관리자의 대통령과 부대통령에 대한 보고를 지도
부통령	• 미국정부 전체의 EC전략을 조정
총무처(GSA) NPR CIO회의 정부정보기술서비스(GITS)	• 정부가 제공하는 정보가 부처별이 아니라 종류별로 구성되어 국민이 요구하는 정보를 쉽게 발견할 수 있는 형태로 제공되도록 추진
각 행정부 최고관리자 관리예산처(OMB)	• 각 부처는 2000년 12월까지, 국민의 이용이 많은 서비스 500개에 대해서는 절차에 필요한 서류를 최대한 온라인화 • 각 부처는 2003년까지 정부와의 거래를 온라인화 • 관리예산처가 감독 • 전자상거래 추진, 공공조달비용 삭감 • 관리예산처의 지도에 따라 개인정보보호정책을 제시 • 어린이에 대한 정보보호 정책을 책정 • 각 부처의 최고관리자의 공식 E-메일 주소를 게재하여 국민으로부터의 접근을 용이하게 함 • 신체장애자의 연방정부 사이트로의 접근 개선 • 보다 투명하고, 효율적이고, 대응이 빠른 정부로서 각 부처의 사명을 유효히 추구하기 위해 인터넷을 활용하는 전략을 각 부처별로 책정
미국과학재단(NSF)이사장	• 연방정부와 협력하여 온라인투표에 대해 1년간의 예비조사(feasibility study)를 실시
후생장관, 교육장관, 퇴역군인장관, 농무장관, 사회보장위원, 연방위기관리장관	• 인터넷을 이용한 사회보장 및 서비스의 제공을 추진
총무처장관, 재무부장관, 상무장관, 정부정보서비스, NPR	• 공개키 기술을 사용한 안전한 통신을 추진 • 2000년 12월까지 정부 내에 최저 10만의 디지털 증명서를 발행

자료 : Memorandum for Heads of Executive Departments and Agencies: Use of Information Technology to Improve Our Society에서 작성

1. 정보보안의 확보

미래를 위한 중요한 대비의 첫째 항목은 정보보안의 확보이다. 미국 정부는 전자정부가 성립하는 전제로서 누구라도 안심하고 쾌적하게 네트워크를 이용할 수 있게 할 수 있는 기반을 정비하는 것을 중요시하고 있다. 그런데, 미국에서는 정보보안의 확보를 단순히 전자정부를 위한 조건으로서만이 아니라 전력, 전기통신, 금융, 수송 등 경제의 국가기간(國家基幹)에 영향을 주는 국가안전보장의 문제라고 인식하고 있다. 이에 따라 정보보안을 포함한 기간인프라의 보호전략으로서 2000년 1월에는 '새 천년을 위한 국가안보전략'(A National Security Strategy for a New Century)이 발표되었다. 그리고 2001년 한 해에 약 20억 달러의 예산이 기간인프라 보호에 지출되었다.

또한 클린턴 대통령은 2000년 1월, 정보보안에 초점을 맞춘 '국가정보시스템 방위계획'을 발표하였다(표 3-30). 미 정부는 이 계획이 정보보안분야에 있어서 세계 최초의 국가계획이라고 말한다. 이 계획은 연방정부를 정보보안의 모범기관으로 확립하는 것, 민관의 파트너십에 의해 정보보안 수준을 높이는 것을 그 목표로 하고 있다. 이 계획에 포함되어 있는 중요한 시책은 다음의 3가지로 집약할 수 있다.

첫째, 정보보안에 관한 연방정부의 연구개발 예산을 대폭 증액하는 것이다. 미 연방정부는 2001년에 연구개발 예산으로 6억 600만 달러를 요구해 놓고 있다.

둘째, 정보보안과 관련한 인재육성에 주력해야 한다는 것이다. 공무원에 대한 정보보안 관련 교육훈련을 강화하는 외에 정보보안 전문석사과정의 개발 및 정보보안분야의 대학생, 대학원생에 대한 장학금지급과 같은 인재육성시책이 추진되었다. 이 장학금제도는 지급조건으로서 연방정부 근무가 의무사항으로 규정되어 있다. 따라서 이 제도를 통해 국가 전체의 전문가를 늘리는 것만이 아니라 정부의

<표 3 - 30> 국가정보시스템 방위계획 개요

(단위: 만 달러)

	항목	2000년 보정예산	2001년 예산	내용·진보
연방정부를 정보보안의 모범예로서 확립	정보보안 전문가 육성과 고용	200	2,500	• 연방정부의 IT담당직원 정보보안 교육 강화 • 정보보안 전문연수과정의 창설(현재 8개 학교에 개설완료) • 연방정부근무를 전제로 대학생·대학원생 장학금제도 창설 • 유망한 고교생에 대해 정부의 인턴 기회제공
	각 부처의 조사와 계획작성	100	500	• 부처별 조사를 실시한 후 각 부처의 인프라방위계획 책정 • 전문가 리뷰팀(ERT)을 상설조직으로 새롭게 설치하여 ERT에 의해 계획을 수정 및 보완
	연방침입탐지 네트워크 설계	200	1,000	• 연방정부 침입탐지 네트워크(FIDNET: Federal Intrusion Detection Network)개설
	PKI 모델 구축	-	700	• 연방정부 부처의 7개 PKI 파일럿프로그램에의 자금 제공
	정부는 연구개발에 주력	-	60,600	• 정보보안에 관한 연구개발비용을 2001년 32% 증가
관민 파트너십 추진	정보인프라 방위연구소 (Institute for Information Infrastructure Protection) 설립	400	5,000	• 민관공동의 연구소로서 설립 • 상무부의 국가표준·기술연구소(NIST: National Institute of Standards and Technology)를 통하여 정부가 자금제공 • 기술개발외 보안기준, 벤치마킹, 교육과정의 개발도 실시
	중요 인프라 안보에의 파트너십	-	-	• 민간부문에 대한 교육·협력의 추진을 목표로 한 연합 • 포춘(Fortune)지 랭킹 미국대기업 500개 회사 가운데 90개 회사가 이미 참가
	정보공유분석센터 (Information Sharing)	-	-	• 금융과 전기통신분야에서 민간의 컴퓨터보안센터로서 설립 • 2000년중에는 이 분야의 4개 업종에 대해서도 설립
	국가인프라 안전회의(National Infrastructure Assurance Council) 설치	-	-	• 인프라 안보보장에 대한 민관협력, 민간부문의 정기적 리스크 평가 • IT산업, 기타 주요 업종, 학회의 간부를 멤버로 하여 선정중

자료 : 미국정부 자료, 신문보도에서 작성.

입장에서도 전문가를 확보한다는 의미도 있다. 또한 유망한 고교생에 대해서는 연방정부 내에서의 연수기회를 제공하는, 즉 조기교육을 통한 전문가 양성을 도모한다는 의미도 포함되어 있다.

셋째, 정보보안 방위연구소(Institute for Information Infrastructure Protection)의 설립이다. 정부가 5천만 달러를 들여 설립하여 이를 민간기업이나 정부의 국방관련 부서에 위탁관리를 함으로써 개발할 가능성이 적은 중요한 정보보안기술의 개발을 하게 하자는 것이다. 즉, 이러한 조직은 민간IT공급자 및 소비자와 직접 토의할 수 있고, 민간기업·정부·대학·NPO 등에서 우수한 인재를 모아 연구를 수행할 수 있게 한다.

발표 당시부터 미 정부는 이 국가정보방위계획을 제1판(Version 1.0)으로 부르고 있었듯이, 향후에도 계속적으로 시책을 추진하면서 민관 협력을 확대해 나갈 방침이다. 그런데 2000년 2월 초, 미국의 인기 사이트가 연달아 해커에 의해 공격을 받았던 것에 자극을 받아 이 계획을 앞당겨 실시하게 되었다. 대통령은 2월 중순에 민간의 유력 인사를 초청해서 정보보안회의를 개최했고, 그 토의내용을 토대로 계획의 일부를 수정하여 2000년도 중에 약 900만 달러의 추가경정예산을 편성하기로 결정했던 것이다. 이상과 같이 미국은 국가가 직접 나서서 대규모 정보보안계획을 추진하고 있다.

이 외에도 정보보안 확립을 위한 NPO 및 민간부문의 자주적인 노력에 대해서도 정부가 지원을 해 주고 있다. 그 하나가 어느 기업을 신뢰할 수 있다는 인증마크를 NPO가 발행하고 그 마크를 기업의 홈페이지에 첨부하게 하는 제도이다. 대표적인 예의 하나로 TRUSTe의 활동을 들 수 있다. TRUSTe는 1997년에 인터넷으로 사업을 수행하는 민간기업이 중심이 되어 출자한 NPO로서, 온라인쇼핑 등에서 개인정보를 제공할 경우 기업의 개인정보 보호를 추진하여 이용자가 안심하고 이용할 수 있는 환경을 정비하는 것을 그 목표로 하고 있다(표 3 - 31). 구체적으로 TRUSTe는 기업에 대하여 홈페이지 상에서 개인정보 보호방침(privacy policy)을 게재하도록 하고, 이 방침을 표준모델에 비추어 심사해서 문제가 없는 경우에는 이 기업이 개인정보를 보호하고 있다는 것을 인증하여 준다. 그리고 인정을 받은 기업의 홈페이지에 이 단체가 발행하는 인증마크를 표시할 수 있도록 허가

<표 3 - 31> 미국의 개인정보 누설방지에 대응하는 단체 TRUSTe

개요	• 1997년에 설립된 비영리단체(NPO). 인터넷으로 사용자의 신뢰를 확립하는 것을 목표로 활동하고, 개인정보보호를 솔선하여 추진하고 있음 • 1999년 11월 현재 약 900개 기업 · 단체가 가맹
임무	• 기업에 대해서 홈페이지상에 개인정보보호 정책을 게재하도록 하는 동시에 사용자의 개인정보에 대해 불안을 감소시키는 마크 프로그램을 전개 • 많은 보증 프로세스를 구축하여 홈페이지의 신뢰성을 확립하여 온라인 쇼핑 등으로 개인데이터의 제공을 필요로 하는 경우에 사용자가 보다 신뢰할 수 있는 환경이 되도록 목표
시스템	• 각 회사의 프라이버시 정책을 표준모델로 하여 심사하고, 문제가 없는 경우에는 개인정보가 보호되고 있는 것을 인증 • 인가된 사이트는 개인정보보호 정책을 게시한 사이트에 링크한 웹사이트상이나, 프라이버시정책 사이트에 직접 트러스트 마크를 표시하는 것이 허가됨
고충처리 · 부정대책	• Watchdog 시스템(인터넷이용자로부터의 감시와 부정의 보고) • 회계감사회사에 의한 TRUSTe 기준에의 적합성 감사를 실시 • 트러스트 마크의 부정부착 발견시스템의 이용 • 참가기업 사이트에 문제가 있다면 경고를 하여, 응하지 않는 경우에는 찬동기업 리스트로부터 삭감하는 것을 검토중 • 법적으로 심각한 개인정보의 침해가 보이는 경우에는 FTC에 보고 • 기업과 사용자의 문제는 당사자간 처리하는 것을 추진하고, TRUSTe는 관여하지 않음
보급책	• 인터넷상에서 마크의 보급을 추진 • 사용자 교육을 위한 주요 포털기업의 협력을 얻어 개인정보보호를 호소하는 배너광고를 게재(Privacy Outreach 캠페인) • 잡지에의 캠페인 등 기존 미디어를 이용한 활동도 전개할 예정
주목할점	• 미국에서는 대기업에서도 개인정보보호의 중요성을 인식하고, TRUSTe등의 제3자 기관의 프로그램에 참가하는 장점이 있다고 생각됨 • 대기업의 참가 이유는 EC를 보급시키기 위한 환경구축 및 개인정보누설에 대한 소송대책 등임 • 해외에의 보급에 대해서도 검토중. EU 각국 정부와 사업의 가능성을 모색중. 싱가폴 정부와 제휴 교섭중. 오스트리아에서는 TRUSTe의 오스트리아판 형태로 확장할 가능성이 있음 • 어린이의 개인정보보호 문제에 주목하여, 어린이용 TRUSTe 마크의 발행을 개시

자료 : TRUSTe 인터뷰에 의해 작성.

하는 것이다. 일반이용자가 인터넷 홈페이지를 볼 때 이 마크가 있는지 없는지를 확인함으로써 사이트의 안전성을 한 눈으로 판단할 수 있는 것이다(그림 3-32).

이 시스템의 신뢰성을 높이기 위해 TRUSTe는 부정행위 방지에 힘을 쏟고 있다. 그러나 이 단체만으로는 기업이 개인정보 보호방침을

[그림 3-32] TRUSTe 시스템의 운영절차

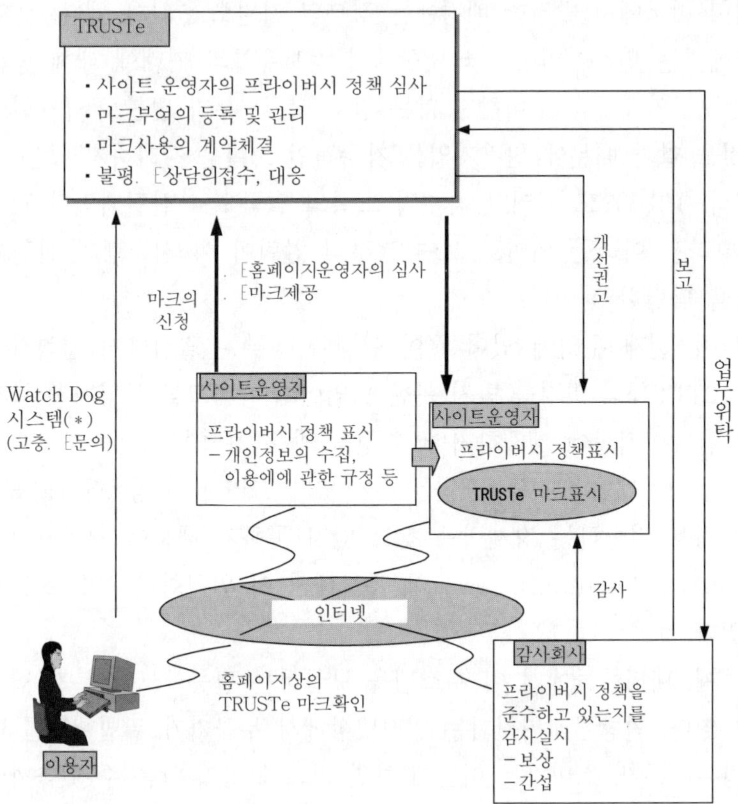

(*) Watch Dog시스템 :
인터넷 이용자가 운영자를 감시하여 부정을 보고함으로써 사이트 운영자를 체크하는 시스템. 부정을 발견한 이용자는TRUSTe에 연락하고, TRUSTe는 이 정보를 근거로 사이트 운영자에게 경고

자료 : http://www.etrust.org, TRUSTe와의 인터뷰에 의해 작성.

잘 준수하는지를 충분하게 감시할 수 없기 때문에 Watchdog이라고 불리는 시스템으로 인터넷 이용자들에 의해 기업의 정보보호방침 준수상황을 보고받는 등 계속해서 감시를 확대하고 있다.

현재 기업과 네티즌들에게 TRUSTe의 이러한 활동은 널리 알려지게 되었다. 1997년에는 참가기업과 단체가 42개에 불과했던 것이 1999년 11월에는 약 900개에 달할 정도로 확대되었다. 주요 인터넷기업의 2/3가 인증마크를 첨부하고 있을 정도인 것이다. 그런데 이 시스템이 미국에서 발전한 배경에는 정부의 지원도 한몫을 했다. 첫째, 미국에서는 민간기업이 인터넷상에서 정보유통과 거래에 대해 충분한 정보보안대책을 구비하지 않는 경우에는 정부가 법률로 규제한다는 것을 알기 때문에 민간기업은 자주적인 노력을 강화하지 않을 수 없었다. TRUSTe도 이러한 자주적 노력의 일환으로 설립되었던 것이다. 따라서 이러한 의미로 보면 정부의 압력이 이 시스템의 발전에 일익을 담당한 셈이다.

둘째, 실제 운영에 있어서 이 단체와 정부는 밀접하게 협력하고 있다. TRUSTe의 인정을 받지 못한 기업이 인증마크를 부당하게 복제해서 홈페이지지상에 게재하거나, 인정을 받은 기업이 개인정보보호방침에 반하여 개인정보를 누설하는 수가 있다. 그러나 이 경우에 TRUSTe가 부정을 적발하는 강제력을 갖고 있지 못하기 때문에 연방거래위원회(FTC: Federal Trade Committe)에 통보해서 이 위원회가 적발토록 하고 있다.

셋째, 네티즌들에게 이 시스템을 보급하는 활동에도 정부가 협력하고 있다. 연방거래위원회는 인터넷상에서 누군가가 위법행위를 당한 경우라든가, 소비자는 어떻게 하면 피해를 입지 않을 수 있을까에 대하여 가이드라인을 마련하고 민간기업과의 공동세미나를 개최하는 등의 계몽활동을 실시하고 있다. 이러한 가운데 정부는 이 단체의 활동을 네티즌들에게 자세히 소개하고 있는 것이다.

이상에서 보아 온 것처럼, 미국에서는 정부의 정보보안계획에 민간부문을 참여시키고 이들의 자주적인 노력을 지원하며, 상호 협력해 가면서 폭넓은 정보보안 확보책을 전개하고 있다.

2. 선진기술의 개발

장래의 전자정부 발전을 위해 미 정부가 추진하는 두 번째로 중요한 노력은 선진기술의 개발이다. 미국정부는 전자정부 구축에 기존의 민간제품이나 민간기술을 채택하는 것을 그 기본방침으로 하고 있다. 그러나 장래의 전자정부에 소요되는 주요 기술에는 정부가 관여하려 하고 있다.

예컨대, 미국 과학재단은 1997년부터 전자정부프로그램을 전개하고, 민간기업이나 대학이 수행하는 전자정부관련 연구프로젝트에 대해서 자금을 지원하고 있다. 1999년도에는 100만 달러의 자금을 지원하였고, 2000년에는 300만 달러의 예산을 지원하였다. 이 예산에 의해 산관학·NPO 등은 정보기술을 이용한 정부의 효율화, 정보공개, 행정서비스의 온라인화를 실현하는 연구, DB의 구축 및 정부의 전자상거래를 실현하기 위한 보안기술의 확립 등 기반적 기술에 대한 연구, 그리고 전자정부를 실현하기 위한 법적 규제의 존재양식에 대한 연구 등을 추진하고 있다(표 3 – 33).

한편, 1999년 12월 클린턴 대통령은 과학재단에 1년간에 걸쳐 전자투표의 실현가능성에 관한 연구를 의뢰하였다고 발표하였다. 그에 따라 재단은 전자투표로 사기행위를 하거나 프라이버시 침해를 하지 못하도록 하는 데 연구의 초점을 맞추고 있다. 현재 미국 IT산업진흥의 기초가 된 인터넷도 산관학의 협력에서 생겨난 것이다. 또 이후로도 점점 팽창하는 정보의 수집, 보관, 제공을 쉽게 하는 정보기술에 주요 이용자인 정부가 민간부문과 협력하여 중요 기술을 개발해야 한다는 인식에 기초하여 미래를 향한 포석을 미리 다져놓고 있다.

<표 3 - 33> 미국과학재단의 digital government program

개시시기	1997년도
목적	• 연방정부가 방대한 정보의 수집, 보관, 제공을 하는 주체이며, 정보기술의 주요 사용자임을 인식 • 컴퓨터, 정보과학분야에서 연방정부에 의해 필요한 중장기적 연구개발에 자금을 제공 • 각 부처, 부처간, 정부간의 업무 및 정부와 시민의 상호관계를 개선하는 것에 이바지하는 연구 프로젝트를 지원
보조금	• 1998년 100만 달러, 1999년 100만 달러, 2000년 300만 달러 • 1999년에는 10~20건 정도의 3년간(내용에 따라서는 예외적으로 5년간까지 가능)의 연구 프로젝트를 지원할 예정
응모요건	• 프로젝트에 최저 한 개의 연방정부 기관이 관련하는(commit) 것이 중요
연구분야별	1. 지식정보의 통합 2. 대규모 자료와 정보의 획득, 관리(공간 및 다차원 자료) 3. 축적된 데이터와 정보의 고급 분석 4. 전자교환 및 상거래 기술 5. 시민에 대한 정보서비스 6. 법·규제에 대한 정보기술이 적용을 연구

주 : 미국과학재단(NSF: National Science Foundation)은 독립한 미국정부기관으로서 연구조성 및 연구계약을 통해 과학연구·교육·엔지니어링을 추진. 연간 약 2만건의 연구 프로그램에 예산 약33억 달러를 투자.
자료 : 미국과학재단(NSF: National Science Foundation) 자료에서 작성.

3. 정보격차의 해소

미 정부가 추진하고 있는 제3의 중요한 노력은 정보격차(digital devide)의 해소이다. 정보격차라는 용어는 정보기술의 보급에 따라 새롭게 주목받고 있다. 미 상무부는 1999년에 「네트워크로부터의 소외: 정보격차를 정의한다」는 보고서에서, 정보에 관해 '가진 자'와 '못 가진 자'의 격차가 커지고 있는 것에 대한 우려를 나타내고 있다. 이 보고서에 의하면, 인종 및 소득에 따라 컴퓨터 등 정보통신기기 보유와 인터넷서비스를 이용하는 수단의 유무에 따라 격차가 존재하고 있고, 정보기술보급의 혜택을 무한정 누리는 층과 뒤에 처지는 층으로 양극화가 발생하고 있다는 것이다. 그러나 전자정부를 안정적으로 보급, 발전시켜 가기 위해서는 정보화에서 소외된 계층이 발생하지 않도록 하는 대책을 강구할 필요가 있다.

따라서 클린턴 정부는 2001년도 예산에서 정보격차 해소를 국가목표로 정하였다(표 3 - 34). 국민이 컴퓨터 등의 정보통신기기와 인터넷을 사용하는 서비스를 자유롭게 받을 수 있는 환경을 제공하는 것,

<표 3 - 34> 2001년도 미국정부의 정부격차 해소책 관련 예산

(단위: 백만 달러)

목적	항목	내용	예산
IT기기 및 서비스를 활용할 수 있는 환경정비	지역기술센터 설립	• 저소득자 거주지역에 1,000개소 설치. 지역의 어린이가 학습하고 성인이 구직 및 기업에 활용할 수 있는 환경을 제공	100
	저소득 세대의 컴퓨터, 인터넷 접근개선을 위한 민관협력	• 도서관에서의 정보리터러시 교육, 정부서비스의 전자화 등 민관협력 프로젝트에 조성금을 교부	50
	특정지역을 위한 정보기술의 혁신적 어플리케이션 개발 (Technology Opportu-nity Program)	• 공중위생정보시스템, 청소년 원격교육시스템, 전자 커뮤니티네트워크 등 커뮤니티 복지향상에 도움을 주는 어플리케이션 장려	45
	특정지역에 대한 민간기업의 고속 네트워크 전개 추진	• 민간기업의 고속네트워크 전개를 위한 조성금 및 융자를 지급함으로써 지원. 지역내 재택근무를 지원	25
	민간기업의 IT관련기부시 면세	• 학교, 도서관, 특정지역의 기술센터에 민간기업이 컴퓨터 기부시 이 기업을 세금공제 대상으로 하는 제도를 2004년 6월 30일까지로 연장 • 특정지역의 학교 및 기술센터에 민간기업이 자금제공시 이 기업을 세금공제 대상기업에 포함 • 종업원에 대한 기초적 컴퓨터 교육비용의 20%를 세공제(연간 1인당 5,250 달러까지)	2,000
국민의 정보 리터러시 획득지원	교사에 대한 정보기술교육	• 신임 교사의 컴퓨터 교육을 위한 조성금 교부	150
	인디언계 미국인을 위한 정보기술분야에의 취직지원	• 정보기술분야에 취직을 희망하는 인디언계 미국인에 대한 교육지원	10

자료 : *Working to Bridge the Digital Divide, From Digital Divide to Digital Opportunity* 외 미국정부자료에서 작성.

정보리터러시(literacy) 교육을 받을 기회를 부여함으로써 누구라도 지금의 전화처럼 인터넷과 컴퓨터를 사용할 수 있게 하는 것이 이 정책의 핵심이다.

예를 들어 국민에게 정보통신기기 및 서비스를 활용할 수 있는 환경을 제공하기 위해 저소득층이 많이 거주하는 지역에 기술센터를 설립하고, 인터넷에 접속된 컴퓨터를 어린이 학습이나 성인의 구직 활동에 이용할 수 있게 한다. 이를 위해서 학교 및 도서관, 특정지역의 기술센터에 민간기업들로 하여금 컴퓨터를 기부하게 하고, 이에 대해서는 세금공제를 해 주는 제도의 도입을 2004년까지 연장하기로 하였다. 이처럼 많은 국민이 정보통신기기·서비스를 활용할 수 있는 환경을 정비하는 것과 함께 기업 내에서 컴퓨터 기초교육의 비용에 대한 세금공제 및 교사에 대한 교육조성금의 교부를 시행하고, 국민이 이러한 환경을 적절하게 활용할 수 있도록 하는 데 필요한 정보교육을 지원할 예정이다. 이와 같은 조치들에 대해 총 24억 달러의 예산이 지원될 것으로 알려져 있다.

이와 같은 정부의 노력에 더하여 2000년 4월 클린턴 대통령이 '정보격차에서 정보의 기회로: 국가의 행동전략'이라는 정책을 발표하고, 정부, 기업부문, 교육자, 노동조합, 도서관, 시민단체의 리더, 종교단체, 재단, 자원봉사자, 커뮤니티 조직 등 사회 전반을 광범하게 융합시키려는 노력을 시작하였다. 여기서는 모든 교실을 인터넷으로 접속하는 것, 학생 4~5명당 1대의 컴퓨터를 배정하는 것, 모든 가정을 인터넷에 접속시키는 것 등을 목표로, 민간부문 및 NPO의 협력을 구하고 있는데, 이미 400개 이상의 기업과 단체가 이러한 정책에 협력하고 있다. NPO 중의 하나인 The Corporation for National Service는 1,250만 달러를 쾌척하여 학교 및 지역사회에 기술지원을 하는 자원봉사 활동이 강화되었으며, Yahoo가 이 자원봉사활동에 협력하여 100만 달러를 기부하는 등 구체적인 활동을 시작하였다. 이외에도 민간기업인 게이트웨이(Gateway)사가 75,000명의 교사에 대한 기술훈련을 실시할 계획을 발표하는 등 미국 IT기업 모두가 힘을 모아 협력하고 있다(표 3 - 35).

<표 3 - 35> 정보격차 해소정책에 대한 민간기업·NPO 협력 사례

(단위: 만 달러)

	기업·단체	금액	내용
기업	AOL	2,600	정보 약자를 위한 기술교육용으로 10만 개의 무료 E-메일 계정을 제공
	Qualcom	2,500	커뮤니티에 기부. 수학·과학 교육개선에 노력
	Novell	2,000	NPO에 소프트웨어를 제공
	Hewlett Packard	1,500	커뮤니티 정보화투자
	Yahoo!	100	The Corporation for National Service의 자원봉사자 모집광고
	Cisco	140	Cisco Network Academy Program을 확대
	AT&T	120	고교생을 위한 기술교육을 하는 Academy of Information Technology를 지원
	Applied Materials	100	하이테크 직업훈련센터에 기부
	3Com	33	14~16세의 여성에 대한 컴퓨터네트워킹 기술훈련을 실시, 자격취득을 지원
	Gateway	–	75,000명의 교사에 대한 기술교육
	Power Up. AOL외	–	청소년 기술교육 장소를 확대. 현재 19개소를 280개소로 확대
	People PC	–	멀티미디어 컴퓨터 300대 기부
NPO	The Corporateion for National Services	1,250	750명의 자원봉사자를 통하여 학교 컴퓨터시스템에 대한 기술지원, 지역 기술센터에서 훈련 실시
	American Library Association	–	전미 250개의 커뮤니티에 정보리터러시 교육프로그램을 개설 또는 증설
	Kaise Family Foundation	–	청소년에게 컴퓨터 및 인터넷 활용을 권하는 대규모 캠페인을 실시, 텔레비젼 광고 등

자료 : A National Call to Close the Digital Divide 외 미국정부 자료에서 작성.

4. 민간협력에 의한 추진

이처럼 미 정부는 전자정부 구축을 위한 정보보안의 확보, 선진적인 기술의 개발, 정보격차의 해소책을 민간협력을 얻어 가면서 추진하고 있다. 민간기업도 정부의 기대에 부응하여 전자정부 구축에 적극적으로 참여할 자세를 보이고 있다. 이때 민간기업은 개별적으로 대응할 뿐만 아니라 NPO 등과 함께 복수의 기업이 협력하는 형태로 참여하기도 한다. 예를 들어 워싱턴 D.C에 있는 Highway1은 1995년에 IBM 및 MicroSoft 등 IT 관련 기업이 거액의 자금을 투자하여 합동으로 설립한 NPO이다(표 3－36). 로비활동 및 영업활동은 하지 않고, 단지 정부 고급공무원들에게 정보기술의 중요성을 이해시키며, 정보기술 활용을 촉진하기 위해 최신 기술에 대한 교육기회를 제공하고 있는 것이다.

Highway1은 워싱턴 중심부에 9,500평방 피트의 전시장을 갖추고, 과학재단이 제공하는 초고속 백본네트워크서비스(vBNS: very high performance Backbone Network Service)[2]로 기업 및 대학의 시설과 접속되는 설비를 갖추고 있다. 이곳에서 출자기업의 제품을 중심으로 한 최첨단의 하드웨어, 소프트웨어, 어플리케이션을 각 부처의 CIO 및 의원이 경험할 수 있도록 하고 있다.

이상과 같이 미 연방정부는 민간부문과의 다양하고도 광범한 협

---

2) vBNS(very high performance Backbone Network Service)는 1995년 4월부터 MCI와 NSF(National Science Foundation)의 협의에 의해 최초 OC-3(155Mbps)용량급의 ATM망으로 구성되었고, 현재는 OC-12(622Mbps)용량을 갖는 초고속 백본망을 말한다. vBNS는 워싱톤, 뉴욕, 시카고, 샌프란시스코의 4개 접속점(NAP: Network Access Point)을 통하여 인터넷 기간망 사업자와 연동하고 있으며, 인터넷 연동 시 복잡한 구조를 갖는 네트워크의 효율적인 운영을 위하여 라우팅 서비스 시스템을 운영한다. vBNS에서는 IP 라우터 사이에 Full UBR(Unspecific Bit Rate) PCV를 제공하며, OSPF와 BGP4의 라우팅 프로토콜, PIM(Protocol Independent Multicast) Dense Mode의 멀티캐스트, RSVP, IPv6를 제공한다. vBNS 내의 ATM 스위칭을 위해 사용되는 장치는 Fore ASX 1000 Switch이며, 20개의 라우터 장비(16개의 Cisco 7507s 및 Ascend GRF 400s)가 사용되고 있다.

<표 3 - 36> Highway1 개요

설립연도	1995년
출자자	• IBM, Microsoft, Cisco System, Apple Computer 등 IT관련 기업 15개사 • 일본기업에서는 Cannon과 Softbank가 참가
활동내용	• 미국의회와 연방정부를 주요 타겟으로 하여 첨단기술과 공공부문에서의 이의 활용에 대한 정보제공 및 교육 프로그램을 실시 • 워싱턴 중심부에 9,500평방 피트의 전시장을 구비하여, 미국과학재단(NSF: National Science Foundation)이 제공한 vBNS(초고속 백본 네트워크서비스(back bone network service))를 통하여 산업계, 대학의 시설과 접속 • 위의 시설과 출자자인 기업의 최첨단의 하드웨어, 소프트웨어, 어플리케이션을 각 부처의 CIO 및 의원에게 실제 체험시키는 것으로 정보기술에의 이해를 촉진 • 차세대 인터넷에 관한 교육에도 주력하여 이해를 촉진 • 로비활동, 영업활동은 하지 않음

자료 : Highway1 자료에서 작성.

력하에 차세대 전자정부에 필요한 기반을 구축하고자 노력하고 있으며, 장기적인 관점에서 정책을 펴고 있음을 알 수 있다.

제4장
전자정부 구축을 향해 경쟁하는 미국의 주정부

제1절 미국 주정부의 전자정부 구축 동향

일본에 있어서 전자정부 구축은 극히 일부의 선진적인 지방자치단체를 제외하면 대체로 중앙부처가 이를 선도하고 있다. 그러나 미국의 경우는 대부분의 주정부와 지방정부가 연방정부의 리더십에 의존하기보다는 자발적으로 그리고 앞다투어 전자정부의 구축을 위해 노력하고 있다. 정보기술을 중심으로 한 하이테크산업을 유치하는 것이 지역경제발전의 핵심이라고 생각하고, 하이테크 기업을 유치하는 전제조건이 되는 신속하고도 질 높은 서비스를 제공할 수 있도록 전자정부를 추진하는 것이다.

정부의 IT관련 정책 전문지인 Government Technology지와 IBM 및 COMPAQ, ORACLE 등 42개의 IT기업으로부터 자금제공을 받아 디지털혁명에 대해 조사연구를 수행하고 있는 Progress & Freedom Foundation은 각 주의 전자정부 구축의 진척상황에 대해 1997년부터 연차조사를 실시하고 있다. 1999년의 조사결과는 현재 분석중이므로, <표 4-1>에서 보듯이 1998년의 조사결과와 이제까지 발표된 최신 정보들을 모아 주정부의 IT에 관한 정책상황을 개관해 보면 다음과 같다.

<표 4-1> 미국정부의 전자정부 구축 진척표

	항목	내용	98년 평가	97년 평가	변화율 (%)
목표평가	디지털 데모크라시	● 정보기술을 활용하여 법률, 의회 등의 정보를 시민이 신속하고 폭넓게 접근할 수 있는가	59	51	16
	고등교육	● 정보기술을 활용하여 학습을 촉진하고, 학교운영을 효율화하고 있는가	62	44	40
	초·중·고교 교육	● 정보기술을 활용하여 초·중·고교생의 학습기회를 확대하고 있는가 ● 컴퓨터 및 인터넷에의 접근을 제공하고 있는가	67	44	52
	신청·인허가	● 규제 및 수속에 대한 정보, 수속에 필요한 서류 그리고 조언이 온라인으로 입수가능한가 ●인터넷 또는 디지털 형태로 신청이 가능한가	59	36	64
	세무	● 정보기술을 활용하여, 납세정보를 보존·활용하고 있는가 ● 납세자의 온라인을 통한 정보입수, 서류제출, 상담이 가능한가	59	42	41
	사회서비스	● 정보기술을 활용하여 납부금의 전자송금, 신용카드로의 납부금 지불이 실시되고 있는가 ● 프로그램에 대한 정보의 입수 및 신청이 온라인으로 가능한가	48	33	45
	사법·경찰	● 재판정보에의 접근, 경찰의 디지털통신 등 사법분야에서의 정보기술 활용이 진행되고 있는가 ● 전자서명이 계약 및 서류제출에 유효한가	52	37	40
장래성	장래발전 기반	● 정보기술 총괄부문의 설치, 정보기술 개발계획 책정, 직원의 온라인이용 촉진 등 현재 진행중인 노력에 대한 평가	84	70	20
	종합		61	44	39

주 : 평가는 100점 만점.

자료 : The Progress & Freedom Foundation, *The Digital States*, 1998에 의해 작성.

이 조사는 미국 내 50개 주의 CIO에 대한 설문조사 및 주정부 홈페이지 분석 등을 통해 전자정부의 구축이 어느 정도 진행되고 있는가 하는 달성도를 7개 항목에 걸쳐 100점 만점으로 지수화한 후 평가한 것이다. 달성도의 평가항목으로서는 각종 규제 및 수속절차에 대한 정보와 필요한 서류가 온라인으로 입수가능한가, E-메일 등으로 수속에 대한 상담이 가능한가, 인터넷으로 신청이 가능한가 등의 '신청·인허가'와, 정보기술을 활용해서 납세정보의 보존 및 활용을 할 수 있는가, 납세자가 온라인으로 정보입수·서류제출·상담이 가능한가에 대한 '세무행정'에 관한 항목 등을 들 수 있다. 또 추진조직의 설치 및 법률정비 등 미래의 전자정부 구축을 향한 노력에 대해서도 평가하고 있다.

1998년 주 전체의 종합평가 점수는 전 해의 44점에서 61점으로 40%나 향상을 보였다. 특히 기업 및 국민의 편리성 향상에 영향을 주는 신청·인허가의 분야에서 성과가 있었다는 평가가 60% 이상인 것이 두드러졌다. 이 분야의 진전이 빠른 것은 정부의 정보화를 요청하는 민간기업의 압력이 있었기 때문이다. 민간부문에서는 전자상거래 등에 의해 업무수속의 간소화가 진행되었고, 민간기업은 정부와의 관계에 있어서도 마찬가지의 편리성, 신속성을 요구하게 되었다. 따라서 주정부는 기업이 입주하고 싶은 환경조성을 목표로 신청 및 인허가 수속의 온라인화를 추진하는 등 상호 경쟁하고 있는 상황이 조사에서 드러났다고도 할 수 있다.

이미 공표된 1999년의 조사결과에 의하면, 1999년 중에 추진된 소위 'Y2K 문제'에의 대응이 정보화정책 전반의 개선을 촉진했고, 이것이 전자정부 구축을 추진하는 계기가 되었다고 한다. 또한 'Y2K 문제'의 종료와 함께 이에 배정되었던 정보화예산이 새로운 프로젝트에 충당되었기 때문에, 전자정부 구축은 더욱 박차를 가할 수 있게 되었다.

이하에서는 전자정부 구축이 진행되고 있는 캘리포니아주, 뉴욕주, 텍사스주의 상황을 통하여, 이들 주정부가 거두어들인 몇 가지의 성공요인을 살펴보았는데, 요약하면 다음과 같다. 첫째, 전자정부 구축에 대하여 주지사가 강력한 리더십을 발휘하고 있다. 둘째, 전문적인 정보화총괄기관의 설치와 CIO의 임명 그리고 구체적인 계획으로 리더십을 실현하는 데 도움을 주는 체제를 정비하고 있다. 셋째, 민간부문으로부터의 의견을 수렴하는 외에도 PFI 등을 통해서 민간부문을 적극적으로 활용함으로써 부족한 인력과 기술, 자금상의 과제를 극복해 가고 있다. 넷째, 전문기관이 기술의 표준화를 포괄적으로 추진하여 업무의 효율화를 위하여 필요한 역할을 하고 있다. 다섯째, 행정서비스의 온라인화와 교육분야에서의 정보기술활용 등 주민밀착형의 전자정부를 목표로 하고 있다. 여섯째, 투자기금의 설치로 자금확보를 적절히 하고 있다는 점 등을 성공요인으로 정리할 수 있다.

따라서 이러한 성공요인에 주목하면서 각 주정부의 특색에 초점을 맞추어 자세한 내용을 살펴보자.

제2절 민간기업의 활력을 이용하는 캘리포니아주

캘리포니아주에서는 1994년 전 주지사 피터 윌슨(Peter Wilson)의 지휘 아래 정보기술자문회의(Information Technology Advisory Council)를 결성하고, 정보인프라 구축에 대한 정책을 책정한 것이 전자정부 구축의 기초가 되었다. 캘리포니아주에서는 주지사의 리더십이 전자정부 구축의 추진력으로 작용하고 있었다. 윌슨 주지사는, "우리 주는 정보화시대의 혁신을 창출하는 곳이다. 주민들은 우리 주가 행정서비스의 전산화에 있어서 미국의 최고가 되기를 바라고 있다. 우리 주는 정보기술을 단순한 도구가 아니라 정부의 책임과 목적을 재확인하기 위한 촉매로서 결과지향의 정부를 구축한다는 목표하에 개혁을 추진한다.”고 하였다. 이러한 신념하에서 주지사 스스로가 앞장서서 전자정부를 구축하고자 하였다.

이 정보기술자문회의는 캘리포니아주에 집적되어 있는 IT기업의 지혜를 결집하여 첫째, 정부의 효율성 향상을 위한 정보기술의 활용, 둘째, 정부의 정보서비스에 대한 시민의 접속편이성 개선, 셋째, 기초·고등·평생교육의 개선, 넷째, 최저가격으로 최고품질의 통신서비스 제공 등의 4개 분야에 주력한다는 정책을 결정하고 추진하였다. 1995년에는 여기에서 결정한 정책을 추진하는 조직으로 정보기술부(DoIT: Department of Information Technology)를 설치하여 전자정부를 구축하는 중심적 역할을 담당하게 하였다. 이 정책분야 가운데서도 주지사는 특히 인터넷상에서 주정부의 정보서비스를 원스톱으로 간단히 이용할 수 있는 포탈사이트를 구축하는 것을 중시했고, 5년 이내에 공공데이터에 대한 전자적 접속을 제공할 수 있도록 하는 계획을 추진하였다.

정보기술자문회는 실제의 프로젝트를 추진하는 과정에 민간 IT기업을 최대한 활용해야 하며, 주정부는 그 고유의 업무에 전념해야 한다고 제안하였다. 또한 각 부문이 시민의 욕구를 충족시키기 위해 솔루션을 민간기업에서 구입함으로써 경비를 삭감하는 동시에 시스템 운영책임을 기업에 위임하도록 제안하였다. 이렇게 함으로써 정부는 위험을 피하고 정책의 유연성을 증대시킬 수 있다고 생각한 것이다.

이러한 제안을 받은 주정부는 고객인 시민의 기초적 욕구를 효과적으로 충족시키는 데 주력해야 하고, 이를 위해 각 부문은 자신의 주된 책임을 재점검할 필요가 있다고 생각하였다. 따라서 각 부문의 장은 자신의 조직이 고객의 욕구를 충족시키기 위한 ‘중점과업표’를 작성하고 이 표에 없는, 즉 중점과업이 아닌 것에 대하여는 아웃소싱 혹은 업무폐지를 검토하는 계획을 세웠다. 그리고 중점과업에 대하여도 비용, 편익, 위험 등을 계산하여 아웃소싱 여부를 판단하고 있다. 아웃소싱할 때도 특정 기술을 사용하도록 지정하지 않고 업무수요가 무엇인가 하는 관점에서 제안요구서를 작성하도록 했다. 낙찰업자에 대한 지불은 업무욕구의 만족도와 연동시키도록 계약하여 정보화에 수반될지도 모르는 위험을 경감시키도록 한다.

실제 지금까지 미국 내에서 실시된 IT관련 프로젝트들 중에서 예정 기한대로 그리고 예산한도 내에서 완수된 것은 16%에 불과하고, 32%는 완성 전에 중단되었다. 이러한 현상을 감안하여 캘리포니아주는 프로젝트의 아웃소싱을 추진함과 동시에 위험평가모델을 개발하는 등 프로젝트 관리기법의 개선을 도모하고, 전자정부 구축사업의 성공률을 높이고자 하고 있다.

제3절 투자기금을 활용한 메릴랜드주

메릴랜드주의 전자정부 구축에서 주목할 점은 정보화를 위한 투자기금의 창설과 정보기술에 대한 부문간의 정보교환을 통해 효율적이고 효과적인 투자를 하였다는 점이다. 메릴랜드주에서는 IT정책의 수립과 표준의 책정, 유지, 개정, 집행은 기획예산부 장관(Secretary of the Department of Budget & Fiscal Planning)의 소관이다. 그러나 실제의 수행은 기획예산부 장관의 직속기관인 정보기술책임자(CIT: Chief of Information Technology)가 맡도록 하였다. 한편, 주정부의 공무원과 시민들로 구성되는 정보기술위원회(Information Technology Board)의 자문을 받아 기획예산부는 정보기술기본계획(Maryland Information Technology Master Plan)을 세우기도 했다. 또한 내부적으로는 기본계획추진위원회를 결성하여 매년 기본계획을 수정하도록 하는 계획연동제를 도입하였다. 또한 주정부의 기술직 공무원들과 민간기업의 기술전문가들로 구성된 정보기술자문위원회(Information Technology Advisory Panel)를 설치하여 주정부의 정보화에 대한 지원을 담당하게 하였다.

예산관리부(Department of Budget & Management) 내의 정보기술국이 전자정부 구축을 위한 자금을 정부 전체의 투자자금으로 공동관리하는 기술투자기금(Technology Investment Fund)을 설치하고, 정보기술위원회의 인가를 받아 자금을 제공할 수 있게 하였다(표 4-2). 주 전체의 자금을 공동관리하기 때문에 여러 부문에서 공동으로 사용하는 기술을 구입하는 경우 등, 과거 부문별·단년도 단위의 예산으로는 적절하게 대응하지 못했던 프로젝트에도 매우 유용한 자금원으로서 효율적으로 기능하게 되었다.

<표 4-2> 메릴랜드주 기술투자기금(Technology Investment Fund)의 예

운영주체	예산관리부 정보기술국 정보기술위원회
지원대상	주정부의 각 부문
지원조건	초기투자가 필요한 경우, 다음의 조건을 한 가지 이상 만족하는 프로젝트를 지원 · 교육의 질 개선 · 고용창출·사업계기 창출 · 지역의 안전향상 · 정부의 효율향상 · 고객만족 향상 · 보편적 접근성 달성 · 업무프로세스 혁신 · 주 전체, 혹은 복수의 부문에 의한 대응
자금원	· 주정부예산 전입 · 정부의 정보기기 매각대금 및 정보서비스 수입 · 정보화에 의한 절약 · 정보화채(債) 발행 등

자료 : 메릴랜드주 자료에 의해 작성.

주정부가 소유하고 있던 정보통신기기와 데이터를 주민 및 기업에 매각하여 얻은 대금은 이 투자기금에 적립하게 하였다. 또한 정보화투자에 의해 절약된 것으로 추정되는 예산도 이 기금에 편입시킴으로써 효과적인 정보화투자에 의하여 기금의 규모가 점점 늘어나도록 하였다.

또한 메릴랜드주에서는 정보화투자의 투자효율성을 높이기 위해 '온라인 창고 겸 클리어링 하우스'를 창설했다. 여기에는 주정부 내의 모든 부문이 소유하는 IT기기 및 시스템이 등록되어, 정보기술에 대한 정보를 집적하고 있다. 기술의 공유와 시스템 상의 문제해결을 위한 정보교환, 행정절차의 통합을 추진하고 있는 것이다. 그리고 이 하우스에는 주 정부의 각 부문이 참고할 수 있도록 메릴랜드의 내외로부터 수집된 정보화의 모범사례를 축적해 놓음으로써 지식경영이 가능하도록 하고 있다.

제4절 전자정부 구축을 계기로 행정개혁에 착수한 뉴욕주

뉴욕주도 정보기술을 이용해서 정부기능의 대개혁을 도모하는 5개년 계획을 추진하고 있다. 그 계기가 된 것은 조지 파타키(George Pataki) 주지사가 1996년에 정보자원관리팀(Task Force on Information Reso-urce Management)이라고 하는 자문조직을 만들고, 이 프로젝트팀에 정부의 상황을 분석하도록 하였다. 그 결과 해결해야 할 문제가 산적하고 있음이 드러났다.

뉴욕주의 IT전략은 종합적이지 못했고, 보유하고 있는 기술은 시대에 뒤떨어졌으며, 또한 중복되는 것일 뿐만 아니라 근시안적인 것이었다. 각 부문은 상호 정보공유를 하고 있지도 못했다. 네트워크는 부문마다 뿔뿔이 절연되고 있었고, 기술은 각 부문의 기능과 역할에 대한 고려 없이 구입되고 있었다. 심지어 구매수속에 시간이 과다하게 걸려 수속이 끝나면 그 기술의 생명도 끝나 가는 시점이 되기 일쑤였다. 그럼에도 불구하고 새로운 기술을 사용하여 현재의 업무를 자동화하려고 한다든가 시대에 뒤처진 업무과정을 고치려고 하는 움직임은 없었다. 주정부와 주내 지방정부의 IT정책의 조정이 이루어지지도 않았고, 주정부 내에서도 각 부문간에 지식의 공유가 이루어지지 않았다. 주의 정보보안 문제도 방치상태였으며, 데이터의 수집과 주민서비스 제공, 감사 등 몇 개 부문의 공통과제에 대해서도 각 부문이 개별적으로 솔루션을 개발하고 있었다.

이러한 상황에 대하여 주지사는 주 총무국장(Director of State Operation)을 책임자로 겸직하게 한 기술국(Office of Technology)를 설치하고, 전자정부 구축과 일상적인 업무관리에 대한 책임을 맡겼다. 전자정부 구축에는 이제까지 개별적으로 정보화를 추진하는 경향이 있던 각 부문간의 긴밀한 협력이 필요하였기 때문에 기술국을 주지사 직속으로 설치하고 지사의 권위 아래 운영하도록 했던 것이다. 그리고 현재 기술국이 중심이 되어서 무선기술, 주정부와 지방정부 간의 기술인터페이스, 전자송금, 재택근무의 추진, 공공서비스의 전산화 등 여러 부문에 걸친 프로젝트를 추진중이다. 또한 정보자원에 대한 경비 관리의 실시, 전자조달모델의 도입과 함께 직원의 교육을 추진하는 등 보다 장기적인 프로젝트를 시작하였다.

이러한 여러 가지 정책들 가운데 뉴욕주가 특히 강조하는 것은 정보기술의 활용을 정부의 업무과정 개선과 효율 향상으로 연결시키는 것이다. 이러한 시책의 일환으로 데이터교환, 인터넷, 보안, 기술표준, 화상처리기술, 사회보장번호를 주민식별기호로서 사용하는 것 등 여러 정책이 채택되었다. 정보기술을 전략적으로 활용하여 주 정부가 소유하는 데이터를 저렴한 비용으로 최대한 활용할 수 있게 하기 위해서 '주 데이터 사전'(Statewide Data Dictionary)이라고 하는 자료수집·유지에 관한 업무수속 매뉴얼을 발표하였다. 이를 기초로 자료의 공유, 자료분석, DB의 개발과 재이용에 대해 주정부 내의 협력이 가능하도록 하고 있다. 그리고 이를 실현하는 기반으로서 각 부문이 업무를 수행하는 데 필요하고 또한 주 전체에서 사용할 수 있는 안전한 인트라넷의 구축을 기술국이 진척시키고 있다. 각 부문 및 주내의 지방정부가 이미 갖추고 있는 네트워크와의 접속도 할 수 있고, 인트라넷으로 음성, 데이터, 화상이 유통될 수 있도록 하고 있는 것이다.

한편, 주민에의 정보와 서비스의 제공에는 인터넷을 활용할 방침이고, 민간기업과 협력함으로써 비용을 절감하고, 서비스의 질적 향상과 효율화를 동시에 추진하고 있다. 현재는 홈페이지가 주민에게 정보·서비스제공 역할을 하고 있는데, 주 정부 공무원이 담당하는 일상 업무의 일부를 홈페이지가 대신할 수 있게 된 것이다. 1998년에는 모든 부문의 홈페이지를 신체장애자들도 이용가능하게 하는 정책을 펴겠다고 기술국이 발표하였다. 뉴욕주는 W3C(World Wide Web Consortium: 인터넷의 보급, 표준화를 추진하는 국제단체)의 Web Contents Accessibility Guideline을 채택하여 각 부문의 홈페이지는 이에 준해서 주민에게 최대한의 이용기회를 제공할 수 있도록 요구되고 있다.

이처럼 정보기술을 활용한 효율향상 프로젝트를 추진하는 한편, 뉴욕주는 정보보안책임자(Information Security Officer)를 두고 전자정부의 발전기반이 되는 보안확립에도 착수하였다. 정보보안책임자는 주 정부의 정보자산이 지켜지도록 정보보안정책과 수속절차를 확립하는 것, 그리고 보안시스템을 항상 최신의 것으로 갱신하는 것을 책임지고 있다. 또한 중복투자를 피하고 주 전체가 공동으로 구입할 수 있는 것은 함께 발주하여 계약시 유리한 입장에 설 수 있게 5만 달러 이상의 IT와 관련한 조달은 관련 부문의 검토를 받도록 하였다. 그리고 특정 부서가 기업과 맺은 구매계약은 다른 부서에 공개하도록 하고 있다.

제5절 하이테크 산업화정책의 일환으로 추진하는 텍사스주

당시 조지 부시(George Bush) 텍사스 주지사는 IT산업의 중요성을 인식하고 IT산업이 주의 경제에 미칠 영향력에 대해서 깊은 관심을 가지고 있었다. 그는 하이테크 분야에서의 투자 및 고용의 증대를 촉진하는 정책을 추진하기 위하여 주지사와 의회에 조언을 하는 '텍사스과학기술위원회'를 설치하고 21인의 기술자를 위원으로 임명하였다.

1998년에는 위원회가 권고한 대로 주 내 학생을 수학과 과학분야에서 21세기에 필요한 인재로 육성하기 위해 하이테크분야의 취업준비촉진 프로그램을 만들기로 하였다. 또한 주 내에서 연구개발투자를 수행할 시 세금공제를 인정해 주었고, 대학에서 선진적인 연구프로그램을 증대하도록 권장했으며, 민간자금으로 텍사스과학기술연구소를 설립하여 교육·훈련·디지털경제에 대한 투자를 유도하였다. 이러한 일련의 정책들은 모두 동 위원회의 권고에 의한 것이었다. 전자정부의 구축도 텍사스주를 하이테크산업의 중심지로 만들기 위한 정책의 하나로 추진된 것이었다. 정보자원관리법(Information Resources Management Act)에 의해 정보자원부가 전자정부 구축을 향한 포괄적 전략과 행동계획의 책정을 담당하는 책임을 맡았다.

텍사스주는 전자정부 구축에의 투자와 정부의 조직개편을 단행함에 있어서는 이에 대한 주민의 지지가 필요하다는 것을 인식하고, 다음과 같은 원칙을 채택하였다.

①정부가 제공하는 서비스는 주민 모두를 위한 것이다.
②정부는 주민에 대해서 항상 설명할 책임을 갖는다.
③정부의 모든 활동은 효율적이고 효과적인 공공서비스의 제공을 그 목표로 한다.
④프라이버시의 보호와 존중은 민주적인 정부의 기본이다.
⑤공적 정보의 자유로운 교환은 민주적인 정부의 기초이다.
⑥기술은 그 자체가 목적이 아니며, 우수한 공공서비스를 촉진하게 하는 수단이다.

이들 6가지 원칙에 반영된 것처럼, 텍사스주는 전자정부 구축을 정보화를 위한 정보화가 아니라 하이테크산업의 유치·육성에 의한 주 경제의 발전, 그리고 이를 위한 인재육성·교육의 강화라고 하는 정부의 최종목표 달성에 도움이 되는 수단으로 활용하려고 노력하고 있는 것이다. 그리고 이러한 맥락에서 나온 방책의 하나로서 텍사스주는 행정평가제도와 정보화정책을 유기적으로 통합하려는 시도를 추진중에 있다.

1. 전략기획예산시스템

텍사스주는 1990년대 초에 시민의 행정불신 및 재정위기라는 문제에 직면하게 되었다. 이러한 상황을 타개하기 위해 주지사는 1991년부터 소위 '전략기획예산시스템'을 도입하여 논리적이고 이해하기 쉬운 예산편성을 하여 행정의 투명성 향상을 증진시키려는 노력을 해 왔다. 이 시스템은 다년도에 걸친 장기적인 관점에서 정책목표의 설정, 의사결정, 평가를 실시하는 일련의 과정으로 구성되는 것이다

[그림 4 - 3] 텍사스주의 전략기획예산시스템

(Strategic Planning and Budgeting System)

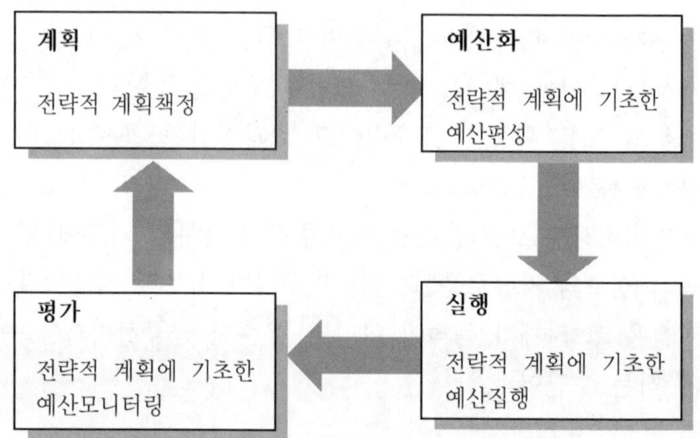

자료 : 텍사스주, *Preparing and Submitting Agency Strategic Plan Fiscal Year 2001-05.*
http://www.governor.state.tx.us/Budget/index.html에서 작성.

(그림 4 - 3). 즉, 목표, 달성전략, 평가지표를 내용으로 하는 전략계획을 책정하고, 이 계획을 중심으로 하여 예산과정을 진행시킨다. 이 과정에서 고객인 이용자에 대한 서비스를 중시하며, 결과중시의 정부로 전환하는 것을 그 목표로 하고 있는 것이다. 이 전략계획은 구체적으로는 [그림 4 - 4]에서처럼, ①주정부 전체의 비전, 책임, 철학의 명확화, ②주정부 전체의 목표와 벤치마크의 설정(이상 ①②는 주정부가 설정), ③각 부문의 책임의 명확화, ④각 부문의 철학의 명확화, ⑤내외의 환경평가, ⑥각 부문의 목적 명확화, ⑦각 부문의 목표결정, ⑧전략, 결과, 효율, 설명지표의 결정(이상 ③~⑧은 각 부문이 정하여 주에 제출함), ⑨집행계획(각 부서가 실시, 주에 제출 불필요)을 정하는 9개 단계로 진행되게 된다. 이들 9가지 구성요소에 대한 관계를 <표 4 - 5>에 표현해 보았다.

[그림 4 - 4] 전략계획 책정의 단계

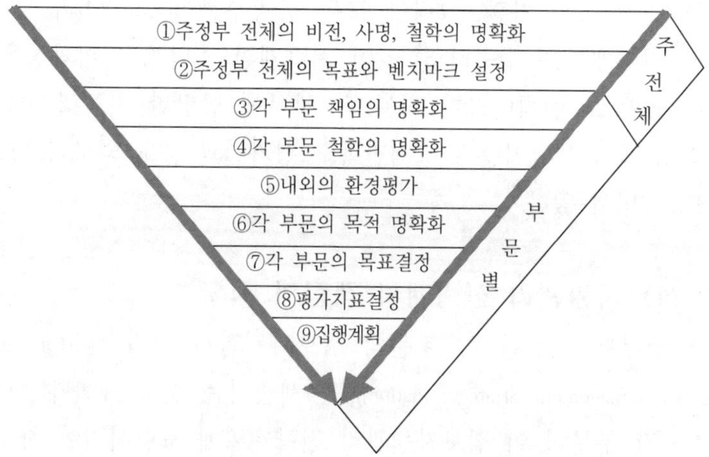

자료 : 텍사스주, *Preparing and Submitting Agency Strategic Plan Fiscal Year 2001-05.*
http://www.governor.state.tx.us/Budget/index.html에서 작성.

<표 4 - 5> 전략기획의 구성요소

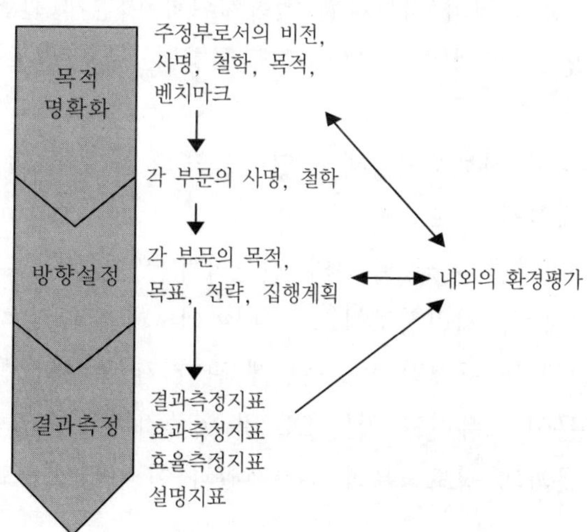

자료 : 텍사스 주, *Preparing and Submitting Agency Strategic Plan Fiscal Year
2001-05.*
http://www.governor.state.tx.us/Budget/index.html에서 작성.

현재, 텍사스 주는 2001년부터 시작되는 계획을 세우기 위하여 주립대학과 고등교육기관, 그리고 모든 공공부문이 ③~⑧의 내용을 포함한 전략계획을 수립하였다. 이 전략계획과 함께 기획과정을 정리하는 리포트, 벤치마크가 되는 각 부문에 합당한 지표리스트, 각 부문의 고객서비스 기준과 고객만족도 평가결과 등도 의무적으로 제출하도록 되어 있다.

2. 정보자원관리 전략계획 책정의 시도

2000년부터는 또한 각 부문의 정보자원관리 전략계획(Information Resources Management Strategic Planning)을 제출하는 것도 새롭게 의무화하였다. 각 부문이 이 정보자원관리 전략계획에 포함시켜야 하는 내용은 다음과 같다.

①각 부문의 정보자원정책 목표와 이 목표가 각 부문의 책임 및 텍사스주 전체의 정보자원 전략계획과 어떻게 관련되는지에대한 설명. 구체적인 목표와 그 달성방법, 그 달성도를 측정하는 지표

②각 부문의 정보자원정책에 있어서의 우선순위, 정보자원에 관련한 계획책정 프로세스

③신청·교부금 지급 수속의 전산화를 위한 각 부문의 계획과 보안확보책, 지리정보시스템 데이터 개발정책, 데이터 센터 운영정책 등 구체적 프로젝트에 관한 각 부문의 정책

④각 부문이 보유하고 있는 DB 및 어플리케이션 일람표.

⑤타 부문과의 정보공유화 추진계획과 이의 장애요소

텍사스주는 각 부문의 정보자원관리 전략계획을 작성함으로써 각 부문의 정보화가 앞에 기술한 전략기획예산시스템과 상호 보완하여

<표 4 - 6> 텍사스주 각 부문의 전략계획과 정보자원 전략계획의 관계

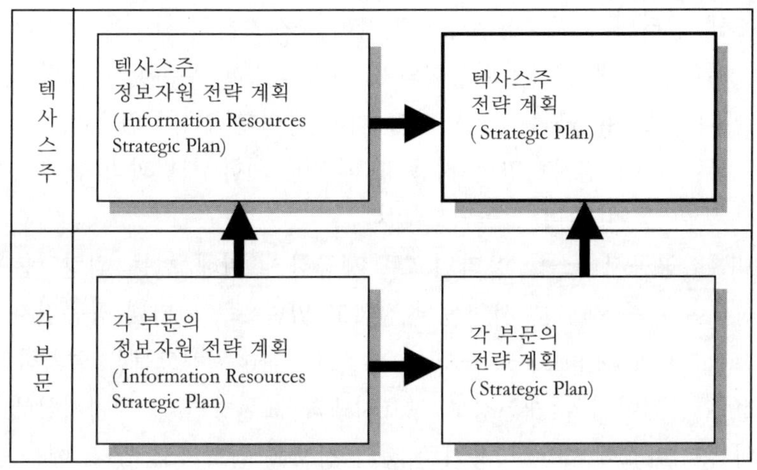

자료 : 텍사스주, *Preparing and Submitting Agency Strategic Plan Fiscal Year 2001-05.*
http://www.governor.state.tx.us/Budget/index.html에서 작성.

상승효과를 유발시키기를 기대하고 있는 것이다. 또한 주 전체의 정보인프라 확립, 표준 및 가이드라인의 채택과 적용, 서비스의 상호운용성 확보, 이용자 선호의 파악과 이해를 목적으로 주정부가 별도로 책정한 텍사스 정보자원 전략계획(Strategic Plan for Information Resources Management)과의 정합성을 확보하는 것도 필요하다고 인식되고 있다. 그리고 최종적으로는 각 부문의 정보자원 전략계획이 주 전체의 전략계획의 달성에 공헌하는 것을 목표로 하고 있다.

3. 전자정부 구축 현황

그렇다면 실제로 전자정부 구축이 어느 정도로 진행되고 있을까? 정보화추진을 위해 정보자원부 내에 정보기술평가센터(STAG)가 설치되었다. 정보기술평가센터는 정보기술의 경향을 예측하고 여러 신기술을 비교하여 각각의 내구성과 정부의 수요에 대한 대응능력을 판단하는 역할을 하고 있다. 센터의 평가에 기초해서 케이블, 위성, 무선통신, 인터넷 등 주 정부와 주민간에 통신기술의 활용을 추진하고 있다. 주정부 내에서는 화상회의가 실현되었고, 우수한 IT담당자가 민간부문으로 유출되는 것을 막기 위해 급여를 인상하였으며, 주 정부 업무처리에 전자서명의 사용, E-메일에 의한 시민과의 커뮤니케이션 강화 등이 이미 실현되고 있다.

또한 공공서비스를 온라인으로 제공하기 위해 전문 워킹그룹을 구성하여 각종 새로운 시책을 추진하고 있다. 즉, 인터넷 공공전자서비스(PESO: Public Electronic Services On-the-Internet) 워킹그룹을 설치하고, 주정부 홈페이지의 개인정보 보호시책과 표현방법, 홈페이지상에서 주의 공식마크에 대한 사용기준 등의 정책을 검토하고 있다. 예를 들어, 인터넷과 공공전자서비스 워킹그룹이 추진하고 있는 프로젝트 중에는 '텍사스 기록·정보 로케이터'(TRAIL: Texas Records and Information Locator)가 있다. 이는 주정부의 전자적 기록을 관리하고 주의 모든 기록에 검색가능한 인덱스를 붙여 접속을 용이하게 하도록 하자는 것이다.

인터넷 공공전자서비스 워킹그룹은 어린이들이 교육상 좋지 않은 사이트를 보는 것, 주정부 공무원이 직장에서 업무와 무관한 사이트에 접속하는 것을 막기 위한 대책도 강구하고 있다. 예컨대, 인터넷의 여과 정책, 정부가 소유하는 컴퓨터에 주정부 공무원의 인터넷 접속지침 작성, 공공도서관 및 커뮤니티센터에 공적 자금으로 설치된 컴퓨터에 대한 인터넷접속지침도 작성되었다.

이상과 같은 프로젝트를 추진하는 한편, 의회에서는 전자정부와 관련한 법률에 대한 토의가 진행되었다. 검토되고 있는 사항으로는 전자적으로 읽어 이해가 가능한 개인정보를 운전면허증에 포함시키는 데 대한 규정, 운전면허증 및 직업적인 면허증과 관련시켜 사용되는 사회보장번호의 기밀성 보호, 범죄기록의 전자적 송신, 재판소 관련 문서에 전자서명의 사용, 공적 급부기록의 전산화, 주정부 보고서의 전자적 보존과 의회 및 시민에 대한 공개, 업자와 공무원에 대한 지출 혹은 급여의 전자화, 주정부 공무원에 의한 소프트웨어 인증 및 저작권의 보호, 학교가 발행하는 보고서의 전자적 배포, 정치헌금 및 지출의 전자적 신고, 인터넷상에서 체결한 계약의 유효성, 주의 각 부문이 홈페이지에 게시하는 정보의 요건, 신용카드 등을 활용한 수수료 지불과 납세, 주내 조달행정에 인터넷을 사용하는 문제, 인터넷상에서의 시민참여방송 등 실로 많은 내용이 포함되어 있다.

제5장
EU의 전자정부 : 통합과 개성

제1절 EU의 전자정부 구축을 향한 공통목표

정치적, 경제적 통합을 추진해 온 EU는 전자정부 구축에 어떻게 대응하고 있을까? EU는 가맹국들이 정치, 사회, 경제의 모든 측면에 정보기술을 이용함으로써 21세기에도 경쟁력을 유지하려는 목표를 갖고 있다. 특히 최근에는 미국 및 아시아 제국이 추진하는 전자정부 구축에 위기감을 느끼고, 가맹국의 전자정부 도달 수준을 전자정부 선진국으로 평가받는 나라들의 수준으로까지 올리려 노력하고 있다. 그리고 이러한 노력의 하나로서 각국의 서로 다른 DB를 공통화하는 작업에 예산을 투자하고 있으며, 각국이 달성해야 할 기준을 설정하는 등의 정책적 지원을 아끼지 않고 있다.

모든 EU 시민들이 정보화사회의 혜택을 누릴 수 있도록 하는 것을 목표로 하는 'e-Europe 계획'이 2000년 3월에 발표되었는데, 이 계획 중에는 '정부 온라인화 계획'이 포함되어 있다. 이 계획은 EU의 정보보호에 관한 기준을 지키면서 인터넷을 통해 이용자가 공공부문의 정보를 용이하게 입수할 수 있도록 하는 것을 목표로 세웠다. 그리고 2000년 말까지 다음 3가지의 구체적인 목표를 달성하도록 각 가맹국에 촉구하고 있다.

　①적어도 법률·행정정보, 문화정보, 환경정보, 실시간 교통지체 정보 등 4분야에서 접속이 용이하게 할 것.
　②인터넷을 통해 주요 정치쟁점에 관한 국민의 의견을 들을 것(정책의 환류를 의도함). 소극적으로 백서 및 법안을 인터넷에 올려 놓는 것이 아니라 많은 사람들이 참가하는 논의의 장을 열 것.
　③정부와 민간부문 사이에 쌍방향 통신을 실현할 것. 예를 들어 이용자가 세금의 신고서, 자금수급의 신청용지를 다운로드받을 수 있을 뿐 아니라 기입한 신청서를 제출할 수 있게 할 것 등이다.

　e-Europe 계획에서는 이러한 시책으로 인하여 행정서비스와 시민과의 거리를 단축시키고, 관료주의의 배제와 정부지출의 삭감, 부가가치가 높은 서비스분야에서의 고용창출, 보다 정확한 유럽의 시장정보 파악 등이 가능하게 될 것으로 예측하고 있다.

　다음으로 EU가맹국 중에서도 선도적인 노력을 해 온 영국과 스칸디나비아 제국의 전자정부에 대해서 소개하겠다.

제2절 행정 빅뱅(Big Bang)을 지향하고 있는 영국

1. 블레어(Blair) 총리의 개혁

　현재 영국의 전자정부 구축은 노동당의 블레어 수상의 주도하에 추진되고 있다. 1997년에 탄생한 블레어 정권은 고복지 고부담을 긍정하는 복지국가적 정책과 생산·분배·교환수단의 공유 등 기존의 노동당 기본강령을 포기하고, 기업 및 개인의 자립과 자기책임을 기반으로 한 새로운 산업진흥을 목표로 삼았다. 1970년대 말까지 대처, 메이저의 보수당 정권이 추진했던 공공부문의 시장화, 즉 행정서비스의 요금제 적용 범위의 확대, 서비스공급의 경쟁입찰제 도입, 행정비용을 반영한 가격설정, 에이젼시(독립행정법인)의 설립과 분권적 관리 등 일련의 정책에서 나타난 것처럼 시장메카니즘을 활용한다는 기본적인 철학을 블레어 정권이 계승한 것이다. 반면, 시장(市場)이 국민의 편리성을 훼손하거나 행정비용을 높이는 경우에는 시장화를 재검토하겠다는 입장도 견지하고 있다. 현재 진행되고 있는 영국의 전자정부도 이러한 맥락에서 이해할 필요가 있을 것이다.

2. 영국 전자정부의 역사

영국에서는 1980년의 대처 정권에서부터 행정부문의 효율화를 목표로 하여 민간의 경영기법을 행정부문에 도입하는 정책이 추진되었다. 1990년대에 들어 메이저 정권에서도 부총리인 마이클 헤즐타인(Michel Heseltine)의 선도 아래 개혁이 가속화되었다. 그는 규모가 큰 인쇄회사의 경영자 출신으로, 기업경영의 관점에서 정부개혁을 추진하였다. 글로벌 경제환경 하에서는 정부관리의 비용을 낮추어 효율적인 정부를 만드는 것이야말로 국가의 경쟁력을 높이는 기본요소라는 것이 그의 기본적인 생각이었다. 1991년에 도입된 시민헌장(Citizen's Charter)은 당초에는 공적 서비스의 향상을 목표로 한 것이었지만, 1997년에 행정부문의 근대화와 효율화라는 목표도 추가되었다. 구체적으로는 행정서비스에 대한 달성기준을 설계하고 이를 헌장에서 천명하도록 하였다. 또 기준에 대한 업적 달성도도 정기적으로 공표되었기 때문에 각 행정기관은 보다 좋은 평가를 받기 위해 업무절차를 개선하지 않을 수 없었다.

1996년 11월에는 전자정부의 기본비전 등을 정한 '녹서(Green Paper)'가 공표되었고, 이어서 그 추진방침을 정한 백서도 공표되었다. 그러나 1997년 4월에 정권이 교체되었기 때문에 전자정부의 실현책임은 차기 정권으로 계승되었다. 정권교체에 의해 현재의 토니 블레어(Tony Blair) 총리가 취임하여 전 정권의 개혁을 계승하는 한편 더욱 적극적으로 정보기술을 활용하는 정책이 취해졌다. 취임 직후 1997년 10월에 행한 연설에서 그는 2002년까지 5년 동안 정부와 시민 간에 발생하는 업무처리의 25%를 전자화하겠다고 선언하였다.

3. 블레어 총리의 전자정부에 관한 생각

취임 당시 총리의 발언을 정리해 보면, 현재 영국 정부의 전자정부에 관한 기본적인 사고방식을 알 수 있다. 영국 정부가 최종적으로 목표하는 것은 지식산업사회에 대응한 산업경쟁력의 강화이다. 총리는 '2000년까지는 영국을 세계에서 전자상거래 환경이 가장 잘 정비된 국가'로 만든다는 목표를 설정하였다. 이를 위해 금융분야에서 성공한 것처럼, 우선 규제완화를 실시함으로써 시장의 경쟁환경을 정비하는 것을 전제로 하고, 수요측과 공급측 쌍방향 모두 새로운 혁신을 창출할 수 있는 틀을 확립하려 했다. 전자정부의 구축을 위해서 정부는 촉매 역할을 자임하였다. 정부부문이 정보기술의 활용을 적극 추진함으로써 기업 및 시민의 정보기술 이용을 강력하게 유인한다는 것이다. 그 결과 제품 및 서비스에 대한 선진적이고 세련된 수요가 늘어나고 혁신적인 사업가도 늘어나게 되면, IT산업, 인터넷과 관련된 사업에 있어서도 금융과 마찬가지로 영국이 유럽 전체를 리드할 수 있게 된다는 생각인 것이다. 영국의 산업경쟁력, 국가경쟁력을 높일 수 있도록 정부는 전자정부를 구축하려는 것이며, 이를 통해 효율화와 서비스 수준의 향상을 실현하고 민간 정보화의 촉매로서의 역할을 하고자 하는 것이다.

영국이 전자정부구축에 있어서 벤치마크로서 삼는 대상은, 후술한 것처럼, '요람에서 무덤까지'의 모든 행정절차를 전자화하고 있는 싱가폴과 또한 겨울철의 추운 자연환경에 대응하기 위해 이용 가능한 정보기술과 네트워크 기술을 점차 이용해 가려는 입장에서 전자정부를 구축하고 있는 스칸디나비아 제국이다.

4. 정부 근대화 계획

1999년 3월에는 '정부 근대화 계획'(Modernizing Government)이 블레어 총리의 후원 아래 작성되었다. 이는 영국의 산업경쟁력 향상을 위해 정부가 어떻게 탈바꿈해야 할까 하는 비전을 총리 스스로 제시하고, 이를 위해서 정부기능의 철저한 개혁을 단행하겠다고 선언한 것이다. 이 계획은 조직 및 체제도 포함하여 정부기능 전체의 존재근거를 검토하려는 것이었다. 그리고 이러한 시도에는 기업 및 국민에게 보다 양질의 서비스를 제공하는 불가결한 수단으로서 전자정부의 구축이 포함되어 있다. 정부 근대화 계획과 함께 전자정부 구축에 관한 상세한 집행계획도 발표되었다.

정부 근대화 계획에는 전자정부의 실현에 의해 실제로 일반국민, 기업 그리고 정부 스스로 어떠한 이익을 얻을 수 있을까 하는 내용이 명시되어 있다. 일반국민에 대하여는 거주하는 장소와 연령 등 개인의 특성에 따라 품위 있는 환경과 서비스를 제공받을 수 있다는 장점이 있다는 것이다. 기업에 대하여는 정부조달, 납세, 신청, 인허가 등 기업과 정부 간에 발생하는 각양각색의 업무처리를 보다 신속하고 저렴하게 하고자 하며, 동시에 규제완화를 실시하여 기업활동을 지원할 수 있다는 것이다. 또한 정부의 운영에 있어서는 일반업무와 정책입안을 효율화하고, 신속화하는 동시에 부문간, 부처간의 벽을 허물고 정보를 공유함으로써 업무연계를 원활하게 할 수 있다는 것이다.

5. 영국의 전자정부에 있어서 5가지 특징

영국의 전자정부 구축에는 5가지 특징이 있는데, 이 중에는 우리가 참고할 만한 내용이 많다.

첫째, 강력한 리더십과 전담조직의 존재이다(표 5-1). 전자정부 추진 전문기관으로서 중앙정보기술국(CITU : Center IT Unit)을 내각에 설치해 놓고 행정부문의 정보화추진전략을 수립하고 있다.

또한 내각 내에 중앙컴퓨터통신처(CCTA: Central Computer and Telecommunication Agency)라는 조직을 설치해 놓고 각 부처에 정보화의 노하우와 접근과정을 안내하고, 컨설팅을 하는 역할을 담당하게 하였다.

또한 블레어 총리 직속으로 전자정부 구축을 추진하는 책임자로서 전자정부 장관(Minister for e-government)이 임명되고 있다. 전자정부 장관은 총리에게 직접 보고할 수 있고, 부처간에 연결된 과제에 대하여 정치적 리더십을 발휘한다. 실무단계에서는 미국의 CIO에 상응하는 책임자로서 행정부문의 간부 36명을 정부정보화 책임자(IAGC: Information Age Government Champion)에 임명하고, 전자정부 구축전략의 입안과 관리를 담당시켰다. 그리고 민간의 혁신적인 의견 및 기법을 흡수하는 것을 목적으로 영국전화통신사(British Telecom) 등 유력한 민간기업 23개사의 간부로 구성된 산업자문위원회(Industry Consultative Committee)를 기술국 내에 설치하여 중앙정보기술국에 자문을 하도록 하였다. 이 위원회는 2000년 4월까지 정부의 정보기술전략의 초안을 작성했고 앞으로 영국의 전자정부 구축에 중요한 역할을 담당하게 될 것으로 보인다.

둘째, 명확한 목표설정이다. 영국은 2008년까지의 장기적인 목표를 설정하고 있다(표 5-2). 이는 서비스의 전자화를 2002년까지 정부가 제공하는 서비스의 25%, 2005년까지는 50%, 2008년에는 100%를 달성하려는 것이다. 현재까지의 추진 실태에 비추어 보면, 목표 년도보다 앞서서 실현될 것임을 짐작할 수가 있다. 따라서 100% 전자화

<표 5-1> 영국의 전자정부 구축 추진체제

조직명	역할
Central IT Unit(CITU)	중앙정보기술국. 1995년 설립. 행정부문의 정보화전략 책정
Central Computer and Telecommunication Agency(CCTA)	중앙컴퓨터통신처. 1970년대 설립. 각 부처에 정보화 노하우 및 도구를 소개하고 컨설팅 수행
Minister for e-government	전자정부 장관·부처간 상호연결된 과제에 대해 정치적 리더십의 발휘와 관료간 네트워크 형성 책임자. 총리에게 직접보고
Information Age Government Champions(IAGC)	정부정보화 책임자. 행정부문의 간부 36명으로 구성 각 부처의 전자정부 구축전략의 입안과 관리
Industry Consultative Commitee	산업자문위원회. 유력민간기업 23사의 간부로 구성 민간의 혁신적인 의견 및 방법을 중앙정보기술국(CITU)에 조언
Central Local Information Age Government Forum	중앙·지방정부정보화포럼, 중앙정부와 지방정부의 전자정부 구축 연계강화 중앙정보기술국(CITU) 멤버와 지방정부연맹으로 구성
E-minister	전자상거래 장관, 사회 전체의 정보화와 전자상거래 추진에 대해 부처간 상호연계된 과제에 대해 정치적 리더십 발휘와 관료간 네트워크의 형성책임자. 총리에게 직접보고
E-envoy	전자상거래 특사, 실무레벨에서의 전자상거래 추진책임자

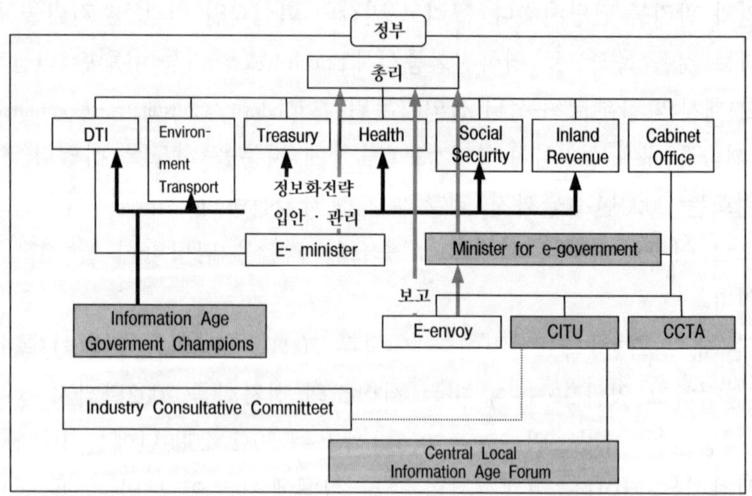

자료 : 영국 각 부처의 자료를 日立總研에서 작성.

<표 5-2> 서비스 전자화 목표

목표시기	당초목표	2000년 개정	감독기관
2002년	25%	-	중앙정보기술국 (CITU)
2005년	50%	100	
2008년	100%	100	

주 : 정부가 제공하는 서비스 중 전자화(인터넷상 제공 및 콜센터에서의 대응을 가리킴. 팩스로의 제공은 포함하지 않음) 된 서비스 비율.
자료 : 영국정부자료로부터 日立總研에서 작성.

달성의 목표 시기를 2008년에서 2005년으로 앞당기게 되었다. 또 정부조달시 낮은 가격대의 물품에 대해서는 2001년 3월까지 90%를 전자화하겠다는 목표를 세웠다.

중앙정부, 지방정부 모두 연간 5.4억 파운드를 정보화에 투자함으로써 41억 파운드의 비용이 감축되고 있다. 즉, 민간과 전자상거래를 실시함으로써 차후 5년간에 37억 파운드의 비용삭감이, 또한 전자조달에 의해 3.9억 파운드의 비용삭감이 각각 가능하게 된 것이다.

셋째, 정보격차의 방지이다. 모든 시민, 기업을 공평하게 대하며, 공평한 기회를 제공한다는 것을 전자정부 구현의 조건으로 삼았다. 이를 위해 이용자인 시민과 기업에게 시간과 다양한 수단을 융통성 있게 제공하는 것을 목표로 하였다. 예를 들어, 영국의 인터넷 보급률은 1999년 현재 22%인데 이는 높다고 할 수는 없다. 이러한 까닭에 전자정부에 의해 제공될 서비스 이용이 가능한 단말기를 컴퓨터에 한정하지 않고, 차후 확산될 것으로 예상되는 디지털 TV, 영국에서 이미 폭넓게 사용되고 있는 텔레폰 콜센터, 게임기 등으로도 확대할 것을 검토하고 있다. 그리고 그 대상자로서는 신체장애자는 물론이고, 외국에 거주하는 영국인, 영국에서 비지니스를 하는 외국인에 대해서도 서비스를 제공할 방침이다. 한편, 특별한 이유가 없는 한 모든 행정 서비스를 24시간 이용이 가능하도록 하고, 주소변경, 장기

재택보호, 사망신고, 퇴직신고, 공공서비스 이용안내 등에 중점을 둔 논스톱(Non-stop)화 방침도 추진중이다.

넷째, 민간기업의 경험 및 지식을 전자정부 구축에 활용하는 것이다. 영국은 국제적으로 사업이 전개되고 있는 주요 IT기업 30개 사의 경영진으로 구성된 특별위원회인 IAP(Information Age Partnership)가 디지털경제하에서의 바람직한 정책을 정부에 조언하는 체제를 구축하고 활용하고 있는 것이다. 이에 의해 정부는 항상 정보기술을 활용한 우수사례를 민간으로부터 도입하는 것이 가능하게 되었다. 전자신고, 세금환급 등의 개별 프로젝트에서는 당초부터 MicroSoft, EDS, National Westminster Bank 등의 민간기업이 참가하고, 시스템 가동 후에도 민간기업으로 아웃소싱을 함으로써 참여가 이루어지고 있다.

민간의 경영기법을 도입한 정책사례로서 의무경쟁입찰(CCT: Compulsory Competitive Tendering)제도는 이미 널리 알려진 것이다. 이 제도는

<표 5-3> 절약을 위한 투자기금의 개요

운영주체	재무부(내각에 자문)
설립	1999년 4월 이후 시작된 프로젝트에 자금제공
지원대상	· 중앙부처 · 국영기업 · 지방정부 · 병원, 소방국, 경찰
지원조건	초기투자가 필요하며, 다음의 조건을 만족하는 프로젝트를 지원 · 공공서비스를 혁신 · 경비절감, 혹은 서비스의 질 향상 달성 가능 · 자금의 25% 이상은 서비스 질 향상 달성 가능 · 복수의 부처가 연계
자금	· 1999~2000년도에 2억 3,000만 파운드(약 402억 5,000만 엔. 1998년도 정부세출의 약 9.2%)를 기금으로 할당 · 이 중 제1회 입찰로 1억 2,000만 파운드(210억 엔, 약4.8%)를 지출결정

주 : 1파운드= 175엔으로 계산.
자료 : 영국정부자료에 의해 日立總研이 작성.

z지방자치단체가 직접 수행해 온 서비스를 입찰을 통하여 수행하도록 하는 것인데, 민간기업과 동일한 조건하에서 지방자치단체도 입찰에 참가하게 하는 것이다. 입찰 결과 지방자치단체가 낙찰 받지 못하면, 그 업무는 민간이 수행하게 되고 결과적으로 행정업무의 민간위탁이 확대되는 것이다. 정보시스템 구축 및 정보서비스에 관해서도 이미 민간기업이 선행하여 노하우를 축적해 왔기 때문에 민간으로의 위탁은 점점 더 늘어나게 되었다.

다섯째, 전자정부 구축을 중장기적인 노력이 필요한 과제로 보고 장기적인 자금을 확보하고 있다. 영국 정부는 1999년 4월에 '절약을 위한 투자기금'(Invest to Save Fund)을 설립하였다. 이 기금은 복수의 부처간에 연계와 협력을 필요로 하는 프로젝트, 그리고 과거 공공서비스의 형태를 크게 변화시키고 대폭적인 경비삭감과 서비스향상을 실현하고자 하는 프로젝트에 대해서 자금을 제공한다(표 5 - 4).

전자정부에 대한 투자는 단년도로는 그 과실의 회수가 불가능하지만, 중기적으로는 정부·행정부문의 효율화를 통해 회수가 가능하다는 생각에서 2~3년 이내에 사용자금을 기금이 회수하도록 의무화하였다. 중앙부처만이 아니라 지방자치단체, 병원, 경찰 등이 수행하는 사업들도 이 기금의 대상이다. 1999~2000년도의 기금은 2억 3,000만 파운드에 달했다.

6. 선진적인 서비스

다음에는 실제로 어떠한 시스템과 서비스가 실현되고 있는지를 살펴보자.

첫째, 1999년에 지켓(G-cat)이라고 불리는 행정부문의 온라인 카탈로그 구매시스템의 가동이 시작됐다. 이에 의해 행정 각 기관은 2,300개의 기업이 제공하는 2만여 종류의 IT관련 하드 및 소프트웨어 제품을 온라인상에서 구입할 수 있게 되었다. 새로 정부조달에 참가하

<표 5 - 4> 절약을 위한 투자기금의 투자프로젝트 선정 체크항목

분야	항목
일반	1. 주체가 복수인 프로젝트인가(그렇지 않은 경우 그 이유는) 2. 프로젝트의 목적은 명확한가 3. 투자기금의 지원 없이는 진행할 수 없는 명백한 근거가 있는가
자금조달	1. 운영주체는 비용의 25%를 부담하는가(그렇지 않은 경우 그 이유는) 2. 운영주체는 PFI(Private Finance Initiative) 등의 가능성을 검토했는가 3. 당 프로젝트에의 투자에 있어 투자기금의 분배가 불균형하지는 않은가 4. 자본지출과 경비지출의 균형은 이루어지는가
혁신성	1. 제안되고 있는 서비스 제공방법은 어떻게 혁신적인가 2. 다른 서비스에 적용한 경우 그 영향은 어떤가 3. 프로젝트 진행중 리스크는 무엇인가, 그것은 정당한가 4. 다른 공공분야에 확대될 가능성은 있는가 5. 전 공공서비스의 전자화를 목표로 하는 총리의 목표에 공헌하는가
편익	1. 제공되고 있는 서비스 제공방법에 관해서 이용자의 의견을 들었는가, 그 반응은 어떤가 2. 이용자의 최종적인 편익은 무엇인가, 이것은 충분히 측정가능한가 3. 장기적인 경비절감 규모는 어느 정도인가, 이것은 현실적인가 4. 경비절감 및 이용자의 편익은 얼마나 빨리 실현되는가
견적 감독 평가	1. 경제적 산출액의 규모는 어느 정도인가 2. 이용자의 최종적인 편익은 무엇이며, 이는 충분히 측정 가능한가 3. 장기적인 경비절감의 규모는 어느 정도인가, 이것은 현실적인가 4. 경비절감 및 이용자의 편익은 얼마나 빨리 실현되는가
설명책임 감사	1. 설명책임과 감사에 관한 체제는 충분한가

자료 : 영국 정부자료에 의해 日立總研에서 작성.

고자 하는 기업은 조달참가 자격에 관한 절차를 소개하는 홈페이지에 접속하면 된다. 이로써 2001년까지 저가격대의 제품 90%를 전자적으로 조달하겠다는 목표가 달성될 것이다.

둘째, 국세청(Inland Revenue)은 세금환급수속의 전자화 실험을 1999년부터 시작했다. 이것은 사무실의 PC, 도서관의 키오스크 단말기, 셋톱 박스 등 여러 가지 수단으로 어디서나 환급수속신청을 가능하게 하고자 하는 것이다. 이것이 실용화되는 데는 아직 약간의 과제가 남아 있다. 그 하나는 본인인지를 확인하는 문제이다. 이를 해결하기 위해 IT카드가 사용될 것 같다. 또 하나의 과제는 납세자인 기업과 국민을 진정으로 편하게 하는 것, 그리고 행정에 있어서의 효율향상이다. 국세청에서는 민간 소프트웨어회사와 회계사무소도 개발에 참가시켜, 매년 세제의 변화를 반영시키며, 납세자가 화면상에서 쉽게 납세액과 환급액을 계산할 수 있는 시스템도 개발했다. 이 시스템으로 마감날짜보다 빠르게 환급신청을 하면, 실제 환급도 빠르게 되고 행정 쪽에서도 사무의 집중을 피할 수 있게 된다.

셋째, 차량운전면허청(The Driver & Vehicle Licensing Agency)은 도로세 납부증명 라벨을 인터넷을 통해서 갱신할 수 있도록 하는 실험 프로젝트에 착수했다. 영국에서는 운전자가 매년 도로세를 납부하고, 완납을 증명하는 종이 라벨을 자동차에 붙이도록 하고 있다. 운전자는 전화를 걸어 신용카드 번호를 알려 주고 라벨을 우편으로 받을 수 있다. 중요한 12개 보험회사가 운전면허청의 시스템과 전자적으로 접속되어 있고, 차량의 소유자는 어느 회사와 맺든 보험계약을 의무적으로 맺어야 한다. 보험계약이 완료된 것을 전자적으로 확인되게 되면 납세 라벨이 전자적으로 발행되는 시스템인 것이다. 거기에 더하여 재무부에서는 도로상에 이동카메라 네트워크를 구축해서 미납세 차량을 언제 어디에서나 발견할 수 있는 시스템을 구축하고자 하고 있다.

앞으로는 안전성 및 개인정보보호가 충분히 보장되는 것을 전제로 하여 서비스를 이용하는 개인을 특정하여 행정서비스를 제공하는 것, 즉 개인의 특별한 욕구에 대응한 서비스를 제공하는 것이 가능하게 된다. 또 이용자가 사용하기 쉽도록 교육, 비지니스, 문화, 법률 등 각 분야마다 포탈 사이트를 설치하고자 한다. 이러한 서비스를 제공하기 위해서는 어디까지나 이용자의 시각에서 각 행정기관이 협력하여 서비스를 제공하는 것이 중요하다. 영국은 중앙정보기술국이 중심이 되어 각 행정기관에 분산되어 있는 정보를 이용자에게 편리한 형태로 재구성하여 제공하려 하고 있다.

7. 전자정부의 장래비전

'정부 근대화 계획'에는 전자정부의 장래계획도 개략적으로 설명되고 있다. 이에는 정부에서 구체적으로 실시하고자 하는 내용의 검토가 실시되었는데, 전자투표를 중심으로 한 디지털 데모크라시(e-Democracy) 분야와 교육개혁에 중점이 놓여져 있다.

전자투표에 관해서는 현재 실험프로젝트가 진행중이다. 선거권을 갖는 국민에 대해서 개인 식별번호를 등재한 투표카드를 부여함으로써 세계 최초로 전화에 의한 투표를 실현하고자 노력하고 있다. 또 투표소에 전자투표단말기를 설치하여 투표하는 방법과 집에서 PC로 홈페이지에 접속해서 투표하는 방법도 검토되고 있다. 2000년 봄 런던 시장선거에서는 투표용지를 전자적으로 읽어 들이고, 득표수를 집계했다.

블레어 정권은 좋은 학교를 만들고 학교의 질을 향상시키는 것이 산업경쟁력의 기반이 된다는 생각에서 교육개혁에 박차를 가하고 있다. 일련의 개혁 중에서 교육커리큘럼의 개정도 발표되었다. 한편, 정부는 홈페이지를 통해서 교육에 관한 여러 가지 정보를 제공하고자 계획하고 있으며, 현재 이를 실험하고 있다. 이것은 각 교과의 내용, 표준적인 수업의 진행일정, 미술관, 박물관, 서적, 소프트웨어 등의 정보는 물론 학생복 및 숙제에 관련된 정보까지 포함하고 있다. 교육은 학교에만 맡겨두는 것이 아니라 가족도 책임을 갖고 관여해야 하는 것이라는 기본적인 사고가 담겨 있음을 볼 수 있다.

8. 영국 전자정부 구축의 향후 과제

여러 가지 선진적인 노력이 경주되고 있는 영국이지만 앞으로 바람직한 전자정부를 구축하기 위해서는 몇 가지의 과제가 남아 있는 것도 사실이다.

첫째, 행정의 효율화를 어디까지 추진해야 하는지의 문제이다. 행정부문에서 정보기술활용을 진행시켜 가면 최종적으로는 공무원의 삭감을 피할 수 없게 된다. 더구나 전 보수당 정권하에서도 금융빅뱅의 결과 금융기관에서 근무하는 인원이 반으로 줄어들었던 경험이 있다. 전자정부 구축의 결과 장래에 공무원의 수가 어느 정도로 줄어들지에 대해 노동당의 블레어 정권은 현재까지 명확한 방침을 세워놓지 못하고 있다.

또 하나의 커다란 과제는 지방정부의 전자정부 구축을 어느 정도로 진행시켜야 하는가 하는 문제이다. 재정적으로 풍요하지도 않고, 지역의 여러 가지 사회적 경제적 과제를 안고 있는 지방정부로서는 전자정부가 보다 빠르고 편리한 서비스를 주민에게 제공할 수 있다고 하는 사실만으로는 예산을 증액시킬 만큼의 충분한 동기가 되지는 못한다.

앞으로 이러한 과제를 해결하면서 나라 전체의 전자정부구축을 어떻게 진행시켜 나갈지 영국 정부의 대응 방향이 주목된다.

제3절 성숙단계에 도달한 스칸디나비아 제국의 전자정부 구축

스웨덴, 노르웨이, 덴마크, 핀란드 등 스칸디나비아 제국은 넓은 국토에 인구가 산재해 있으며, 겨울에는 대지가 얼어붙는 추운 기후 조건 때문에 상호 연락수단으로서 정보통신의 정비가 중요하게 여겨져 왔다. 또 장래 국가의 번영을 위해서는 국민이 최신기술을 앞서서 이용할 필요가 있다는 인식이 확산되었다. 이러한 인식에서 이들 각 국가는 적극적으로 정보기술의 보급을 추진해 왔다.

이들 나라에서는 전자정부 구축을 행정개혁의 측면보다는 오히려 지리 및 기후 등의 불리한 조건을 극복하고 모든 사람에게 동등한 서비스를 제공하는 수단으로서 활용하려는 측면이 더욱 강하다. 그 결과 인터넷의 보급률은 핀란드가 35%로 세계 제2위, 스웨덴이 33%로 3위(NUA사 조사)를 차지하는 등 매우 높은 수준을 보이고 있다. 동시에 중앙부처와 지방정부에서의 홈페이지 개설률도 높다. 예컨대, 스웨덴에서는 1999년에 중앙과 지방을 합하여 98%가 홈페이지를 보유하고 있다. 따라서 전자정부 구축에 관한 논의도 다른 국가에서 볼 수 있는 정도의 전자정부가 아니라 전자정부 구축은 당연한 것이고, 거기에 더하여 이용자들이 서비스를 충실하게 받을 수 있는 구체적인 과제에 초점이 맞추어지고 있다. 특히 스웨덴에서는 정부·행정부문이 보유하는 정보의 공유화와 중앙부처·지방자치단체가 제공하는 서비스의 종류에서 다른 나라보다 앞서고 있다.

1. 이용자에 대한 서비스향상에 주력하는 스웨덴

스웨덴 정부는 '모든 사람들을 위한 정보화사회'(An Information Society for All)를 실현하는 최초의 국가가 되자는 목표를 내걸고, 시민과 기업에 대한 서비스를 제공하는 모든 공적 기관에 대해서 법과 제도상 가능한 모든 서비스를 전자적으로 제공하고자 한다. 또 이용자의 욕구를 반영시켜서 각종 전자정부 관련서비스의 질을 향상시키려 하고 있다. '공개'와 '접속향상'을 기본방침으로 하여 가능한 모든 정보공개와 모든 사람에 대한 적절한 서비스제공을 목표로 정부서비스에 정보기술의 도입을 추진하고 있다. 실제로 집행되는 시책을 보면, 눈이

번쩍 뜨일 정도의 최첨단 기술을 사용하여 전자정부를 구축하려 애쓰기보다는 기존의 인프라와 기술을 이용할 수 있는 것에서부터 정보화에 착수하고자 하는 것이 특징이다.

스웨덴의 전자정부 구축은 1996년에 제정된 정부정보화법(The Government IT Bill)에 의해 본격화되었다. 이 법률은 정보기술의 이용에 의한 행정부문의 투명성 제고, 사회의 불평등 해소, 민주주의의 강화를 추구하고자 한 것이다. 1998년에는 행정정보화에 관한 집행계획이 공표되어 이미 부처 내의 네트워크 정비 등 정보기술도입이 성과를 거두었고, 다음 단계로는 행정부문의 서비스향상을 도모하도록 하였다. 정부는 각 부처가 접수한 국민들의 욕구를 분석해서 '서비스 선언', '고객조사', '지식구축', '비교분석'이라는 집행프로그램들을 만들었다. '서비스 선언'이란 민원인들 스스로 의견을 표명하고, 그 의견이 어떻게 반영되고 있는가를 확인할 수 있는 장을 만들어 주고자 하는 것이다. '고객조사'란 행정부문이 고객인 민원인의 의견을 추적하는 한편, 고객만족도 등에 관한 조사를 실시하는 것을 말한다. '지식구축'이란 행정의 각 부문이 자신들이 보유하는 공적 기록을 모두 동일한 기준으로 공개하도록 담당직원을 교육하는 것이다. '비교분석'이란 벤치마크를 통해 각국간의 비교를 실시하는 것을 의미한다.

전자정부 추진조직의 특징으로서 가장 주목할 만한 것은 정보통신기술위원회(ICT Commission)라는 산관학 협동 위원회의 활용이다. 정부는 이 위원회를 통해서 민간기업 및 교육기관으로부터 정보화사회에 대한 제안을 받고 이를 시책으로 채택한다. 이 위원회의 제안에 의해 실현된 시책은 이미 다수에 이르고 있다. 그 가운데에서도 'SeniorNet Sweden'은 스웨덴 사회의 욕구를 충족시킨 시책으로서 주목할 만하다. 이 사이트는 보다 많은 고령자들이 인터넷을 이용하게 할 목적으로 1997년에 개시되었다. 고령자들이 모이는 장을 인터넷상에서 만들어 주고, 거기서 고령자를 위해 생애교육에서부터 고령자

끼리의 정보교환까지 여러 가지 모임을 열 수 있도록 한 것이다. 1999년에는 스톡홀름시와 EU 위원회가 공동으로 개최한 세계적으로 정보화에서 우수한 실적을 보인 지방 및 지역을 표창하는 스톡홀름 챌린지상(The Stockholm Challenge Award)의 '평등한 접속' 부문에서, 이 사이트가 2위상을 받는 등 국내외에서 호평을 받고 있다.

전자정부 추진조직의 두 번째 특징은 간부위원회(Toppledarforum)의 존재이다. 이 위원회는 문자 그대로 재무장관을 의장으로 하여 정부·행정부문의 수장들이 모이는 회의이다. 이 회의는 정부 공통의 과제를 부처의 이해에 얽매이지 않고 풀어내려는 목적으로 1995년에 설립되었다. 또 주로 정보기술을 활용한 행정개혁과 보다 안전하게 정보교환이 가능하도록 환경을 정비하는 사업을 제창하고 있다. 개혁과 서비스 품질기준의 목표를 간부위원회에서 설정하고, 각 부처와 지방자치단체가 이에 따라 집행하게 하고 있다. 간부위원회의 리더십 아래 정보기술을 이용한 행정개혁이 추진된 것이다. 현재 이 위원회 조직과 기법이 OECD국가들에 소개되어 국제적인 주목을 받고 있다.

실제의 전자정부 구축은 행정개발국(AAD: Agency for Administrative Development)이 중심이 되어 진행하고 있다. 행정개발국은 전자정부 구축 예산을 가지고 구체적으로 어떠한 행정서비스를 네트워크로 접속하는 것이 이용자의 편리성을 높이는가를 검토하고 난 다음에, 각 부처에 예산을 배분하고 있다. 또 부처만이 아니라 지방자치단체의 전자정부 구축에도 책임을 지고 있다. 그리고 전자정부와 관련한 기술표준화를 추진하는 책임을 지는 부처도 따로 있다.

그렇다면, 실제로는 어떻게 진척되었을까? 아래에서 효율향상, 정보공개, 서비스향상이라는 전자정부 3대 목표를 따라 살펴본다.

2. 서비스향상을 핵심으로 한 전자정부 3대 목표의 달성

우선 효율성 향상이라는 점에서 보면, 스웨덴 정부는 전자정부를 구축할 때에 행정부문의 효율향상을 다른 나라들만큼 전면에 내세우지는 않았다. 다만 서비스향상을 추진하고 그 결과 업무효율의 향상에 기여한 프로젝트가 많았다. 그 대표적인 예가 국가도로국(National Road Administration)의 자동차등록 시스템이다. 국가도로국은 자동차등록의 DB를 구축하고, 전국의 자동차 딜러와 보험회사를 중심으로 2만 대의 단말기를 배포함으로써 DB에 접속할 수 있게 하였다. 한편, 일반 자동차보유자와 잠재적인 자동차구입자를 위하여 기존의 전화교환원에 의한 전화응답을 자동화시킨 ARS응답시스템을 완성하였다. 스웨덴 개인정보보호법이 규정하고 있는 제약 때문에 공개적 네트워크인 인터넷에서의 등록수속은 불가능하기 때문에, 기존의 전화에 의한 응답시스템 가운데 개선이 가능한 것을 개선한 것이다. 그러나 이를 통해 이제까지 각지에 산재해 있던 23개소의 자동차등록센터를 3개소로 집약시킬 수 있게 되었고, 창구업무를 수행하던 인원 중 50%를 보다 부가가치가 높은 업무로 이동시킬 수 있게 되었다.

정보공개에 있어서 스웨덴은 어느 나라보다 앞선 나라이다. 지금부터 거슬러 올라가 230년 전인 1766년에 세계에서 가장 빨리 정보공개법을 제정하였다. 따라서 정보공개는 국민의 당연한 권리라고 보고 있으며, 행정부에서도 이러한 인식이 정착되어 있다. 따라서 1996년부터 모든 법률관련 정보를 전자적으로 그리고 무료로 제공하는 시스템을 가동하고 있다. 1998년에는 지도정보를 전자적으로 제공하는 서비스를 개시하여, 국민은 저렴하게 국내의 상세한 지도를 전자적으로 입수할 수 있게 되었다. 이 시스템에서는 지도상에 지역별 인구를 표시하는 등 복합적으로 이용할 수 있게 해 준다.

서비스향상 면에서 보면, 스웨덴 정부는 2001년까지 전국민이 전자적으로 세금을 신고할 수 있게 하려고 노력하였다. 이 중 일부 서비스는 이미 1999년에 시작되었다. 스웨덴에서는 신분증명도 겸하는 IC카드의 보급이 거의 완료되어 행정서비스 제공의 기반으로서 이용되고 있다. 국민은 IC카드를 사용하여 인터넷상에서 세금관련 각종 서류를 가져오고, 기업의 납세업무지원, 세금의 산정기준으로서 승용차의 가치계산, 납세금액의 계산, 토지가격 정보검색, 구인 정보검색, E-메일 문의 등을 할 수 있다. 여기서 제공하는 서비스 가운데는 세금과 무관한 것처럼 생각되는 것도 포함되어 있는데, 이는 '행정부문과의 연락 및 사무처리는 가능하면 1회로 줄이고 싶다'는 민원인의 바람이 담겨 있는 것이다.

3. 실현이 임박한 전자민주주의

정치과정에 관련한 정보화 투자도 적극적으로 추진되고 있다. 스웨덴에서 국회 및 각종 심의회가 인터넷상에서 중계되고 있다. 또 국회의원은 인터넷 TV를 통해서 자신의 정책을 유권자에게 직접 호소하고, 유권자의 의견도 직접 듣는 것이 가능하다. 이렇게 됨으로써 정치와 국민과의 거리가 현저하게 가까워졌음을 실감하는 의원이 많다. 또 이러한 경험을 통해서 국회의원은 정보화가 가져다 주는 장점을 피부로 체험하고 있기 때문에 정부·행정부문에 있어서 정보화투자에 대해 높은 이해를 하고 있다. 전자투표의 실험도 실시되고 있고, 2002년에는 유권자등록에서 투표에까지 이르는 일련의 선거과정 모두를 전자적으로 처리하게 될 것으로 예상된다.

4. 향후 과제

2000년 3월 산업고용통신부(MIEC: Ministry of Industry, Employment and Communications)는 예산서를 제출할 때 차후 정보화사회의 비전을 실현하기 위한 행동계획을 발표하였다. 이 가운데 정보기술을 활용한 민주정치의 실현, 성별 및 연령, 인종을 초월한 평등의 추구, 정부주도에 의해 정보기술을 활용한 순환형 사회의 실현 등이 실천사항으로 열거되었다. 특히 환경문제에 대한 대응과 전자정부를 연결시키는 점은 더욱 주목되고 있다.

제6장
전자정부를 경제발전의 기반으로 삼은
아시아

　아시아 제국도 전자정부 구축에 의욕적으로 임하고 있다. 그 가운데 싱가폴이 선두에 서 있고, 말레이시아 등의 제3국들도 매우 열심이다. 아시아 전자정부 구축의 특징은 전자정부를 경제성장을 이끄는 기반으로 삼는다는 것이고, 정치지도자가 강력한 이니셔티브를 쥐고 진행시키고 있다는 점이다. 최근의 상황을 싱가폴, 말레이시아, 중국의 순으로 소개한다.

제1절 일찍부터 전자정부 구축에 착수한 싱가폴

　싱가폴은 구미의 정부와 관련기업에서도 모델로 삼을 정도로 전자정부 선진국이다. 면적이나 인구가 적은 도시국가로서의 특성을 십분 살려서 선진적인 실험을 실시하고 있는 것이다. 싱가폴의 PC보급률과 인터넷 접속률은 구미 선진국보다도 높다. 싱가폴 통신정보기술부(Infocomm Development Authority of Singapore)의 1999년 조사에 의

하면, PC의 가정보급률은 59%로 미국의 54%, 일본의 42%를 상회한다. 그리고 인터넷 접속률은 42%로 미국의 40%, 일본의 13%를 앞지르고 있다. 또 싱가폴 원(Singapore One)이라 불리는 기간네트워크의 정비를 완료하여 고속·대용량의 통신이 가능하다.

싱가폴의 대표적 중심가인 오차드(Ochard)가에는 몇 미터마다 키오스크 단말기가 설치되어 관광객들이 관광정보를 검색하는 모습을 볼 수 있다. 게다가 전국민에게 신분증을 IC카드로 배포하였다. 해외를 자주 왕복하는 싱가폴 국민은 공항에서 출입국관리를 IC카드로 간단하게 끝낼 수 있게 되었다. 그 결과 스위스의 경영연구원인 IMD는 싱가폴 정부를 4년 연속 세계 최고의 효율적인 정부라고 평가하고 있는 것이다.

1. 1980년대부터 추진되어 온 국가정보화 전략

싱가폴의 전자정부 구축은 국가정보화 전략과 밀접한 관계를 맺고 있다. 그러므로 우선 국가정보화 전략의 개요를 살펴보자(표 6 - 1).

이 나라는 2000년 현재 경제적으로는 선진국 중에서 중간 정도의 수준이지만, 면적은 일본의 아와지시마(淡路島) 정도의 면적이고, 천연자원도 없다. 이 때문에 건국 초부터 민간주도의 산업으로는 국가경쟁력을 확보할 수 없다고 인식하고, 정부주도로 경제발전을 도모해 왔다. 이러한 배경 아래에서 싱가폴 정부는 1980년대 초부터 정보기술을 국가의 산업경쟁력의 핵으로 육성하려는 노력을 해 왔다.

우선 1980년에 국가전산화위원회(Committee for National Computerization)를 설치하고, 이 위원회로 하여금 국가전산화계획(National Computerization Initiative)을 세우게 하였다. 이는 5년 단위의 계획으로서 이를 토대로 공공분야를 중심으로 컴퓨터의 도입을 추진하였다. 게다가 이듬해에는 국가전산화위원회를 확대·발전시킨 국가전산원(National ComputerBoard)을 설립하였다.

<표 6 - 1> 싱가폴 국가정보화 전략과 전자정부 구축의 역사

연도	국가정보화 전략	행정부문의 정보화계획	행정부문의 실천사항
1980	국가전산화위원회설치 국가전산화계획발표		
1981	국가전산원설립	행정서비스 전산화계획발표	부처내 컴퓨터 배치
1985	국가정보기술계획발표		부처간 전용선 구축
1992	IT2000계획발표		
1995		PS21계획 접속된 정부계획발표	온라인서비스 실용화
1999	ICT21발표		풍부한 컨텐츠 구축

자료 : 日立總研 인터뷰에서 작성.

1985년에는 국가정보기술계획(National IT Plan)이 발표되어, 컴퓨터 도입과 함께 통신망의 정비가 추진되었다. 1992년에는 싱가폴을 정보기술을 중심으로 한 지식산업의 집적지로 만들기 위해 해외로부터의 투자확대를 목표로 한 'IT2000계획'이 새로 만들어졌다.

이 계획에는 단지 컴퓨터와 통신망이라는 기계를 정비하는 것이 아니라, 이러한 인프라를 이용해서 서비스를 확충하는 것이 중요하다는 인식하에 관광·교통·도서관·뉴 미디어·제조업·법률·건설·의료·교육·정부 등 모든 분야에서의 어플리케이션 개발에 박차를 가하고자 하는 내용이 포함되었다. 정부의 정보화는 국가전략의 핵심이 되었고, 싱가폴 경제·사회 전체에 정보기술은 경쟁력을 높이기 위한 필요조건으로서 부각되었다. 또 행정 각 기관 내에서의 네트워크정비를 완료하고, 거의 모든 부처가 청내 및 타부처와의 데이터 교환을 실현할 수 있게 되었다.

IT2000계획이 대부분 달성된 까닭에 싱가폴은 21세기에 정보통신

분야에서 경쟁력을 유지하기 위한 전략으로서 ICT 21(Information Communication Technology 21)의 책정을 1999년부터 준비하였다. 싱가폴의 IT산업을 더욱 발전시켜 전산업, 전국민이 일상적으로 정보기술을 이용하는 사회를 창조하기 위한 시책이 다음과 같이 검토되고 있다.

2. 행정개혁과 정보화를 양축으로 하는 싱가폴의 전자정부 구축

싱가폴의 전자정부 구축은 행정서비스 향상을 목표로 하는 행정개혁과 국가정보화 전략의 일환으로서 추진하는 행정정보화라는 두 가지 시책이 견인하는 형태로 진행되고 있다.

싱가폴의 행정개혁이 본격화한 것은 1995년에 PS21계획(Public Service for the 21st Century)이 발표된 때부터이다. 그때까지도 싱가폴은 타 선진국과 비교하여 질이 높고 효율적인 행정서비스를 제공해 왔지만, 21세기에도 과거처럼 같은 조직과 생각으로 행정서비스를 제공해서는 다국적기업의 투자처로서 경쟁우위를 잃어버릴 수 있다는 위기감으로 인하여 행정개혁을 추진하게 만든 것이다.

PS21은 두 가지 핵심 내용으로 구성되어 있다. 하나는 국민이 기대하는 친절하고도 빠른 행정서비스를 실현하는 것이다. 다른 하나는 어떠한 사회환경의 변화에도 즉각 대응이 가능한 효율적인 행정이 되자는 것이다. 이들 두 가지 핵심내용 아래 ①공무원의 생산성과 복리향상, ②고객에 대한 서비스향상, ③공무원의 업무개선활동, ④조직개혁 등의 4가지 목표를 달성하기 위해 위원회를 각각 만들고, 민간기업의 최신 경영기법을 참고로 행정 각 부문의 개선과 서비스 향상을 추진하였다. 중요한 행정서비스를 2001년까지 전자화하려는 목표에서, 각 부처의 구체적인 노력에 정보기술을 활용하고자 한 것이다. 정부는 PS21의 개혁 실효성을 높이기 위해 행정평가제도를 고안하고, 정기적으로 시책의 효과에 관한 평가도 수행하고 있다. 한편

공무원의 복리를 특히 강조하고 있는데, 이는 싱가폴에서는 우수한 지식노동력이 부족하여 좋은 조건을 유지하지 않으면 인재를 정부로 끌어들이는 것이 어렵기 때문이다.

PS21이 발표된 1995년에는 '접속된 정부'(Connected Government)계획도 발표되었다. 이 계획에서 정부는 PS21에서 거론된 서비스향상과 효율적인 행정이라고 하는 목표에 대응해서 정부·행정부문의 정보화 프로젝트를 수행하고자 하였다. 부처간의 연합적인 노력으로서 인프라 구축, 인터넷 및 DB정비, 전자메일의 도입, 공무원용 IC카드 발급, 정부조달의 개선, 키오스크 단말기의 설치, 원스톱 서비스의 제공, 정보통신기기의 재활용촉진 등이 활발하게 진행되었다. 개별 부처의 프로젝트로서는 주택건설, 교육, 금융, 도로, 의료, 무역, 문화재보호, 법집행, 인재관리 등의 분야에서 어플리케이션의 실용화가 꾀해졌다.

1999년에는 인터넷을 통한 원스톱 서비스인 '전자시민센터'(eCitizen Center)를 개설했다. 싱가폴은 국민과 기업에 '요람에서 무덤까지'의 행정서비스를 인터넷 등의 네트워크를 통해서 원스톱 서비스한다는 목표를 세우고 있다. 현 단계에서는 기술 및 제도 면의 제약 때문에 네트워크로 수속이 이루어지고 있지는 않지만, 최종적으로는 국민과 기업이 홈페이지를 방문하는 것만으로 출생신고에서 사망신고에 이르기까지, 그리고 기업등록에서 폐업신고까지 모든 행정서비스를 인터넷 상에서 받을 수 있게 될 것이다(그림 6-2). 실제의 서비스운영은 각 부처가 하겠지만, 이용자가 관할부처를 의식하지 않고도 서비스를 이용할 수 있는 홈페이지를 구상하였다. 서비스의 이용상황에 대해서는 상세하게 밝혀지지는 않았지만, 과거 제출서류가 많고 몇 번이나 행정기관을 방문하지 않으면 안 되는 귀찮은 수속에 관한 것이 기업과 국민에게 많이 이용되고 있다고 한다. 특히 공단주택의 입주상황 확인과 신청, 자동차등록수속 등의 온라인 서비스의 이용자가 많다.

[그림 6 - 2] 「요람에서 무덤까지」 행정수속을 온라인화
- 전자시민센터 -

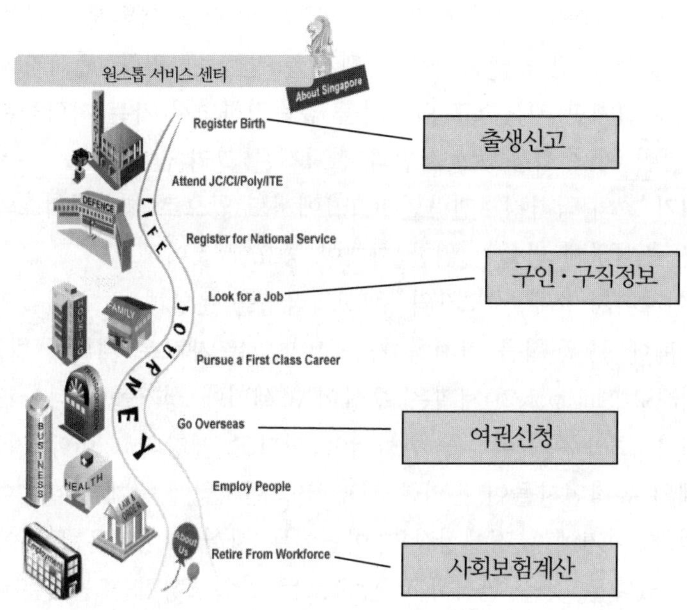

자료 : http://www.ecitizen.gov.sg/index_low.html.

3. 전통적인 민관관계의 유지

후술할 말레이시아는 구상단계에서부터 다국적기업의 협력하에 전자정부 구축을 추진하였다. 반면에, 싱가폴 정부는 다국적기업의 의견을 참고로 하기는 했지만, 기본적으로는 정부가 주도하여 전자정부 구축을 추진했다. 정부정보의 대부분은 기밀성이 높기 때문에 계획입안에서부터 운영까지 정부주도로 행해야 한다고 생각한 것이다. 자금 면에서는 프로젝트의 중요성 및 필요자금액에 따라 정부의 출자비율은 달라졌고, 민간기업이 전자정부 구축에 담당하는 역할은 구미제국의 경우에 비하여 크지 않았다.

4. 향후 과제

1980년대 이래 경제발전과 함께 세계 최첨단 전자정부의 구축을 추진해 온 싱가폴이지만, 앞으로 행정서비스를 어떻게 사람들이 이용하기 쉽게 만드느냐 하는 과제가 아직 남아 있다. 번화가의 여러 장소에 설치한 키오스크 단말기를 곁눈질하면서 가는 사람들은 많지만, 멈춰 서서 이용하는 시민과 관광객은 그리 많다고 볼 수는 없다. 21세기 초의 국가정보전략인 ICT21에서도 앞으로 행정서비스의 콘텐츠를 충실하게 만들기 위한 시책이 중요할 것이다.

이제까지 소수 지도자의 주도로 국정을 운영해 온 싱가폴의 정치 시스템에 큰 변화를 가져올 가능성이 있는 새로운 계획이 발표되어 있다. S21(Singapore21)계획은 수상이 21세기에 싱가폴이 나아가야 할 방향을 보여주는 비전을 만들어야 한다고 제창하고 이에 기초하여 각계의 유력인사들이 논의한 결과, 1999년 4월에 구체적 내용이 발표되었다. 여기에는 경제성장의 이면에는 사회의 어두운 모순이 발생하고 있다는 것을 인식하고, 앞으로는 산업경쟁력을 높이는 것만이 아니라 쾌적하고 풍요로운 생활을 할 수 있도록 하자는 목표를 담고 있다. 이 계획의 발표 직후 정부의 존재양식에 대한 논의가 보다 활발하게 되었다. 이제까지 싱가폴에서 정부·행정부문이 모든 계획을 책정, 실행, 관리해 왔는데, 앞으로는 이러한 시스템이 변화할 가능성이 있는가가 주목할 점이라고 할 수 있을 것이다.

제2절 아시아 IT거점화 전략의 일환으로
전자정부를 추진하는 말레이시아

경제위기에 빠졌던 아시아 여러 나라의 경제가 급속히 회복하는 가운데, 휴면상태에 있던 각국의 대형프로젝트들이 재개되고 있다. 경제위기 당시 그 계속성이 불투명했던 MSC(Multimedia Super Corridor)계획도 다시 본궤도에 오르게 되었다. 이 계획에서 전자정부의 구축은 중요한 사업의 하나이다. 말레이시아는 마하티르(Mahatir) 총리의 강력한 리더십 아래 다국적기업의 선진적인 노하우를 활용하여 고수준의 전자정부 구축을 목표로 삼고 있다.

1. 비전2020과 MSC계획

말레이시아가 장기적 경제계획으로 책정했던 비전2020계획은 2020년까지 말레이시아 경제와 사회를 선진국과 같은 수준으로 끌어올리고 국민 1인당 소득을 1만 달러까지 높이고자 하는 목표를 갖고 있다. 정부는 기존산업의 발전만으로는 목표를 달성하기 어렵다는 인식에서 보다 높은 부가가치를 낳는 지식집약형 산업구조로 전환하기 위해 IT산업을 핵심사업으로 육성하기로 결정했다. 이 IT산업을 육성하기 위해 국가프로젝트로서 시작한 것이 MSC계획이다.

이 계획은 1995년에 발표되었고, 마하티르 총리의 강력한 리더십에 의해 추진되고 있다. 계획내용 가운데는 쿠알라룸푸르 교외에 IT산업을 집적시킨 연구개발도시 사이버자야(cyberjaya), 신수도인 푸트라자야(putrajaya)를 건설하고, 이곳에서의 연구개발 성과를 말레이시아 전역으로 확대시킨다는 계획이다. 또 장래에는 이 도시들과 미국의 실리콘 밸리 등 유사한 해외거점과 연계하는 것도 목표로 하고 있다.

MSC계획을 본궤도에 올려놓기 위해 말레이시아 정부는 ①전자정부, ②다목적카드, ③원격교육, ④원격의료, ⑤연구개발거점, ⑥국제적인 원격제조, ⑦국경을 초월한 마케팅 센터 구축 등 7가지의 거점 프로젝트를 실시하기로 결정했다. 각 프로젝트의 실시에 있어서는 국내외 민간기업의 지식 및 노하우를 활용하는 것을 전제로 한다. 정부는 계획의 대강을 제시하지만, 실현하는 방법론에 대한 검토는 민

간기업의 참여를 구했다. 자금 면에서도 현재의 7가지 거점 프로젝트
는 정부가 자금을 투자하지만, 앞으로 타 지역으로 전개할 때는 다국
적기업을 중심으로 한 민간기업의 자금의 의존도 예상된다.

2. MSC계획의 핵심인 전자정부 프로젝트

이 계획의 7가지 프로젝트 중의 하나가 전자정부 구축사업이다.
이는 당초에 다음과 같은 5가지의 어플리케이션으로 구성되었다.

①원스톱 서비스(운전면허 및 자동차등록면허 발행 등의 서비스, 공공
　요금지불, 보건 및 의료정보의 온라인화)

②전자조달(기존의 조달과정을 개선하고 또 정보화함)

③총리실 환경정비(멀티미디어 기술 도입에 의한 온라인화)

④인적자원관리 정보시스템(각 부처가 통합된 환경하에서 인적자원
　을 관리)

⑤프로젝트 모니터링 시스템(행정평가와 성공사례의 공유)

말레이시아에 있어서 전자정부 구축의 최대 특징은 전자정부 프
로젝트에 참가하려는 다국적 기업에게 정보기술뿐만 아니라 최신의
경영기법을 포함한 노하우를 정부에 제공할 것을 요구하는 것이다.
이는 행정부문이 정보기술과 함께 최신의 경영기법을 도입하게 되면,
업무효율이 크게 개선된다고 생각하기 때문이다. 또 각 기업이 입찰
에 참여하기 위해서는 자신이 참여함으로써 예상되는 비용절감과 그
외의 효과를 가능한 한 수치화해서 제시하도록 요구받고 있다. 이것
은 계약시에 예상된 정보기술도입의 효과가 결과적으로 달성될 수
없을 때 기업에게도 응분의 책임을 묻겠다는 의지의 표현이다.

현재 이들 어플리케이션의 개발은 제1단계에 진입하고 있다. 2000
년 3월 현재 원스톱 서비스를 제외하고는 모두 민간기업과 계약이
체결되어 이미 개발이 시작되었다. 전자조달의 진척은 17%, 총리실
환경정비는 76%, 인적자원관리시스템은 7.5%, 프로젝트 모니터링 시

스템은 30% 정도로 각 어플리케이션에 의해 정도의 차이는 있지만 순조롭게 진행되고 있다. 원스톱 서비스는 한 부처가 앞서서 독자적인 시스템을 구축하고 있었기 때문에 부처간에 조정이 필요하게 되어 민간기업과의 계약이 늦어진 것이다. 그리고 1999년에 실시된 '5개년 계획'이 기간 중에 수정됨에 따라 전자정부 프로젝트의 6번째 어플리케이션인 노동시장DB의 개발이 새로이 추가되었다. 이 DB를 이용함으로써 구직자들이 기업의 구인내용을 신속하게 검색하고, 노동부의 직업알선업무 간소화를 기대할 수 있게 되었다. 앞으로는 각각의 어플리케이션 성과를 2020년까지 전국의 지방자치단체에도 확대시켜 나갈 계획이다.

말레이시아는 전자정부 프로젝트와는 별도로 7가지의 중점 프로젝트의 하나로서 독립적인 다목적카드(Multi-Purpose Card) 프로젝트를 진행하고 있다. 이 카드는 고수준의 보안을 보장할 수 있는 IC카드를 사용하여 개인정보 등을 내장시키고 보다 안전하고 다양한 정보를 주고받을 수 있도록 하는 것이다. 구체적으로는 신분증명, 운전면허증, 입국관리, 병력 등의 데이터를 축적한 카드가 검토되고 있다. 또 다목적카드는 전자현금카드, 대출카드, 신용카드로서의 역할, 즉 전자화폐의 역할을 동시에 할 수 있기 때문에 이를 이용함으로써 국민과 정부·행정부문 간, 국민과 기업 간의 수속을 효율적으로 할 수 있게 된다. 행정부문이 정보기술을 활용하여 여러 가지 서비스를 제공하는 것도 이용자가 다목적카드를 보유함으로써 편리하고 안전하게 할 수 있다. 그러나 모든 것을 동시에 실시하기에는 많은 어려움이 따른다. 총리의 생각과 새로운 업무기법이 말단 직원에게까지 침투하는 데에는 시간이 걸리기 마련이다.

말레이시아의 경제위기는 일단락되었고 경제는 다시 성장궤도로 진입하였다고 할 수 있다. 하지만 이러한 프로젝트를 전국적으로 확산시켜 나가려면 그 소요 자금을 외자에 의존하지 않을 수 없는 형편이다. 따라서 2020년에 선진국 진입을 목표로 하는 MSC 계획의 달성에 마하티르 총리의 의지는 무엇보다도 중요한 관건이다. 그리고 위와 같은 곤란한 문제점을 극복해 가면서 어느 정도의 속도로 전자정부를 구축해 가야 할지도 앞으로 말레이시아가 해결해야 할 숙제이다.

제3절 전자정부 구축에 착수한 중국

전자정부 구축의 물결은 NIES, ASEAN뿐만이 아니라 사회주의 국가인 중국에도 확산되었다. 중국은 행정부문의 효율향상을 목적으로 1999년 1월경부터 중국의 가장 큰 통신사업자인 중국전신(中國電信, China Telecom), 국가발전계획위원회가 중심이 되어 전자정부 프로젝트를 실시하기 시작했다(표 6-3). 중앙·지방을 포함하여 모든 행정기관을 대상으로 1999년도에 중앙·지방정부의 60%, 2005년도까지

<표 6-3> 중국의 전자정부 프로젝트

중국의 전자정부 프로젝트 개요	
개시시기	1999년 1월
추진관청	중국전신, 국가경제상업위원회
목적	정부의 효율 향상과 정치의 투명성 향상
목표	·1999년에 중앙·지방정부 서비스의 60%를 온라인화 ·2005년까지 중앙·지방정부 서비스의 80%를 온라인화
실시사항	·문부성: 원격학급 개설 ·노동사회복지성: 포털사이트를 통한 직업소개

자료 : 보도자료에 의해 작성.

80%를 인터넷에 접속시키려는 계획을 세웠던 것이다. 또한 개별 부처의 노력의 하나로서 노동사회복지부가 포탈사이트를 구축하고 직업소개를 시작하였다.

중국 당국의 발표에 의하면, 1999년 중에 60%라는 당초의 목표는 달성되었고, 2005년에 80%의 목표도 무난히 달성될 것으로 보인다. 그리고 현재 제1의 목표였던 인터넷에의 접속은 거의 달성되어 가고 있는 중이다. 그러나 중국의 전자정부 구축은 시작에 불과할 뿐 앞으로 해결해야 할 무수한 문제가 많다. 예를 들어 성(省), 시(市) 등 지방정부도 홈페이지를 개설하기 시작했으나, 이들 홈페이지 가운데는 정부기관임에도 불구하고 민간의 도메인명을 사용하기도 하고, 업데이트가 거의 이루어지지 않은 것이 많다. 전자정부의 구축은 행정부문의 존재양식을 근본적으로 변화시킬 수 있는 개혁을 수반하는 것인데, 앞으로 정부 및 기업의 효율화와 서비스 향상을 위해서 어디에서 어디까지 노력을 경주해야 하느냐 하는 것이 현 단계에서 분명하게 제시되고 있지 않다.

제7장
전자정부를 실현하기 위한 공통과제

　전자정부는 행정, 기업, 시민에게 다양한 이익을 주는 것이지만, 이의 실현을 위해서는 앞으로 해결해야 할 몇 가지의 과제가 남아 있다. 제7장에서는 전자정부의 구축에 힘쓰는 각국이 대부분 공통적으로 직면하고 있는 과제를 살펴보자.

　일본의 경우도 이러한 과제를 예외 없이 안고 있다. 또 이들 과제 중에는 각국의 개별적인 노력만으로는 해결이 어려워 국제적인 협력이 필요한 경우도 있다. 앞으로 이의 해결을 위해 일본이 선도적인 역할을 해야 할 부분도 있을 것이다.

제1절 인터넷상에서 빈번히 발생하는 문제들

　인터넷은 매우 짧은 기간에 세계적으로 확산되었기 때문에, 편리한 반면 여러 가지 문제가 발생하고 있는 것이 사실이다. 대량의 기밀정보를 취급하는 전자정부의 구축에 있어서는 누구라도 안심하고 이용할 수 있는 환경을 확립하는 것이 대전제가 된다. 2000년 현재까지 인터넷과 전자상거래를 이용할 때 발생하는 문제는 4가지 정도로 분류할 수 있을 것 같다.

1. 정보의 보안성 상실

첫째, 당해 정보를 보아서는 안 되는 부적절한 주체에게 부당하게 정보가 흘러 들어가는 보안성 상실의 문제이다. 예를 들어 보자. 미국에서 1998년 1월 유명한 티모시 맥베이(Timothy McVeigh) 사건이 발생했다. 이 사건은 AOL사의 운영자가 이 회사의 서비스 회원이었던 한 해군 수병의 성(性)적 성향에 관한 정보를 신분을 속여 조사하고 있던 해군수사관에게 누설하였고, 해군은 이 정보에 기초하여 이 수병을 해고했던 것이다. 사건은 해군과 AOL사가 피해자에 대해 배상금을 지불하는 것으로 일단락되었지만, AOL사가 개인정보를 쉽게 외부로 유출한 것이 큰 사회문제가 되었다. 최근 일본에서도 NTT 직원이 외부 회사원에게 전화가입자의 비공개정보를 유출하는 동일한 문제가 발생하였다.

2. 정보의 완정성 상실

둘째, 해커의 침입에 의해 인터넷상의 정보가 부당하게 파괴, 변형되어 온전하게 보존되어야 할 정보의 완전성이 상실되는 경우이다. 미국에서도 2000년에 Yahoo, Amazon.com, CNN 등의 인기사이트가 공격을 받아 일시적이나마 업무가 정지되는 사태를 겪었다.

일본에서도 2000년에 중앙부처와 그 관련단체의 사이트가 해커의 침입으로 홈페이지의 내용이 바뀌는 피해가 발생했다. 선진국 정상회담(Summit)에 참석한 각국들로부터 일본의 해킹방지대책이 미진하여 일본이 해킹포인트(security hole)가 되고 있다는 비판을 받고 나서, 2000년 2월에야 '부정접속행위의 금지 등에 관한 법률'이 시행되게 되었다. 이러한 여러 가지 사건을 겪었지만 대응해야 할 과제는 아직도 많이 남아 있다.

3. 유해한 정보의 유통

셋째, 부정하고 유해한 정보의 의도적인 작성과 발신에 의해 다른 사람에게 정신적이고 육체적인 손해를 끼치는 경우이다. 예를 들어 아이들에게 좋지 않은 성적 표현이나 폭력적 표현을 게재한 사이트에 아이들이 쉽게 접속할 수 있다는 것이 큰 문제이다. 전자정부와

[그림 7 - 1] 유해정보의 예: 위조 홈페이지

자료 : http://www.geocities.com/SunsetStrip/Alley/7028/whiteho.htm,
http://www.morecrap.com/white/ovla.htm.

관련해서는 미국의 연방정부의 공식사이트인 'White House'에는 10종 이상의 가짜 사이트·위조 사이트가 존재하고 있으며, 이들은 어느 것이나 진짜와 유사한 URL을 갖고 있다(그림 7-1). 정부 홈페이지가 앞으로 공적 정보의 발신 및 행정과 민간 사이의 여러 가지 수속의 창구로서 그 역할을 증대시켜 나가는 데 있어서 가짜 사이트의 존재가 혼란을 일으키게 될 염려가 크다.

한편으로, 무엇이 유해한가의 판단 기준은 한 나라에서도 시대에 따라서도 달라진다. 더구나 나라가 다르고 종교와 문화가 다른 곳에서는 당연히 판단기준도 크게 달라질 수밖에 없어서 이러한 문제에 대응하는 것도 필요하게 된다.

4. 부정상거래

마지막으로, 일반 상거래에서 발생하는 부정의 문제이다. 각종의 신종 사기행위가 인터넷상에서 발생하여 큰 문제가 되고 있다. 앞으로 정부·행정부문의 전자조달이 확대되는 가운데 이런 문제가 발생하는 것을 막기 위한 제도적인 장치를 확립하는 것도 조속히 해결해야 할 과제이다.

5. 국가안전보장의 관점에서 대응

전자정부시스템이 범죄 및 테러 등에 의해 안전과 질서를 위협받게 되면 당연히 본래의 역할을 감당할 수 없게 된다. 이 때문에 전자정부 선진국에 있어서는 이들 일련의 정보보안에 관한 문제에의 대응은 국가안전보장의 관점에서 기술 면, 법·제도 면, 사회시스템 면에서 노력해야 할 것이라는 인식이 확산되고 있다.

제2절 정보격차의 확대가능성

1. 인터넷의 보급이 가저다 준 정보격차의 위험성

인터넷의 보급과 함께 한 국가 내의 지역 간에, 선진국과 개도국 간에, 건강한 사람과 장애인 간에 정보 및 서비스 이용가능성의 격차가 확대되는 것에 대한 우려가 크다. 확실히 인터넷에 접속해서 이용할 수 있는 사람과 그렇지 못한 사람이 있다. 이럴 경우 발생하는 격차는 인터넷이 전할 수 있는 정보의 양과 질에서 생각해 보면, 과거 전화 혹은 TV 이용으로 인하여 발생하는 정보격차에 비할 바가 아니다. 또한 본래 행정서비스의 제공은 공평성의 원칙하에서 이루어져야 한다는 것을 생각하면 인터넷으로 전자정부의 여러 가지 행정서비스를 이용할 수 있는 사람과 그렇지 못한 사람과의 격차가 발생해서는 안 된다. 이러한 문제가 정보격차(digital divide)이다.

미국 등 인터넷 보급에 앞서고 있는 나라들은 일찍부터 이 문제를 염두에 두고 정부뿐만 아니라 기업과 NPO까지 나서서 여러 가지 대책을 강구해 왔다. 후술하겠지만, 정보격차는 선진국과 후진국 사이에도 새로운 남북문제가 되어 2000년 오키나와(沖繩)정상회담의 주제가 되기도 하였다.

앞으로 일본도 전자정부 구축에 의해 많은 행정서비스가 인터넷으로 제공될 것을 생각하면 고령자, 신체장애자, 그리고 정보기기 사용에 익숙하지 않은 사람들에게도 공평한 이용기회를 주는 방법을 연구해야 한다. 전자정부는 사회인프라라는 인식에 기초하여 이를 구축하는 초기 단계에서부터 정보격차의 예방에 노력할 필요가 있다. 이것은 틀림없이 민간부문도 포함한 사회 전체의 정보격차 방지 문제와도 연결되어 있는 것이다.

2. 정보격차 방지의 두 가지 원칙

정보격차의 방지는 결코 쉬운 문제가 아니다. 하지만 대책이 없는 것은 아니다. 이 대책에는 두 가지 원칙이 있다. 첫째는 다양성의 원칙이다. 이는 서비스를 제공하는 기기 및 수단, 장소에 대해 가능한 한 다양한 선택이 가능하도록 하는 것이다. 쌍방향기능을 갖는 것을 조건으로 해서 기술적으로는 PC에 한정하지 말고 디지털 TV, 게임기, KIOSK 등의 다양한 기기를 이용할 수 있도록 한다. 또 도서관, 마을회관, 문화센터 등 다양한 장소에서 이용할 수 있게 해야 한다. 둘째는 기기 및 서비스 설계시 보편성의 원칙을 추구하는 것이다. 이는 건강한 사람이나 장애를 가진 사람 모두 정보기기와 서비스를 쉽게 이용할 수 있도록 설계를 하여야 한다는 것을 의미한다.

이에 더하여 정보기기를 다루는 데 익숙하지 않은 사람들, 즉 정보약자에 대해 다양한 교육기회를 제공하는 것도 중요하다. 이러한 노력으로는 공적인 서비스를 제공하는 역할을 담당하는 정부가 시스템의 구축과 병행하여 진행할 필요가 있다.

제3절 행정의 업무처리 과정의 개혁

1. 장애가 많은 행정업무의 처리과정 개혁

구미 선진국에서 사회주의 국가까지 정부의 효율화를 추구하는 데 있어서 가장 곤란한 과제는 일의 처리 순서를 어떻게 통일하고, 효율화시킬 것인가 하는 업무 프로세스의 개혁이다. 여기에서 소위 G2B(Government to Business), G2C(Government to Consumer)라 불리는 외부와의 관계 구축, 그리고 어떻게 정보기술을 이용할 것인가, 또 그를 위해 인프라를 어떻게 구축할 것인가라는 과제보다도 훨씬 더 많은 장애가 예상된다.

행정에는 여러 가지 이유에서 업무과정을 효율화하는 인센티브가 작동하기 어렵다. 또 실제로 개선을 추진하는 데 합의한다고 하더라도 행정 각 기관과 부문마다 이해가 엇갈려서 업무과정의 통일과 정보의 공유를 추진하기는 쉽지 않다.

2. 업무개혁 실현의 암시

일본의 경우도 결코 낙관할 수는 없지만, 각국의 대응들을 검토해 보면 몇 가지 암시적인 교훈이 있음을 알 수 있다. 첫째, 미국처럼 정치 리더가 주도권을 갖고 업무개혁에 대한 전담조직을 설치하거나, 또는 개혁의 목표를 수치로 제시하고 법률로 개선을 의무지우는 등의 방법을 유기적으로 연계하는 것이다. 둘째, 영국은 정보화 프로젝트의 수행방법으로서 소위 프린스(PRINCE : Projects in Controlled Environment)라는 기법을 개발하여 행정 각 부문에서 활용하고 있다. 이러한 업무의 표준화 방법을 민간의 지혜까지 활용하면서 개발하는 것도 하나의 방법이다(표 7-2).

<표 7-2> Prince 2의 개요

PRINCE 2 (Projects on Controlled Environments 2)
1989년 개발
개발: 영국정부 중앙컴퓨터통신처(CCTA) 소프트웨어 제공: IBM 교육, 자격제도운영: APM Group Ltd.
정보기술 이외의 프로젝트 관리기법으로서도 확대, 정부부문·민간부문에서 업무를 표준화 민관 150기관의 제언을 흡수하고, 최신 버전으로 업그레이드

자료 : 영국정부 자료에서 日立總研이 작성.

제4절 새로운 남북문제의 발생

1. 전자정부와 새로운 남북격차의 위험성

전자정부는 한 국가 내에 그치는 것이 아니라 각국의 정부와 행정기관 사이를 연결하는 새로운 인프라이다. 따라서 각국간의 커뮤니케이션을 긴밀하게 하고, 상호이해를 높이며, 나아가서는 정치적인 긴장완화를 가져다 줄 가능성이 있다. 그러나 한편으로는 전자정부의 구축이 선진국과 후진국 사이에 새로운 경제격차와 정보격차를 가져다 줄 위험성도 있다.

다행스러운 것은 현재 각국이 개별적으로 전자정부 구축을 추진하는 것에 그치지 않고 국제적인 협력의 움직임으로 확산되어 간다는 것이다. 1995년 2월에 브뤼셀에서 개최된 G8각료회의에서는 정보

<표 7 - 3> G8정부온라인 계획(G8 Government On-line Project) 개요

시기	1995년 2 월~1999년 4 월
개요	• 1995년 2월, 브뤼셀 각료회의에서 결정된 정보사회를 향한 11개 파일럿 프로젝트(광대역 네트워크의 글로벌한 호환성, 전자도서관, 전자박물관 등)의 하나로서 시작 • 금세기 중 정부업무의 대부분을 전자적으로 할 수 있도록 기술사용을 확산시키는 것을 목적으로 한 시책의 추진, 정보공유
참가국·단체	G8멤버 이외의 국가도 참가가능하도록 한 결과 24개 국가의 정부, 세 개의 국제기관, 구주위원회가 참가
성과	• 백서, 보고서 완성: 「민주주의와 정부의 온라인서비스」 「정부의 인터넷 활용에 관한 조사」 「행정서비스 개선을 위한 정보공유화와 정보재이용(再利用)」 • 홈페이지에 각국 링크를 만드는 등 국제적인 공공정보에의 접근방법을 개선, 서류에 기반한 업무 및 거래를 전자적 수단으로 전환 • 전자적 방법에 의해 본 프로젝트를 실현 • 국제적인 정보교환과 네트워크의 형성, 각국 내에 전자정부의 관심을 환기

자료 : *G8 Government On-line Project Final Project Report* (1999)에서 작성.

화 사회를 향한 11가지의 실험프로젝트를 시작하기로 결정하였다. 그리고 전자정부도 'G8정부온라인 계획'(G8 Government On-line Project)으로서 추진하게 되었다(표 7-3). 그 후 G8 이외의 다른 나라도 참가할 수 있는 조직이 만들어졌고, 24개국, 3개의 국제기관, 구주위원회(歐州委員會)가 참가하는 대규모 프로젝트가 되었다.

2. G8정부온라인 계획의 개요

G8정부온라인 계획에서는 정부 업무의 대부분을 전자적으로 수행할 수 있는 환경을 구축하는 것을 목표로 이용기술과 정보기반의 확대를 향한 방안이 검토되고 있다. 그리고 이 프로젝트 자체가 인터넷과 전자우편 등 전자적인 통신수단을 구사하여 진행되었다. 현재에는 당연한 것처럼 생각되는 방법이지만, 1995년 당시는 매우 획기적인 것이었다. 그리고 이 계획에서 각국간에 선진적인 전자정부프로젝트를 소개하고 해결해야 할 과제를 검토하였다. 앞으로 각국 전자정부 프로젝트의 진전과 병행하여 각국 정부간, 부처간, 행정과 민간 사이에 기술의 공통기반을 확립하는 것의 중요성이 부각되고 있다. 예를 들어 보안성의 확보와 전자인증 등을 할 수 있게 해 주는 정부공개키인증기반(GPKI: Government Public Key Infrastructure)의 정비 등이 중요한 과제로 검토되는 것이다.

제3부
세계최첨단 전자정부 구축을 향해

제8장
성공적인 전자정부 구축을 위한 10가지 조건

제1절 세계최첨단의 전자정부 구축을 위해

일본 정부가 세계최첨단의 전자정부를 구축하기 위해서는 구체적으로 무엇을 해야 할까. 지금까지의 장에서 보아 온 각국의 선진적인 사례와 일본의 현실에 입각해 생각하면 몇 개의 명확한 조건이 보여진다(표 8-1). 히다찌(日立) 종합연구소에서는 이것을 정리하여 2000년 5월, 정부에 일본의 전자정부 구축을 위한 정책제언을 하였다. 본 장에서는 이 정책제언인 성공적인 전자정부 구축을 위한 10가지의 조건을 세 분야로 정리해 상세히 소개한다.

우선, 선진적인 전자정부를 단기간에 구축하기 위해서는 추진체제의 정비가 전제되어야 하고, 이를 위해서는 다음의 조건이 필요하다.

- 부처의 벽을 초월하여 협력하는 강력한 정치적 리더십(성공의 조건 1)
- 주민생활에 밀착한 업무를 담당하는 지방자치단체가 이를 추진할 수 있도록 환경을 정비(성공의 조건 2)

<표 8 - 1> 전자정부 구축 성공의 10가지 조건

추진 주체의 정비	성공의 조건 1: 강력한 리더십 성공의 조건 2: 지방자치단체도 포함한 전자정부의 구축 성공의 조건 3: 관민의 파트너십 성공의 조건 4: 민간의 경영관리기법 활용
전자정부 구축을 위한 환경정비	성공의 조건 5: 전자정부 구축을 추진하는 법적 기반 정비 성공의 조건 6: 기술개발의 추진 성공의 조건 7: 자금확보
기업 및 국민이 이점을 향유할 수 있는 전자정부 구축	성공의 조건 8: 행정평가제도에 의한 객관적 평가 성공의 조건 9: 안전·쾌적한 정보환경 확보 성공의 조건 10: 누구라도 이용할 수 있는 서비스 제공

자료 : 日立總研 작성.

- 민간기업의 지식 및 노하우의 활용을 가능하게 하는 민관의 파트너십 구축(성공의 조건 3)

다음으로, 법률 및 기술 등의 다양한 관점에서 전자정부 구축을 위한 환경정비가 필요하다. 구체적으로는 이하의 네 가지 점을 들 수가 있다.

- 정보화와 병행하여 민간의 경영관리기법을 도입함으로써 기존 업무프로세스의 근본적인 개선을 실시(성공의 조건 4)
- 정보화를 촉진하기 위해 필요한 법적 기반의 정비(성공의 조건 5)
- 장래 전자정부의 핵심이 되는 기술을 다른 국가보다 먼저 개발(성공의 조건 6)
- 전자정부투자기금 설립 및 일부 서비스를 수익자부담의 원칙으로 도입함으로써 계속적인 자금확보(성공의 조건 7)

마지막으로, 기업 및 국민이 전자정부 실현의 혜택을 확실히 향유할 수 있도록 하기 위해 다음의 세 가지를 실행할 필요가 있다.

- 정책목표달성을 촉구하기 위한 행정평가제도의 도입(성공의 조건 8)
- 정보보안은 물론 사용에 있어 편리성을 갖춘 안전하고 쾌적한 이용환경 확보(성공의 조건 9)
- 고령자 등 정보 약자를 배려하여 누구라도 이용할 수 있는 서비스 제공(성공의 조건 10)

이하에서는 이러한 성공적인 전자정부 구축에 필요한 10가지 조건을 개별적으로 검토한다. 우선, 전자정부 구축을 위한 추진체제 정비에 관하여 살펴보자(표 8-2).

<표 8-2> 추진체제의 정비

성공의 조건 1: 강력한 리더십	·기본이념의 공표 ·책임을 명확화한 추진체제 구축
성공의 조건 2: 지방자치단체도 포함한 전자정부의 구축	·독자의 전자자치체 구축 가능성 ·중앙정부가 수행해야 할 역할
성공의 조건 3: 관민의 파트너십	·민간기업과의 협력 ·민간기업의 노하우 및 의견 반영 ·민간인의 정부부문에의 기용 ·민간에의 업무위탁

자료 : 日立總研 작성.

제2절 성공의 조건 1 : 강력한 리더십

전자정부 구축에 있어서는 부문간, 부처간의 벽을 초월하여 추진하는 것이 중요하다. 또한 이를 효율적으로 추진하는 데는 정부 최고책임자의 강력한 리더십하에 추진하는 것이 불가결하다.

1. 기본이념의 공표

전자정부 구축을 위한 제일보는 최고책임자가 전자정부 구축의 기본이념을 명확히 제시하는 것이다. 미국, 영국, 싱가폴 등 전자정부 구축의 선두국가에서도 무엇을 위해, 어떻게 전자정부를 구축할 것인가라는 명확한 비전을 정부 고위관리가 스스로 제시하고 전자정부 구축을 진행하고 있다.

일본에서는 지금까지 밀레니엄 프로젝트로 전자정부 구축을 추진해 오고 있으나 정부가 종래의 종이를 기반으로 한 운영을 지속하여 민관 사이에 종이로 교류할 것을 요구하는 것은 민간부문의 정보화 추진에 장애가 되며, 정부 전체의 통일성을 결여한 정보화는 중복투자 및 사무의 번잡화라는 폐해를 초래할 우려가 있다. 따라서 보다 넓은 시야에서 지식산업사회로 전환하기 위한 비전과 전자정부의 역할에 대해 명시하는 것은 중요하다.

지식산업사회로의 산업구조 전환이라는 관점에서 보면 전자정부 구축의 의의는 두 가지 방향에서 제기할 수 있다(그림 8-3).

한 가지는 정부·민간부문 스스로가 선행하여 정보화를 진행하는 것으로, 민간부문의 정보화를 추진하는 촉매의 역할을 수행하는 것이다. 다른 하나는 지식산업을 지원하는 효율적이면서 질이 높은 서비스의 제공을 목표로 행정개혁을 진행하는 것으로, 전자정부 구축은 이의 중요한 수단이 된다. 전자정부 구축에 의해 이 두 가지를 달성하

[그림 8 - 3] 지식산업사회로의 산업구조 전환에서 전자정부가
수행해야 할 역할

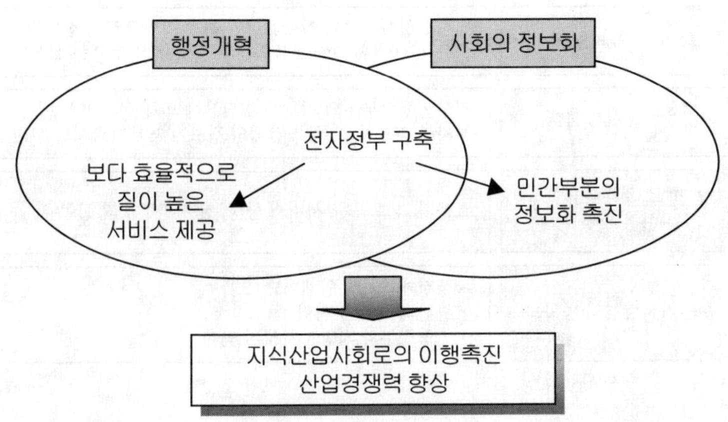

자료 : 日立總研 작성.

고, 나아가 지식산업사회로의 전환과 국제경쟁력 향상의 기폭제가 되는
것이 일본 전자정부 구축의 기본이념이다. 이런 점을 정부의 수반이 스
스로 공표하고 국민 및 기업의 이해를 촉구함으로써 세계최첨단 수준의
전자정부에 도달하기 위한 중요한 출발점으로 삼는다.

2. 최고책임자의 「전자정부실현 기본방침」 발표

구체적으로는 정부가 빠른 시일 내에 「전자정부실현 기본방침」을
수립하고 정부의 기본방침으로서 국무회의에서 결정한 후 행정수반
이 이것을 발표할 것을 제안한다(표 8 - 4).

「전자정부실현 기본방침」은 일본경제가 앞으로 지식산업사회로
의 이행을 목표로 한다는 것, 이를 위해서는 전자정부 구축에 의한
정부의 효율화 · 서비스 질 향상이 중요하다는 것, 정부는 정보기술
활용을 통해 민간의 정보화 투자를 리드하는 역할을 수행해야 한다
는 것을 분명히 하고 정부 내외의 합의형성이 이루어져야 한다는 것

<표 8-4> 「전자정부실현 기본방침」 공표

○ 2000년도 중 각의결정에 의해 정부의 기본방침으로 결정하여 수상이 직접 발표

달성해야 할 목표의 명확화	지식산업사회로의 이행을 지원하는 기반으로서 정보기술을 최대한 활용한 효율적이고 질이 높은 정부를 실현
정부역할의 명확화	정부·행정부문의 정보기술 활용에 의해 민간의 정보기술 투자를 리드하고, 국가 전체의 정보기술 투자확대를 실현
국민 및 기업이 향유할 수 있는 이점의 명확화	효율화, 정보공개, 서비스 향상, 전자 민주주의 실현
추진 기본방침의 명확화	· 행정개혁과의 일체화 · 관민의 연계와 협력 · 중앙정부와 지방자치체의 연계

자료 : 日立總研 작성.

을 담고 있다. 동시에 전자정부 구축에 의한 효율화, 정보공개, 서비스 향상, 전자 민주주의의 실현 등 국민 및 기업이 향유할 수 있는 장점을 이 「전자정부실현 기본방침」을 통해 구체적으로 전달하고, 전자정부는 간단히 정부 내부의 정보화에 머무르지 않고 사회 전체에 플러스의 영향을 미치는 것이라는 국민적 합의를 형성하는 것도 중요하다.

또한 보다 효율적이면서 질이 높은 정부를 목표로 전자정부 구축을 행정개혁과 연계하여 추진하는 것, 민간의 노하우를 적극적으로 활용하여 추진하는 것, 국민과 직접 접하는 기회가 많은 지방자치단체에 대해서도 전자정부 구축의 추진을 장려하는 것 등 운영의 기본방침을 동시에 발표하고, 이것이 「전자정부실현 기본방침」에 전자정부 구축에 이르는 길이라는 것을 명시해야 한다.

3. 책임소재가 명확한 추진체제 구축

행정 수반에 의한 「전자정부실현 기본방침」을 전제로 하여 살펴

보면 실제 전자정부 구축에 있어서 하지 않으면 안 되는 과제가 많이 도출된다. 책임을 갖고서 효율적으로 이를 추진해 가기 위해서는 정치면, 실무면에서 리더십에 따라 추진해 가는 체제를 정부 내에 정비할 필요가 있다(표 8-5).

현재 일본 정부부문 정보화추진의 책임은 복수의 조직으로 분산되어 있다. 총리가 본부장을 맡고 있는 고도정보통신사회 추진본부가 기본방침을 제시하고 총무성이 행정정보화 추진기본계획을 작성하고 있다. 버추얼 에이전시(Virtual Agency: 가상기관)는 총리 직할의 타스크 포스로서 정보화를 추진하고 있다. 한편, 지금까지의 장에서 보았듯이, 구미 각국에서는 전문조직과 담당책임장관을 중심으로 전자정부 구축을 추진하는 체제가 정비되고 있다. 앞으로 일본은 다음에서 설명하는 세 가지의 방향으로 추진하는 것이 유용할 것이다.

<표 8-5> 책임소재가 명확한 추진체제 구축(2000년도 중)

<table>
<tr><td>

○정치면에서의 책임자 명확화
- 전임전자정부특명 국무대신 임명
- 정치면에서의 책임자로서 각료간 연계추진을 담당하고, 수상에게 보고

○ 전자정부추진 총괄본부(일본판 NPR) 설치
- 전자정부에 관한 정책입안 및 조정을 하는 상설기관으로서 내각부 내에 설치
- 전자정부 구축을 행정개혁의 핵심으로 추진
- 민간기업 간부 등 행정조직 내외로부터 널리 인재를 기용

○ 행정부문의 책임자 임명
- 정보화책임관(CIO)을 임명
- 전자정부 구축을 위한 법률 정비, 여러 시책의 실행 등 책임자로서 각 부처의 심의관급을 임명
- IT관련 예산, 기획, 구입의 실질적 권한 부여
- 행정정보시스템 각 부처 연락회의에 정보화책임관(CIO)의 연락·정책검토부회 설치

○ 민간부문의 의견반영
- 전자정부 평가·조언회의에 민간기업 간부를 상임멤버로 기용
- 전자정부의 기획단계에서부터 민간의 아이디어 및 노하우를 흡수

</td></tr>
</table>

자료 : 日立總研 작성.

4. 전문조직 「전자정부추진 총괄본부」를 설치

우선 먼저 전자정부추진의 분산된 기능을 핵심적 총리 직할의 상설조직으로 집약하여 전자정부 추진전문기관으로 할 필요가 있다. 부처 횡단적인 성질의 프로젝트와 단기간에 목표달성을 해야 하는 프로젝트는 총리 직할의 상설전문조직으로서 전자정부추진 총괄본부를 설치하여 이를 중심으로 전자정부를 구축하는 것이 적당할 것이다. 이 조직으로 하여금 부처간에 광범하게 퍼져 있는 전자정부 관련 기획의 입안, 종합조정의 역할을 담당하게 한다(그림 8-6).

또한 전자정부추진총괄본부는 미국의 행정개혁과 전자정부 구축의 중심조직으로 큰 역할을 수행한 NPR(National Partnership for Reinventing Government)의 일본판 조직으로서 내각 내에 설치할 것을 제안

[그림 8-6] 전자정부 추진체제

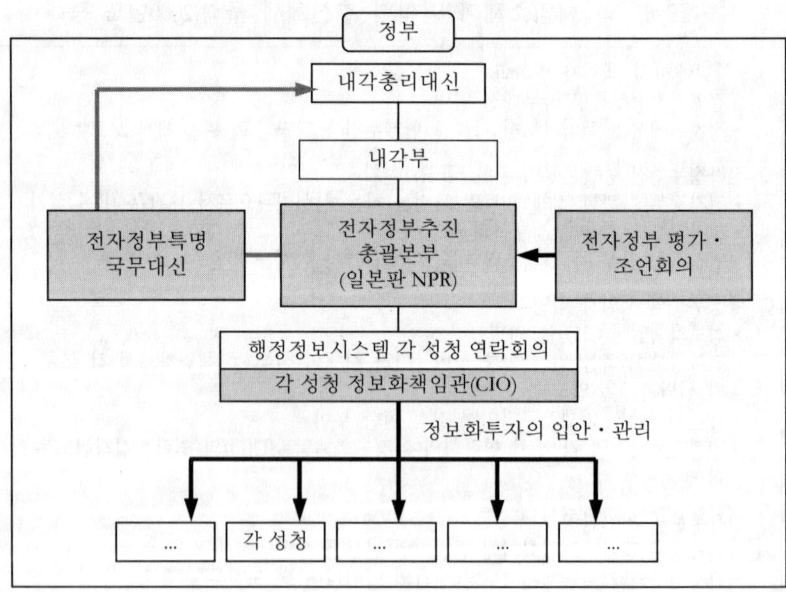

자료 : 日立總硏 작성.

한다. 전자정부의 구축은 민간활력 향상이 기반이 되어 효율적이면서 질이 높은 정부를 실현하기 위한 수단의 하나이다. 따라서 정보기술을 활용하여 기존 업무를 세심히 개선하는 행정개혁을 정부 전체적으로 수행함으로써 처음에 의도했던 진정한 목적을 달성하는 것이 가능할 것이다.

5. 전자정부 특명대신(장관)과 정보화책임관이 실행

두 번째로 정치레벨, 실무레벨에서의 책임자를 명확화할 필요가 있을 것이다. 전자정부 구축에 있어서는 각 부처의 이해를 초월한 과제의 추진이 필요하므로 정치적 리더십에 의해 전자정부 구축을 추진하는 전임의 전자정부 특명대신(장관)을 임명할 것이 요망된다. 전자정부특명대신은 총리에게 직접 보고를 하고 전자정부 구축의 최종적인 책임을 져야 한다.

또한 구체적인 실행에 관해서는 현재 각 부처의 관방장(官房長)이 정보총괄책임자를 겸임하고 있지만 전자정부의 구축에는 법률 및 제도의 개선 등 광범위하면서 다양한 과제에의 대응이 필요하기 때문에 전임 담당자가 요망된다.

정보화책임관(CIO: Chief Information Officer)을 전체 부처에서 심의관(審議官)급으로 임명하고 정보화 관련 예산책정, 기획, 구입의 결정권한을 부여하는 동시에 담당 부처의 전자정부 추진의 목표달성 책임을 지우는 것은 어떨까? 또한 행정정보시스템 각 부처 연락회의는 정

<표 8 - 7> 정보화책임관(CIO)의 담당업무

● 전자정부 구축을 위한 부처별 행동계획 책정 ● 개인정보보호의 책임자 ● 정보보안 확보를 위한 예방체제 확립의 책임자 ● 부처별 행정서비스 목표의 종합

자료 : 日立總研 작성.

보화책임관(CIO)으로 구성된 연락·정책검토부회를 설치하여 정보화 책임관(CIO)간 연락 및 의견교환을 하는 것도 유효할 것이다(표 8-7).

6. 민간인을 전자정부 추진체제에 기용

세 번째로 전자정부구축에 있어서는 전자상거래와 인증 등 민간과의 연계가 필요한 과제가 많다. 또한 정부보다 앞서 정보화를 진행한 민간부문에는 다양한 노하우가 축적되어 있다. 따라서 전자정부에 관한 기획·입안 단계에서 민간부문과의 연계를 추진하고 민간의 지혜를 흡수할 수 있는 체제를 정비할 필요가 있다. 현재 정부는 학자, 외부전문가 등으로 구성하여 정부가 실시한 정책을 평가하는 전자정부 평가·조언회의와 계획단계에서부터 외부의 의견을 반영하는 실시회의 설치를 준비중이다. 2000년 3월에는 지식인을 중심으로 한 전자정부 평가·조언회의 멤버가 발표되었다. 앞으로 전문적이고 선진적인 조언이 기대되지만, 민간기업 부문에서는 유감스럽게도 1명밖에는 없다. 민간기업의 축적된 노하우를 활용하는 동시에 전자정부 이용자인 민간부문의 의견을 흡수하기 위해서는 전자정부 평가·조언회의 및 앞으로 멤버가 선정될 실시회의에서, 민간기업의 간부 및 NPO의 대표를 상임멤버로 구성할 필요가 있을 것이다. 더욱이 1998년 수상의 자문기관으로 발족한 경제전략회의를 통하여 내각관방에 특별직을 설치하는 등 정치적 임명을 확충하게 되었듯이, 전자정부 추진총괄본부에도 필요에 따라 민간기업의 고위직 경력자, 학자 등 정부 외부에서 폭넓게 인재를 등용하여 정치적 임명제도의 확대에 앞장서는 것도 검토해야 한다.

제3절 성공의 조건 2 : 지방자치단체도 포함한 전자정부의 구축

지역주민과의 접점은 중앙정부보다 지방자치단체가 중심이 되기 때문에 효율향상, 국민에 대한 정보공개, 서비스 향상이라는 목표달성을 위해서는 지방자치단체를 포함한 전자정부 구축이 중요하다. 중앙부처에서는 밀레니엄 프로젝트를 계기로 해서 전자정부구축에 대한 열의가 높아지고 있지만, 일본의 지방자치단체에 있어서는 현재 2003년까지 "각 지방자치단체의 자주적인 추진에 의해 종합행정 네트워크의 정비와 중앙의 가스미가세키(霞ヶ關) WAN과의 접속이 가능하게 되기를 기대한다"는 추진목표가 제시되어 있는 데 불과하다.

2000년 4월에 지방분권일괄법(地方分權一括法)의 시행으로 지방자치단체의 재량권이 증가하여 중앙과 지방의 관계가 '상하ㆍ주종'에서 '대등ㆍ협력' 관계로 전환되고 있다. 이런 새로운 흐름 속에서 지방자치단체의 전자정부 구축을 어떻게 생각해야 하는가. 미국에서는 연방정부에서 주정부로 권한이 이양되어 주정부가 보다 효율적으로 행정을 운영할 필요가 커졌다. 그리고 지방경제발전을 위해 IT관련기업 등 하이테크기업을 유치하는 데에는 행정서비스의 향상이 그 전제조건으로서 중요하게 인식되고 있는 등, 각 주에서 전자정부 구축의 움직임이 활발하다. 그렇다면 일본에 있어서도 이와 같은 움직임이 일고 있는 것일까?

1. 중앙과 지방간 관계 변화

일본에 있어서 지방분권일괄법 시행 이전에 지방자치단체가 자주재량으로 행하는 자치사무 외에 중앙에서 위임된 기관위임사무는 도도부현(都道府懸)이 처리하는 사무의 7~8할, 시정촌(市町村)이 처리하는 사무의 3~4할을 차지했다. 기관위임사무는 지방자치단체를 중앙의 하부기관으로 전락시키는, 즉 중앙의 사무를 대행시킨 구조로 이 제도에 따라 지방자치단체는 중앙의 지휘감독하에 놓여진다.

그러나 지난 지방분권일괄법의 시행에 의해 기관위임사무제도는 폐지되고 종래의 기관위임사무 가운데 6할이 지방사무, 4할이 법정수탁사무로 전환되었다(그림 8-8). 자치사무에 대해서는 법령에 위배되지 않는 한도에서 모든 사항에 대해 지방자치단체가 조례를 제정할 수 있다. 법정수탁사무에 대해서는 내용, 절차, 기준 등이 중앙의 법령에서 상세히 규정하고 있는 범위 내에서, 즉 법령에 위배되지 않는 범위에서 지방자치단체의 조례로 정할 수 있다. 법의 제정으로 인하여 지방자치단체는 기관위임사무에는 부여되지 않았던 조례제정권이 부여되어, 이제는 어떤 사무에 대해서도 자기책임으로 결정할 수단을 갖게 되었다.

[그림 8-8] 지방자치법 개정에 의한 기관위임사무의 폐지

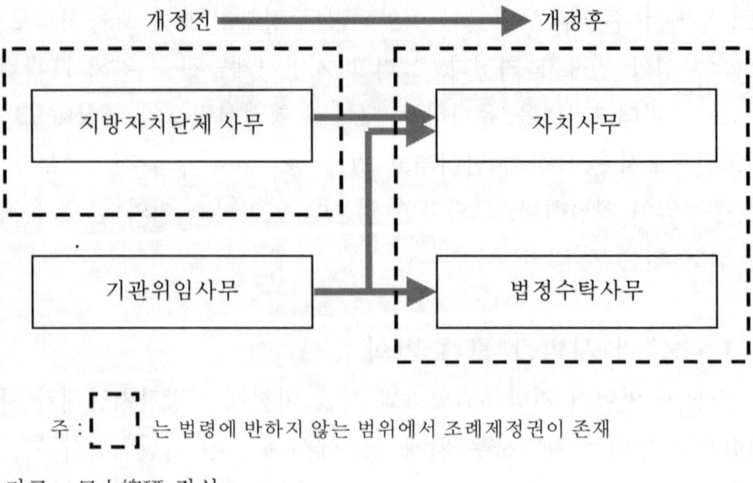

주 : ⬚ 는 법령에 반하지 않는 범위에서 조례제정권이 존재

자료 : 日立總研 작성.

요컨대, 지방자치단체의 책임, 재량으로 행정서비스의 내용 및 수수료를 독자로 결정할 수 있게 되었으므로 자치단체에 따라 행정서비스의 차이가 발생할 수도 있다. 따라서 앞으로는 기업과 주민들은 보다 효율적이고 저비용으로 양질의 행정서비스를 공급할 것을 기대할 것이다. 이와 같이 지방분권의 흐름으로 지방자치단체의 전자정부 구축도 중앙을 정점으로 한 전국일률적 추진이 아니라, 지방자치단체간 창의적 발상에 의한 노력이 경주될 것이다. 1998년 「지방자치단체 행정정보화 추진에 관한 지침」에서 일본의 자치성이 제시하고 있는 청내 LAN 정비 및 패키지 소프트, 문서관리시스템의 채용 등에 있어 중앙이 설정한 표준적인 수준을 초월한 전자정부 구축을 독자적으로 추진하는 지방자치단체가 등장하는 것도 당연한 것이다. 그러나 이를 위해서는 필요한 환경을 하드웨어와 소프트웨어 양면에서 계속적으로 정비해 나가야 한다.

2. 지방도 포함한 전자정부 구축 가능성

하드웨어 면에서는 2001년까지 47개 도도부현과 정령지정도시(政令指定都市)가 참여하는 광역 LAN인 '종합행정네트워크'를 구축하고, 이것을 2003년까지 시정촌 레벨에서 확대하여 기존의 중앙부처 네트워크 '가스미가세키 WAN'과 상호접속하는 구상을 중앙정부가 발표하였다. 정부가 실증실험을 하고 광역 LAN 구축비용은 지방자치단체가 부담하는 것으로 되어 있지만, 각 지방자치단체의 부담은 수천만 엔 정도이고 중앙정부에서 지방교부세를 활용하여 재정지원을 하는 것을 검토하고 있다. 이 네트워크가 구축되면, 지금까지 팩스 및 우편으로 이루어졌던 정부와 지방자치단체 사이에 업무상의 전자화가 추진된다(그림 8-9).

한편, 소프트웨어 면에서 지방자치단체의 전자정부 구축에 큰 영향을 미친다고 생각되는 것은 1999년 성립한 '주민기본대장법'의 개

[그림 8 - 9] 중앙정부와 지방자치단체의 LAN 접속

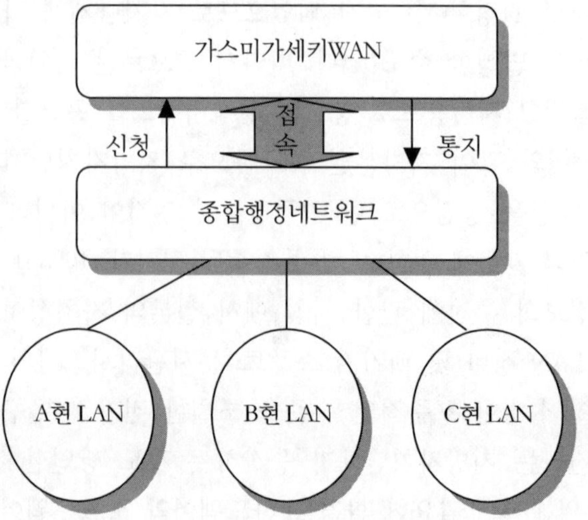

자료 : 일본경제신문(2000년 4월 23일).

정이다. 앞으로 이의 개정에 따라 주민표에는 각 개인에게 고유의 10행의 주민표 코드가 붙여져 있어 성명, 생년월일, 성별, 주소, 주민표 코드를 도도부현 지사가 조례로 정하는 사무의 수행에 이용할 수 있게 되었다. 또한 주민의 청구에 의해 성명 및 주민표 코드 등이 기재된 '주민기본대장카드'를 교부할 수 있다. 이 카드는 IC카드로 저장할 수 있는 정보의 양도 커서 시정촌은 조례에 의해 이 카드에 기능을 추가하여 '조례가 정한 바에 의하여, 조례가 규정하는 목적을 위하여' 이 카드를 이용할 수 있게 되었다. 개인정보보호의 관점에서 개인정보보호에 만전의 대책을 강구하는 것을 전제로 인감등록, 보건·의료 서비스 등 다양한 분야에서 활용될 수 있을 것이다.

다만, 지방자치단체의 전자정부 구축을 위해서는 현재의 재정난을 고려할 때 자금확보가 중요한 과제이다. 이번 지방분권일괄법에서는 재원의 이양 등 근본적인 개선을 하지 않았지만, 지방자치단체

가 독자로 과세한 특정의 정책목적에 해당하는 법정외 목적세의 신설 및 2005년 말에 현재의 지방채 발행허가제도를 폐지하고 사전협의제로 이행하는 등 지방자치단체가 독자적으로 자금조달을 할 여지는 넓어지고 있다.

이런 것을 기반으로 한 지방자치단체의 대응에 의해 정부·지방자치단체·국민을 연결하는 신속한 서비스를 제공하는 것이 가능하게 되었다. 예를 들면, 중소기업의 보조금 교부신청을 지방자치단체가 온라인으로 접수하고, 지방자치단체의 담당자는 중앙정부의 담당자에게 교부인정조건 등을 화면상으로 상담한 후에, 지방자치단체는 기업에 결정통지 및 보조금 교부를 온라인으로 하여 일괄적이고도 신속한 서비스의 제공이 가능하게 된다. 따라서 기업 담당자가 지방자치단체의 창구로, 그리고 지방자치단체의 담당자가 중앙의 부처에 일부러 갈 필요가 없어지게 된다. 이 외에 각 지방자치단체의 LAN을 통해 각지의 의과대학 및 병원을 연결하고 상호 의료정보의 교환 및 어드바이스를 하는 원격의료서비스 실시 가능성도 생긴다. 또한 다음 장에서 상세하게 소개하는 자율분담형 E모델은 공통의 네트워크 상에서 각 지방자치단체가 필요에 따라 근접 지역과 협력해 가면서 독자의 수요에 기초한 전자조달시스템을 구축하는 것으로 지방자치단체 조달행정의 효율화를 도모할 수도 있다.

3. 정부가 수행해야 할 역할

이상과 같이 지방자치단체의 전자정부 구축은 앞으로 개개의 자치단체가 자기책임으로 하여 독자성을 다투면서 추진하게 될 것이지만, 그러나 여전히 중앙정부가 수행해야 할 역할은 존재한다. 정부의 역할로서 특히 중요한 과제는 두 가지이다. 먼저, 기술 면에서 지방자치단체가 독자의 시책을 진행함으로써 초래될 수 있는, 즉 표준화와 상호호환성을 경시한 경우 발생하는 비효율을 예방하는 것이다.

둘째, 자치성이 정리한 「지방자치단체의 행정정보화 추진에 관한 조사연구회 보고서」에서도 지적하고 있듯이, 예산화 및 주민의 이해촉진을 위해 정보화의 효과를 수치로써 충분히 설명할 수 있도록 정보화의 새로운 효과측정방법을 확립하고 지원하는 것이다. 이런 효과측정법은 지방자치단체간 상호 비교할 수 있도록 어느 정도의 공통성을 가져야 할 것이다.

이 두 가지 과제에 대해서는 전자정부추진총괄본부가 중심이 되어 가이드라인을 작성하고 정부가 일정한 방향을 설정할 필요가 있을 것이다. 또한 복수의 지방자치단체가 협력해서 추진하는 전자정부 관련 프로젝트에 대해서는 「성공의 조건 7」에서 서술할 전자정부 투자기금으로 자금제공을 하는 것도 유용할 것이다.

제4절 성공의 조건 3 : 민관의 파트너십

전자정부를 구축함에 있어서는 민관 간의 파트너십을 확립하는 것이 중요하다. 여기에서 말하는 민관의 파트너십은 민간기업과의 협력, 민간기업의 노하우 및 의견의 활용, 민간인의 정부부문에의 기용, 민간에의 업무위탁 등 민관의 광범한 관계를 의미한다. 예를 들면, 전자정부 구축에는 정보보안의 확립 등 민관의 구별 없이 추진하지 않으면 효과가 없는 과제와 민간기업이 소유하는 노하우를 정부에서 활용해야 할 유효한 과제가 많다. 또한 PFI를 통해서 민간기업에 전자정부 운영에 관한 보다 많은 부분을 맡김으로써 경비절감의 효과를 누릴 수 있는 경우도 많다.

구미의 경우에도 전자정부 구축에 있어서 민간기업과의 협력과 민간기업의 노하우 및 인재의 적극적인 활용 없이는 성과를 얻기가 어려웠다. 일본에 있어서도 정부측이 민간부문의 참여를 요구하는 것은 당연하지만, 민간부문에서도 전자정부가 국민 및 기업에 이점을 가져다 준다는 점에서 전자정부 구축에 적극적으로 관여하는 자세가 요구된다. 10가지 조건 가운데 정부와 민간기업 간에 협력해야 할 항목을 정리해 본다.

①계획의 초기단계에서 민간부문의 참여
- 전자정부추진총괄본부, 전자정부 평가·조언회의, 실시회의에 민간인의 참여를 촉구하여 민간부문의 의견 및 노하우를 흡수

②민간의 경영관리기법 활용
- 지식관리(Knowledge Management)와 BPR(Business Process Reengineering), CS(Customer Satisfaction) 등을 적극적으로 도입

③정보보안 확립에 협력
- 민간기업 간부 및 지식인에 의해 상설기관인 정보보안회의를 설치하고 정부에 조언
- 정보보안 관련 연수교육비에 대한 면세제도 창설 등 기업 내 인재육성 지원
- 국립정보보안연구소를 설치하여 연구 및 표준화에 있어 민관 협력을 계속적으로 실시
- 인터넷·마크제도 등 민간부문에 의한 정보보안 확보책을 정부가 지원

④정보격차(digital divide) 예방
- 기업의 정보통신기기 기부에 대한 면세제도의 창설
- 기업 종업원에 대한 기초적 컴퓨터교육 비용의 면세제도 창설
- 민간기업의 보편적 디자인 제품의 적극적 채용

⑤기술개발
 · 장래 전자정부의 열쇠를 쥐고 있는 중요 기술에 대해서는 정부가 자금을 제공하여 공동으로 연구
⑥PFI의 추진
 · 전자정부 관련분야에서 아웃소싱 등의 PFI를 추진

이처럼, 전자정부 구축에 있어 민간이 차지하는 역할은 크다.

이상, 강력한 리더십(성공을 위한 조건 1), 지방자치단체도 포함한 전자정부의 구축(성공을 위한 조건 2), 민관 파트너십(성공을 위한 조건 3)을 기술적인 추진체제의 3대 요소로 하여 전자정부 구축을진행한다.

이의 추진에 있어서는 정부 내에서 정보기술의 활용뿐만 아니라 경영관리기법, 법률 및 제도, 기술, 자금 면에서 전자정부 구축을 위한 환경정비도 필요하다.

이런 여러 조건들을 다음에서 살펴보자.

제5절 성공의 조건 4 : 민간의 경영관리기법 활용

전자정부의 목표를 달성하기 위해서는 정보화를 진행할 뿐만 아니라 업무 프로세스, 일의 처리방법 자체를 종합적으로 검토하여 필요 없는 수고를 없애고 표준화를 도모하는 등의 개선이 필요하다. 이런 개선의 노하우는 민간부문의 경영관리기법에 상당히 축적되어 있으므로 이를 적극 활용하는 것이 유효하다. 여기에서는 최근 주목을 받고 있는 업무개선기법인 지식관리(Knowledge Management)와 서비스

<표8 - 10> 전자정부 구축을 위한 환경정비

성공의 조건 4: 민간의 경영관리기법 활용	· 지식관리 도입 · 행정서비스 목표의 설정과 활용
성공의 조건 5: 전자정부 구축을 추진하는 법적기반 정비	· 목표달성을 의무화한 법률의 제정: 전자정부 3법 · 사회시스템으로서의 법률·제도정비
성공의 조건 6: 기술개발 추진	· 중요기술 분야의 결정 · 산학관, NPO등이 연구 프로젝트를 공모하고, 선정하여 지원
성공의 조건 7: 자금확보	· 전자정부 투자기금 창설 · PFI의 추진

자료 : 日立總研 작성.

향상의 축이 되는 고객서비스 기준(Customer Service Standard)을 정부부문에 적용할 것을 제안한다(표 8 - 10).

1. 민간부문의 업무개선 기법 진화

일본이 경쟁력 있는 지식산업 국가가 되기 위해서는 의사결정과 실행의 신속화를 관과 민 모두 실현하지 않으면 안 된다. 민간기업은 지금까지 간접부문의 효율화에 대한 노력을 계속하여 이의 노하우를 경영관리기법으로 축적하여 왔으므로 행정부문이 참고할 것도 많다.

1970년대와 1980년대를 통해 민간기업은 정보기술을 도입하여 문서포맷의 통일 및 페이퍼리스화(paperless)를 도모해 왔다. 이것은 주로 단순한 입력작업의 간소화에 초점을 둔 것이었다. 거품경제를 겪고 난 후 1990년대에 들어서자 각 회사는 경쟁력을 회복하기 위해 구미기업이 체계화한 BPR(Business Process Re-engineering)을 도입하기 시작, 자재조달에서부터 생산, 판매에 이르는 업무 프로세스를 검토하고 동시에 네트워크를 이용해서 의사결정의 신속화를 추진하였다. 또한

<표 8 - 11> 민간기업의 업무 효율화에 대한 대응

	페이퍼리스화 문서포맷 통일	BPR(Business Process Reengineering)	지식관리
도입시기	1970년대·1980년대	1990년대 초두	1990년대 후반
주요 대상업무	간단한 입력작업	정형업무	지식노동
대상사례	단순업무처리자	창구업무담당자, 관리업무담당자	기획입안담당자, 전문업무종사자
사용되는 정보기술	OCR·플로피	인트라넷	인터넷, 데이터베이스
기대되는 효과	·문서 감축과 형식의 통일	·업무프로세스의 간소화 ·의사결정의 신속화 ·불필요 업무의 폐지	·노하우 및 지식의 공유화 ·업무의 공통화·표준화 ·우수사례의 확산

자료 : 日立總研 작성.

최근 인터넷을 통해 정보기술이 진전됨에 따라 BPR의 문제점을 보완하는 형태로 지식관리기법을 도입하기 시작했다(표 8 - 11).

지식관리란 종래 업무효율화에는 맞지 않던 기획입안업무 및 전문업무 등의 지식노동을 대상으로 개개인이 보유하는 노하우 및 지식을 데이터베이스화하고 인터넷을 통하여 공유화하는 것이다.

공유화하는 노하우 및 지식은 업무 매뉴얼 및 업무내용, 실패·성공사례 및 개개인의 경력·인맥·착상 등 다양하다. 따라서 이를 사내의 누구라도 이용할 수 있도록 하여 최선의 실천으로 연결시켜 업무의 공통화·평준화를 이룰 수 있게 하려는 것이다.

2. 정부부문에의 지식관리 도입

일본의 정부 내에서도 현재 행정부문의 효율화를 위해 각 부처의 LAN 및 부처간을 네트워크로 연결하는 가스미가세키 WAN이 구축되어 부처간 문서교환시스템 및 종합문서관리시스템을 도입하고 있다.

지방자치단체에서도 1998년 4월 1일 현재 도도부현의 91.5%(43단체),

시정촌의 37.5%(1,221단체)가 청내 LAN을 가동시키고 있어 전년 대비로는 32.2%의 증가가 이루어지는 등 네트워크화가 급속히 진행되고 있다. 게다가 가스미가세키 WAN을 활용하여 중앙정부와 지방자치단체, 특수법인, 인가법인 등을 연결하는 광역네트워크인 종합행정네트워크의 구축이 시작되고 있는 것을 계기로 하여 다른 부처간, 지방자치단체간도 문서형태의 통일 및 페이퍼리스(paperless)화를 촉진할 필요가 있다.

앞으로는 여기에서 한 단계 더 진전하여 행정부문에 있어서도 민간기업의 BPR 및 지식경영 등의 경영관리기법을 단계적으로 도입하고 업무프로세스의 개선 및 다른 부문간 업무의 공통화, 지식의 공유를 도모하는 등 개선을 추진해 나가야 한다.

그런데 이런 기법을 적용하여, 예를 들면 매년 행해지는 예산편성업무의 합리화를 이루는 것도 가능하다(표 8-12). 구체적으로는 2003년까지 3단계를 거쳐 효율화를 실현하는 것을 생각할 수 있다. 즉, 제1단계에서는 네트워크 및 데이터베이스를 구축하여 이것을 기회로 예산편성업무의 문서형식 통일 및 페이퍼리스화를 진행한다.

제2단계에서는 BPR을 사용하여 예산편성업무를 중심으로 각 부처의 업무프로세스 전반을 발본적으로 개선하고 업무의 간소화 및 개폐(改廢)를 실시한다. 제3단계에서는 지식관리를 도입하여 다른 부

<표 8-12> 예산편성 효율화의 단계

○민간 경영관리 기법의 도입과 정보기술 활용 2003년까지 3단계를 경유하여 효율화를 실현: 　　단계 1: 네트워크 및 데이터베이스 구축/문서 포맷의 통일과 페이퍼리스화 추진 　　단계 2: BPR에 의한 업무프로세스를 개선하고, 업무간소화, 개폐 　　단계 3: 지식관리 도입과 데이터베이스 활용에 의한 다른 부문간의 지식공유화·업무공통화
○업무개혁 및 정보화로 우수한 실적을 남긴 중앙정부 및 지방자치 단체의 사례를 데이터베이스화

자료 : 日立總硏 작성.

처 및 지방자치단체간의 지식의 공유화와 업무의 공통화를 도모한다. 또한 예산편성업무에 관한 업무개혁 및 정보화로 우수한 실적을 남긴 부처 및 지방자치단체의 사례를 데이터베이스화하여 공통의 지식재산으로 하는 것도 요망된다.

민간기업의 대응에서도 보여지듯이, 문서형식의 통일과 종이 없는 사무실의 실현을 통하여 간소화를 도모할 수 있다. 그리고 업무프로세스의 개선을 통한 기존업무의 간소화를 실현하고 지식관리기법의 도입에 의해 기획입안담당자 및 전문업무종사자의 부담을 경감시킴으로써 결과적으로 행정부문 전체의 효율화를 도모할 수 있다.

3. 행정서비스 목표의 설정과 활용

전자정부를 구축함으로써 얻을 수 있는 또 하나의 큰 장점은 민간의 경영관리기법인 고객서비스 기준[3](customer service standard)을 수 있다는 것이다. 전자정부를 구축하는 또 하나의 목적인 국민에 대한 서비스의 향상을 위해 현재 일본에서는 신청서류의 폐지와 행정절차의 원스톱화 등 정보기술활용으로 얻을 수 있는 서비스 향상을 위한 복수의 프로젝트가 진행되고 있다. 국민에 대한 서비스의 향상이라는 목적을 구체적으로 달성해 가기 위해서는 이런 프로젝트뿐만 아니라 미국 및 영국에서 이미 실천되고 있는 직원의 의식개혁 및 업무 전반의 개선도 동시에 필요하다(표 8-13).

4. 서비스 향상 업무사이클의 확립

국민에 대한 서비스 향상을 업무사이클의 일부로 인식하고 이를 계속적으로 추진하는 시스템을 구축하는 것도 필요하다. 전자정부 구

---

3) 미국에서 1993년도에 개발된 고객서비스기준은 이미 영국에서 보편적으로 사용되고 있는 시민헌장의 일종으로서, 행정기관이 고객에 제공하는 서비스의 내용, 절차, 방법 및 이에 문제가 있을 경우 그 시정과 보상에 관한 것을 규정하고 있다.

<표 8 - 13> 행정서비스 목표의 설정과 활용

○ 전체의 부처·부문이 행정서비스 목표를 책정, 공표(2000년 중)
  • 전자정부추진총괄본부가 추진
  • 각 부문마다 책정, 정보화책임관(CIO)이 정리
  • 홈페이지, 관보, 창구에의 게시 등을 통하여 널리 공표

○ 전자정부추진총괄본부 내에 행정서비스 목표 운영감사위원회를 설치
  (2001년도 중)
  • 민간 컨설턴트, 민간기업 경험자, 학자 등으로 구성

○ 정기적인 행정서비스 목표 실시상황 조사를 개시(2001년부터)
  • 행정서비스 목표 운영감사위원회가 각 부처·각 부문을 대상으로 실시
  • 목표달성 상황평가와 성과의 공개
  • 개선을 위한 조언 실시

○ 이용자 앙케이트 조사·이용자 데이터 분석을 정기적으로 실시(2001년~)
  • 전자정부추진총괄본부가 정보화책임관(CIO)과 협력하여 실시
  • 부문별로 이용자의 수요, 기대, 만족도를 분석
  • 결과의 공개
  • 차기 서비스목표 설정에 활용

자료 : 日立總研 작성.

축으로 설정할 필요가 있는 것이다. 요컨대, 제공하는 서비스의 수준에 대해 목표를 설정하고 달성도를 계측하며, 그 결과에 기초하여 새로운 목표설정을 한다는 일련의 사이클을 확립하는 것이 중요하다. 그러므로 서비스의 온라인화 등의 프로젝트는 이 사이클의 일부를 구성하는 수단으로 생각하는 것이 적절할 것이다.

전자정부 구축을 포함하여 행정서비스 향상을 위한 사이클 확립의 제일보로서 전 부처가 고객서비스기준, 즉 행정서비스 목표를 책정하는 것은 매우 중요하다. 미국에서는 NPR의 독려 하에 전 부처가 고객서비스기준의 목표수준을 명시하고 이의 달성을 위해 노력하고 있다. 일본의 경우도 정부의 책임자가 고객서비스기준을 설정하여 전자정부추진총괄본부에 보고하는 동시에 국민에게 공표하는 것이 요망된다.

이것은 결코 특수한 것을 하는 것이 아니라 각 부문마다 ①스스

로 자기 부문의 역할이 무엇이며, ②국민, 정부 내의 타 부문을 불문하고 누구를 '고객(이용자)'으로 상정하고 있는가, ③'고객(이용자)'이 기대하는 서비스의 종류와 내용은 무엇인가, ④이의 실현을 위해 구체적으로 무엇을 할 것인가를 다시 명기하는 것이다(표 8-14). 다만 이 경우 행정서비스의 목표수준은 민간부문에서 수행하고 있는 최선의 서비스를 벤치마킹하여 설정할 필요가 있다.

예를 들면, 전자정부추진총괄본부 스스로도 행정서비스 목표를 설정하여 서비스 개선을 도모하는 것이다. 즉, 전자정부추진총괄본부는 ①전자정부를 구축하여 업무를 개선함으로써 최종적으로는 정부의 효율향상, 국민에 대한 정보공개, 서비스 향상으로 연결하는 역할을 수행한다. ②그 '고객(이용자)'은 주로 정부 내의 각 부처를 대상으로 하고 있다. ③'고객(이용자)'이 기대하는 서비스의 종류와 내용에 대해서는 정자정부추진총괄본부가 각 부처에 제공하는 서비스를 한 개씩 정리하여 리스트업한다. 그리고 ④실현을 위한 구체적인 시책은, 예컨대 민간기업 내에서 사내 정보화 지원을 하고 있는 부문이 제공하고 있는 서비스 등을 참고로 하여, 정립해 나갈 수 있을 것이다. 이것은 각 부처로부터 문의가 있을 경우 여기에 대하여 며칠 이내에 응답해야 할 것인가 하는 것처럼 세부에 걸친 행동규범을 결정하는 것이다. 이런 일련의 작업이 각 부처의 직원으로 하여금 이용자를 고객으로 의식하고, 업무처리의 방법을 개선하게 하는 기회가 될 것이다.

<표 8-14> 행정서비스의 목표로 설정할 항목

• 자기 부문의 역할은 무엇인가
• 예상되는 고객(이용자)은 누구인가
• 이용자가 기대하는 서비스 종류와 내용은 무엇인가
• 이의 실현을 위해 구체적으로 무엇을 할 것인가

자료 : 日立總研 작성.

또한, 지방자치단체가 실시하는 행정서비스가 아주 다양하므로 중앙정부의 행정서비스 목표 설정을 위해 축적된 노하우를 지닌 전자정부추진총괄본부가 행정서비스 목표가이드라인을 지방자치단체에 제시하는 것도 하나의 방법이다. 2000년 4월 지방분권일괄법 시행과 동시에 각 지방자치단체는 스스로의 개성을 반영한 행정서비스를 제공하려는 경쟁을 하게 된 가운데, 지방자치단체는 이와 같은 가이드라인을 활용하여 행정서비스 목표를 중심으로 서비스 향상을 실시하려는 의욕이 커지고 있다. 이제 멀지 않은 장래에 민간부문이 제삼자적 입장에서 지방자치단체의 행정서비스를 평가하고 그 등급을 설정하게 되리라는 것도 생각할 수 있다.

5. 행정서비스 목표달성 상황 조사

행정서비스 목표는 정기적으로 이용자의 만족도를 조사하고 그 결과를 다음의 목표설정에 활용하는 등 서비스 향상이 지속적으로 순환되는 시스템을 확립함으로써 비로소 그 실효가 있게 된다. 그렇다면 이제 다음의 두 가지 방법으로 각 부처의 서비스 수준과 이용자의 수요파악을 위한 조사를 실시하는 것은 어떨까.

첫째, 전자정부추진총괄본부에서 행정서비스목표 운용감사위원회를 설치하여, 각 부처의 실시상황을 정기적으로 조사하고, 목표의 달성상황을 평가하는 동시에 개선을 위한 조언을 실시한다. 이 위원회는 민간의 상담, 민간기업간부 경험자, 학자 등 외부의 인재를 적극적으로 활용하고 외부의 시야를 받아들이는 것이 필요하다.

둘째, 전자정부추진총괄본부와 정보화책임관(CIO)이 협력하여 행정서비스 이용자에 대해 정기적인 앙케이트를 실시한다. 이 앙케이트 조사 결과와 이용자 데이터 분석을 통해서 부분별로 이용자의 수요와 기대 및 만족도를 명확히 하여 차기의 행정서비스 목표 설정에 활용할 필요가 있다.

이상과 같이 행정서비스 목표를 중심으로 한 서비스 향상 사이클은 성공의 조건 ⑧에서 그 도입을 제안하는 행정평가의 한 방법이 될 수 있다. 따라서 공무원이 고객을 중시하고 모든 업무의 초점을 고객중심으로 전환하기 위해서는 이를 별도의 시스템으로 구축하여 추진할 것을 제안한다. 또한 행정평가의 일부로 흡수하여 일체화해 가는 것도 장기적인 과제로 설정할 필요가 있다.

제6절 성공의 조건 5 : 전자정부 구축을 추진하는 법적 기반정비

전자정부의 구축이란 행정정보를 인터넷을 통해 공개하고 사무절차를 전자화하는 것 등을 우선 머리에 떠올릴 수가 있다. 그러나 이러한 시스템이 실제로 가동하고 충분히 효과를 올릴 수 있도록 하기 위해서는 법적 기반의 정비가 불가결하다.

법적 기반을 정하는 데는 두 가지 방향을 생각해 볼 수가 있다. 먼저 전자정부의 주요목표 달성을 법률로 의무화하는 것으로서, 즉 법률로 구속력을 갖도록 하여 전자정부 구축에 힘을 실어 주자는 것이다. 다른 한 가지는 전자정부를 실제로 운영하기 위해 법률·제도 면에서 장애가 되는 것을 제거하고 이를 위한 지원책을 강구하는 것이다. 기존의 법률 및 제도를 만들 때에는 전혀 전제되지 않았던 기술이 차차 개발되고 있어, 법률과 제도가 현실에 따라오지 못하여 기술진보의 성과를 충분히 살리지 못하는 측면이 있다. 또한 기존의 법률과 제도가 정부 내외의 정보화추진에 장벽이 되고 있는 경우도 있다. 따라서 이런 면에 대한 제도개선이 불가결한 것이다. 이하에서 이러한 두 가지 측면에 대하여 검토해 보자.

1. 목표달성을 의무화한 법률의 제정

일본에서는 1999년 12월에 발표된 밀레니엄 프로젝트의 하나로서 전자정부 구축계획을 일본 수상이 발표함에 따라 전자정부 구축의 목표가 명확해지게 되었다. 그러나 발표된 내용 가운데는 실시내용과 기대목표가 나타나고 있지만, 여기서 제시된 목표는 단지 노력목표일 뿐 강제력을 갖는 것은 아니다. 또한 개시 시기가 설정되어 있기는 하지만 그 최종적인 완성이 불명확한 것도 많다.

그러나 일본이 2003년에 세계최고 수준의 전자정부를 구축한다고 하는 정부목표를 달성하기 위해서는 전자정부가 목표로 하는 효율향상, 정보공개, 서비스 향상의 구체적인 사항에 대한 목표 및 완성시기를 명확히 제시하고 관계자가 공유하여 추진할 필요가 있다. 이의 한 방법이 법률로 목표를 설정하고 실시의무를 강제하는 것이다. 미국에서도 전자정부의 3대 목표인 효율화, 정보공개, 서비스 향상에 대해 1990년대 전반부터 잇달아 법률을 제정하고 목표를 명확히 하여 각 부처로 하여금 전자정부구축을 추진하도록 의무화하였다. 일본에 있어서도 수상이 발표하는「전자정부실현기본방침」에 따라 주요목표에 대해서는 이런 항목을 법률로 의무화하는 것이 필요하다. 물론 이 경우에 상정하는 목표는 제외국 및 민간기업의 선진사례를 대상으로 충분한 벤치마킹을 하여 세계최고 수준의 전자정부 구축을목표로 하는 객관성 있는 것으로 해야 할 것이다. 특히, 전자정부의 핵심이 되는 효율향상, 정보공개, 서비스 향상에 대해서는 조기에 실시목표를 엄정하게 설정하여 이를 법률화할 필요가 있다. 이와 관련한 내용은 다음과 같다(표 8 - 15).

2. 행정평가법

전자정부 구축을 통한 행정효율화를 실질적으로 도모하기 위해서는 먼저 구체적인 목표를 설정하고, 이러한 목표에 대한 달성도를 평

<표 8 - 15> 전자정부 3법에 기반한 행동계획의 추진

○ 전자정부 구축을 의무화하는 법률정비(2000년 중)

항 목	구체적 목표	실시목표
행정평가법	행정부문의 활용목표 설정	2001년
	목표에 대한 평가의 정량화	2003년
전자정보 공개법	E-메일 등 정보기술을 사용한 정보공개 청구 접수	
	청구에 기초하여 공개된 정보를 디지털 데이터 및 Fax, E-메일 등 정보기술을 사용하여 제공	2003년
	공개청구가 많고, 공개 실적이 있는 정보의 상시공개와 홈페이지상에 게재 의무화	
행정서비스 전자화법	중앙 부처가 제공하는 서비스의 40%를 온라인화	2003년
	중앙 부처가 제공하는 서비스의 100%를 온라인화	2005년

자료 : 日立總研 작성.

가한 다음 이것을 다시 다음의 목표설정에 반영시키는 시스템의 확립이 필요하다. 따라서 이를 위해서는 현재 검토되고 있는 행정평가법을 조기에 성립시키는 것이 중요하다. 이 가운데 행정부문의 활동목표 설정을 2001년에 시작, 목표에 대한 평가의 정량화를 2003년부터 시작하는 등 되도록 빠른 시기로 그 개시목표를 규정하는 것이 필요하다. 이 법률에 관해서는 앞으로 전자정부의 추진방법에 관련하여 특히 중요하다고 생각되기 때문에 「성공의 조건 8」로 상술한다.

3. 전자정보공개법

일본에서는 1999년 7월에 정보공개법을 성립시켰고, 2001년 4월부터 이를 시행하도록 하고 있다. 2000년 2월에 제정된 정보공개법시행령에서는 공개청구 및 청구에 따른 개시를 원칙적으로 종이로써 하도록 결정되어 있다. 그러나 민간부문의 정보화 진전 상황에 입각해 볼 때, 종이에 기반한 정보공개청구와 정보게시를 계속 유지하는 것은 세계의 흐름에 역행하는 것이다. 법안의 가결에 의해 '행정기관의 직원이 직무상 작성 또는 취득한 문서, 그림 및 전자적(電磁的)기록'

이 공개대상이 된다는 것을 계기로 종이에 기록하여 보관하고 있는 정보를 전자데이터로 변환하여 데이터베이스화하는 움직임이 각 부처에서 추진되고 있다. 이 가운데 정보공개의 청구절차 및 청구에 대응한 정보제공에 있어서도 정보기술의 활용을 염두에 두고 정보공개법을 개정하여 전자정보공개법으로 할 것을 제안한다.

구체적으로는 국민 및 기업이 E-메일 등을 사용해서 정보공개청구를 하는 것을 인정하고 청구에 의하여 공개되는 정보는 디지털데이터는 물론 종이로 된 것도 청구자가 희망하는 형식으로 입수할 수 있도록 함으로써 행정정보를 보다 편리하고 신속하게 입수할 수 있도록 할 필요가 있다. 또한 현재의 경우 통상 정부 발표자료는 먼저 종이문서로, 그 다음 단계로 홈페이지에 게재하고 있지만 앞으로 종이문서로 행하는 정보공개와 동시에 홈페이지상으로도 공개하는 것을 의무화하는 것도 전자정보공개법에 포함시킬 필요가 있다. 또한 행정부문으로서는 정보공개에 관한 절차의 전자화를 통해 정보공개에 따르는 업무에 대응하기가 용이해진다는 장점도 무시할 수 없다.

4. 행정서비스전자화법

이미 많은 나라에서 국민에 대한 서비스의 향상을 위하여 인터넷 등으로 서비스를 온라인화하여 24시간 논스톱·원스톱 서비스를 제공하는 것은 불가결한 것이라고 여기고 있다. 일본에서도 밀레니엄 프로젝트를 통하여 민원의 신청·신고 절차를 온라인화하는 목표를 설정해 놓고 있다. 그러나 저자는 이를 더욱 진전시켜서 현재 밀레니엄 프로젝트 계획되어 있는 것 외에도 국민의 편리성을 향상시키는 서비스를 선정하고 온라인화하여, 2003년까지 정부가 제공하는 서비스의 40%, 2005년까지 100%를 온라인화해야 한다고 주장한다. 그리고 이를 추진하기 위해서는 행정서비스전자화법을 제정하고 이의 의무규정으로 서비스의 온라인화를 추진하도록 함으로써 강력하면서도 계속적인 추진시스템을 구축할 것을 제언한다. 이렇게 할 경우 장기적으로는 전체 서비스를 망라하여 온라인으로 제공하고, 서비스 면에서 전자정부 구축을 크게 진전시킬 수 있을 것이다.

5. 전자정부 3법

일본 정부가 이상과 같은 구체적 목표를 명시한 법률의 제정, 즉 행정평가법, 전자정보공개법, 행정서비스전자화법이라는 전자정부 3법을 제정한다면 전자정부 구축의 목표와 이의 실현을 보다 확실히 추진할 수 있을 것이다. 또한 목표실현을 위해서는 프로젝트 추진의 청사진이 되는 상세한 행동계획을 책정할 필요가 있다. 따라서 법률로 나타난 목표실현을 위해 투입할 예산과 책임자를 명시한 행동계획을 각 부처가 책정·실시하는 것도, 전자정부 3법에 명문으로 규정해 둘 필요가 있다.

6. 사회시스템으로서의 법률·제도정비

이상에서 전자정부 구축을 의무화하고 이를 촉진하기 위한 법률에 대해 살펴보았다. 다음에는 전자정부 구축에 장애가 되고 있는 법률과 제도의 수정 그리고 전자정부 운영에 필요한 사회시스템으로서의 법률과 제도의 정비에 대해서 검토해 보자. 여기에서는 이미 검토가 진행되고 있는 것도 포함해서 초점이 되는 2개의 법률을 소개하려 한다.

1) 개인정보보호법

먼저, 전자정부를 안정적으로 발전시켜 가기 위한 기반으로서 개인정보보호법의 제정이 불가결하다. 편리성 및 투명성의 향상을 위해 정부에 의한 정보공개가 진행되는 가운데 개인 인격의 일부인 개인정보가 부당하게 공개·이용되어서는 안 된다. 현재 일본에서는

1988년 「행정기관이 보유하는 전자계산기 처리에 관한 개인정보의 보호에 관한 법률」이 제정되어 있는데, 이 법률의 대상은 말 그대로 정부에서 전자계산기로 처리되는 데이터에만 적용되고 있다. 따라서 개인정보의 수집·취득에 관한 제한은 없는 것이다. 지방자치단체 수준에서는 1999년 4월 현재 정보보호조례가 제정되어 있는 자치단체는 23개의 도도부현과 12개의 정령지정도시를 포함 1,529단체로서 전 지방자치단체의 46.1%에 지나지 않는 상태이다.

구미의 예에서도 볼 수 있듯이, 전자정부의 운영에 있어서는 민간의 노하우 및 기술의 활용, 코스트의 삭감을 위해 PFI(Private Finance Initiative) 등을 통해서 민간의 참여를 적극적으로 추진하는 것이 중요하다. 그러나 일본에서는 민간부문을 대상으로 한 개인정보보호법에 대한 법률도 정비되어 있지 못하다. 이와 같이 현재 일본의 경우 개인정보의 보호와 관련된 법적 기반은 매우 취약하다. 이런 상태에서 정부가 정보기술의 활용을 추진하는 것에 대해서 많은 국민들이 개인정보보호라는 측면에서 큰 불안을 느끼고 있는 것은 당연한 것이다.

따라서 현재 일본에서는 민관 쌍방을 대상으로 하는 개인정보보호기본법에 대한 검토가 진행되고 있다. 이런 계획을 가능한 한 신속히 법률제정으로 연결하는 동시에 기본법의 취지에 따른 조치가 정부, 지방자치단체, 민간수준에서 이루어지는 것이 필요할 것이다. 예를 들면, 각 부처 및 지방자치단체마다 개인정보보호책임자를 임명하고 행정직원에 대한 개인정보보호 교육 및 개인정보의 보호가 실제로 철저히 되고 있는 것을 확인하는 체제정비가 시급하다. 또한 각 부처 및 지방자치단체가 업무를 수행하는 것 외에 개인정보를 수집하고 있는지 아닌지, 만약 수집하고 있다면 어떤 목적으로 어떻게 수집하여 이용하고 있는가를 명기한 개인정보보호 정책(Privacy Policy)을 홈페이지에 게재할 필요가 있다. 그리고 여기서 제시된 내용과 실제의 추진상황을 전자정부추진총괄본부가 비교하여 평가한다면 국민으로부터 조금이라도 더 신뢰를 받을 수 있을 것이다.

2) 전자인증 ·전자서명 관련 법 ·제도

두 번째, 인터넷을 이용한 행정수속의 실시에 있어서는 상대가 정말로 본인인지를 현실사회와 똑같이 확인할 수 있도록 하는 것도 필요하다. 이런 본인성의 확인을 확실히 하는 것은 행정수속의 온라인화뿐만 아니라 미국, 영국, 상가폴 등에서 이미 실시되고 있는 교육, 의료, 복지 등의 분야에까지 전자정부를 확대해 나감에 있어서도, 그리고 민간의 전자상거래에 있어서도 절대적으로 중요한 과제이다.

3) 전자인증제도 정비의 현실과 과제

일본의 경우 밀레니엄 프로젝트의 일환으로 페이퍼리스화의 추진에 따라 인증제도를 정비하고 있다. 이하에서는 이러한 정비를 함에 있어서 신청자측인 개인과 기업 그리고 행정측인 정부와 지방자치단체의 4개로 나누어 법률 및 제도를 중심으로 그 추진실태를 정리해 보면 다음과 같다(표 8-16).

개인에 대해서는 「성공의 조건 2」에서도 설명하였듯이 1999년 주민기본대장법의 개정안이 가결되었다. 현재 구체적인 내용은 아직 미정이지만, 주민기본대장의 주민표 코드를 기반으로 한 개인인증제도가 구축되어 가고 있다. 기업에 관해서는 상업등기제도에 기초를 둔 전자인증제도와 공증인제도에 근거한 전자공증제도가 개발될 예정인데, 구체적으로는 1999년에 시스템이 개발되고 2000년에는 시스템을 운용할 예정이다. 이에 따라 1999년 4월에는 상업등기법 등의 개정안이 성립되었고, 상업등기정보를 전자인증에 활용하고 등기소가 인증기관으로서의 역할을 담당하는 법적 근거가 마련되었다.

이와 아울러 개인과 기업에 관해서는 민간의 인증기관에 의한 전

<표 8 - 16> 인증제도의 방향성

위치	주 체	고려되는 전자인증제도	현 황
신청자측	개인	민간인증국(認證局)제도	전자서명법안을 제147회 통상국회에 제출
		주민기본대장을 기초로 한 제도	·주민기본대장법 개정안 성립 ·구체적인 내용 미정 ·2000년에 연구개발과 실증실험이 예정됨
	기업	민간인증국 제도	전자서명법안을 제147회 통상국회에 제출
		법무성 상업등기제도를 기초로 한 제도	·상업등기법 등 개정안 성립 ·실증실험 중
행정측	중앙	GPK(Government Public Key Infrastructure)	2000년중 브릿지(Bridge) 인증시스템 구축
	지방자치단체	구체적인 계획 없음	구체적인 계획 없음

자료 : (사)행정정보시스템연구소 자료, 신문보도자료 등에서 日立總研이 작성.

자인증도 시작되고 있다. 정부는 민간 인증기관이 전자증명서를 발행하는 전자서명도 사인이나 날인과 마찬가지의 법적 효력을 부여하는 「전자서명 및 인증업무에 관한 법률안」을 2000년 5월에 공포하였다.

　한편, 중앙 부처의 경우 2000년도 중에는 통산성, 우정성, 운수성 등이 인증국을 설치했고, 아울러 부처간을 연계하는 브릿지 인증시스템 등 정부공개키 인증기반(Government Public Key Infrastructure: GPKI)을 구축하고 있다. 그러나 국민에 대한 직접적 서비스의 창구로서 기능하는 지방자치단체에 관해서는 구체적인 방향이 아직 확정되지 않고 있는데, 이는 앞으로 해결해야 될 중요한 과제로 남아 있다. 또한 중앙정부와 지방자치단체 간의 상호 정합성(整合性) 있는 인증제도 구축을 위하여 보다 많은 노력을 기울여야 한다.

제7절 성공의 조건 6 : 기술개발의 추진

전자정부에 필요한 정보기술은 기본적으로 기존의 민간기술과 제품을 활용할 필요가 있다. 그리고 앞으로 전자정부 구축의 핵심을 이루는 중요기술은 정부가 자금을 제공하여 민관이 협력함으로써 연구개발해 나가는 것이 바람직하다.

밀레니엄 프로젝트는 통산성, 우정성이 중심이 되어 전자정부의 실현에 필요한 공통기반기술을 개발하였다. 현재 안전기술 개발, 범용 전자신청시스템 개발, 공공전기통신시스템 개발이라는 범용기술에 관한 3분야가 연구과제로 결정되어 있지만, 전자정부의 구축에 중장기적으로 중요하다고 여겨지는 기술에 대해서는 계속적으로 정부가 적극적인 역할을 수행해야 할 필요가 있다.

「성공의 조건 9 : 안전·쾌적한 정보환경 확보」에 있어서는 정보보안 분야에서의 민관의 연구협력을 추진하는 것도 필요하다. 그리고 이밖에도 앞으로 선진기술 개발을 지향한 아이디어를 널리 공모하는 것도 의미가 있을 것이다. 예를 들면, 전자정부추진 총괄본부와 정보화책임관(CIO)이 민간부문이나 대학 연구기관의 자문을 받으면서 중장기적으로 전자정부의 기반이 되는 중요기술 분야를 특정하고, 산학관, NPO로부터 광범한 연구 프로젝트를 공모하여 선정한 다음 연구개발을 지원함으로써 중장기적으로 중요한 기술개발을 추진해 나갈 필요가 있다.

또한, 인증과 전자투표 등 공공부문에서의 영향력이 큰 중요과제는 기술뿐만 아니라 어플리케이션 개발에 대해서도 정부의 지원과 투자가 요망된다.

제8절 성공의 조건 7 : 자금확보

전자정부의 구축을 통해 보다 양질의 서비스와 비용절감이라는 성과를 얻어 내기까지는 선행투자가 필요하다. 그러나 아무리 정부의 재정상황이 어렵다 할지라도 피할 수 없는 것 하나가 자금확보이다. 전자정부 구축에 대한 투자효과는 단년도에는 회수가 불가능하다. 그러나 중기적으로 볼 때 공공부문의 효율화를 통해서 회수되는 것이므로 계속적인 자금확보가 중요하다.

1. 전자정부 투자기금의 창설

밀레니엄 프로젝트의 가동에 따라 일본 정부는 2000년도 정부예산에서 전자정부 구축을 위해 99억 엔을 투자했다. 그러나 2001년 이후에도 전자정부 구축을 위한 예산확보가 보장되고 있는 것은 아니다. 또한 밀레니엄 프로젝트는 2003년을 목표로 하고 있지만, 전자정부 구축이 2003년까지 완료되는 것이 아니라 계속적인 추진이 필요하다. 따라서 2004년 이후에도 충분한 자금을 확보할 수 없을 경우, 끊임없는 기술혁신이 진행되는 가운데 지금까지 도입한 기술의 진부화와 설비의 노후화에 의해 초기투자가 무의미한 것이 될 위험성도 있다. 따라서 전자정부 구축에 필요한 자금을 계속적으로 확보하는 것은 극히 중요하다.

또한 현재의 예산제도는 단년도주의로 채택되고 복수의 부처에 걸치는 프로젝트도 실제로는 각 부처마다 예산이 배분되어 있다. 그리고 그 집행은 각 년도별로, 개개의 부처별로 행해지는 경우가 많아 전자정부와 관련된 프로젝트가 이 제도에 맞지 않는 것도 많다. 따라서 프로젝트의 성과를 최대한으로 올릴 수 있도록 하기 위해서는 현재의 예산제도와는 달리 유연한 집행을 가능하게 하는 구조로 개편할 필요가 있다. 예컨대, 2000년의 밀레니엄 프로젝트 전자정부예산 전액을 2003년까지 일괄 확보하는 것이 필요하다. 그리고 여기에다가 추가로 1000억 엔 규모의 전자정부 투자기금을 정부 전체의 투자기금으로서 설립할 것을 제안한다(표 8-17).

전자정부 투자기금을 활용하면 단년도주의 예산에 머무르지 않고 전자정부 구축을 위한 투자를 2004년 이후에도 계속적으로 할 수 있게 된다. 기존 부처의 틀을 초월하여 기금을 공동출자함으로써 일정한 규모의 확보와 정부 전체의 관점에 선 효율적인 투자배분도 가능하다. 또한 2000년 4월부터 시행된 지방분권일괄법에서 지방자치단체의 자주적인 재원확보의 길도 일부 열리고 있다고 하지만, 현실적으로는 지방자치단체의 재정압박은 심각한 상태이므로 중앙정부가 어떤 형태로든 재정지원을 해주는 것은 불가피하다. 따라서 이 투자자금은 복수의 지방자치단체가 공동으로 하는 프로젝트 등 일정한 조건을 충족하는 것도 그 지급대상으로 한다.

실제 이 기금의 운영방식은 전자정부추진 총괄본부가 책임을 가

<표 8-17> 전자정부투자기금의 창설

○ 2000년에 할당된 밀레니엄 프로젝트 전자정부 예산액(99억 엔)을
  2003년 까지 확보
○ 새로운 1,000억엔 규모의 전자정부 투자기금 설립(2000년도)
○ 전자정부추진총괄본부가 운영
○ 자금제공의 조건:
  • 전자정부 구축에의 공헌을 구체적인 수치로 명시
  • 복수의 부문이 참가하는 프로젝트
  • 정보화에 의해 삭감되는 비용 계산
  • 융자의 경우, 구체적인 상환계획을 제출
○ 정보화투자에 의해 실제로 절감된 금액은 반환이 필요없고,
  당해 부문에서 새로운 정보화투자비용으로 활용
○ 지방자치단체에서도 기금을 설치

자료 : 日立總研 작성.

지고 하거나 아니면 각 부처 및 지방자치단체에 대해 운용이익을 배분하기도 하고 빌려주기도 하는 구조를 생각할 수 있다. 자금을 제공하는 경우에는 이 프로젝트가 전자정부의 목표인 효율화, 정보공개, 서비스 향상에 어떤 공헌을 하는가를 가능한 한 수치로 명시하고 구체적으로 설명할 것을 의무화하여 정보화에 의해 삭감된 비용의 검산과 구체적 자금상환계획의 제출을 조건으로 해야 할 것이다.

자금제공을 한 정보화 프로젝트에 의해서 경비삭감이 이루어진 경우에는 절감된 금액만큼은 투자기금으로 상환하도록 하지 않고 그 액수만큼을 새로운 정보화 프로젝트에 사용하도록 한다면, 정보화를 계속적으로 추진하기 위한 인센티브로 기능할 것이다. 또한 중앙정부뿐만 아니라 지방자치단체도 이와 같은 기금을 설립하도록 하여 지방자치단체가 자립적으로 자금을 확보할 수 있는 환경을 만드는 것도 필요할 것이다.

2. PFI 활용 가능성이 큰 전자정부

전자정부를 통해서 국민에게 질 높은 서비스를 제공하면서도 그 비용을 가능한 한 억제하기 위해서는 민간의 전문기업을 적극적으로 활용할 필요가 있다. 지금까지 행정정보화계획에서도 아웃소싱 등 민간부문에의 위탁이 제안되고 있지만, 이런 방향은 앞으로도 더욱 적극적으로 추진될 전망이다(표 8-18).

일본은 1999년 7월 「민간자금의 활용에 의한 공공시설 등의 정비 촉진에 관한 법률(PFI 추진법)」을 제정하여 공공시설을 대상으로 PFI (Private Finance Initiative)의 적극적인 활용을 도모하고 있다. 또한 재정 압박 하에 처해 있는 지방자치단체들에 의한 PFI 도입의 사례가 증가하고 있다. 현재는 폐기물처리시설, 청사·관사 등의 공공시설, 공영시설 등을 중심으로 PFI의 도입이 진행되고 있는 상태이다. 그러나 현재까지 전자정부 관련분야에서의 PFI의 사례는 한정되어 있으므로,

<표 8-18> 전자정부 관련분야에서의 PFI(Private Finance Initiative) 활용

○ 「전자정부 PFI 가이드라인」 책정(2000년 중) • 총리부의 민간자금 등 활용사업추진위원회와 전자정부총괄추진 본부에서 책정 • 전자정부 분야에서의 PFI 특유의 리스크에 대해서 리스크 회피책 및 민관의 리스크 분야에 대해 상정 ○ 전자정부 사업운영에 PFI 도입가능성의 사전검토제도 도입(2001년~) • 전자정부 사업운영에 PFI도입 가능성을 사전에 평가하는 것을 의무화 • PFI를 활용하지 않는 경우와 비교하여 그 내용과 결과를 전자정부 총괄추진본부에 보고 ○ 민간부문도 대상으로 한 개인정보보호기본법의 시급한 정립

자료 : 日立總硏 작성.

전자정부 구축에 따른 정보처리 및 서비스의 제공, 이를 위해 필요한 시스템의 구축 등을 PFI에 의해 추진하는 것도 충분히 고려할 수 있다. 민간기업 가운데서는 기술혁신이 가속적으로 진전하는 가 운데 IT관련업무는 사내에서 하는 것이 아니라 전문의 노하우를 가진 외부의 기업에 아웃소싱 등을 통하여 위탁하면 낮은 비용으로 질 높은 서비스를 확보할 수 있어 본래의 핵심적 업무에 집중할 수 있다는 인식이 확대하고 있다.

그런데 아웃소싱 등의 PFI를 활용하는 것으로 높은 효과를 얻을 수 있는 가능성이 있는 분야는 다음의 표에서 설명하고 있는 것처럼 전자정부 관련분야에도 많다(표 8-19).

예를 들면, 주민표 발행센터를 복수의 지방자치단체가 공동으로 설립하고 전문기업에 그 운영을 맡긴다면 각각의 자치단체가 개별적으로 주민표 발행센터를 건설·운영하는 것보다 더 저렴하고 질 높은 서비스의 제공이 가능하게 될 것이다. 이와 같이 미국에서는 인터넷의 포탈사이트 구축과 서비스 제공의 어플리케이션 개발, 운영을 전문업자에게 위탁하는 사례는 이미 인디애나주와 아이오와주 등 복

<표 8-19> 전자정부 관련 분야의 PFI사업의 예

분 야		사 업	내 용
광의의 전자정부 ↕ 협의의 전자정부	행정	정보센터사업 데이터베이스사업	·공공정보를 인터넷으로 제공하는 정보센터(데이터 베이스센터 등)를 건설하고, 시민이 이용하도록 함 ·이용자 또는 공공기관에서 이용요금을 징수
		전자신청	·현재 정부가 추진중인 전자신청시스템의 구축, 운영
		주민표 발행센터	·복수의 지방자치단체에서 공동의 주민표 발행센터 를 건설하고, 시민이 이용하도록 함 ·이용단말기를 우체국, 편의점에 설치
		공동 백업센터	·복수의 기관을 위해 공동 백업센터를 건설, 운영 ·한 개 기관을 위한 센터 건설에 비해 비용삭감 가능
	교육	컴퓨터교육시설	·컴퓨터 이용기술 교육을 하는 학교 및 시설을 건설, 운영
		온라인교육사업	·인터넷으로 수업하는 원격교육시스템 구축, 운영
	공공시설	공동정보화 빌딩	·고도로 정보화된 빌딩을 관민 쌍방의 파트너에게 제공
		공항시스템	·전자게시판시스템, 항공관제시스템 등의 컴퓨터 시스템을 종합적으로 운영

자료 : 日高昇治編著 「정보통신PFI」에서 작성.

수의 주정부가 행하고 있다(그림 8-20).

이와 같은 서비스 위탁형 PFI에서는 서비스 이용자가 지불하는 수수료를 위탁기업에 지불하는 것이므로 정부는 신규투자에 대한 부담 없이 이러한 서비스를 주민에게 제공할 수 있게 된다. 앞으로 PFI 의 활용영역으로는 전자정부를 구축하기 위한 행정부문뿐만 아니라, 여타의 교육 및 공공시설 운영 등의 분야로까지 확대할 필요가 있다.

실제로 이런 분야에서 PFI를 활용해 나갈 경우, 정보기술을 활용한 PFI에 특유한 위험에 대한 대응책도 검토해 둘 필요가 있다. 기술혁신의 스피드가 빠르고, 기술진부화의 위험이 높은 것, 이 분야에서 PFI가 일반적으로 장기간 동안 계약되기 때문에 금리변동의 위험도 높다는 것 등 즉 외형적인 시설 분야의 PFI와는 다른 위험이 존재한

[그림 8-20] 서비스 위탁 PFI의 예: 포탈사이트의 구축과 운영

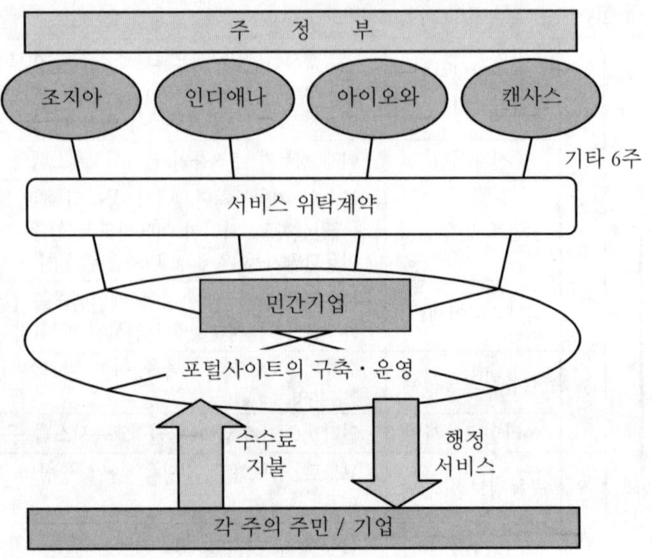

자료 : 日立總研 작성.

다. 따라서 PFI추진의 중추로서 현재 총리부에 설치되어 있는 민간자금 등 활용사업추진위원회와 전자정부추진총괄본부가 중심이 되어 이런 위험을 사전에 최소화하기 위한 방책 및 실제로 트러블이 생길 경우 관민의 위험부담 등에 관하여 「전자정부 PFI 가이드라인」을 시급히 책정할 필요가 있다(표 8-21).

또한 전자정부 사업실시까지 정부가 단독으로 사업을 하는 경우와 PFI를 활용한 경우에 대하여 사전평가를 하여 전자정부추진총괄본부에 보고하도록 하는 것도 필요하다. 즉, 「전자정부사업 PFI도입 가능성 사전검사제도」를 의무화하여 보다 좋은 서비스를 보다 싸게 제공할 수 있는 방법을 선택하도록 사전에 비교 검토하는 것을 제도화할 것이 요망된다.

<표 8 - 21> 전자정부분야에서의 PFI 활용으로 예상되는 리스크

단계	리스크	내용
설계 · 개발단계	설계리스크	설계오류에 의해 요구되는 서비스수준 미달, 작업지연, 비용초과
	사양변경리스크	정부측의 사양제시 지체 및 사양의 빈번한 변경에 의한 작업지연, 비용초과
	작업지연리스크	기술력 부족, 요원확보의 지체 등으로 작업지연, 비용초과
운영단계	마켓리스크	수요가 발생하지 않음으로써 비용회수 곤란
	요금회수리스크	요금회수 곤란
	운영관리리스크	관리 · 운영비용 초과, 트러블 발생에 의한 서비스 제공 중단
각 단계 공통	기술혁신에 의한 리스크	이용기술의 진부화, 미성숙기술 이용에 의한 트러블 발생
	자금조달리스크	프로젝트별 자금조달 방식의 채택으로 자금조달상의 곤란 가능성(조달비용의 상정이 곤란, 융자계약 교섭난항 등)
	금리 · 물가 변동리스크	프로젝트 장기화에 의한 금리 · 물가변동리스크 확대

자료 : 日高昇治 편저 「정보통신 PFI」에서 작성.

3. 수익자부담에 의한 경비회수

일본의 경우 정보공개법의 시행에 의해서 문서의 데이터베이스화에 의한 보존 및 공개청구에 따른 보존정보의 검색 업무가 행정부문에 추가됨으로써 새로운 경비부담이 유발될 것으로 예상된다. 앞으로 다양한 정보가 공개되게 되면 이런 경비부담을 덜기 위해서 공공의 정보도 그 정보의 종류에 따라서는 수익자부담의 사고를 도입해서 제공해 나가는 것도 검토해 보아야 할 것이다. 예컨대, 정부 · 행정부문이 공개하는 정보를 주민에게 기본정보와 전문정보로 분류하고 판례 및 경제통계 등 일부의 전문가가 빈번히 사용하는 전문정보에 관해서는 수익자 부담의 관점에 서서 이용료를 회수하는 것도 생각할 수 있다. 이미 EU에서는 법조계의 전문가가 빈번히 이용하는 판례 데이터베이스는 이용료를 징수하고 있다는 사실도 참고로 할 필요가 있다.

수익자부담제도를 도입할 경우, 이용료의 설정은 문서로 정보를 공개한 경우보다도 싸게 하여 서비스 수익자의 정보기술이용 촉구도 고려해야 한다. 지불방법도 직불카드(debt card)나 장래적으로 전자머니로 하도록 해야 한다. 또한 영국에서 행해지고 있듯이 정부의 홈페이지에 민간기업의 광고를 게재하도록 하여 광고 수입을 올리는 시책도 검토할 필요가 있다.

이상과 같이 민간의 경영관리기법의 활용(성공의 조건 4), 법적기반 정비(성공의 조건 5), 기술개발의 추진(성공의 조건 6), 자금확보(성공의 조건 7)라는 환경정비가 이루어질 때 전자정부의 구축은 가능해지게 된다. 그리고 이런 전자정부를 국민의 관점에 서서 국민의 복지향상에 연결함으로써 이용자 중심주의로 하기 위해서는 다음과 같은 조건도 명확히 할 필요가 있을 것이다(표 8-22).

<표 8-22> 기업 및 국민이 편익을 향유할 수 있는 전자정부 구축

성공의 조건 8: 행정평가제도 도입에 의한 객관평가	・전자정부 구축과 병행하여 행정평가제도 도입 ・행정평가시스템 확립
성공의 조건 9: 안전・쾌적한 정보환경 확보	・정보보안 확보
성공의 조건 10: 누구라도 이용할 수 있는 서비스 제공	・정보격차(digital divide) 예방책 실시

자료 : 日立總研 작성.

제9절 성공의 조건 8 : 행정평가제도 도입에 의한 객관적 평가

　　일본의 경우 버블붕괴 이후 경제대책을 논의한 결과, 현재 중앙부처, 지방자치단체가 함께 재정적자와 채무상환으로 부담이 증가하는 상황에 직면하고 있음을 알 수 있다(그림 8-23). 따라서 행정의 효율화를 통하여 실질적인 경비절감효과를 올리는 것은 긴급한 과제가 되고 있다.

　　일본의 중앙정부도 행정개혁의 중요성을 인식하고 있어 이미 1999년 7월 중앙부처재편관련법이 제정되었고, 2000년 1월 중앙 부처의 재편을 단행하였다. 또한 동법에서는 행정평가를 도입하고 각 부처의 행정평가 전문부서를 설치하도록 하는 등 동법의 시행을 위해 행정평가를 상세하게 규정하는 법률 제정도 검토되고 있다.

[그림 8-23] 확대되는 재정적자

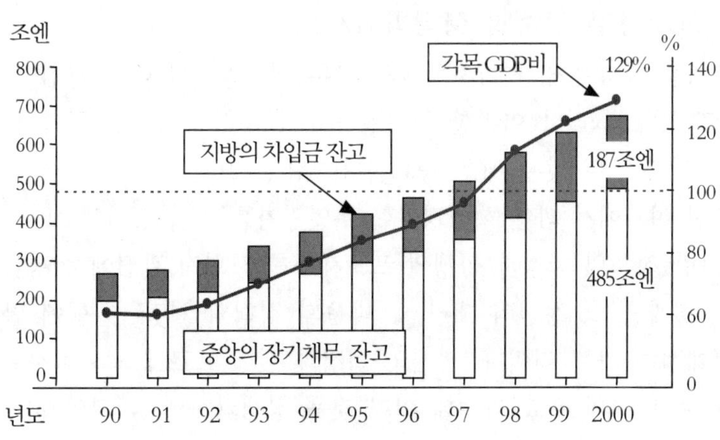

주 : 1999년도, 2000년도의 각목GDP는 日立總硏 예측.
자료 :「參議院豫算委員會提出資料」,「國民經濟計算」에서 작성.

건설성 및 운수성, 농림수산성이 이미 독자의 행정평가 기법을 도입하고 있고, 통산성도 행정평가 전문부서를 설치하는 등 개별적 추진이 시작되고 있다. 그러나 전 부처가 본격적으로 추진하는 것은 이제 시작에 불과하다. 그리고 평가방법 및 대상, 평가의 기대 등 상세한 부분에 대해서는 아직 결정되지 않고 있다. 행정평가는 결과를 평가한다는 면에서 중요성을 지니지만, 최종적인 목적은 이것을 정책에 반영하고 개선하여 다음해에 보다 효율적·효과적인 정책을 책정하려는 것이므로 종합적인 정책이 필요하다.

지방자치단체에서도 각종 사업은 물론 업무 프로세스의 개선이 중요한 과제로 대두되고 있다. 제2장에서도 보았듯이, 정부가 추진하고 있는 가상관청(Virtual Agency) 구상에서도 전 부처 및 지방자치단체의 페이퍼리스화를 실현하기 위해서는 주요 정책을 업무의 개선으로 연결시키는 것을 중시한다. 이미 일본의 미에현(三重縣) 등 일부의 자치단체는 행정평가 및 새로운 회계제도를 도입하여 업무의 처리방법을 개선하고 있다. 이런 움직임은 이제 전국적으로 확대될 것이다.

1. 전자정부 구축과 행정평가제도

이처럼 중앙부처, 지방자치단체 모두 행정평가에 대한 관심이 높아지고 있다. 그러나 이러한 행정평가의 도입을 전자정부 구축과 병행해서 추진하는 것은 매우 중요하다(그림 8-24).

우선 여기에서 과연 행정평가란 무엇인가를 다시 정리해 보자. 행정평가란 정책의 책정과 실행의 프로세스를 사회적 관점에서 평가하여 그 결과를 그 정책의 개선 및 다음의 정책의 책정·실행에 반영하여 개선해 가는 것이다. 정책의 책정과 실행 프로세스는 ①사회에 존재하는 다수의 수요 가운데 어떤 것을 정책과제로 할 것인가를 정하는 「정책설정」→②복수의 정책안 중에서 실시해야만 할 정책을 선정하는 「정책결정」→③결정된 정책을 수행하는 「정책실행」→④정책을

[그림 8 - 24] 정책형성·실행과 행정평가의 관계

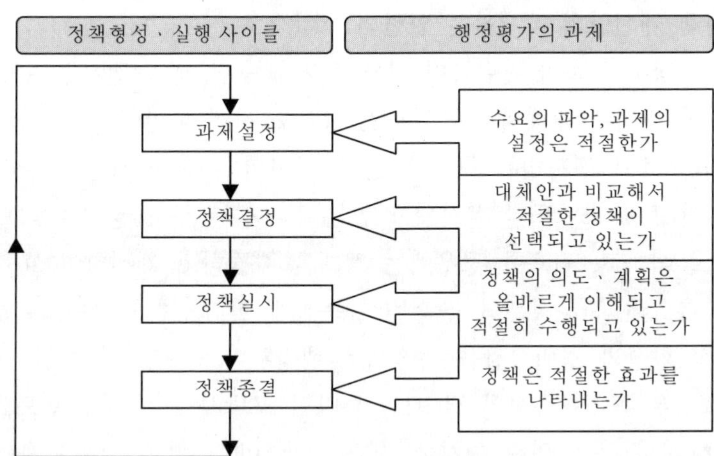

자료 : 齋藤達三,「實踐自治体政策評價」 등에서 작성.

종료하는 「정책종결」로 진행된다. 이런 과정을 거쳐 실행된 어떤 정책이 실제로 초래한 효과를 검토하여 새로운 수요를 만든 후 이것을 다음 정책의 책정과 실행 프로세스로 진행시켜 나가는 것이다.

이것이 정책의 책정에서 실행에 이르는 사이클이지만, 이 가운데는 각각의 프로세스에 대해서 ①수요의 파악 및 과제의 설정이 적정했는지, ②대체안과 비교하여 적절한 정책이 선택된 것인지, ③정책의 의도·계획은 바르게 이해되어 적절히 수행되었는지, ④정책은 적절한 효과를 올릴 수 있는지라는 관점에서 평가하여 필요하다면 개선을 제안하는 것이 행정평가의 역할이다. 여기서 말하는 적절하다는 것은 일반적으로 효율성(Efficiency)과 유효성(Effectiveness)이라는 두 개의 관점에서 가치판단을 한다.

그리고 구체적인 평가는 ①검토대상 테마를 결정하여 평가담당자 간 공통의 문제의식을 형성하는 평가과제의 설정→②정책의 당초 목적 확인→③목표의 달성도를 측정할 적절한 지표의 선택과 설정→④

지표작성을 위해 필요한 데이터의 수집 및 분석→⑤평가결과에 기초한 정책 개선안의 제시라는 일련의 흐름으로 진행된다.

전자정부 구축과 관련하여 이를 적용해 보면, 먼저 전자정부 구축에 관한 정책에 대해서도 객관적인 평가를 하여 국민에게 그 성과를 보여줌으로써 전자정부 구축에 관한 국민의 이해와 지원을 확대할 수 있다(표 8-25). 또한 실시되고 있는 전자정부 구축 정책을 객관적으로 분석하고, 필요한 경우에는 정책을 수정하고 개선하여 효율적이고 유효한 전자정부의 구축을 가능하게 한다. 예를 들면, 주민의 편리성 향상과 경비삭감을 목적으로 행정서비스 포탈사이트를 구축하는 경우, 당초 목적의 달성도, 주민의 포탈사이트 이용 빈도, 신청·신고 절차를 위해 청사에 직접 가는 빈도, 만족도, 포탈사이트 구축 및 운영비용 등을 객관적으로 분석하고 평가한다(그림 8-26). 경비삭감이라는 당초의 목적이 달성되고 있지 않은 경우에는 포탈사이트의 운영을 외부에 위탁하는 등 보다 적절한 정책을 제시하여 개선해 나갈 수가 있을 것이다.

둘째, 행정평가를 통하여 다양한 정책분야에 정보기술 활용의 가능성을 검토·제언함으로써 정보기술을 정책수단으로 활용할 가능성

<표 8-25> 전자정부 구축과 행정평가의 관계

	내용
행정평가로 정보기술정책을 개선	• 전자정부 구축을 위해 정보기술을 활용하는 경우 정보기술 정책에 대해 행정평가를 실시 • 효율적이고 유효한 정보기술 정책의 추진이 가능
행정평가에 정보기술을 정책수단으로 추진	• 행정평가로 다양한 정책분야에의 정보기술 활용가능성을 검토·제언 • 정보기술을 정책수단으로 추진
정보기술을 활용하여 행정평가제도를 개선	• 행정평가에 필요한 데이터의 수집 및 분석, 시뮬레이션으로 정보기술을 활용 • 직원의 작업부담 경감 및 행정평가의 정도 향상이 가능

자료 : 日立總研 작성.

[그림 8 – 26] 전자정부 구축에 관한 행정평가의 사례

행정평가 단계	행정평가의 예
평가과제의 설정	행정서비스 포탈사이트의 구축은 적절한 효과를 나타내는가
정책목적의 확인	정책의 본래 의도하는 목적은 주민의 편리성 향상과 비용삭감임
평가지표의 선택	정책의 유효성은 주민의 포탈사이트 이용율, 만족도, 효율성은 비용분석으로 계측(計測)하는 것임
데이터 수집·분석	·앙케이트 실시 ·포탈사이트에의 접근 분석 ·투자액 분석
정책개선안 제시	·주민의 편리성 향상에는 유효함 ·포탈 구축·유지에 비용이 예상외로 들어 경비 삭감이 가능하지 않음 ·포탈 운영은 외부에 위탁할 것을 제언

자료 : 日立總研 작성.

을 확대할 수 있다. 즉, 각종 정책에 있어서 정보기술의 활용이 적절하게 이루어지고 있는지를 검토하고 개선하여 전자정부의 구축에 도움을 줄 수 있다.

셋째, 행정평가의 실시에 정보기술을 활용하면 공무원의 작업부담을 경감시킬 뿐만 아니라 보다 높은 수준의 평가를 할 수 있다. 특히 행정평가를 수행하는 일련의 흐름 가운데서 「적절한 평가지표의 책정」, 「필요한 데이터의 수집과 분석」, 「정책개선안의 제시」는 정책의 실시 전후 및 정책이 이루어진 대상과 이루어지지 않은 대상을 비교하는, 일반적으로 「프로그램 평가」(Program Evaluation)라고 불리는 기법이 사용되고 있다. 그런데 이 분야에는 데이터의 수집 및 분석, 시뮬레이션에 정보기술을 적극적으로 도입하여 사용할 때 그 효

과가 크다. 즉, 정보기술을 활용하여 행정평가의 질을 향상시킬 수 있는 것이다.

이상과 같이 전자정부와 행정평가 간에는 밀접한 관계가 있다. 따라서 이들 양자를 병행해서 추진하면 상승효과를 높일 수 있는 것이다.

2. 행정평가시스템의 확립

일본에 있어 행정평가시스템의 확립을 위해서는 우선 현재 검토되고 있는 행정평가법을 조기에 성립시키는 것이 중요하다(표 8 - 27). 이런 가운데 단순히 당해 부처의 정책과 실시결과를 평가하는 것뿐만 아니라, 평가결과를 실제로 행정의 효율화로 연결할 필요가 있다. 따라서 행정부문의 활동목표 설정과 목표에 대한 평가를 수치화하도록 의무화하는 행정평가법을 만들어 전자정부의 목표연차인 2003년부터 본격적으로 가동하도록 할 필요가 있다.

행정평가를 실시함에 있어서는 목표설정에서부터 평가, 정책의 수

<표 8 - 27> 행정평가시스템 확립

행정평가법에 포함된 내용:
○ 행정부문의 활동목표 설정과 목표에 대한 평가의 정량화

목표설정 단위	기본적으로는 성청마다 실시. 성청횡단 프로젝트 및 특정 성청의 대형 프로젝트인 경우는 프로젝트 단위로 목표를 설정
목표설정 도입연차	2001년도 이후 매년
목표에 대한 달성도 평가 본격실시 연차	2001년도 이후 매년

○ 회계검사원이 감사실시
○ 회계검사원에 외부전문가 등용 및 민간위탁에 의한 감사기능 강화
○ 목표설정, 평가 및 감사결과 등 전부 공개

자료 : 日立總研 작성

.정까지의 흐름이 타당한지를 감사하는 조직이 필요하다. 따라서 일본의 경우 이러한 역할을 담당하는 조직으로는 중립적인 입장에 있는 회계검사원이 적당하다고 생각된다. 따라서 앞으로 회계검사원의 기능을 강화시킬 필요가 있지만, 이 때문에 직원을 안이하게 증가시킨다면 그것은 오히려 행정개혁에 역행하는 것이다. 직원의 수를 증가시키지 않고 필요에 따라 외부 전문가의 활용 및 민간에의 위탁을 검토하는 등의 유연한 대응이 필요할 것이다. 또한 목표설정의 항목 및 목표에 따른 달성도의 평가, 그리고 검사결과 등은 전부 공개해야 한다. 공개를 통해 행정부문의 투명성을 높임으로써 행정부문에 대한 국민의 신뢰를 향상시킬 수 있다.

한편, 목표 달성도에 대한 평가를 수치화하는 경우 지표로서 금액을 사용하는 경우가 많을 것이다. 그러나 현행의 정부회계제도하에서는 평가지표에 필요한 데이터가 없을 수 있으므로 행정평가의 도입을 위해서는 정부회계제도를 개선할 필요가 있다.

제10절 성공의 조건 9 : 안전·쾌적한 정보환경 확보

전자정부의 이용을 확대하여 국민에게 뿌리를 내리고 안정적으로 발전해 가기 위해서는 국민이 안전하고 쾌적하게 전자정부 서비스를 향유하고 이의 장점을 실감할 수 있는 환경을 확보하는 것이 중요하다. 정보 및 서비스의 제공방법을 적절히 고려하여, 쾌적하게 이용할 수 있는 전자정부를 실현시켜야 한다. 그러나 이러한 환경을 만들기 위한 전제조건으로서 정보보안의 확립 또한 요구된다.

1. 정보보안의 확보

인터넷은 편리성이 있는 반면 불특정 다수의 사람이 자유롭게 참가할 수 있어 참가자의 익명성이 높아지는 것, 정보가 불특정 다수의 컴퓨터를 통과하는 것, 행위의 흔적이 남는다는 것 등에서 이미 다양한 문제들이 발생하고 있다. 두말할 것도 없이 현실사회에서 안심하고 생활할 수 있는 환경은 열쇠로 대표되는 직접적인 방범대책뿐만 아니라 범죄를 막는 법률, 일반 사람들에 대한 방범교육 및 계몽활동 등의 대책으로 이루어질 수 있는 것이다. 인터넷상에서의 정보 보안도 본래는 방화벽(firewall)과 같은 외부 침입자에 대한 직접적인 대책뿐만 아니라 법률, 자주규제, 교육 등을 포함한 종합적인 환경정비가 필요하다(그림 8-28).

요구되는 대책으로는 명확히 법률에 위배되는 부정한 접근과 같

[그림 8-28] 정보보안 확보책의 분류

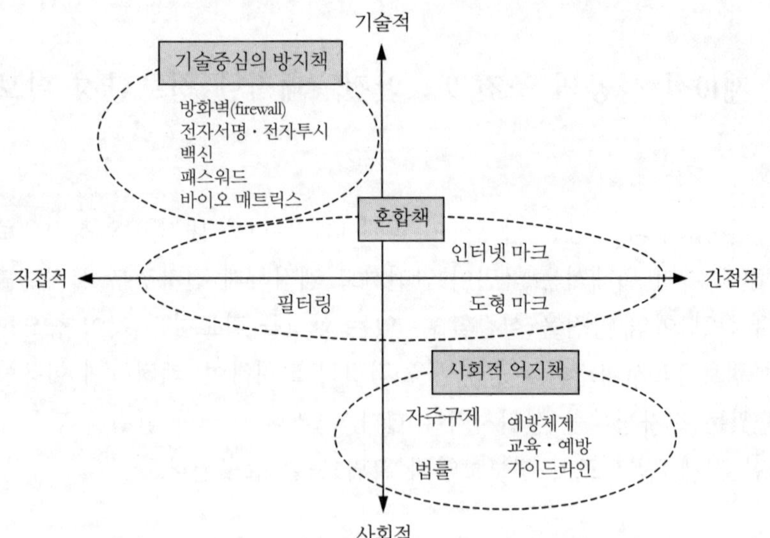

자료 : 日立總硏 작성.

은 범죄에서부터 성·폭력표현의 게재 등 법률 위반은 아니지만 결코 바람직하다고 할 수 없는 문제를 포함한 대책이다. 이런 범죄 및 문제를 네트워크상에서 막는 방법은 방화벽 등 기술 중심의 직접적 방지책, 법률 및 자주규제, 교육 등을 통해 이런 범죄 및 문제를 억제하는 사회적 억지책, 그리고 뒤에서 설명할 인터넷·마크(인증)로 대표되는 특정의 기술을 핵으로 하는 제도를 통해 범죄 및 문제를 막는 정책혼합(policy mix)이 필요하다.

2. 관민협동 정보보안 종합계획의 전개

일본에서도, 정보보안 관계 부처국장회에서 2002년까지 각 부처가 정보보안 정책을 수립하도록 하는 등 정보보안의 확보를 위해 노력하고 있다. 실제로 지난 2000년 1월에 중앙부처의 홈페이지를 무단으로 변조하는 등의 범죄가 동시다발적으로 발생한 것에 자극받아 경찰청은 정보보안정책 방침을 발표하기도 하였다. 그러나 아직 정부 전체에서의 구체적인 추진은 이제 시작단계에 불과하다.

사이버 테러는 보안이 약한 부분을 목표로 침입하여 네트워크 전체에 파급될 우려가 있기 때문에 미국에서는 국가안보보장상의 과제라고 인식하고 있다. 따라서 2000년 1월 클린턴 대통령은 국가정보시스템방위계획(National Plan for Information System Protection)을 발표했고, 1999년에는 추가경정예산에 이를 반영하여 대규모의 정보보안대책을 실행하고 있다. 앞으로 일본도 정부 전체에서 정보보안대책을 추진함과 동시에 정보보안이 일본사회 전체에 걸친 중요한 문제라는 인식하에 관민협동으로 「정보보안종합계획」을 책정하고 전개해 갈 필요가 있을 것이다. 이러한 대책을 수립해 나갈 경우 그 핵심적인 요소로서 이를 기술중심의 방지책, 사회적 억지책, 혼합책의 순으로 살펴보자(표 8-29).

<표 8 - 29> 「정보보안종합계획」 추진

○관민이 협력한 국가차원의 보안대책 실시

분류	실시목적	구체적 목표	실시목표
기술중심의 억지책	기술확립	· 국립정보보안 연구소 설립 · 산학관의 정보교환, 공동연구 계속 · 민간부문에서는 실시곤란한 정보보안기술 개발을 실시	2001년
	기술표준의 활용촉진	· ISO등 국제정보보안 표준을 JIS규격으로 채택	2000년여름
사회적 억지책	법률정비	· 부정접근 금지법 시행	2000년 2월 13일
	현황파악과 대책을 위한 체제확립	· 정보보안정책에 관한 가이드라인 정책	2000년 6월
		· 각 부처는 정보보안정책 책정	2000년 12월
		· 사이버테러 대책 특별행동계획 작성	2000년
		· 지방자치단체 · 특별법인을 위한 정보보안정책 가이드라인을 책정	2000년
		· 내각관방의 정보보안대책추진실 강화 · 각 부처의 상황에 대해 정기적 리뷰 · 조언개시	2000년
	인재육성 · 교육	· 방위대학교에 정보보안 석사과정 개설 · 기업내에 정보보안 관련연수교육비용에 대한 세금 공제제도 창설 · 정보보안 기술자 시험제도의 활용을 장려	2000년
		· 일반이용자에 대한 정보보안 교육 실시 · 학습지도요령에 포함	2000년
	관민의 정보 교환추진	· 상설의 정보보안 안전회의 설립 · 민간기업간부, 교수 등으로 구성 · 민간부문의 정보보안추진 · 정부부문에 대한 조언	2000년
혼합책	도형마크 제도의 보급	· (재)일본정보처리개발협회 「프라이버시 마크」의 운영, (재)일본 데이터통신협회 「개인정보보호 등록센터」 개설, 마크의 발행	1998년 4월~
	인터넷 마크 제도의 보급	· 일본상공회의소 「온라인 마크」 운영	2000년 4월~
		· 정부 홈페이지에서 인터넷 마크 활용 · 인터넷 마크의 부정사용에 대한 적발 실시	2000년

* 주 : 진한 글자는 이미 실시된 사항 또는 실시가 결정되어 있는 사항.
자료 : 일본정부발표 자료 등에 의해 작성.

3. 기술개발의 촉진

기술중심의 방지책으로는 먼저 정보보안 기술개발이 중요하다. 2000년부터 통산성, 우정성을 중심으로 24억 엔을 투자하여 관민협력에 의한 기술개발이 실시되고 있다. 그러나 앞으로 충분한 대응이 되지 않을 경우에는 사회생활이 마비될 가능성도 있고, 국가안전보장상의 문제가 될 가능성이 높아지는 등 정보보안기술의 중요성에 입각한다면 항구적인 조직으로서 국립정보보안연구소를 설치하고 계속 연구할 필요가 있다. 이 연구소에서는 산관학의 일류 연구자를 초빙하여 장래를 위해 추진해야 할 연구과제의 설정을 위해 정보교환 및 계속적인 공동연구를 추진할 필요가 있다.

기술중심의 방지책의 두 번째로는 기술표준의 활용을 들 수 있다. 국제표준화기구(ISO)는 1999년 6월에 정보보안에 관한 기획으로서 ISO15408을 채택했는데, 구미제국에 이어 일본정부도 이 규격을 채택하기로 결정했다(그림 8-30). 2000년 여름에는 이 규격이 일본공업규격(JIS)으로서 채용되었는데, 앞으로 중앙부처의 정보통신기기 조달기준으로서 활용될 것으로 보인다. 네트워크상 범죄 및 문제는 국경을 초월하여 파급되는 문제이기 때문에, 민간기업에도 이런 국제통일기준을 활용할 것을 장려하고, 접속되는 기기나 네트워크에 일정 수준 이상의 보안을 요구하는 것은 중요하다.

4. 법제도 확립에 의한 범죄 억제

사회적 억지책으로는 범죄 및 문제의 발생 자체를 막을 수 없으므로, 교육 및 형벌에 의해 이용자가 나쁜 짓을 하는 것을 억제하는 사회적 구조의 첫 번째가 법률이다. 일본의 법률적 대응실태를 보면, 기본적으로 현실사회의 법률을 네트워크 상에도 적용하는 것이 원칙으로 되고 있다. 2000년 2월 13일부터 부정접근방지법이 시행되는 등 새로운 법률정비도 추진되고 있지만, 먼저 서술한 민간부문의 개인정보 보호 등에 대해서도 법률의 제정이 시급하다.

5. 정부정보보안대책 체제확립

사회적 억지책의 두 번째는 정부가 정보보안의 현실을 파악하고 이에 따른 대책을 수립하기 위한 체제정비가 필요하다. 우정성의 정보통신네트워크추진기획실 및 운수성의 정보보안대책추진위원회 등 일부의 부처에서는 정보보안대책 부문이 설치되고 있다. 일본 정부는 2000년 6월 각 부처에 대해 정보보안 정책·가이드라인을 발표하고, 이에 기초하여 2000년 2월까지 각 부처가 개별로 정보보안대책 운영체제 및 지켜야 하는 정보의 범위, 패스워드 관리방법 등의 내용

[그림 8 - 30] 정보보안 표준화의 동향

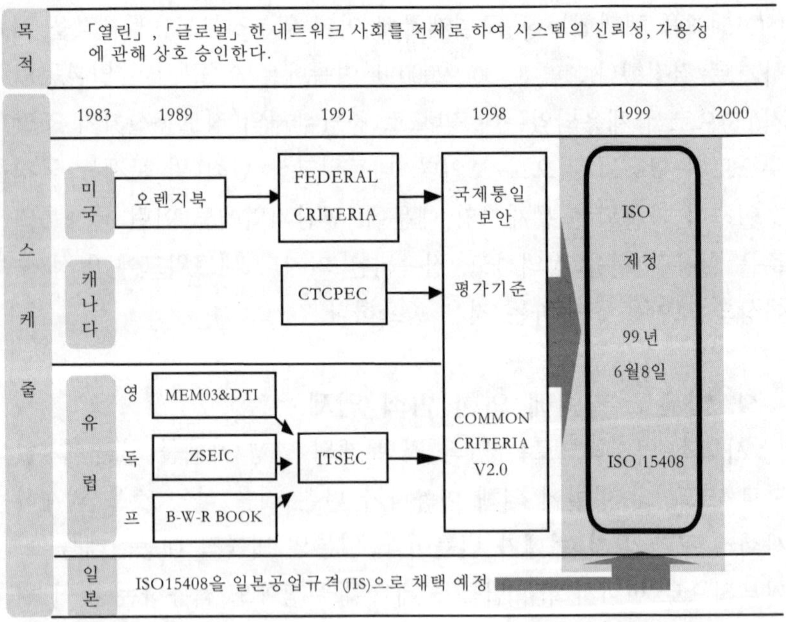

* 주 : 정보보안기준이란 제품·시스템 보안 레벨을 대외적으로 보증하는 기준.
자료 : 日立제작소 공공시스템그룹 작성.

을 포함한 정보보안 정책을 문서화하도록 하고 있다. 그러나 각 부처의 정보보안대책 부문과 전자정부 추진최고책임자를 중심으로 각 부처의 정보보안의 현실을 조사하고 이를 각 부처의 정보보안 정책에 반영한 보다 구체적인 대책마련이 필요하다. 또한 2000년 2월에 내각관방에 설치된 「정보보안대책추진실」에 배치하는 정보보안전문가를 증원하여 정보보안을 강화하고, 정보보안 정책의 내용 및 실시상황에 대해 정기적으로 조언하고 개선을 요구하는 것도 필요할 것이다. 아울러 중앙부처뿐만 아니라 지방자치단체, 특수법인에 대해서도 정보보안 정책·가이드라인을 제시하고 대책을 요구하는 것도 필요하다.

6. 전문가의 육성과 정보보안 평생교육

사회적 억지책의 세 번째로서 전문가의 육성과 일반 이용자에 대한 교육이라는 두 가지의 노력도 요구된다. 먼저, 앞으로 정보기술전문가의 부족이 예상되며, 특히 정보보안에 관한 전문가의 육성 및 인재확보는 시급하다. 정부·행정부문 내에 전문가 육성은 정보보안정책의 책정과 대책실행, 그리고 범죄적발을 위해 필요불가결하다. 이미 일본의 경찰대학교에 하이테크 범죄대책전문과가 설치되었지만, 정보보안은 국가안전보장에 직결되는 문제라는 점을 인식하고, 방위대학교에 정보보안 관련 석사과정을 두는 등 방위부문에도 고도의 정보보안교육을 추진할 필요가 있다. 민간부문에 대해서는 기업의 정보보안 관련 연수교육비용에 대한 세금공제제도창설 등에 의해 인재육성의 인센티브를 부여해야 할 것이다. 또한 통산성이 실시하는 정보처리기술자 시험에 2000년 4월 새롭게 정보보안기술자의 자격시험 실시가 결정된 것은 환영할 일이다. 앞으로 이런 자격제도가 넓게 인지되도록 정부 차원에서도 널리 홍보활동에 힘을 쏟을 필요가 있다.

일반 이용자에 대한 보안교육도 중요하다. 일본에 있어서도 인터넷의 일반이용자가 문제에 휘말리는 사례가 증가하고 있다(그림 8-31).

[그림 8 - 31] 인터넷 관련 소비자 상담건수 추이

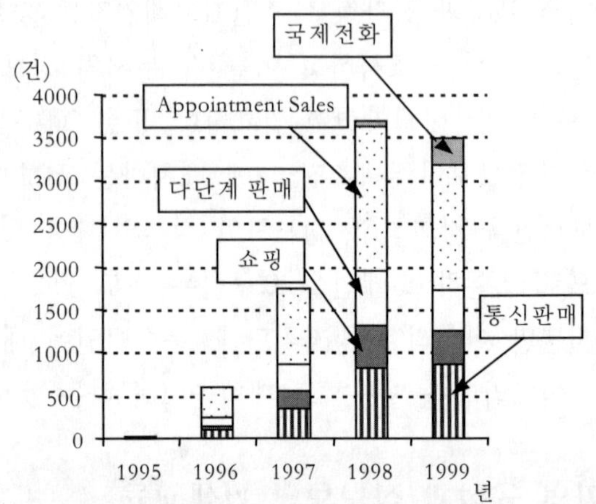

* Appointment Sales : 주로 회원권이나 보석 또는 영어회화교재 등의 상품을 판매할 때 사용하는 상술. 예컨대, 특정 고객을 사전에 지정해 놓고, 전화나 인터넷으로 「우리회사에서 추첨을 하여 당신이 선정되었는데 굉장히 좋은 조건으로 모시려 한다」는 등의 말로 유인하면서 철저히 상품판매가 아님을 가장하여 찻집이나 회사로 고객을 불러내어 계약하게 하는 판매 방식이다.

주 : 1999년은 1월에서 10월까지의 숫자.

자료 : 국민생활센터 자료에서 작성.

특히 어린이나 소비자에 대해 교육이 충실해져야 한다. 어린이에 대해서는 단순히 도구로서의 컴퓨터 사용방법을 가르치는 것이 아니라 정보화 사회에서 초래될 플러스 부분과 마이너스 부문을 동시에 교육하도록 학습지도요령에 포함시켜야 한다. 또한 소비자를 대상으로 인터넷상에서 범죄 및 문제에 휘말리지 않는 '현명한 소비자, 현명한 시민'이 되기 위한 계몽활동을 국민생활센터 등을 통하여 적극적으로 전개하는 것도 유효할 것이다.

7. 관민 보안체제의 강화

사회적 억지책의 네 번째로서, 정보보안은 사회 전체의 문제라는 인식에 입각하여, 정보보안의 확립을 위해 관민간에 정보교환을 추진하는 것도 중요하다. 2000년 3월에 발표된 조사결과(재단법인 일본정보처리개발협회가 격년으로 실시하고 있는 정보보안에 관한 조사)에서는 응답기업 867사 가운데 정보보안 가이드라인을 정하고 있는 기업은 불과 27.9%, 정보보안관리자 또는 담당자가 전임으로 있는 기업은 23.8%에 지나지 않는다.

지금까지 정보시스템안전대책기준 및 컴퓨터 바이러스대책기준, 컴퓨터부정접근대책기준 등 정부측에서 민간으로의 정보제공, 지침 및 기준의 공표가 이루어져 왔다. 그러나 앞으로는 정부측이 민간기업이 갖는 정보 및 노하우를 흡수함으로써 쌍방이 정보교환을 추진하는 것도 필요하다. 이의 일환으로 기업간부 및 지식인이 참가하는 민간의 정보보안회의를 상설기관으로서 설치하고, 민간부문의 정보보안에 대한 조사 및 보안향상책 추진과 함께 정부부문의 추진에 대한 조언을 하는 것도 필요하다.

8. 도형 마크 및 인터넷 마크의 보급촉진

이상에서 살펴본 기술중심의 대책과 사회적 억제책 이외에도 기술을 활용하여 제도적 대책을 강구하는 기술과 사회제도의 혼합책도 생각할 수 있다. 이중 하나가 마크를 이용한 대책이다. 현실사회에는 일본공업규격(JIS)마크 및 에코마크라는 어떤 상품의 품질 및 성능이 일정한 기준을 만족하고 있음을 보증하는 다양한 마크가 존재한다. 이런 마크의 존재가 소비자 및 이용자에게 판단기준 및 안심감을 부여하는 기능을 하여 사회 전체의 안전성 향상에 공헌하고 있다. 인터넷상에도 '아이콘', '보턴', '실' 등 불리는 방법은 다양하지만 인터넷으로 첨부된 마크가 존재하고 있다.

마크에는 회사 및 상품의 로고에서부터 쿠폰, '~대상 수상!'이라는 공표 등 다양한 것이 있지만, 여기서는 이것들을 총칭해서 도형마크라고 부르기로 한다. 이런 도형마크도 현실사회의 마크와 같이 홈페이지 및 홈페이지를 운영하는 기업 등이 일정 기준을 만족하고 있음을 보증하고 이용자의 네트워크에 대한 신뢰성을 높이는 도구로서 사용되고 있다. 이런 도형마크는 눈에 보이는 형태로 표현되기 때문에 이용자가 확인하기 쉬운 장점도 있다.

도형마크를 활용하여 신뢰성을 향상시킨 대표적인 사례는 「개인정보보호 마크」이다. (재)일본정보처리개발협회는 1998년 4월부터 사업자가 스스로 보유하는 개인정보를 보호하기 위한 방침, 조직, 계획, 실시, 감사 및 개선을 포함한 시스템인 「개인정보보호에 관한 프로

[그림 8 - 32] 인터넷 마크

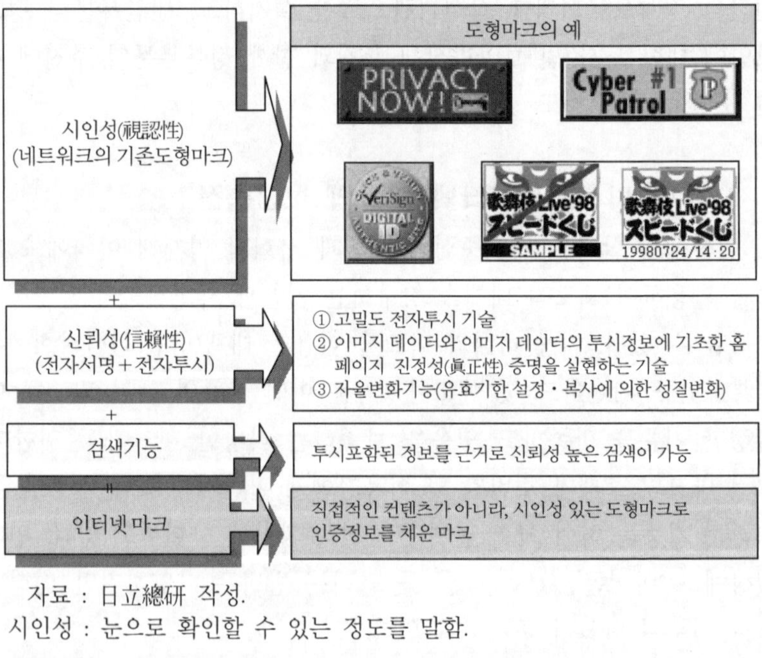

자료 : 日立總研 작성.
* 시인성 : 눈으로 확인할 수 있는 정도를 말함.

그램」을 정하여, 이 프로그램에 기초하여 개인정보를 적절히 취급하는 사업자에게 「개인정보보호 마크」를 부여하고 있다. 또한 (재)일본데이터통신협회도 「개인정보보호등록센터」를 개설하고 1998년 4월 30일부터 적절한 개인정보보호 조치를 취하고 있는 전자통신사업자를 등록하고 등록표시로서 홈페이지에 마크표시를 하도록 하고 있다. 그러나 이런 도형 마크는 인터넷상에서 용이하게 복사할 수 있기 때문에 나쁜 의도를 가진 사람이 이 도형마크를 부정하게 복사해서 자기 홈페이지에 부착하여 소비자를 속일 수도 있다. 이러한 과제를 극복하여 기술적으로 도형마크의 신뢰성을 높이기로 한 것이 인터넷 마크이다. 인터넷 마크는, 기술적으로는 도형마크에 인증으로 사용되는 전자서명과 부정한 화상 복사를 막는 전자투시기능 및 검색기능 등을 조합하는 것이다.

이러한 기술적 특성에 의해 인터넷 마크는 복사가 곤란하다(표 8 - 33). 또한 부정으로 복사된 경우에는 도형이 바뀌기도 하고, 마크의

<표 8 - 33> 기존 기술과 인터넷 마크의 특성 비교

특성 \ 기술	도형마크	전자투시	전자서명	인터넷마크
시인성 눈으로 쉽게 확인가능한가	○	× 채운 내용에 따라 확인불가	× 채운 내용에 따라 확인불가	○
이용가능한 범위 화상 텍스트, 도면 등 여러 가지 컨텐츠에 대해 이용가능한가	○	× 텍스트에는 이용할 수 없음	○	○
기술적 신뢰성 복제 및 위조가 불가능하여, 판단 기준으로서 신뢰할 수 있는가	× 복제가 용이	○	○	○
진정성 확인 위조되지 않았음을 일반 사용자가 간단히 확인할 수 있는가	× 확인수단 없음	△	○	○

자료 : 日立總硏 작성.

유효기한이 끝나면 그것을 표시할 수도 있다. 인터넷상에서 상품 및 서비스의 판매자를 실제 인정해 주는 사업을 일본상공회의소가 2000년 4월부터 시작했는데, 여기서 인터넷 마크가 사용되고 있다. 일본상공회의소는 신청한 사업자를 심사한 후에 「온라인 마크」를 발행하고 홈페이지상에서 업자에게 마크 표시를 요구하도록 하고 있다.

다만, 제3장에서 소개한 미국의 TRUSTe의 예에서도 알 수 있듯이, 네트워크상의 안전성·신뢰성 향상 도구로서 인터넷 마크 등이 제대로 기능하도록 하기 위해서는 이의 존재가 넓게 인지되어 많은 기업 등에 이용되는 동시에 제도 면에서 정부·행정부문의 지원이 중요하다. 그러나 현재, 일본에서는 앞의 (재)일본정보처리개발협회가 행한 「정보보안에 관한 조사」에서도 개인정보보호 마크에 대해 알고 있는 경영자는 20%에 지나지 않는 등 마크종류의 인지도가 높지 않은 상태이다.

따라서 앞으로 이러한 시책을 추진하고 그 인지도를 높이고 보안을 향상시키기 위해서는 정부가 수행해야 할 역할이 크다. 이런 마크의 취득을 기업에 촉구하기도 하고, 예를 들면 개인정보보호 마크를 관계부처의 홈페이지에 게재하여 이런 마크를 이용자가 클릭하면 개인정보와 개인정보보호 마크에 대해 설명한 홈페이지로 연결되는 시스템을 만들 필요가 있다. 또한 국민생활센터가 소비자에게 개인정보보호 마크 및 온라인 마크를 참조하도록 환기시키는 등의 활동도 전개해야 한다. 또한 이런 시스템의 신뢰성을 높이기 위해 부정이 발견된 경우에는 적극적으로 적발할 것도 요구된다. 이렇게 정보보안 확립을 위해서는 민관 쌍방이 협력하여 광범한 시책을 진행할 필요가 있을 것이다.

제11절 성공의 조건 10 : 누구든지 이용할 수 있는 서비스의 제공

최근 인터넷 및 전자상거래가 보급되면서 이를 활용하여 혜택를 받는 층과 인터넷에의 접근 및 정보통신기기를 활용하는 수단을 갖고 있지 않기 때문에 이 혜택을 받지 못하는 층 사이에 새로운 격차, 즉 정보격차(digital divide)가 발생할 우려가 있다. 일본의 인터넷 접속률은 미국의 30%, 스웨덴의 33%에 비교하여 13%(UNA사의 조사)로서 아직 높지 않다. 따라서 아직 일본에서는 앞으로 이와 같은 정보격차의 문제를 심각히 받아들이고 있지 않다. 그러나 앞으로 많은 행정서비스가 인터넷을 통하여 제공된다면, 새롭게 제공되는 서비스를 향유할 수 있는 사람과 소외되는 사람이 생겨나는 것을 피하려는 노력이 필요하다. 고령자 등과 같은 정보약자에게도 공평한 서비스의 제공이 이루어지지 않으면 안 된다.

따라서 정보약자를 배려한 시책을 전자정부 구축과 병행해서 추진해야 하는 것이다. 즉, 일본의 전자정부를 정보격차 예방형으로 추진할 것이 요망되고 있는 것이다(표 8-34).

이를 위해서는 누구나 정보통신기기 및 서비스를 이용할 수 있는 환경을 확보하는 것이 중요하다. 학교, 공민관, 도서관, 병원, 편의점, 우체국 등 어느 장소에서나 행정서비스 단말기를 접할 수 있도록 할 것이 요망된다. 행정서비스 단말기로서 생각되는 것은 컴퓨터 및 키오스크 단말기뿐만이 아니다. 영국에서는 국민에게 잘 맞는 전화 콜센터 및 앞으로 급속한 보급이 예상되고 있는 디지털 텔레비전이 서비스 단말기로서 유력시되고 있듯이, 일본도 실정에 맞추어 이용자에게 익숙한 기기의 활용을 검토할 필요가 있다. 일본에서는 휴대전화기나 게임기로 서비스를 제공하는 것도 유효할 것이다. 또한 기업이 정보통신기기를 공공시설 등에 기부할 때, 그에 대한 세금공제제도를 창설함으로써 민간기업의 협력을 촉진하는 것도 검토해야만 한다.

두 번째로 도서관 및 시민회관 등에서 행정서비스 단말기의 사용방법을 가르치는 무료강좌를 개최하는 등 정보리터러시의 교육을 추진할 필요가 있다. 또한 고령화에 대응하여 간병인의 자격에 정보리터러시의 교육을 추가하는 등 고령자 자신이 이용방법을 체득하지 않는 경우에도 이웃의 사람이 지원하도록 정보리터러시의 시야를 넓히는 것이 요망된다. 또한 기업이 종업원에 대해 기초적 컴퓨터 교육을 실시할 때 그 비용에 대해 세금공제해 주는 제도의 창설 등에 의해, 민간부문에 의한 기초적인 정보리터러시 교육대상의 확대를 지원하는 것도 필요하다.

세 번째로 고령자 및 장애자도 이용 가능한 시스템 구축 및 기기의 개발도 불가결하다. 1999년 3월에 발표된 「행정정보화의 추진에 관한 조사연구회」의 보고서에서는 행정정보화추진에 있어서 유의해야 할 사항으로서 보편적 디자인의 중요성을 들고 있다. 보편적 디자인(universal design)이란 노스캐롤라이나 주립대학의 로날드 노이스교수

<표 8 - 34> 정보격차(digital divide) 예방책 추진

○ 정보약자도 전자정부 서비스를 자유로 이용할 수 있는 환경 확보 • 학교, 공민관, 도서관, 병원, 편의점, 우체국 등에 단말기 설치 • 컴퓨터, 키오스크 단말기 외에 게임기, 휴대전화 등 다양한 단말기 이용 검토 • 학교, 공민관, 도서관, 병원 등에 대하여 기업에서 전자정부서비스 전용의 컴퓨터, 키오스크 단말기 기부에 대한 세공제제도 창설
○ 정보약자에 대한 정보리터러시 교육의 기회제공 • 도서관, 공민관 등에 무료강좌 개최 • 간병인의 자격에 정보리터러시 교육을 포함 • 종업원에 대한 기초적 컴퓨터 교육비용의 세공제제도
○ 보편적 디자인의 추진

자료 : 日立總研 작성.

등이 제창한 개념으로 「최대한 가능한 한 누구나 이용하기 쉬운 디자인」을 의미한다. 1999년의 우정성 조사에 의하면 컴퓨터, 팩스의 이용률은 전세대 중 각각 37.7%, 34.2%이지만, 65세 이상의 고령자가 있는 세대에서는 30.5%, 29.1%로 떨어지므로 고령자가 정보통신기기에 맞지 않는 현실을 알 수 있다. 정보격차의 예방에는 보편적 디자인의 추진은 필수적이다. 보편적 디자인의 개발 및 제품에의 적용 등을 통한 민간기업의 적극적인 공헌이 요구되고 있다.

이상과 같은 추진을 통하여 전자정부가 국민 전체의 복지향상에 도움이 되도록 하는 것이다.

이상에서 제시한 10가지 조건을 착실히 수행해 나감으로써 실로 유효한 전자정부 구축이 가능하다고 생각된다. 다음 장에서는 효율향상, 정보공개, 서비스 향상의 세 개의 목표를 달성하는 세계최고 수준의 전자정부 실현을 위해 일본정부가 우선 추진해야 할 프로젝트의 예를 소개할까 한다.

제9장
전자정부시스템 사례

전자정부 실현의 10개 조건에 입각하여 실제로 어떤 시스템을 구축하면 좋을 것인가. 본 장에서는 전자정부의 구체적인 이미지를 구상할 수 있도록 상정된 몇 개의 사례를 소개한다.

제1절 자율분담형 E-mall에 의한 조달

최근 민간기업 사이에서는 인터넷에 의한 전자조달이 급속히 확대되고 있다. 민간부문에서도 1980년대부터 1990년대 전반에 걸쳐서는 각 기업이 종래의 거래처와의 관계를 유지한 채 독자의 조달시스템 구축에 착수하는 움직임이 주를 이루었다. 그러나 1990년대 후반부터는 인터넷의 보급과 동시에 기업의 조달에도 대변혁이 시작되었다. 대기업이 인터넷을 활용한 조달시스템을 도입하여 거래처의 범위를 확대함으로써 보다 싼 가격에 상품을 제공하는 기업으로부터 필요한 물품을 조달할 수 있게 되어 혁신적인 비용절감을 도모하고 있다.

최근에는 같은 업계 내의 경쟁기업이 인터넷을 활용한 조달시스템을 공동으로 구축하고, 대량 발주를 함으로써 조달비용을 삭감시키고 있다. 예를 들면 2000년 2월 미국의 자동차 산업에 있어서 GM, 포드, 다임 크라이슬러가 인터넷을 통하여 부품 및 소재를 조달하는 홈페이지를 공동으로 개발하여 운영하기로 결정했다. 이런 움직임은 미국 외의 업계에서도 보이는데 미국 전체의 상위 50개사 식품가공기업도 조달의 공동화에 착수하기로 결정했다. 일반소비자도 이미 인터넷을 통해 다양한 쇼핑을 하게 되었다. 인터넷을 통한 쇼핑은 처음에는 책과 CD 등 비교적 가격이 싼 것이 중심이었지만, 최근에는 자동차 구입까지 가능하게 되었다. 인터넷과 관련한 시장조사를 하는 쥬피터 커뮤니케이션즈에 의하면, 1999년 미국에서는 크리스마스를 겨냥한 전략으로 인터넷을 통한 상품 및 서비스 구입이 전년과 대비하여 125% 증가한 70억 달러에 이른다고 한다.

  인터넷을 활용한 전자조달은 E-mall이라고도 불리는 것으로 행정부문에서도 이것을 활용할 수가 있다. E-mall 구축은 우선 행정의 구매담당자와 납품업자를 등록한다. 각 기업에서 상품을 전자 카다로그에 등록하고 구매담당자는 인터넷을 통하여 이 카다로그를 볼 수 있게 된다. 카다로그는 상품군별, 품목별로 나열되어 있어 담당자는 이를 한눈에 볼 수 있고 키워드로 상품을 검색할 수도 있다. 담당자가 전자 카다로그로 비교 검색한 이후 구입할 상품을 결정하면 이 정보가 결재문서로 되어 결재권한이 있는 직위의 사람에게 전송된다. 결재자의 승인이 내려진 시점에서 자동적으로 기업에게 발주정보가 도착하게 되고, 그 이후 대금도 전자적으로 지불한다(그림 9-1).

  공공부문이 앞장서서 조달을 전자상거래로 하는 것은 민간부문을 포함한 일본의 전자상거래 전체의 발전을 가속화시키는 계기가 된다. 또한 효율화의 관점에서 개개의 중앙부처와 지방자치단체가 단독으로 조달시스템을 도입하는 것이 아니라 중앙의 복수 부처에서 혹은 각 지역의 자치단체가 협력하여 공통의 시스템을 구축하는 것도 유

[그림 9 - 1] 전자조달의 흐름

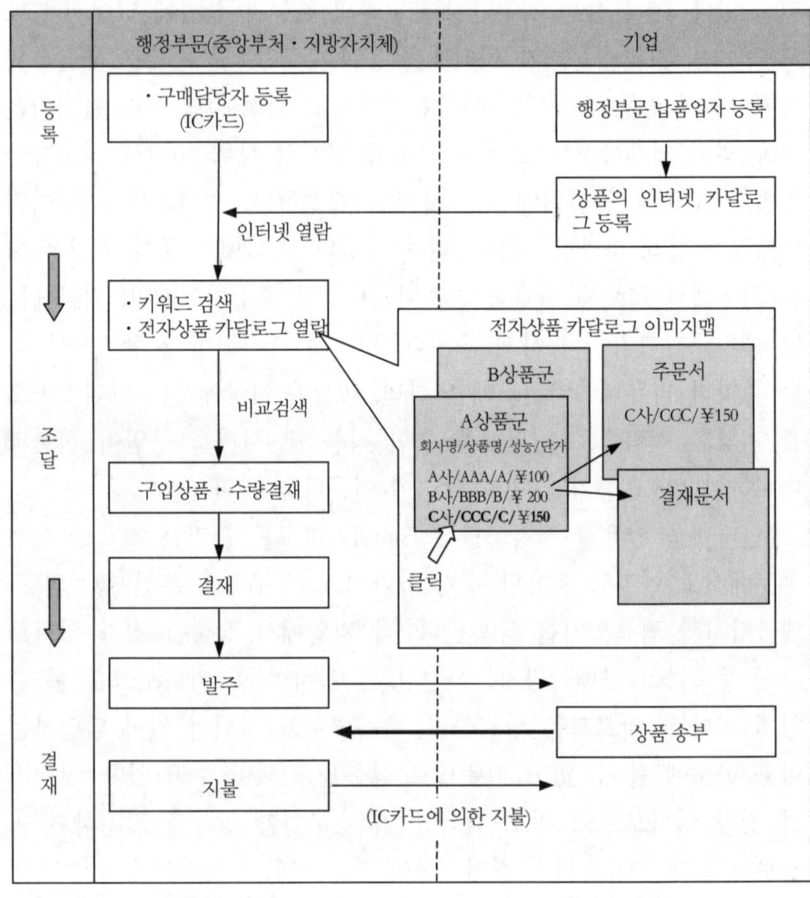

자료 : 日立總硏 작성.

효할 것이다. 미국에서는 연방정부의 조달개선과 아울러 주 정부 수준에서도 E-mall에 의한 조달이 확산되고 있다.

특히 메사추세츠주는 아이다호주, 뉴욕주, 텍사스주, 유타주와 연계하는 등 복수의 주에서 E-mall(Multi State E-mall)의 실증실험을 하여 주의 경계를 초월한 조달창구의 단일화를 추진하고 있다. 2000년에는 메사추세츠 주정부와 주 내의 자치단체가 참가 가능토록 한 E-mall을 본격적으로 가동하고, 몇 년 후에는 여타의 주도 참가가능 하도록 정비할 예정이다. 이를 통해 각 주의 조달창구의 단일화, 카다로그의 전자화, 대량발주 등을 가능하도록 함으로써 조달비용을 삭감하려는 노력을 전개하고 있다.

그렇다면 현재 일본은 어떻게 대응하고 있는가. 중앙부처의 전자조달 착수에 관해서는 건설성이 타 부처보다 앞선 1997년 6월에 실행 프로그램(action program)을 책정하고 공공사업을 중심으로 한 정부조달에 CALS/EC를 활용하여 설계도와 같은 정밀한 데이터 및 기밀성이 높은 자금정보의 교환도 할 수 있게 하였다. 공공사업을 배제한 정부조달의 정보화에 관해서는 정부의 가상관청 구상으로 실행계획이 발표되고 있다. 계획에는 2000년도에 각 부처 인터넷상의 홈페이지에 조달정보를 게재하고, 2001년도에는 전 부처의 조달정보를 일괄하여 게재하는 홈페이지를 개설하였다. 한편, 지방자치단체도 2000년 4월에 지방분권일괄법이 시행됨에 따라 전자조달의 추진이 각각의 자치단체에 위임되고 있지만, 일부의 자치단체를 제외하고는 현재까지 이런 동향이 활발한 정도는 아니다.

앞으로는 지방자치단체에서도 공공사업 이외의 조달에 대해서는 인터넷을 활용한 E-mall을 구축하는 것이 유효할 것이다. 이 경우 지방자치단체가 각각의 독자성을 살릴 수 있는 자율분산형 E-mall로 하는 것이 중요하다. 자율분산형 E-mall이란 중앙부처와 지방자치단체 간 인증 등 공통기반을 정비한 후 각 자치단체가 각각의 문화, 역사, 환경에 입각한 독자성 있는 조달시스템을 구축하는 것이다. 예를 들면, 특정의 현과 이 현 내의 기초자치단체 및 근접하는 복수의 현이 연계하여 자율분산형 E-mall을 구축한다면, 자치단체 독자의 행정 E-mall보다도 발주를 정리하기가 용이하여 구입가격이 인하될 수 있을 것이다. 또한 참가기업의 증가에 의해 복수 조달처의 상품 비교검

색도 용이하게 된다(그림 9-2). 자율분산형 E-mall을 구축하는 데는
지방자치단체간 인터넷 접속이 가능하도록 하는 것이 당면과제이다.
그러나 지방자치단체에 있어서는 개인정보를 중심으로 한 기밀정보
가 네트워크를 통하여 유출될 우려가 있어 「중앙기관 등과의 온라인
결합금지조항」을 설치하고 있는 자치단체가 1999년 4월 현재 525단
체에 이르고 있다.

외부와의 온라인 접속이 가능하지 않으면 인터넷으로도 접속할
수 없어 E-mall의 구축이 이루어질 수 없다. 따라서 자치단체에서는
기밀정보의 보호체제를 확립한 이후 조속히 온라인결합금지조항을
개정하고 인터넷 이용을 시작하도록 할 필요가 있다.

최근 일본경제의 쇠퇴에 의해 지방자치단체의 재정은 궁핍해져 가

[그림 9-2] 자율분산형 E-mall 개념도

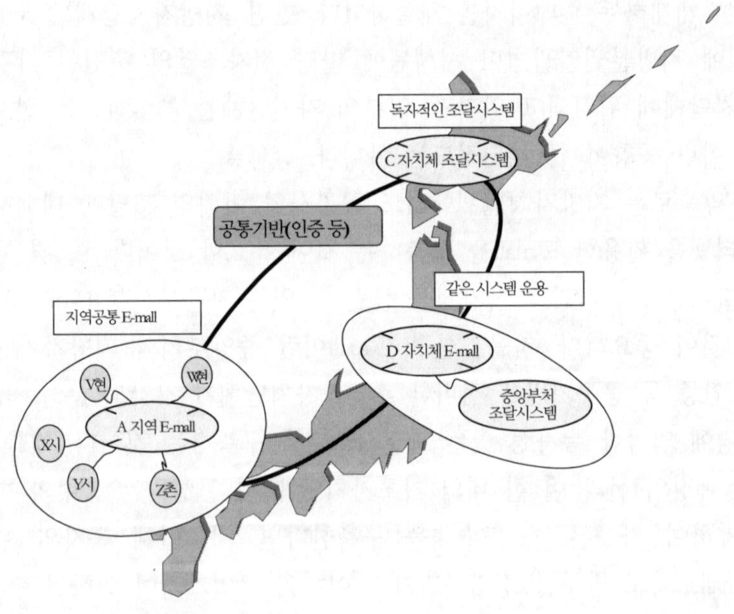

자료 : 日立總硏 작성.

고 있다. 따라서 자율분산형 E-mall을 구축하는 데 있어서는 중앙의 재정조치를 수반한 파일럿 프로젝트를 몇 개의 자치단체가 참가하는 방식으로 시작하고, 이후 잇달아 참가 자치단체수를 증가시키는 방법도 생각해 볼 수 있다. 복수의 자치단체가 협력해서 참가하는 자율분산형 E-mall 구축 예산은 지역종합정비채(地域綜合整備債)로 그 자금을 조달한다. 그러나 경우에 따라서는 보조금 사업으로 하는 방안도 검토해 볼 필요가 있다. 또한 민간기업에 E-mall의 운영을 일괄하여 위탁하는 방안도 검토해 볼 만하다.

제2절 지식산업 지원데이터베이스 구축

지식산업 사회로의 진입을 목표로 하는 국가에 있어서 정보공개는 단순히 국가정보를 공개한다는 것에 더하여 정부가 수집한 거대한 정보를 데이터베이스화하여 지식산업의 지원에 활용한다는 의미도 있다. 미국에서는 미국과학재단(NSF: National Science Foundation)이 차세대 전자정부에 관한 연구개발 프로그램인 「전자정부 프로그램(digital government program)」 중에서 동 재단이 자금제공을 할 가능성이 있는 8가지 분야를 제시하고 있지만, 이 가운데 4분야는 어떤 형태로든 데이터베이스의 고도화와 관련된 것이다. 이러한 사실을 볼 때에도 미국에서는 고도 데이터베이스의 구축이 전자정부 구축에 있어 중요한 위치를 점하고 있음을 알 수 있다(표 9-3).

또한 이런 고도 데이터베이스 구축에는 대학 및 기업, 비영리민간단체 등 민간부문이 관여하고 있는 경우가 많다. 「전자정부 프로그램」의 경우도 실제 연구는 대학 및 연구기관에 자금을 제공하여 실시하고 있다. 「정부향상위원회」(Council for Excellence in Government)는 2000

<표 9-3> NSF의 차세대 전자정부 연구분야

분야	구체적 사례
고도의 정보통합	• 자동컨텐츠 검색 • 재해시 쉽게 정보를 입수하여 효과적으로 이용하는 자동시스템 • 부처·자치체간의 데이터 통합과 데이터 교환을 지원하는 시스템
대용량 데이터 및 3차원(3D)데이터의 입수·관리	• 70개 이상의 부처 통계데이터를 통합한 접근 • 재해시에 필요한 데이터를 선별하기 위한 데이터 목록 • 전자서명을 이용한 데이터 수집시 기밀성 확보
대용량 데이터의 첨단적 분석기법	• 온라인 통계데이터 활용을 위한 데이터마이닝 • 재해관리에 필요한 정보만을 표시하는 기술
전자상거래 관련 기술	• 인터넷 및 키오스크 단말기를 통해 상시서비스를 제공 • 부정상거래, 부정접근을 인지하는 최신기술 • 다른 PKI시스템간 기밀성 확보
시민·고객에 대한 정보서비스	• 키오스크 단말기에 의한 복수의 서비스 제공 • 시민 데이터베이스에의 접근을 가능하게 하는 방법 • 보편적 접근
법규제에 정보기술 적용	• 법적 기록의 보존 • 전자서명 등을 이용한 문서의 인증 • 개인정보보호 • 여론의 수집·분석 등 법 규제 제정과정 지원
대규모 정부개발 프로젝트를 지원하는 소프트웨어	• NASA의 발사 감시 및 제어시스템 • 통계국의 통계정보시스템·서비스 • 사회보험국 데이터베이스 및 재무관리 • 연방관제국 항공관제시스템 • 법무행정을 위한 법적 기록 검색시스템
복수의 부처를 포함한 프로젝트	• 첨단컴퓨터 기반 • 고속네트워크에의 접근 및 어플리케이션 등

자료 : National Science Foundation, *Digital Government*에서 작성.

년 미국과학재단의 자금제공을 받게 된 단체로서, IT와 관련된 각 기업의 출자에 의해 성립된 NPO이다.

「정부향상위원회」에서는 지식산업발전의 기반이 되는 행정부문의 고도데이터베이스를 구축하여 미국 내의 지식인재 데이터베이스 및 노동자가 기존의 산업사회에서 지식사회로 이전하는 것을 지원하기 위해 교육데이터베이스 등을 구축하고 있다.

미국의 첨단적인 데이터베이스의 활용사례로서는 1990년의 국세조사가 주목된다. 국세조사의 데이터베이스에는 1억 이상의 세대와 2,000만 건 이상의 기업데이터베이스가 보존되고 있어 누구라도 인터넷상에서 지역별 인구, 주택, 거주년수, 수입, 인종, 언어, 연령층으로

<표 9 - 4> 미국의 1990년 국세조사 개요

항 목	내 용
수용데이터	1억 이상 세대 2,000만 건 이상 기업
용 량	1.5 테라바이트(tera byte)
내 용	지역별 인구 · 자택 · 거주년수 · 수입 · 인종 · 언어 · 연령층 등의 데이터
특 징	• 데이터 접근 · 소트 · 열람 · 다운로드 · 가공 · 프린트아웃이 인터넷을 통해 무료로 가능 • 검색결과를 지도상에 표시도 가능

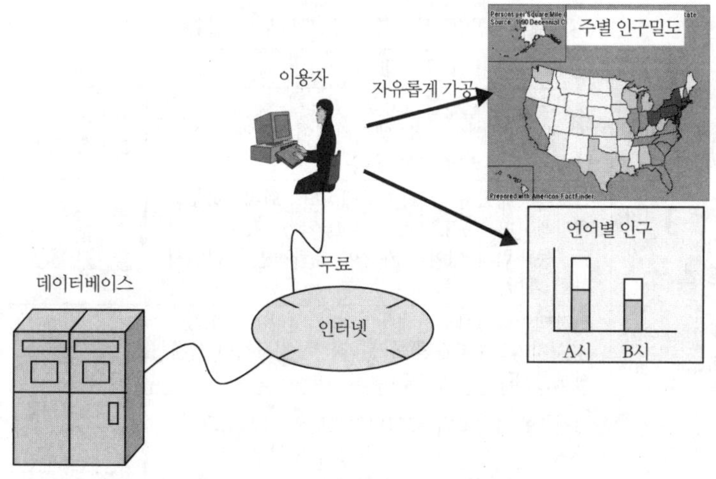

자료 : http://factfinder.census.gov/java-prod/dads.ui.homePage.HomePage 에서 작성.

세분화된 데이터에 무료로 접근할 수 있다. 첨단 데이터마이닝 기술을 이용하여 이용자의 수요에 대응하고 다양한 형태로 존재하는 데이터의 분류, 열람, 다운로드, 가공, 인쇄까지 쉽게 할 수 있다. 검색결과를 지도상에 표시하는 것도 가능하다(표 9-4). 미국에서는 2000년의 국세조사를 거쳐서 2001년 1월부터 단계적으로 1990년의 국세조사와 같은 형태로 이 조사결과를 공개할 예정이다.

데이터베이스 구축에 온 노력을 다하고 있는 것은 미국뿐만이 아니다. EU도 고도 데이터베이스를 구축하여 이 데이터를 지역 내의 민간기업에 널리 활용시키는 것이 21세기에 EU가 경쟁우위를 확보하는 조건이라고 인식하고 있다. 따라서 1998년 지역 내 공통 데이터베이스 구축 프로젝트인「공적부문의 정보활용」(Exploiting Europe's Public Sector Information)에 EU는 총액 868만 ECU(약 13억 엔)의 자금을 제공하고 있다(표 9-5).

일본에서는 지식산업 사회로의 진입을 의식한 전략적인 데이터베

<표 9-5> EU의 공공부문 정보활용 프로젝트

(자금제공을 신청한 프로젝트부터 발췌)

프로젝트	내용	참가국
대기오염과 환경에 미치는 영향평가	대기오염에 관련한 EU의 법규제 및 대기오염에 관련한 데이터의 데이터베이스화와 멀티미디어 기술이용에 의한 응용	오스트리아, 그리스, 독일
해양학 데이터의 가치를 부가한 송신	심도측정데이터, 해안지도데이터, 퇴적·파도·해일데이터, 능표(陵標)·부표(浮標)·표지·라이트·등대위치 데이터 제공에 효과적인 온라인서비스 개발	벨기에, 독일, 스페인, 포르투갈, 프랑스, 영국
쌍방향의 생활 웹맵(Web Map)	건강데이터, 사회경제데이터와 멀티미디어 및 GIS(지리정보시스템)를 포함한 특정도시의 생활정보를 표시	핀란드, 그리스, 영국, 아일랜드
EU 폐기물정보 네트워크	폐기물관리정보의 데이터공통화와 네트워크를 활용한 최선의 폐기물관리방식 노하우 전달	그리스, 영국, 독일, 스페인, 노르웨이, 덴마크

자료 : EU의 Exploiting Europe's Public Sector Information에 의해 日立總硏이 작성.

이스 구축은 진행하고 있지 않은 상황이다. 앞으로 정부는 행정부문이 보유하는 정보의 데이터베이스화와 데이터 활용에 관한 방침을 조속히 명시하고 지식산업지원 데이터베이스의 구축에 착수할 필요가 있다. 지식산업을 지원하는 데이터로는 행정의 각 부문 및 연구기

<표 9-6> 지식산업지원 데이터베이스의 구축을 위해 요구되는 정책

○ 행정부문 보유정보의 데이터베이스화와 데이터활용에 관한 방침표명 (2000년도) ○ 지식산업에의 전환에 필요한 고도데이터베이스 구축(2003년) 　• 민간부문의 수요에 입각한 데이터베이스화 　• 데이터는 원칙적으로 인터넷으로 공개 　• 1차 데이터를 장기보존 ○ 대용량 데이터 처리를 위한 데이터마이닝, 지도정보처리기술의 활용

자료 : 日立總研 작성.

<표 9-7> 지식산업지원 데이터베이스로서 정비가 요망되는 분야

항목	내용
환경정보	지역별: • 대기오염데이터 • 소음데이터 • 지질·수질데이터
지식인재정보	• 고도의 전문능력을 가진 인재를 등록
인재교육정보	• 지식산업에의 인재 이전을 촉구하는 교육정보
의료·후생정보	• 특정지역의 전염병 발생상황
재해·방재정보	• 지진, 삼림화재, 홍수 등의 발생정보 • 하천유역의 침수 시뮬레이션
육해공(陸海空) 교통정보	• 사고의 발생상황과 원인, 대책
법률·판례정보	• 법률, 규제, 명령 • 판례
기상정보	• 지역별 장기예보 • 외국에서 발생하고 있는 이상기상. 재해

자료 : 日立總研 작성.

관마다 축적되고 있는 방대한 정보와 지도 및 동영상 정보 등 고도의 정보도 포함된다. 이런 정보를 데이터베이스화하여 쉽게 추출·분석·가공할 수 있게 하는 것이 중요하다. 지식산업지원 데이터베이스는 민간의 수요에 입각하여 인터넷상에서 공개하고, 분석 및 가공은 이용자의 손으로 할 수 있도록 일차 데이터를 장기적으로 보존할 필요가 있다(표 9-6, 9-7).

데이터마이닝 등의 기술을 활용하면 데이터를 지식노동자가 자유롭게 분석, 가공하는 것이 가능하다. 또한 데이터를 지도에 표시할 수 있도록 한다면 어떨까. 이와 같은 데이터베이스는 기업가가 새롭게 사업을 시작하는 경우 귀중한 정보가 될 것이다.

제3절 요람에서 무덤까지 원스톱·논스톱 서비스 제공

국민 및 기업에 대한 서비스 개선의 일환으로 보다 광범한 서비스를 온라인으로 24시간 365일 논스톱·원스톱 서비스를 실현하려는 시도가 미국, 영국, 싱가폴, 스웨덴 등 전자정부 선진국에서 진행되고

<표 9-8> 신청·신고절차 온라인화 프로젝트(2003년 목표)

부처	내용
과학기술청	원자력 안전규제 등의 절차
대장성	유가증권보고서 등의 제출·회람절차 등
대장성(국세청)	국세의 신고절차 등
통산성	통산산업성 소관 전 법령의 중앙에의 신청·신고절차(약 1,800건)
운수성	운수성 소관 전 법령의 중앙에의 신고·신청절차(약 1,500건)
우정성	우정성 소관법령(전기통신관계 행정분야)의 중앙에의 신청·신고절차(약 300건)

자료 : 정부발표자료에서 日立總研 작성.

있다. 미국 내에서도 선행지역인 로스엔젤레스에서는 이미 80%의 행정서비스가 온라인으로 제공되고 있다.

　일본에서도 현재 밀레니엄 프로젝트 중 <표 9-8>과 같은 수속 절차를 인터넷으로 하도록 하는 선도적 프로젝트가 진행되고 있다. 이러한 각 프로젝트는 2003년에 시스템 운용을 개시할 예정으로 되어 있어 국민 및 기업의 편리성 향상에 도움이 될 것으로 생각된다. 앞으로도 장기적인 시점에서, 예를 들면 국민 및 기업이 보다 사용하기 쉬운 형태로 서비스를 이용할 수 있는 행정서비스 포탈사이트를 설치할 필요가 있다.

　행정서비스 포털사이트의 설치에 의해 이용자인 국민과 기업은 각 부처 및 부문마다 알려져 있는 홈페이지를 개별로 방문하지 않고 한 개의 포탈(portal, 정문) 사이트를 경유하여 원하는 정보에 접근하기도 하고, 필요한 서비스를 받을 수 있게도 된다(그림 9-9). 또한 장래

[그림 9-9] 포탈사이트 이미지

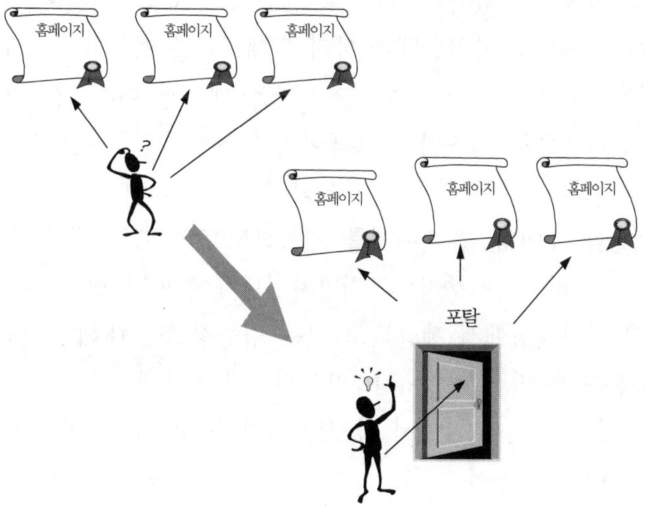

자료 : 日立總研 작성.

에는 국민의 개별 수요에 입각한 개인용 포탈사이트를 제공하는 것
도 가능할 것이다. 민간에서는 맞춤서비스(personal service)가 이미 확대
되어 있어 이런 노하우를 활용하는 것도 가능하다.

행정서비스를 온라인화 한다는 것은, 최종적으로는 국민의 출생
에서부터 사망까지, 기업의 설립에서 청산까지에 걸쳐 필요로 하는
절차와 정보 전체를 인터넷상에서 그리고 창구나 시간과 관계없이
24시간 논스톱으로 제공하는 것을 목표로 해야만 할 것이다. 그러나
이것을 한꺼번에 실현하는 데는 곤란한 면이 있으므로 단계적으로
정비해 가는 것이 현실적이다. 이 단계를 구체적으로 생각해 보자.

1. 1단계, 홈페이지 개설

각 부처 및 지방자치단체가 홈페이지를 개설하여 행정정보를 게
재하기도 하고 행정서비스를 제공하는 분위기가 확대되는 가운데,
홈페이지에 게재되고 있는 정보의 양, 갱신속도 및 서비스의 질은 대
폭 향상되고 있다. 그러나 중앙·지방을 포함한 모든 행정부문이 홈
페이지를 개설하고 있지는 않다. 특히 일본의 지방자치단체는 1999년
4월 현재 약 30%의 자치단체가 아직 홈페이지를 개설하지 않고 있다.

우선은 전술한 온라인결합금지조항을 개정한 이후, 전 지방자치
단체는 인터넷으로 접속하는 홈페이지를 개설하는 것에서부터 시작
할 필요가 있다. 이런 가운데 방화벽 등에 의해 보안대책을 세우는
것은 당연할 것이다. 홈페이지를 개설하고 있어도 게재하는 정보의
양 및 서비스의 질은 부처 및 지방자치단체에 따라 크게 다르다.

현재 인터넷상에서 제공되고 있는 행정정보에 대해 미국과 일본
을 비교해 보면, 미국에서는 정부 및 의회의 정보에서부터 국세조사에
이르기까지 다방면에 걸쳐서 상세한 정보가 게재되고 있다(표 9-10).

행정서비스 면에서 미국, 스웨덴, 싱가폴을 보면, 일본보다 앞서
이미 다양한 행정서비스가 인터넷으로 제공되고 있다(표 9-11). 예를

들면 신고서류의 다운로드 및 인터넷상에서 세금, 사회보험의 검산 등도 가능하도록 되어 있다. 일본에서 이런 전자정부 선진국과 같은 수준 또는 그 이상의 정보 및 서비스 제공을 목표로 홈페이지를 확충하는 것은 중요하다.

<표 9 - 10> 미국정부의 정보공개에 관한 대응

정부부처	무료로 공개하는 정보	일본의 현황
Whitehouse	대통령 연설, 기자회견 등	• 수상의 주요 발언만 공개
Department of Commerce(Doc)		—
Bureau of Census	국세통계 데이터	• 국세통계 데이터는 공표되고 있지만, 미국만큼 세화된 정보는 공개되지 않음
Dpartment of Defense(DoD)		—
Directorate for Information Operations and Reports	국방부 관련 직원의 인원통계, 국방부납품업자 리스트 및 납품금액, 국방부 조달매뉴얼 등	• 같은 형태의 정보는 공개되고 있지만, 미국만큼 세분화된 정보는 공개되지 않음
Department of Transportaion(DoT)		—
Bureau of Transportation Statistics	주마다의 여행통계, 항공회사에 관한 통계, 지리정보	• 홈페이지에 게재 안 됨
Federal Aviation Administration	항공사고 발생보고, 항공안전 정보 등	• 홈페이지에 게재 안 됨
Congress	회의에 제출되고 있는 법안, 심의상황, 가결된 법률	• 법안 심의상황은 게재 • 가결된 법률은 게시되고 있지만 최신정보는 게재 안 됨

자료 : 각부처 홈페이지 등에서 작성.

<표 9 - 11> 행정서비스의 온라인화 현황 비교

		미국	스웨덴	싱가포르	일본
세무	신고서류 다운로드	○	○	○	○
사회보장	사회보험 계산	○	×	○	미정
	서류 다운로드	○	○	○	미정
여행	여권신청서류 다운로드	○	×	○	미정

자료 : 각국 정부자료에서 日立總研 작성.

2. 2단계, 쌍방향 커뮤니케이션 개시

다음 단계는 쌍방향 커뮤니케이션을 개시하는 것이다. 이 단계에서는 기밀성이 그다지 높지 않은 내용, 예를 들면 행정부문에 대한 문의와 이에 대한 회답, 중앙부처에서 실시하고 있는 정책에 대한 의견을 모으는 여론조사, 간편한 앙케이트 및 전자게시판을 활용한 주민간의 토론 등을 생각할 수 있다. 물론, 이런 커뮤니케이션도 인터넷 이용자가 많아지게 됨에 따라 문의 및 의견을 나누기도 하고, 분류 및 분석하는 기술이 필요할 것이다.

3. 3단계, 게재정보량 및 서비스의 질 향상(품질기준의 확립)

행정부문이 인터넷으로 제공하는 정보 및 서비스를 이용자의 관점에서 보다 이용하기 쉽도록 개선하는 것이 이 단계에서 중요한 과제이다. 네덜란드에서는 2002년까지 정부가 포탈사이트를 구축하도록 되어 있지만, 이것을 맡고 있는 내무부는 포탈사이트를 설치할 목적 등을 명확히 하기 위해 포지션 페이퍼(position paper)를 편집했다. 이 포지션 페이퍼에는 이용자의 관점에서 사용하기 쉬운 홈페이지란 무엇인가를 정의하고, 이런 홈페이지를 구축하도록 행정부문에 촉구하고 있다(표 9-12).

<표 9-12> 네덜란드 정부에서 정의하는 「사용하기 쉬운 웹사이트」

- 행정의 입장이 아닌, 이용자의 사정에 맞춘 체계: 이용자에 따라 이용하기 쉬운 것에 초점을 맞춘 사이트를 구성
- 통합된 수단을 사용한 정보·서비스 제공
- 적극적이고도 신속한 대응: 행정부문은 이용자가 요구하는 정보를 정확히 제공하는 것뿐만 아니라 요구의 유무와 상관없이 관련정보도 제공
- 가능한 한 많은 정보·서비스를 인터넷으로 제공
- 민주적인 정보제공 및 이용자와의 정보교환을 실현

자료 : Eun Loket op het Internet에서 日立總硏 작성.

　스웨덴 정부는 홈페이지에 항상 최신의 상세한 행정정보를 게재하는 것을 목표로 하고 있다. 정부의 공개정보가 빠르게 갱신되어 보기 쉬운 형태로 제공되고 있는가를 확인하기 위해 홈페이지의 품질기준을 세우고, 기준을 만족한 홈페이지에 품질보증사인을 첨부하여 인정하는 것은 제5장에서 설명한 간부위원회가 결정하고 있다(표 9-13).

　일본에서도 행정부문의 홈페이지를 통하여 정보 및 서비스를 충실히 제공하도록 하려면 네덜란드 및 스웨덴의 예를 참고할 필요가 있다. 전자정부총괄추진본부가 꼭 게재해야 하는 정보, 홈페이지 갱신 빈도, 갱신날짜의 표시, 담당부서와 연락처의 명시, 보기 쉬운 레이아웃 구성, 검색엔진의 설치, 알기 쉬운 링크, 톱페이지에 개인정보보호 정책의 표시, 문서의 변경에 대한 보안조치 실시에서부터 일정한 품질기준을 세워 기준을 만족한 홈페이지에 대해 품질보증마크를 발행하는 것도 유효할 것이다. 이런 마크를 톱페이지에서 확인할 수 있으면, 국민에게 있어서는 홈페이지를 다양한 관점에서 보아 품질기준에 이르고 있는지를 분별할 수 있는 장점이 있다(그림 9-14).

<표 9-13> 스웨덴의 사이트 품질보증에 대한 대응

항목	내용
대상	중앙정부 및 지방정부의 각 기관 홈페이지
품질보증 승인자	행정간부위원회(Toppledarforum: 재무부장관이 위원장이 되며, 각 부처의 간부로 구성되는 위원회)
품질기준	• 사이트가 갱신된 날짜 표시 • 링크 및 표시정보가 체계적이고 정기적으로 점검되고 있는가 • 각 홈페이지는 보기 쉽게 로고 또는 심벌마크를 표시 • 게시되고 있는 정보에 대해 책임자가 명시되고 클릭하면 E-메일이 송부될 수 있는 구조가 되고 있는가
기준도달 증명	기준을 도달한 정부기관에는 홈페이지상 품질보증사이트 게시를 허용함

자료 : Toppledarforum 홈페이지에서 日立總研 작성.

[그림 9-14] 품질보증 마크의 이미지

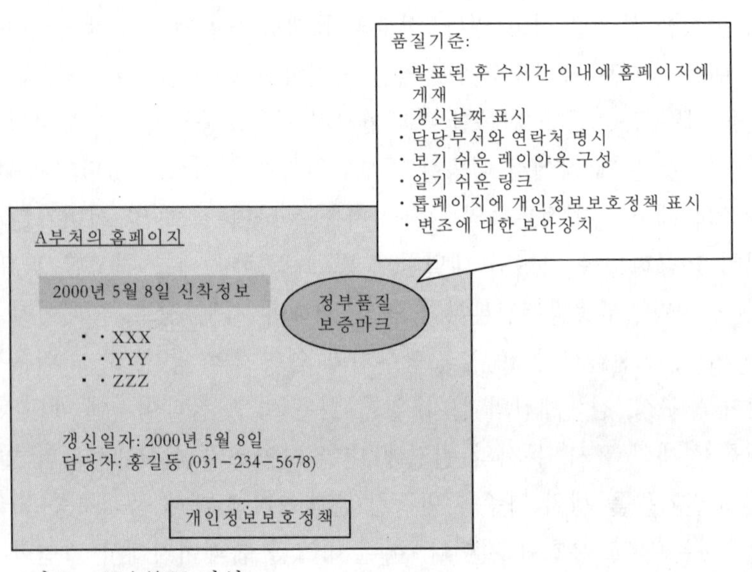

자료 : 日立總研 작성.

4. 4단계, 원스톱·논스톱화

당연한 것이지만, 국민 및 기업에 있어서 가장 중요한 것은 정보와 서비스일 뿐 이것을 어떤 부서가 담당하게 할 것인가의 문제는 중요치 않다. 따라서 전체 부처의 홈페이지 및 지방자치단체 홈페이지를 하나의 홈페이지로 단순히 정리하는 것도 중요하지만, 다음 단계에서는 이용자가 정보를 작성한 부처를 의식하지 않고 이용할 수 있도록 할 것이 요망된다. 제3장에서 소개한 대로, 미국에서는 포탈사이트에서 서비스의 내용을 클릭하는 것만으로도 연방정부가 제공하는 서비스에 접근할 수 있다.

핀란드 및 싱가폴에 있어서도 같은 시도가 행해지고 있다. 핀란드에서는 이용자가 포탈사이트에 접근하면 모든 행정서비스가, 예를 들면 어린이, 청소년, 노동자 등 넓은 연령층 각각으로 분류되어 있어 이용자는 대상연령층을 클릭하여 자기가 받을 수 있는 행정서비스의 내용을 알고, 신고 및 신청서류를 다운로드받을 수 있다.

현재는 실행단계에 있기 때문에 신청서류의 다운로드 서비스까지 가능하지만, 앞으로 인증기술과 제도가 확립되면 이 홈페이지에서 모든 행정서비스를 받을 수 있게 된다. 싱가폴 정부의 홈페이지에서도 정부발표자료, 정부간부의 기자회견 문답, 정부의 장학금접수, 경제통계 등 다방면에 걸친 행정서비스 공개정보가 분야마다 알기 쉽게 정리되어 한 개의 홈페이지 내에 표시되고 있다(그림 9-15).

일본에서는 중앙부처가 제공하는 자료에 대해서는 문서를 일괄 검색할 수 있는 기능을 가진 포탈사이트 운용이 이제 막 시작되었다.

[그림 9-15] 싱가포르 정부의 포탈사이트

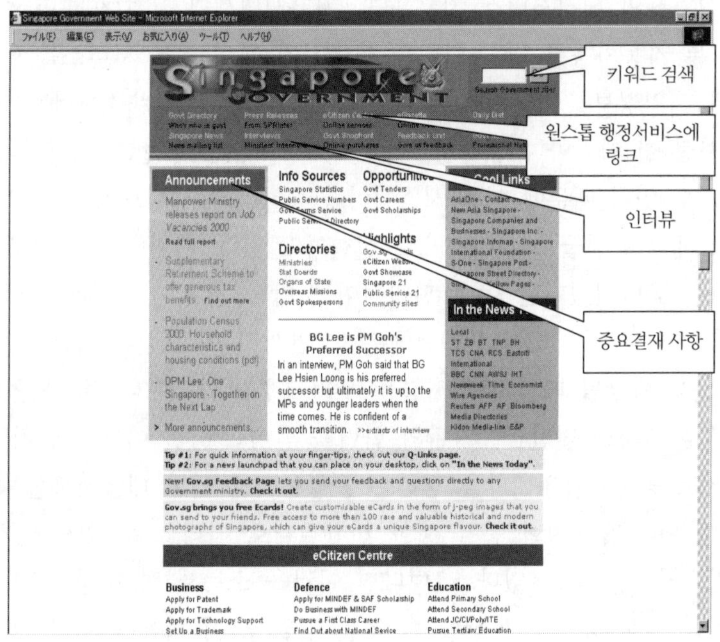

자료 : http://www.gov.sg.

앞으로는 행정서비스에 초점을 맞춘 포탈사이트를 구축하여 이용자가 중앙부처와 지방자치단체 등 정보 및 서비스의 제공 주체를 인식하지 않고, 이 포탈사이트를 방문하는 것만으로도 필요한 행정서비스를 받을 수 있도록 할 것이 기대된다. 게다가 24시간, 365일 논스톱 이용이 실현되면, 이용자의 편리성은 비약적으로 높아진다.

5. 5단계, 신고 및 신청 절차접수

주민과 기업은 신고 및 신청 등의 절차가 보다 간편하게 되는 것만으로도 큰 이익을 받는다. 따라서 다음의 단계에서는 이런 절차를 온라인화하는 것이다. 이런 절차의 온라인화에는 전자문서의 원본성 확보 및 신청자의 인증, 수수료 납부방법의 확립 등이 실현의 전제조건이다.

싱가폴의 행정서비스 전문포탈 「전자시민센터」(eCITIZEN CENTER)에서는 자동차등록 및 공단주택 입주신청 등의 일부 서비스를 이 포탈에 개인정보를 입력함으로써 이용할 수 있다. 싱가폴에서는 국민 한 사람 한 사람마다 등록번호가 할당되어 있어 이 번호로 개인을 확인할 수 있기 때문에 이런 시스템이 가능하다. 네덜란드에서도 1996년부터 세금의 환급을 전자적으로 실현하고 있다. 서비스 개시 당시 이용자는 40만이었지만 이의 편리성이 사람들 간에 이해됨에 따라 이용자는 날로 증가하여 1999년에는 120만까지 이르렀다. 또한 신청에서 실제 환급될 때까지의 시간은 무려 5개월 가량이나 단축되었다.

일본에서도 민간금융기관의 협력을 얻어 2001년 여름부터 지방세의 8할, 공공요금의 2할을 점하는 불입용지에 의한 대금지불을 전화 및 컴퓨터, 휴대전화 등을 통한 전자결재로 처리할 수 있도록 하는 서비스가 시작되고 있다. 그렇다면 이것을 소득세 및 행정서비스 수수료의 지불 등에도 확장할 수 없는 것일까. 이 외에 전체의 절차를 리스트업하고 주민 및 기업의 수요도를 조사하여 장애가 적은 것부터

<표 9-16> 서비스·온라인화 후보

	정보·서류취득 ⟹	신청 ⟹	지불
사회보험	사회보험 계산 신청서류 취득	사회보험 신청	사회보험 급부
주소변경 절차	서류취득	신청서 제출 서류교부	−
인감증명	서류취득	신청서 제출 증명서 교부	−
공립학교 절차	입학서류 등 취득	입학 등 신청	수업료 등 지불
출생신고	서류취득	신고	−
구인·구직정보	서류취득	구인·구직공고 게시	−

점차 온라인으로 접수하도록 하는 것이 기대된다(표 9-16). 예를 들면 주소변경 신고만으로도 공공요금 및 우편, 자동차면허의 변경절차까지 일괄하여 처리할 수 있다면 이용자의 편리성은 더욱 향상될 것이다.

6. 6단계, 퍼스널 서비스

민간부문에서는 이미 인터넷으로 이용자 한 사람 한 사람의 수요에 따른 맞춤 서비스(personal service)의 제공이 시작되고 있다. 검색엔진 운영업자 및 인터넷상의 소매업자 중에는 개인의 수요에 따라 홈페이지를 편집가능하도록 하여 서비스를 제공하고 있는 기업도 있다. 또한 미리 등록한 개인의 수요에 따라 필요하다고 생각되는 정보를 E-메일로 송신하는 서비스도 확대하고 있다. 민간에서는 고객관리(CRM: Customer Relationship Management)의 노하우가 축적되어 일 대 일 서비스의 실현에 다가서고 있다. 이런 민간의 경험 및 노하우를 행정 서비스에 도입하는 것도 가능할 것이다.

이제 머지 않아 행정부문도 한 사람 한 사람의 수요에 입각한 맞춤포탈서비스 실현을 목표로 하게 될 것이다. 개인이 등록한 분야의 정보, 자동차 면허 및 여권의 갱신 등 개인마다 유효기한이 설정되어 있는 행정절차의 통지, 입학 및 연금의 수령 등 각 연령에 따라 필요한 행정절차의 통지를 E-메일로 송신하는 제도도 검토할 수 있을 것이다.

이상의 6개 단계를 경유하여 요람에서 무덤까지 논스톱·원스톱 서비스 제공을 실현하도록 관련문의 및 신청에 대해 신속히 대응하는 행정 구조를 구축하고 체제를 정비하는 것도 당연히 필요하다.

7. 200X년의 풍경

한 살짜리 아기를 둔 B씨는 자택의 냉장고를 열려다가 냉장고 문에 붙어 있던 인터넷 화면을 보니, 아기가 예방접종 시기라는 것을 Z(市)의 보건과에서 보내온 E-메일로 알게 된다. 곧바로 근처 병원의 홈페이지에 접속하여 예방접종을 예약한다. 어떤 절차라도 수 분 정도밖에 걸리지 않는다. 이런 풍경이 21세기 초두에는 어디에서든 볼 수 있게 될 가능성이 높다. 200X년, A씨의 휴대단말기에 고향인 Y시로부터 자동차면허증의 갱신시기의 도래를 알리는 E-메일이 도착한다. A씨는 첨부되어 온 전자신청서의 기입항목을 입력하고 단말기로 은행의 잔고를 확인한 후 면허갱신 수수료를 지불하는 절차를 밟는 동시에 그 자리에서 휴대단말기 부속 카메라로 상반신 사진을 촬영하여 이 사진을 E-메일로 첨부하여 Y시에 반송한다.

제10장
차세대 전자정부 구축에의 도전

마지막으로 각국이 차세대 전자정부 구축을 위해 검토하고 있는 계획을 살펴보자.

제1절 전자민주주의(digital democracy)의 실현

인터넷의 오픈으로 쌍방향 커뮤니케이션을 가능하게 한다는 특성이 정치의 양상, 민주주의의의 양식을 변경할 수 있는 가능성을 제기한다. 간접민주주의는 구미제국을 중심으로 하여 수백 년의 역사를 갖고 있는 것으로, 유권자는 대의원을 투표에 의해 선출하고 선출된 대의원의 활동을 통해 간접적으로 정치에 참가해 왔다. 현재, 인터넷의 보급률이 높고 인증기술 등 보안기술의 진보에 의해 이런 정치시스템을 크게 변화시키려는 계획이 시작되고 있다. 이것은 한마디로 말하면 보다 직접민주주의적인 정치시스템으로의 전환이다.

이미 정치가와 인터넷을 통한 선거전의 토론, 전자투표, 유권자가 정치가에게 E-메일을 사용한 의견의 제출 등 정보기술을 이용하여 유권자가 정치프로세스에 다양한 방식으로 참가하는 것이 점차 가능하게 되고 있다. 실제 미국에서는 많은 의원이 유권자와 직접 대화하기 위해 홈페이지를 개설하고, 정책에 대해 의견을 모으고 있다. 2000년 대통령 선거를 위해 각 후보자는 선거 캠페인 홈페이지를 열어 자신의 정책과 선거활동을 어필해 왔다. 또한 인터넷을 이용한 지지자와의 대화도 활발히 이루어지고 있다. 공화당 대통령 후보를 목표로 했던 매케인은 뉴햄프셔주의 예비선거에서 불과 1시간 만에 7,000명의 자원봉사자를 모집했다. 또한 후보자의 홈페이지에 접근한 사람들 중 100명 당 1명이 선거자금을 기부한다고 했다. 1960년의 대통령선거에서의 케네디, 닉슨 양후보자의 TV토론의 결과가 선거의 당락을 크게 좌우한 이후 대통령 선거방식이 바뀌었던 것에서도 알 수 있듯이, 2000년은 선거에 있어 인터넷 활용 원년이 되었다. 이제 앞으로는 대통령 선거방식이 크게 바뀌게 될 것이다.

선거제도에 관해서도 앞으로 수년간 선진국에 있어서는 전자투표가 급속히 확대될 것으로 예상된다. 모든 암호기술 및 인증기술을 응용하여 누가 입력했는가 하는 것은 읽는 쪽에서는 알 수 없지만 어느 특정 집단의 구성원이 입력한 것이라는 것 정도는 증명할 수 있다. 이것은 인터넷으로 무기명투표가 가능하다는 것을 의미한다. 현재의 메커니즘으로는 곤란한, 예를 들면 자신의 투표가 틀리지 않게 계산되었는지를 투표자 스스로가 확인하는 것도 가능하게 된다. 투표시간 종료와 거의 동시에 개표결과를 발표할 수도 있게 된다. 2000년 봄에 아리조나주에서 실시된 민주당 대통령후보의 예비선거에서는 인터넷을 통한 전자투표가 실시되어 1,000명의 유권자가 투표에 참가하였다.

일본에서도 일부 의원들이 홈페이지를 개설하기도 하고, 중앙부처가 여론을 인터넷으로 접수하는 등 정치활동에 인터넷을 이용하고 있다. 세계최첨단의 전자정부 실현을 위해, 전자민주주의(digital democracy)를 구현하는 새로운 시도가 요구되고 있는 것이다(표 10-1).

<표 10 - 1> 전자민주주의의 실현을 향한 시책 사례

○ 공시(公示)·고시(告示)에서 투표까지의 프로세스 전자화
 ·전자선거 포스터 게시
 ·전자선거 공보 발행
 ·전자투표 도입

항목	실시목표
팩스/인터넷 등에 의해 원격지에서도 부재자 투표의 실증실험 실시	2001년도
전자투표를 가능하게 하는 공직선거법 개정	2002년도
전자투표의 본격도입	2003년도

○ 국민과 정치의 거리 축소를 위한 시책실시
 ·의원 전원이 E-메일과 홈페이지를 보유하도록 추진
 (전자메일, 전자게시판을 통한 유권자와의 교류)
 ·인터넷 여론조사 실시와 이를 입법과정에 반영

자료 : 日立總硏 작성.

제2절 아시아·디지털 공동체 구상

경제활동의 글로벌화가 급속히 진전되고 있는 오늘날, 차세대의 전자정부는 자국 내에 머무르지 않고 외국 정부와의 협력관계를 구축함으로써 상호이해를 깊게 하고 또한 지역의 평화와 안정에도 이바지할 수 있다. 아시아에 있어서도 싱가폴, 말레이시아 등 일본보다 일찍 전자정부 구축에 대비해 온 국가들이 있다. 중국도 전자정부 구축에 적극적이다. 아시아 제국과의 연계를 깊게 하고, 지역 내에 축적된 각국의 지식과 정보를 상호 유효하게 활용하는 것은 지역경제의 경쟁력을 높이는 것으로 연결된다.

지역의 디지털 공동체 구상이라는 의미에서는 EU가 이를 선행하여 그 구축에 착수하고 있다. EU에서는 언어와 문화적·경제적 배경

<표 10 - 2> eASEAN에서 검토예정인 5분야

> 1. IT관련제품·서비스와 정보화 투자의 규제해제에 관한 각국간의 합의형성
> 2. ASEAN의 IT산업 발전을 촉진하는 공통정책, 법률, 규제환경 정비
> 3. 공통의 표준 채택과 각국의 정보기반의 상호접속 보증
> 4. IT산업 종사자를 육성하는 교육훈련
> 5. 컨텐츠 발전을 촉진하는 파일럿 프로젝트

자료 : Manila Bulletin에서 日立總研이 작성.

<표 10 - 3> 아시아 디지털 공동체 구축

> ○ 일본정부의 ODA(정부개발원조)를 활용한 아시아 각국의 전자정부 구축·전자정부의 기반구축에 이용
> ○ 아시아 지식산업의 데이터베이스화
> ○ 각국의 의료정보·환경정보·기상정보·학술정보의 공유화

자료 : 日立總研 작성.

이 서로 다른 국가들의 경쟁력을 향상시키는 동시에 지역과의 연계를 깊게 하는 마지막 수단이 「e-Europe」이다. 이런 가운데 EU는 민간부문의 정보화뿐만 아니라 정부·행정부문의 정보화에 관해서도 각국간의 데이터 양식의 통일 및 차세대 전자정부 연구라는 분야에 투자를 하고 있다. 이런 EU의 대응은 아시아에 있어서도 참고가 될 것이다.

아시아에서도 APEC 및 ASEAN 등 기존의 지역연합에 있어서 정보기술의 공통과제에 대한 추진이 시작되었다. APEC에서는 각국간에 전자상거래에 관한 법률의 정합성 및 인터넷의 세계에 무엇을 해야 할 것인지, 무엇을 하지 말아야 하는 것인지에 관한 룰의 확립을 목표로 APEC/EC(전자상거래) 라운드테이블이라는 회의가 설립되어 있다. 이 회의에서는 각국 정부고위관리뿐만 아니라 민간기업의 간

부도 참가하여 의논을 하도록 하고 있다. ASEAN은 「e-Europe」이라
는 조직을 결성하여 가맹된 각국의 IT산업발전을 위해 지역으로서 무
엇을 해야 하는지에 대하여 5분야에 걸친 행동계획을 책정하게 되어
있다.(<표 10 - 2, 10 - 3>)

　일본은 APEC 및 ASEAN의 동향에 입각하여 일본의 전자정부 구
축 경험을 장래적으로는 아시아 각국에 적극적으로 제공하는 동시에
정보인프라 및 노하우의 공유화를 도모하는 것이 중요하다.

　전자정부 구축을 계기로 아시아 각국간 지식과 정보의 공유화, 인
재교류를 진행하는 것은 지역의 안정뿐만 아니라 세계에서 가장 성
장력 높은 경제지역에 활력을 불어넣는다는 측면에서도 매우 중요하
다(그림 10 - 4).

　이제 일본 정부는 예전처럼 댐건설 및 도로항만 정비에 관한 프
로젝트뿐만 아니라 정보통신 인프라도 ODA로 하는 것을 결정하였
지만, 이와 더불어 아시아 각국의 전자정부 기반 구축에 ODA를 전

[그림 10 - 4] 아시아 디지털 공동체 구상 개념도

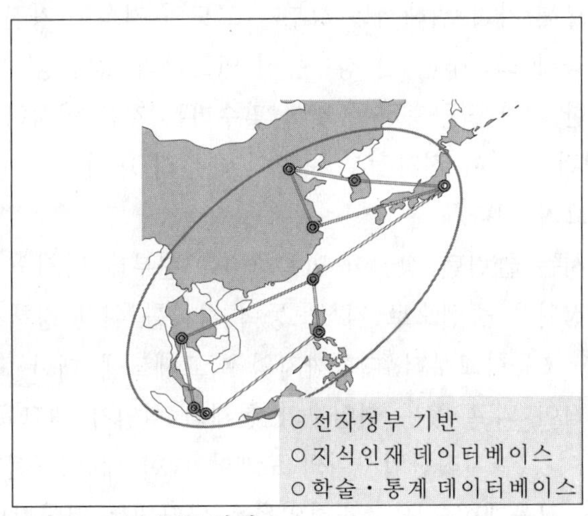

자료 : 日立總研 작성.

략적으로 활용하는 것이 요구된다. 전자정부의 기반으로서는 컴퓨터 및 통신기기에 관련한 하드웨어뿐만 아니라 정부공개키 인증기반(GPKI) 등 전자정부를 지원하는 기반 소프트웨어의 기술에 대한 ODA 할당도 검토할 필요가 있다.

또한 전자정부 프로젝트의 일환으로서 아시아에 초점을 맞춘 연구자의 전문능력 등을 데이터베이스화한 아시아 지식인재데이터베이스의 구축, 각국의 의료정보 및 환경정보·기상정보·학술정보 등을 공유화하는 것도 지식산업사회에 있어서 지역의 경쟁력 향상에 유효할 것이다.

제3절 교육개혁

지식인재를 육성하기 위한 교육개혁에 대해서도 국제적으로 관심이 높아지고 있다. 이것은 각국에 있어서 앞으로 지식산업사회로의 전환을 도모해 가기 위해서는 정부가 고도의 지식을 가진 인재를 창출하는 교육제도의 구축 및 정보통신 인프라의 정비 등 지식산업 육성에 필요한 기반을 구축하는 것이 필수라는 것을 인식하고 있기 때문이다. 이런 추진이 전자정부 구축의 테두리 내에서 진행되는 것을 주목할 필요가 있다.

미국에서는 클린턴 정권이 발족한 1993년부터 당시의 로버트 라이슈 노동장관을 중심으로 지식노동력 강화를 위한 정책을 취해 왔다. 이것은 초등학교부터 대학까지의 학교제도에 대한 교육개혁과, 이미 노동력이 되고 있는 취업자와 현재의 실업자 재교육도 포함한 것이었다. 이것은 지식산업사회의 도래에 대한 대응을 선진국에서는 무엇보다도 교육개혁으로 추진하였음을 나타내는 것이기도 하다.

현재 영국에 있어서도 블레어 총리하에서 교육제도의 대개혁이 이루어지고 있다. 지식산업사회에 있어서의 영국의 운명은 교육개혁의 성패 여부에 달려 있다는 확신하에 진행되고 있는 것이다. 노동당 정권하에서의 개혁이라고는 하지만, 영국에서의 교육개혁은 개선이 보이지 않는 학교에 대해서는 폐지할 것도 포함하는 제재조치의 실시, 교사의 채용기준도 엄격히 하는 동시에 부여된 임무를 감당하지 못하는 교사에게는 공개된 기준에 따라 사직을 요구하는 등 매우 과감한 것이다.

APEC, G8 등의 회의에서도 지식인재 육성을 위해 교육제도의 정비가 의제가 되어, 정보기술활용에 의한 교육의 정보화와 생애학습이 주요 개혁의 대상으로 제기되고 있다(표 10-5). 또한 EU에서는 기존 교육지원 프로그램의 개선 및 EU 전체에서 교육정보의 데이터베이스화를 진행하는 프로젝트, 정보기술을 활용한 우수한 교육시스템에의 인정마크 부여제도 등이 진행되고 있다.

이런 가운데 개별 대학 수준에서도 구미, 아시아의 유명 대학들도

<표 10-5> 교육정보화의 국제적 대응

지역	내용
EU	• 2000년 3월부터 e학습(e-Learning) 계획 전개 • 지식인재의 육성을 목적으로, 전 유럽 교육지원프로그램을 개혁
APEC	• 2000년 4월 제2회 APEC 교육장관회의를 싱가폴에서 개최 • 약 200명의 교육장관과 관계관료가 출석 • 21세기 계속적 학습사회를 위한 교육(Education for Learning Societies in the 21st century)이 테마 • 정보기술을 이용한 교육개혁 등을 주요 의제로 하여 검토
G8	• 2000년 3월 초 선진 8개국 교육부장관 의회를 일본에서 개최 • 「변화하는 사회의 교육」, 「인류의 공생·지성의 시대를 향한 교육」이 테마 • 생애학습과 원격교육, 교육혁신과 정보통신기술 등에 대해 의논

자료 : 각종 자료로부터 日立總研이 작성.

더욱 질 높은 교육과 효율적인 대학운영을 목표로 한 혁신적인 시도를 하고 있다. 예를 들어, 미국의 MIT는 산학협동으로 정보기술을 활용한 장래의 교육모델 구축을 목표로 실험프로젝트를 전개하고 있다. 또한 싱가폴 대학과 영국의 캠브리지 대학 등 해외의 유명 대학과 차세대 인터넷 및 위성을 사용한 합동교육프로그램을 추진하고 있다 (표 10-6).

특히, 싱가폴 대학과의 합동석사 프로그램은 이미 학위를 수여하는 정식프로그램으로서 자리잡고 있다. 이는 싱가폴 측에서는 미국의 선진적인 지식을 익힌 인재육성이라는 관점에서, 미국 측은 아시아에서의 비즈니스 백그라운드를 가진 인재육성이라는 관점에서 높게 평가되고 있다. 일본의 경우 출산율이 저하되고 있는 현실에서 지식노동력을 어떻게 확보해 갈 것인지는 다른 선진국 이상으로 중요한 과제이다. 현재 일본 국립대학의 독립행정법인화가 화제로 되고 있지만, 앞으로 살아 남은 대학 간에도 치열한 경쟁이 전개될 것이다. 또한 해외 유학생의 증가에 더하여 원격교육에 의한 교육프로그램 송신으로 거주지에 관계없이 각국의 교육을 받을 기회가 증대하여 국제교육 시장도 출현할 가능성이 있다. 교육개혁국민회의의 발

<표 10-6> 미국 MIT 대학 개혁

산학협동의 선진교육 모델연구	I-캠퍼스 프로젝트	1999년	• 산학협동으로 5~10년 앞선 교육모델의 구축을 목표로 실험프로젝트를 전개
글로벌 공동교육 프로그램	싱가폴 대학	1998년	• 합동석사 프로그램 전개 • 차세대 인터넷 및 위성을 사용
	영국 캠브리지 대학	1999년	• 합동교육 프로그램 설립준비 개시 • 원격교육에 의해 MIT의 관리교육 노하우 이전
첨단기술 연구소의 해외전개	아일랜드 구주(歐洲)미디어 실험실	1999년	• 설립준비 개시 • 구주 최첨단 IT연구자의 활용 • 구주 기술동향 파악

자료 : MIT 홍보자료에서 작성.

족 및 인터넷으로의 단독취득인가 등 정부도 이런 흐름에의 대응을 리드해 가려는 방향으로 가닥을 잡고 있지만, 지식인재 육성기반 강화의 관점에서 보다 향상된 새로운 지원책을 전개해 나갈 때인 것이다. 선도적 모델로서 네트워크상에서 학점취득이 가능한 국립 전자대학(digital university)의 창설도 검토할 만하다(표 10-7). 해외에서는 모두 원격교육에 의해 졸업자격을 취득하는 것이 가능한 지역도 있다. 이런 지역의 대학과 프로젝트를 체결, 실제 대학에 통학하는 것이 아니라 자택에서도 고등교육을 받을 수 있는 기회를 제공하는 것도 가능할 것이다.

또한 앞으로는 국경을 초월한 교육이 확대될 것이다. 이를 위해 지식인재 육성에 유효한 우수한 교육시스템의 정비를 목표로 국제적인 협력이 필요할 것으로 생각되지만, 이의 제1단계로서 아시아 지역에서의 추진을 일본이 주도해 가는 것도 중요하다. 아시아 지역에서의 지식 및 교육을 공통의 재산으로 활용하기 위해서는 원격교육의 공통플랫폼의 방향성을 검토하여 교육관련 정보를 공통데이터베이스화하고, 교육의 질 확보를 위한 공통의 원격교육평가제도 및 우수한 원격교육시스템에 대한 인정제도의 확립 등을 통해 협력해 갈 것이 기대된다.

<표 10-7> 전자대학 지원책의 예

○ 국립 전자대학 창설
 · 네트워크상에서의 학위 취득 인정
 · 해외 유력대학과의 연계
○ 아시아 공통교육 기반의 정비
 · 원격교육을 위한 공통 플랫폼 방향성 검토
 · 아시아 공통교육 데이터베이스 정비
 · 공통의 원격교육평가제도 확립
 · 우수한 원격교육시스템에 대한 인정제도(認定制度) 확립

 자료 : 日立總研에서 작성.

맺는말 : 전자정부 구축을 통한 행정혁명을 지향하여

미국에서는 인터넷의 보급이 가속화되기 시작한 1995년을 기점으로 하여 그 이전을 BI(Before Internet), 이후를 AI(After Internet)라 부르고 있다. BC(기원전), AD(기원 후)에 비유하여 그 전후의 역사적 차이를 인식하고 있기 때문이다. AI시대에 들어서면서 미국에 국한하지 않고 전자정부의 구축은 세계적인 추세로 가속되고 있다.

인터넷에 대한 대응이 미국에 비하여 늦은 일본은 21세기에 들어서면서 고령화의 진전, 인구의 감소, 환경문제의 심각화 등 다양하고도 다기한 문제에 직면하고 있다. 이러한 문제에 어떻게 대응해 나가느냐는 앞으로 일본이라는 나라의 흥망을 가늠하는 분기점이 된다. 따라서 우리는 정부와 민간을 가릴 것 없이 먼저 지난날의 성장신화에 대한 미련과 낡은 가치관을 버리는 작업부터 시작해야 한다. 그리고 나서 이러한 어려운 문제들에 대응하는 방안을 정부나 행정기관에만 맡겨두지 말고 민간도 일정한 역할을 분담하여 관민간에 새로운 긴장관계를 구축할 필요가 있다.

제2차 대전 이후 일본은 한정된 자원을 특정한 분야에 집중적으로 투입하여 전례가 없는 성장을 실현해 왔다. 그리고 그 과실을 '능력에 따라 부담하고, 필요에 따라 취하는' 소위 복지국가를 테마로 충실히 배분해 왔다. 그리고 이러한 과정에서 효율적인 역할을 수행해 온 것이 일본의 정책결정이 집중되어 있는 가세미가세키를 중심으로 한 의사결정시스템이었다. 이러한 사회시스템은 성장의 시대에는 유효하게 기능을 수행해 왔다. 그러나 이제 그 종결과 더불어 이러한 기구의 한계와 경직화의 폐해가 현저히 나타나고 있다. 거품경제 붕괴 이후 정책적 대응의 지연은 이러한 한계를 명백히 나타내고 있는 것이다.

정부 및 이를 구성하고 있는 관료기구는 말할 것도 없이 전능한 기획자가 아니다. 따라서 시장 또는 시장을 구성하는 하나의 주체일 뿐이라는 인식에 입각하여 정부를 보다 효율적이고 질 높은 서비스를 제공하는 경제주체로 거듭나게 하기 위한 시스템을 확립해 나갈 필요가 있다. 이를 위해서는 본서에서 지적하였듯이 몇 가지의 방법이 있다. 예컨대, 정부가 시장메커니즘을 활용하는 것은 보다 저렴한 비용으로 정책을 실행해 나가는 유효한 수단이다. 또한 정부의 의사결정 과정에 기업과 시민, 즉 민간의 참여기회를 확대해 나가는 것은 정책의 다양한 선택을 가능하게 한다. 이러한 과정을 통해서 의사결정은 그 효과가 오래갈 뿐만 아니라 보다 많은 사람들로부터 지지를 받으며, 그 실행가능성도 높아진다. 오늘날 복잡한 과제가 산적해 있는 가운데 정부는 날로 어려운 과제를 해결하도록 압박받고 있다. 이러한 환경에서 의사결정 과정의 투명성을 높이는 것은 다른 한편에서 볼 때 정책에 대한 감시기능을 제고하는 데에도 도움을 준다. 전자정부는 이러한 일련의 과정에 있어서 중요한 기반이 되는 것이다.

또한 본래 성숙한 시민민주주의에서는 의사결정의 앞 단계에서뿐만 아니라 그 결정 후에도 논쟁과 토론을 하여 경우에 따라서는 이를 철회하는 것도 필요하다. 이러한 관점에서 볼 때, 전자 민주주의는 전자정부의 다음 단계임을 명심해야 할 것이다.

본서가 정부부문에 있어서 정보기술 이용이라는 영역을 초월하여 정부, 기업, 국민의 새로운 관계를 생각하고 구축하는 데 도움이 된다면, 우리 저자 일동에게는 더할 나위 없는 기쁨이다. 또한 주식회사 히타치(日立)종합연구소에서는 세계 최첨단의 전자정부 실현을 위해서 정책제언 「경쟁력 있는 정부(The Competitive Government): 세계 최첨단의 전자정부 실현에 의한 국제경쟁력의 재생」도 발표한 바가 있다. 이러한 발표문을 본서와 함께 참고해 주시길 아울러 부탁드린

다. 또한 히티치(日立)종합연구소에서는 행정기관에 종사하고 있는 분들에게 전자정부를 실제로 체험해 볼 수 있도록 사이버거번먼트 체험실을 토교 미나토구(港區)의 도라노몬(虎ノ門)에 개설하고 있다. 관심 있는 분들에게 실제의 견학을 권하고 싶다(문의처, 동경 03 - 5632 - 1111).

마지막으로, 본서가 세상에 나올 수 있도록 해 주신 동양경제신문사 출판국의 와다나베씨와 엄밀하게 교정작업을 해 준 히타치종합연구소의 나까자와씨에게도 감사드린다.

부록 I
고객지향의 전자정부

1. 전자정부 구축을 위한 33가지 제언

Ⅰ. 전자정부 구축을 위한 33가지 제언

일본의 전자정부구축은 이제 구상단계를 지나 실현을 목전에 두고 있다. 2000년 11월 IT전략회의의 최종보고서를 토대로 2001년 1월에 발표된 'e‑Japan전략'에서도 "초고속네트워크 인프라정비 및 경쟁정책", "전자상거래규정과 새로운 환경정비", "인재육성의 강화" 등과 함께 "전자정부의 구현"이 4대 중점시책의 하나로 선정되어 있다. 전자정부 구축을 본격적으로 추진한 오부치 전 수상의 지도하에 추진된 밀레니엄 프로젝트는 2003년까지 세계 최고수준의 전자정부 기반을 구축하는 것을 그 목표로 하고 있다. 그리고 현재 이의 실현을 위해 전자정부의 기반이 되는 가스미가세키 WAN, 주민기본대장 네트워크, 종합행정 네트워크 등의 정비에 박차를 가하고 있다.

한편, 미국을 필두로 하는 전자정부 선진국으로 눈을 돌려보면, 이러한 기반을 활용하여 행정서비스를 이용하는 시민과 기업의 편리성을 어떻게 높이느냐 하는 데 관심이 집중되고 있음을 알 수 있다. 인터넷을 상징으로 하는 IT이용의 확산과 함께 시민과 기업들은 행정서비스 향상에 대한 기대가 크다. 이에 부응하기 위해 시민과 기업을 고객으로 보고 전자정부를 통해서 고객을 편하게 해주려는 노력이 광범위하게 전개되고 있다.

히타치종합계획연구소에는 2000년 5월 전자정부란 무엇이며, 그 실현을 위한 기본이념과 목표설정 및 추진체제, 행정효율화, 그리고 서비스의 내용 등을 중심으로 한 정책보고서인 "경쟁력 있는 정부

(The Competetive Government): 세계최첨단 전자정부 구축에 의한 국제경쟁력의 부활"을 발표한 바가 있다. "고객지향의 전자정부를 실현하기 위한 33가지 제언"은 이러한 발표내용을 발전시킨 것이다. 필자들이 준비한 본 33가지 제언은 이용자의 편리성을 높이고자 하는 의도에서 전자정부가 제공하는 서비스에 초점을 맞춘 것이다.

본 제언은 아래와 같은 생각에 기초하고 있다.

첫째, 이용자에게 어떤 편리함을 주는가를 구체적으로 언급하고자 노력하였다. 둘째, 전자정부 구축에 있어서 세계 최첨단의 선진사례를 연구하여 국제경쟁력을 갖춘 전자정부의 모습을 명확하게 밝히고자 하였다. 셋째, 이용자들이 서비스제공의 과정을 평가할 수 있으며, 공개적이고 투명성이 높은 전자정부란 어떤 것인가를 밝히려고 했다. 넷째, 이용자에게 있어서는 행정의 어느 부문이 서비스를 제공하고 있는가는 별문제가 되지 않는다. 따라서 이용자들이 행정의 경계를 의식하지 않아도 되는 서비스 제공방법을 모색하고자 했다.

본 "33가지 제언"은 표현방법상 세 분야로 나누어 제시한다. 첫째, 국민의 입장에서 "요람에서 무덤까지 행정절차의 전자화"와, 기업가를 위하여 "창업에서 사업의 발전까지의 지원", 그리고 "경쟁력 있는 정부의 실현"이라는 세 분야로 나누어 제안을 하고자 한다. 물론 33가지 제언 중에서 어느 것 하나도 실현하기 쉬운 것은 없다. 또 전자정부의 구축에 있어서는 정부·행정 부문만이 아니라 민간이 감당해야 할 역할이 크다는 것도 잊어서는 안 된다. 이 제언들이 향후 민과 관의 협력에 의해 정말로 이용자의 편리성을 향상시키는 전자정부를 구축하는 데 일조할 수 있다면 큰 기쁨이겠다.

1. 고객지향 전자정부의 4가지 목표

히다치연구소가 제시한 33가지 제언은 다음의 목표에 따라서 전자
정부의 방향을 검토하고자 하였다.

목표1: 이용자(국민, 기업) 중심주의

- 「24시간, 365일, 논스톱, 원스톱으로 서비스 제공」하는 것을 원칙으로
  하여, 이제까지 그렇게 할 수 없었던 이유를 분석하고 이를 해결하는
  방안을 제시하려 한다.
- 이용자의 편리성 향상에 최우선을 둔다.

목표2: 경쟁력 있는 정부의 실현

- 글로벌 경쟁에 대응할 수 있는 고효율, 고수준의 서비스를 제공하는
  정을 목표로 하여, 이것을 실현하기 위한 벤치마킹을 실시한다.

목표3: 공개적이고 투명한 정부의 구현

- 명확한 행정평가지표의 설정: 지표는 수치화되는 것을 원칙으로 한다.
- 중립성이 있는 제3의 기관에 의해 객관적인 평가를 실시한다.
- 결과뿐만 아니라 가능한 한 과정도 공개한다.
- 평가지표의 유연한 개정: 처음부터 완전을 추구하는 것이 아니라 가능
  한 것부터 시작하고 수시로 개정한다.

목표4: 경계없는 정부의 실현

- 이용자들이 행정의 책임경계를 의식하지 않아도 되도록 서비스를 제한
  한다.
  ① 관민간의 무경계화
    · 관민간의 접점을 온라인화
    · 민간으로의 아웃소싱: 민간에서 제공하는 것이 효율적인 경우는 원
      칙적으로 민간에게 해당 업무를 이전
  ② 중앙과 지방간의 무경계화
    · 중앙과 지방간의 전 행정절차를 원칙적으로 온라인화
  ③ 관청간의 무경계화
    · 관청간 업무의 공통화 추진

2. 제언의 전제

본 제언에서는 전자정부실현을 위해 다음과 같은 인프라 및 환경 정비가 실시되는 것을 전제하였다.

전제1: 종합행정네트워크의 구축
- 전국 약 3,200개의 자치단체를 연결하는 네트워크의 구축

> 2003년까지 완료 예정

전제2: 종합행정네트워크와 가스미가세키 WAN의 접속
- 종합행정네트워크를 중앙성청의 가스미가세키 WAN과 접속
- 중앙부처·전 지방자치체간에 각종 통계·법령·조례의 공유 및 문서교환이 가능

> 2003년까지 완료 예정

전제3: 주민기본대장 네트워크의 구축
- 주민정보(성명, 생년월일, 성별, 주소, 주민표코드)를 전국센터와 모든 자치체가 공유하는 네트워크로 정비
- 주민기본대장사무의 효율화, 광역화(전출입사무의 간소화, 주민표의 광역적 교부), 타행정기관에 본인 확인사무를 위해 이용(주민표의 사진 첨부 생략).

> 2002년 8월까지 완료예정

전제4: IC카드의 배포
- 주민의 청구에 기초하여 각 자치단체의 수장이 「주민기본대장카드」를 발행하여 교부
- 성명 및 주민표코드 등의 주민정보를 탑재하여 본인 확인이 가

능, 조례에 의해 기능의 추가도 가능하게 함.

> 2003년 8월까지 배포예정

전제5: 지방자치단체의 개인인증기반 정비

- 국민들로부터 제출된 신청·접수 등의 전자문서가 본인의 의사에 의해 작성되었는지를 전자적으로 증명하는 시스템을 주민과 밀착한 지방자치단체가 구축.

> 현재, 검토중

전제6: 정부인증기반(GPKI)의 정비

- 각 부처의 인증국과 그들을 상호 접속하기 위한 브릿지 인증국 구축

> 2003년까지 완료예정

- 지방자치단체를 인증하는 시스템의 구축

> 도도부현 및 정령지정도시: 2001년까지 완성 예정

> 그 외의 시정촌: 2003년까지 완성 예정

전제7: 개인정보보호법제의 정비

- 개인정보보호기본법의 정비

> 2001년 국회에 법안제출 예정

- 특히 엄중한 보호를 필요로 하는 분야는 개별법 제정
  (전기통신 분야 등)
- 지방자치단체에 있어서 개인정보보호조례의 정비

> 현재, 검토중

3. 요람에서 무덤까지의 행정수속을 전자적으로 처리하기 위한 19가지 제언

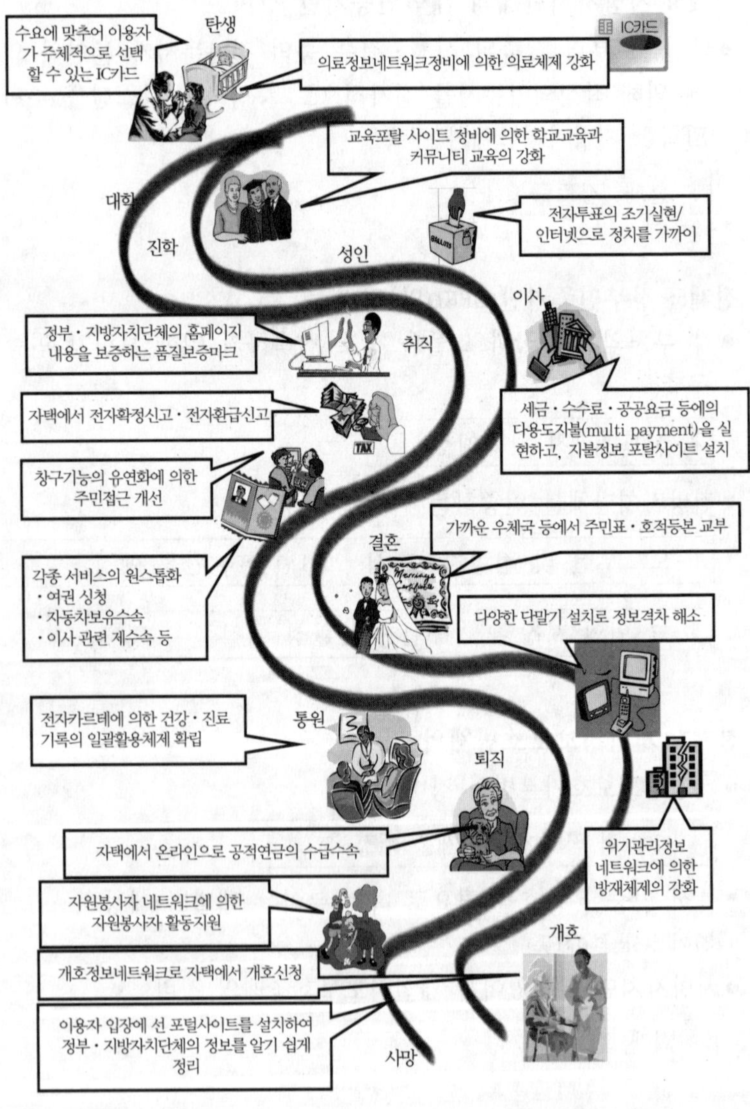

제언1: 의료정보네트워크 정비에 의한 의료체제의 강화

전자정부 구축 전후의 비교

개선 전

현 상	제 도
국민	●의료기관(진료내용·설비 등), 의사(전공분야), 약제 및 진료방법에 대한 정보의 공개·제공이 불충분.
●의료기관(진료내용·설비 등)과 의사(전공분야 등), 약제 및 진료방법에 있어 정보가 한정되어 있기 때문에 주체적인 의료기관 및 치료방법의 선택이 곤란함.	●긴급시에 의료기관·진료과목에 대해 의사회 등이 전화로 안내해 주는 지역도 있지만 24시간 서비스하고 있는 것은 아니다. 지방자치체 등의 홈페이지에서의 정보제공도 한정적이다.
●정보부족에 의한 불안 때문에 설비가 잘 되어 있다고 생각되는 큰 병원에 환자가 집중됨.	●진료·검진·예방접종의 예약은 전화가 중심.
●휴일야간에 긴급환자가 발생했을 때는 의료기관·진료과목의 정보입수가 곤란.	
●진료자는 편리한 시간에 인터넷 등으로 진료·검진·예방접종의 예약을 행하는 것이 곤란함.	

전자정부 구축 후

개 선 안	국민에게 미치는 영향
●의사회가 의료기관(진료내용·설비 등) 및 의사(전공분야), 약제와 진료방법에 대한 정보를 홈페이지 등을 통해 제공함.	국민
●긴급시에 의료기관·진료과목의 안내를 홈페이지를 통해 24시간 제공함. 환자의 자택에 가깝고 희망하는 진료를 할 수 있는 병원을 검색하는 시스템을 정비함.	●의료기관, 의사, 약제, 진료방법에 관한 풍부한 정보를 편리한 시간에 자유롭게 입수할 수 있게 됨.
●이용자가 의료기관 및 의사의 평판·비교정보를 게재하는 게시판을 운영.	●자신에게 알맞은 의료기관 및 치료방법을 주체적으로 선택할 수 있게 됨.
●진료·검진·예방접종은 온라인으로도 예약이 가능함.	●긴급시에 의료기관에 대한 접근이 용이함.
●원격진료로 간단한 건강진단과 추적진료가 가능함(자택에서 혈압을 매일 측정하여 의료기관에 연락하는 등의 조치를 함).	●자택에서 PC 및 휴대전화를 이용해 편리한 시간에 진료, 검진, 예방접종 예약이 가능.
	●통근, 통학중에도 자택, 회사, 학교 등에서도 원격으로 간단한 진료가 가능.

개선 전 이미지

전자정부 구축 후 이미지

안심하고 생활할 수 있는 환경

제언2: 우체국 등에서 주민표 및 호적등본 교부

전자정부 구축 전후 비교

개선 전

현　　상	제　　도
국민 ●지방자치단체의 창구에 인감을 지참하고 직접 출두하여 소정의 서류 등을 우송하여 의뢰해야 함. ●주민표의 등록과 호적의 등록이 다른 경우 각각의 지방자치단체에 청구. ●창구가 열려 있는 시간이 한정되는 데서 오는 불편함.	●주민표의 입수에는 주민등록이 되어 있는 지방자치단체에 호적등본의 입수에는 호적이 있는 지방자치단체의 창구에 인감을 지참하고 직접 출두하여 소정의 서류 등을 우송하여 의뢰하여야 함. ●호적에 등록되어 있는 문자는 표제어 등의 변경이 허용되지 않기 때문에, 법정외자·오자로 등록되어 타지방자치단체의 시스템에 접속하는 것이 곤란(외자를 신규로 작성할 필요).

전자정부 구축 후

개　선　안	국민에게 미치는 영향
●지방자치단체의 홈페이지상에서 주민표·호적등본의 교부신청가능. PC 및 휴대전화, 키오스크단말기 등으로 교부신청이 가능. ●본인확인에는 IC카드 등의 전자인증제도를 활용. ●자택 또는 우체국에 설치된 주민표, 호적등본을 인쇄할 수 있는 프린터 또는 프린터기능을 하는 키오스크단말기로 출력하여 교부. ●주민표를 제출하여야 할 곳이 행정기관인 경우에는 행정기관 내에서 필요한 정보를 전송하여 화면으로 보임으로써 교부·제출이 불필요한 시스템을 구축. ●수수료지불은 신용카드, 직불카드, 선불카드로도 가능하게 함.	국민 ●행정기관에 가지 않고도 자신이 좋아하는 시간에 PC 및 휴대전화, 키오스크단말기 등으로 교부신청을 함. ●자택, 또는 우체국 등 가까운 행정기관에서 교부. ●지불방법이 다양하므로 편리함.

제언3: 교육포탈사이트 정비를 통해 학교교육과 지역사회교육의 강화

전자정부 구축 전후 비교

개 선 전

현 상	제 도
학교교육 ●학교소식 및 교육내용 등을 홈페이지에 게재하는 학교도 있는데, 수업진척 등의 최신 정보는 입수할 수 없는 경우가 많음. ●일반적으로 대학, 고교에 비하여 초, 중학교는 홈페이지를 개설하고 있는 학교가 적어서 인터넷을 통해 초, 중학교의 교육정보에 접근하기가 어려움. ●PTA집회(Parent - Teacher Association: 사친회) 등도 평일 일과중에 열려 참가할 수 없는 부모가 많음. **지역사회교육** ●시간적인 제약 및 인원제한 때문에 희망하는 강좌에 참가하기 어려운 경우가 발생.	**학교교육** ●학교의 교육내용, 입시, 설비, 교원 등 교육 관련의 정보제공 수단이 서면인 경우가 많음. 또는 이러한 정보가 제공되지 않는 경우도 많음. **지역사회교육** ●지방자치단체가 개최하는 각종 교육강좌에 참가하기 위해서는 전화 등으로 예약하는 것이 필요. ●강좌는 평일 일과 중에 열리는 경우가 많음.

전자정부 구축 후

개 선 안	국민에게 미치는 영향
학교교육 ●정부, 지방자치단체가 학교교육에 관한 유용한 정보를 정리해 놓은 교육포탈사이트를 개설하여 교육정보를 제공. 전국 각 학교의 홈페이지에 링크시켜 쉽게 검색이 가능함(제공하는 정보의 예: 각 교과의 내용, 표준적인 진도표, 관련 미술관·박물관·서적·소프트웨어 등의 정보, 제복·숙제에 관한 정보, 교육제도 개혁에 관한 정책동향 등). ●교육행정에 관한 의견 등을 E - 메일로 접수. **지역사회교육** ●인터넷으로 각종 강좌의 교육내용을 제공.	**학교교육** ●언제라도 원하는 시간에 자택 등지에서 풍부한 교육정보에 접근할 수 있고, 어린이들의 교육을 보다 주체적으로 선택하기도 하며, E - 메일에 의해 행정당국에 의견을 개진하는 것도 가능. ●자신의 거주지역 이외의 학교에 대한 정보도 쉽게 입수 가능함. **지역사회교육** ●지방자치단체가 개최하는 교육강좌의 내용을 자신의 사정에 맞는 시간과 장소에서 인터넷을 사용하여 수강 가능. **학교, 교사** ●교육방침 및 교육내용 등에 대한 이견을 말하기 쉽게 됨. ●과거에는 시간관계로 PTA집회에 참가할 수 없었던 학부모와의 교류가 쉬워짐.

제언4: 전자투표의 조기실현/ 인터넷에 의한 정치의 활성화

전자정부 구축 전후 비교

개선 전

현　상	제　도
국민 ● 인터넷으로 각종 정보를 풍부하게 입수하는 것도 어렵고, 선거입후보자에 관한 정보도 얻기 어려운 상태. ● 선거기간 내에 현재 거주하는 지역에 ● 선거인명부에 등록되어서 정해진 투표장소에서 투표하는 것이 원칙. 있지 않은 지방자치단체에서 부재자투표를 실시하는 경우에는 사전에 번거로운 수속이 필요.	**선거운동** ● 선거 공고 후에 인터넷(E - 메일, 홈페이지 등)을 이용한 선거운동을 실시하는 것은 공직선거법의 규정에 의해 불가(유인물 및 포스터 등, 공직선거법이 인정하는 것 이외의 문서, 그림 등을 선거활동에 사용하는 것을 금함). **투표/개표** ● 정해진 투표소에서 투표를 해야 함. ● 부재자투표의 사유가 완화되어 부재자투표를 하기 쉽지만, 사전에 부재자 투표수속이 필요함. ● 수작업으로 개표, 집계작업. **의회의 정보** ● 특히 지방의회에 관해서는 인터넷으로 접속이 가능한 정보가 제한적임.

전자정부 구축 후

개　선　안	국민에게 미치는 영향
선거운동 ● 인터넷에 의한 연설원 모집과 활용. ● 선거공고 후에도 인터넷(E - 메일, 홈페이지 등)을 이용한 선거운동이 가능. ● 인터넷으로 후보자가 정책논쟁을 실시함. **투표/개표** ● 투표일에 어디에서라도 가까운 투표소에 가면 터치패널식 자동투표기가 설치되어 있어서 본인인증을 거쳐 투표를 할 수 있음. ● 개표, 집계작업의 자동화. **인터넷에 의한 의회중계** ● 지방의회도 포함하여 인터넷으로 중계 실시. ● 의사록도 인터넷상에서 공개. ● 법안 및 조례안의 심의의 상태를 인터넷상에 명시. ● 위원회 및 심의회의 토론을 인터넷상에서 음성 및 영상으로 공개.	**국민** ● 투표 당일에 전국 어디에 있더라도 가까운 투표소에서 투표가 가능. 여행지에서 투표하는 경우에도 투표 전의 부재자투표 수속이 불필요. ● 후보자에 대한 정보 및 의회의 심의과정에 대한 정보가 인터넷상에서 간단하게 취득 가능. **행정** ● 개표, 집계작업의 간소화와 신속화. ● 집계오류의 감소.

개선 전 이미지

전자정부 구축 후 이미지

제언5: 자택에서 온라인으로 여권신청 후 우체국에서 수령

전자정부 구축 전후 비교

개선 전

현 상	제 도
국민 ●준비해야 할 서류가 많아 귀찮음. ●미리 시청(도청)을 방문하던가 우편으로 주민등록증 혹은 호적등본을 입수할 필요가 있음. ●여권의 신청, 접수시에는 원칙적으로 자신의 주민등록지의 지방자치단체 또는 그 출장소로 평일 일과시간에 가야 함. ●수수료의 지불을 위해 인지를 구입해야 함.	**신청** ●여권의 신청시 자신의 주민등록지의 시청(도청), 혹은 그 출장소에서 신청. ●신청접수는 일반적으로 9시~16시 30분으로 한정됨(여권의 수령도 마찬가지임). 토요일과 일요일, 그리고 공휴일 등에는 휴무. ●주민등록증의 복사본 1통(6개월 이내에 발행된 것으로 본적지가 기재되어 있는 것), 호적등초본 1통(6개월 이내에 발행된 것으로 본적지가 기재되어 있는 것, 다만, 여권의 유효기간을 1년 미만으로 발급받을 때는 성명과 본적지의 시청(도청) 변경이 없는 사람은 불필요)을 미리 발급받아 지참해야 함. 또 신원확인을 할 수 있는 서류(운전면허증 및 보험증, 유효기간내의 여권 등이 필요함. 다만 보험증 등 사진이 첨부되어 있지 않은 증명서의 경우는 사진이 부착되어 있는 회사원증 등과 같이 제출)를 지참해야 함. **수령** ●수령서(신청시에 발급함), 여권과로부터 보낸 엽서, 수수료로서의 수입인지·시청(도청)증지 등을 준비하고, 시청(도청)의 여권과, 또는 그 출장소에 가서 수령.

전자정부 구축 후

개 선 안	국민에게 미치는 영향
신청 ●자택에서 네트워크를 통해서 신청할 수 있음. ●본인확인은 IC카드 등의 전자인증제도를 이용하도록 함. ●주민등록증, 호적초본 등의 정보는 행정기관 간의 네트워크를 통해 확인. **수령** ●경찰서, 우체국, 시군구 창구 등 가까운 행정기관에서 수령. ●수수료는 현금, 신용카드, 지불카드, 멀지 않은 장래에는 전자화폐 등으로도 지불이 가능하게 함.	**국민** ●여러 행정기관을 방문하지 않고 자택에서 여권 신청이 가능. ●가장 가까운 우체국 등 자신에게 편리한 행정기관창구에서 수령이 가능. ●수수료의 지불수단이 다양화되고 간편하게 됨. ●신청에서 수령까지의 기간이 단축됨(현행 약 1주 정도). **행정** ●전자신청에 의해 창구업무의 혼잡이 줄어듦. ●경찰서, 시군구의 창구업무가 줄어듦.

개선 전 이미지

전자정부 구축 후 이미지

제언6: 자동차등록의 원스톱 서비스화

전자정부 구축 전후 비교

개선 전

현　　상	제　　도
국민 ●자동차의 보유에 따른 각종 수속시 평일의 일과 시간 중에 몇 번이고 행정기관의 창구에 직접 방문하여 업무를 보아야 함.	●자동차의 보유에 따른 각종 수속에는 다음과 같은 서류의 취득·제출을 해야 하고, 이를 위해서는 각급 행정기관을 방문해야 함. - 경찰서: 차고증명(주차장 인근의 지도, 주차장내 지도)의 발급 - 시청: 인감증명, 주민등록증의 취득 - 자동차등록사업소: 자동차등록, 자동차중량세 - 도청 세무서: 자동차세, 자동차취득세 **가상기관** ●1998년 12월에 총리직속의 프로젝트팀(task - force)인 '자동차보유 수속의 원스톱서비스 프로젝트에 관한 가상기관'을 설치. 단기적으로는 국민이 행정기관 창구에 나가지 않으면 안 되는 수속을 줄이고, 수속·첨부서류의 간소화를 추진. 2005년을 목표로 전자화를 통해 1회의 수속으로 완료할 수 있는 체제를 구축할 계획.

전자정부 구축 후

개　선　안	국민에게 미치는 영향
●각종 수속을 전자적으로 1회에 완료할 수 있는 체제의 구축. ●각종 서류의 전자화를 실시. 전자화: 아래의 것을 제외한 모두를 전자화. 전자화하지 않는 것: 자동차번호판, 자동차검사증, 보관장소증명스티커, 자동차검사스티커.	**국민** ●자동차 보유 수속을 위해 행정기관에 가야 하는 회수가 감소. **행정** ●확인·심사의 일부를 전자화, 신청정보를 전자적으로 보존하여 효율화.

제언7: 자택에서 전자 확정신고 · 전자 환급신고

전자정부 구축 전후 비교

개선 전

현　상	제　도
국민 ●평일 세무서 근무시간에 방문하여 신고. ●신고창구가 혼잡하고 대기하는 사람이 많아 시간이 걸림. ●신고서류가 완비되지 못할 경우 재차 세무서를 방문해야 함. ●의료기관의 영수증 등을 신고할 때에 함께 첨부해야 함. 영수증 1년분을 보관할 필요.	●신고서를 작성하여 첨부서류를 준비하고, 이를 지참하여 접수기간중에 세무서를 방문. **밀레니엄 프로젝트** ●1999년 12월 '밀레니엄 프로젝트'는 2003년까지 국세의 전자신고 시스템을 구축하고 일부의 세목 등에 대해서 운용을 하기로 함. ●2000년 4월 국세심의관이 주관하는 연구회가 '바람직한 전자신고제도의 발전방향'을 발표. 이것을 토대로 2001년 11월~2001년 3월까지 전자신고실험을 실시할 예정.

전자정부 구축 후

개　선　안	국민에게 미치는 영향
●자택의 컴퓨터로 자료를 입력하여 신청서류를 작성하고 송신하는 것으로 제출. ●차후에는 첨부서류를 전자화하고 전자적인 확인으로 그치도록 하여 첨부서류의 개인보관 의무를 철폐. ●납세자들 스스로가 전자적으로 작성한 첨부서류는 전자적 자료로 제출하는 것이 가능. ●구좌이체와 신용카드로 납세가 가능.	**국민** ●자택의 컴퓨터 등으로 인터넷을 통해 신고가 가능하므로 신고를 위한 외출이 불필요. ●조속한 환급금수령. **행정** ●납세관련사무의 간소화.

제언8: 자택에서 온라인으로 전출입신고와 동시에 이사와 관련된 모든 수속 완료

전자정부 구축 전후 비교

개선 전

현 상	제 도
국민 ● 전·출입시에 근무시간에 맞춰 행정기관을 방문함. 필요한 서류도 준비하여 지참해야 함. ● 전기회사, 가스회사, 수도회사, 전화회사, 운전면허증 등에 대해 별도로 주소변경수속을 하여야 하므로 번잡함.	**전출신고서** ● 이사를 할 때에 전출지인 지방자치단체의 창구에 가서 전출신고서를 제출. ● 전출신고시에는 국민건강보험피보험증 또는 퇴직자피보험증(가입자의 경우), 국민연금가입증(가입자의 경우), 의료 보험증과 노인의료비수급증(수급자의 경우), 인감등록증(등록자의 경우), 소아통원의료증 또는 유아의료증(해당자가 있을 때)을 지참해야 함. **전입신고서** ● 전입지인 지방자치체의 창구에 가서 전입신고서를 제출. ● 전입신고시에는 운전면허증 등 제출인이 본인임을 확인할 수 있는 것, 전주소지의 지방자치단체장이 발행한 전출증명서, 국민연금가입증(가입자의 경우)을 지참. **각종 주소변경신고서** ● 전기회사, 가스회사, 수도회사, 전화회사에 별도로 주소변경수속을 해야함. ● 운전면허증의 주소변경수속에는 주민등록증을 취득·지참(또는 의료보험증 등을 지참)하여 경찰서 등을 방문할 필요가 있음.

전자정부 구축 후

개 선 안	국민에게 미치는 영향
● IC카드 등으로 본인을 인증하고, PC 혹은 키오스크단말기 등으로 전입신고서를 전입지 지방자치단체에 제출함. ● 전입신고서를 제출하기만 하면 전출신고는 전출지 지방자치단체에 자동으로 처리되고 그 외의 필요한 행정서비스와 관련한 제수속도 처리됨. 또한 공익서비스기업에 필요한 주소변경신고서가 자동적으로 네트워크 내에서 완료됨.	**국민** ● 자신이 편리한 시간에 PC 혹은 키오스크단말기 등에 의해 전입신고서를 전입지 지방자치단체에 제출하는 것만으로도 모든 수속이 완료되기 때문에 매우 편리. ● 몇 번이고 행정기관의 창구에 가야 하는 수고가 없어짐. ● 수속에 걸리는 시간이 단축됨.

개선 전 이미지

전자정부 구축 후 이미지

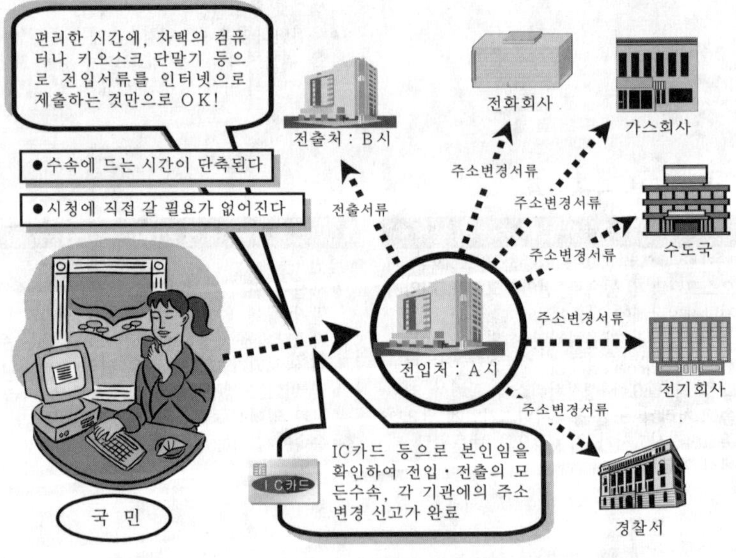

제언9: 전자진료카드에 의해 건강·진료기록을
일괄적으로 활용할 수 있는 체제의 확립

전자정부 구축 전후 비교

개선 전

현 상	제 도
국민 ●국민은 과거로 거슬러 올라가 자신의 진료·검진기록을 볼 수 없음. ●그 결과 의료기관을 변경할 때마다 같은 검사를 반복하게 됨. **의료기관** ●진료카드의 보관장소가 필요. ●검색에 많은 시간이 소요됨.	●현재 진료카드는 서류형태로 의사가 보관·관리하고 다른 의사와의 공유를 전제로 하지 않음. ●진료카드는 하나의 의료기관이 서류로 만들어 보관하며, 환자와 의료기관이 상호 이용하지 못함.

전자정부 구축 후

개 선 안	국민에게 미치는 영향
●진료기록의 전자화는 후생노동성에서 검토함. 1999년 4월에는 후생성 국장통첩 '진료기록 등의 전자매체에 의한 보존에 대하여'에서 진료기록의 전자보존을 인가함. ●2000년까지 병명 등의 용어 및 코드 표준화, 그리고 안전성의 확보에 대하여 검토·완료할 예정. ●전자진료카드 전국센터(가칭) 등을 설치하여 관리의 일원화 추구.	**국민** ●환자는 어느 의료기관에서 진찰을 받더라도 과거의 진료·검진기록을 의료기관에 제출가능. ●자신의 진료·검진기록을 전생애에 걸쳐 관리. **의료기관** ●카드의 보관 및 검색이 용이.

개선 전 이미지

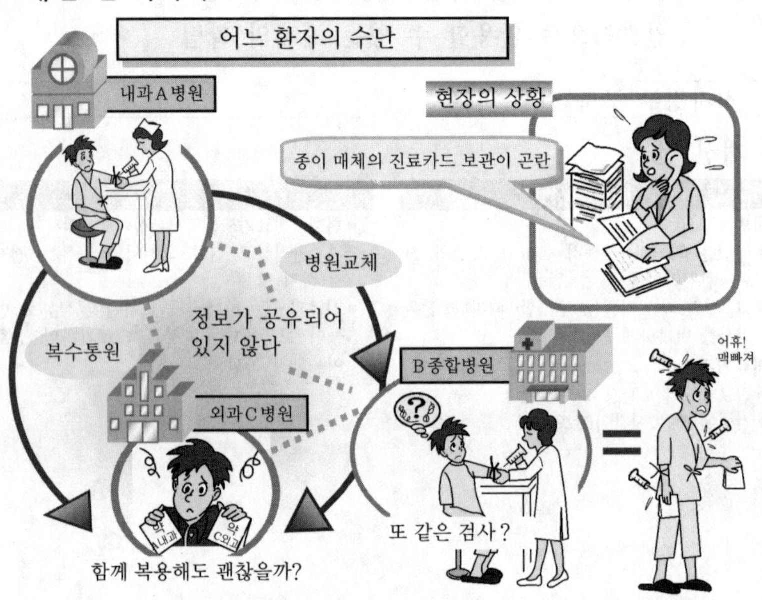

전자정부 구축 후 이미지

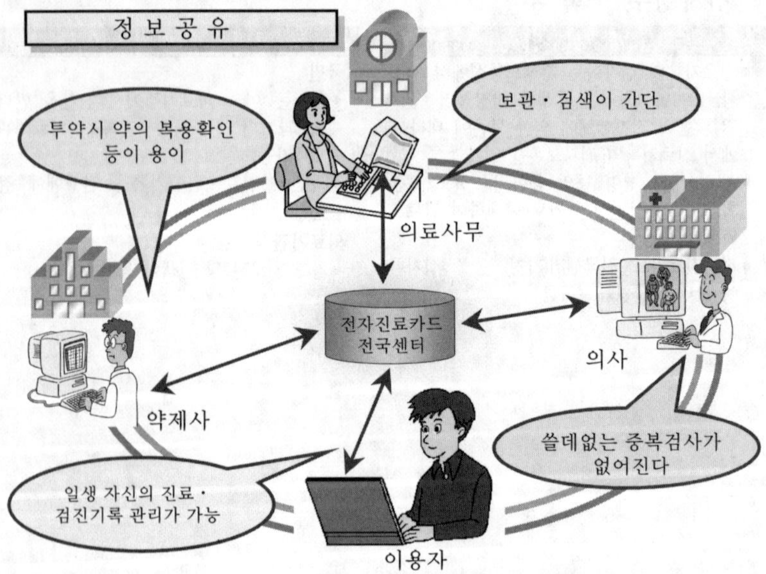

제언10: 위기관리정보네트워크에 의한 방재체제의 강화

전자정부 구축 전후 비교

개선 전

현 상	제 도

국민
- 재해발생시에 자신이 속한 지역 및 친지가 사는 지역의 최신 필요정보를 자신이 선택하여 즉시 입수하기가 어려움.

행정기관 등
- 보고작업의 업무부담이 커서 위기대응업무 본연의 기능에 주력하지 못함.

정보수집
- 현재 재해발생시 정보전달에 있어서는 예를 들어 도(道)의 경우 100가지 이상의 보고양식으로 200개소 이상의 기관에 보고하는 것이 필요.

국민에의 정보제공
- 주민에의 정보제공 수단은 라디오, TV, 홍보차량 등.
- 홈페이지에서의 정보제공은 한정적임. 가장 최신의 정보가 전달되지 못하고 이용자가 사용하기 어렵게 편집되어 있음.

전자정부 구축 후

개 선 안	국민에게 미치는 영향

정보수집
- 보고양식의 표준화를 도모하고 네트워크를 통한 보고를 실시함.

국민에의 정보제공
- 재해피해의 정황에 대비하여 설치된 국가 또는 지방자치단체의 재해대책본부가 홈페이지를 통해 일원화하여 정보를 제공.
  (제공하는 정보의 예)
  · 홍수시의 강우량과 하천의 수위 등에 대한 최신정보
  · 중소하천에 대해서도 범람예측에 기초하여 위험지역을 지도상에 표시함(위험지도).
  · 피난처를 알리고 재해지역을 피하게 하는 도로정보, 상세한 지도 제공.
- 국민은 PC, 휴대전화 등으로 정보를 취득.

국민
- PC 및 휴대전화로 보다 신속하게 재해정보를 입수할 수 있게 됨. 주민들로부터의 정보제공도 간편함.
- 자신이 필요한 특정지역의 실시간 정보를 스스로 선정하여 취득하는 것이 가능.
- 화상정보도 풍부하게 입수가능.

행정기관 등
- 신속한 정보전달에 의한 적절한 대응이 가능.
- 현장수준, 국가수준의 정보공유에 의한 상호 협동의 강화.
- 현장의 보고업무에 소요되는 부담의 경감. 보고작업에 투입하던 시간을 재해대책 작업으로 전환하는 것이 가능하게 됨.

개선 전 이미지

텔레비전과 라디오로는 특정 지역의
필요한 정보를 스스로 선택하여
입수할 수 없다

전자정부 구축 후 이미지

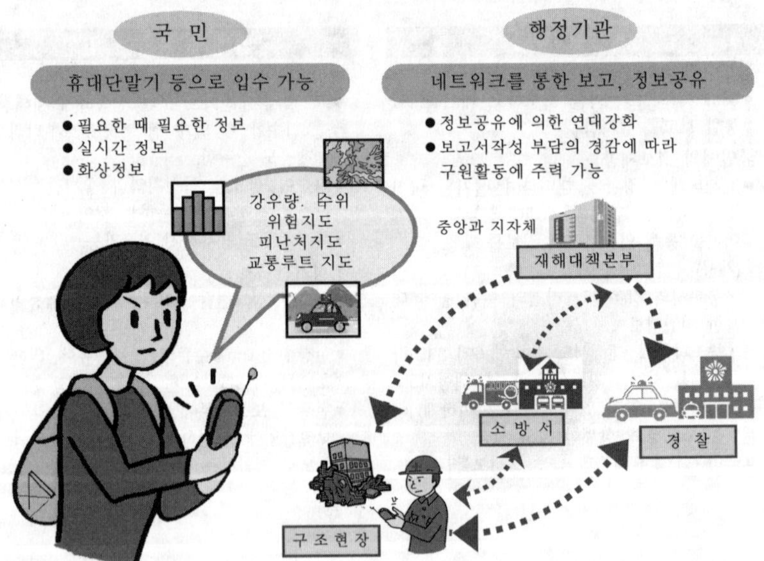

제언11: 자원봉사네트워크에 의한 자원봉사활동의 지원

전자정부 구축 전후 비교

개선 전

현　　상	제　　도
국민 ●자원봉사활동을 하고 싶은 주민이 무엇을 할 것인가, 혹은 자원봉사자에게 무엇을 지원받고 싶은가를 알아서 양자를 맺어 주는 체계가 불충분. ●자원봉사증서와 환경화폐의 관리가 어려움.	●각 지방공공단체 혹은 각종 NPO에게 자원봉사자를 모으게 하고, 필요한 곳에 요원을 할당함. ●자원봉사활동을 하고 싶은 주민이 무엇을 할까, 지원을 받고 싶은 주민이 무엇을 원하는가에 대한 정보는 지방자치단체가 유인물로 작성하여 관리, 배포함. ●자원봉사활동을 통해 상호부조를 하도록 유도하기 위해 일부 지방자치단체가 자원봉사 증서 혹은 환경화폐를 발행. ●환경화폐는 실제의 현금과는 달리 예산제도의 범위 내에서 운용할 수 있는 이점이 있지만, 현재는 종이로 만들어 발행과 관리가 번잡함.

전자정부 구축 후

개　선　안	국민에게 미치는 영향
●자원봉사활동을 하고 싶은 주민이 무엇을 할 수 있는지, 혹은 자원봉사자에게 무엇을 지원 받고 싶은가를 지방자치단체가 전자적으로 일괄하여 관리하고, 이를 인터넷상에서 공개. ●지방자치단체가 자원봉사증서와 환경화폐를 전자적으로 발행.	국민 ●자원봉사활동을 하고 싶은 주민이 무엇을 할 수 있는지, 혹은 자원봉사자들로부터 무엇을 지원받고 싶은가에 대해서 자세한 정보를 즉각 얻을 수 있기 때문에 양자간의 중개가 쉽고, 자원봉사활동이라는 상호부조의 장이 확대됨. ●자원봉사증서와 환경화폐의 관리가 용이함.

개선 전 이미지

전자정부 구축 후 이미지

제언12: 개호정보네트워크를 통해 자택에서 개호신청

전자정부 구축 전후 비교

개선 전

현 상	제 도
국민 ●개호인정 신청을 하기 위해서는 평일 근무시간에 행정기관을 방문하여야 함. ●개호사업자에 대한 정보 등이 충분하게 제공되지 않기 때문에 적절한 서비스 선택이 곤란. ●개호서비스를 위해 공유하여야 할 것이라고 생각되는 행정기관의 개호대상자에 대한 정보까지도 거택지원사업자와 거택개호사업자들에게 공유되어 있지 않아 사업자의 서비스향상에 장해가 됨. **개호사업자** ●개호계획에 대한 정보를 거택개호사업자에게 알리는 방법인 '서비스제공표'를 문서로 만들기 때문에 차후 전자화에 걸림돌이 됨.	**개호인정 신청** ●개호인정 신청은 시군구의 창구에서 절차를 밟아야 함. **정보공유** ●가정과 시군구, 사회복지사, 개호서비스기관 간의 정보교환이 불충분. ①개호대상자 정보 ●보험자인 시군구가 소유하고 있을 뿐, 거택지원사업자 및 개호사업자와 공유하고 있지 않음. ②개호사업자 정보 ●이용자가 업자들에 대해서 일괄적으로 정보를 획득하기 어려움. **서비스제공표의 공유** ●개호사업자가 개호서비스의 실시에 대한 보수의 청구(국민보험연합에 수령청구)는 전자적으로 하는 것이 원칙. ●그러나 거택지원사업자가 책정한 개호계획 정보를 거택개호사업자에게 알려주는 후생노동성의 양식인 '서비스제공표'는 종이카드 형태임. ●'서비스제공표'를 전자적으로 공유하는 경우에도 인터페이스 사양이 게시되지 않음.

전자정부 구축 후

개 선 안	국민에게 미치는 영향
개호인정신청 ●개호인정신청을 자택의 PC나 행정기관에 설치한 키오스크단말기로 할 수 있도록 함. **정보공유** ●가정과 시군구, 사회복지사, 개호관계기관을 개호정보네트워크에 의해 접속시킬 수 있도록 하고, 개호대상자 정보·개호사업자에 대해 필요한 정보를 공유. **서비스제공표의 공유** ●서비스제공표를 전자적으로 공유하는 경우 인터페이스 사양을 통일하도록 전자화 추진. **재택건강진단의 실시** ●의료기관과 접속하여 간단한 재택건강진단 및 후속치료를 실현.	**국민** ●자택의 PC, 우체국·시민회관 등의 키오스크단말기로 자신에게 편리한 시간에 개호인정신청이 가능. ●풍부한 개호정보(개호사업자의 서비스내용 및 연락처)에 의해 주체적으로 서비스를 신청하는 것이 가능. ●거택지원사업자 및 거택개호사업자가 개호대상자에 대해서 보다 상세한 정보를 입수하게 됨으로써 적절한 서비스를 제공할 수 있게 됨. ●원격의료에 의한 재택개호지원체제의 강화. **개호사업자** ●개호사업자에 대한 보험금 지불 시간의 단축. **국보련** ●개호수령 청구의 심사업무의 경감. ●단순한 청구업무 오류가 감소

개선 전 이미지

전자정부 구축 후 이미지

제언13: 필요에 따라 이용자가 주체적으로 선택할 수 있는 IC 카드

전자정부 구축 전후 비교

개선 전

현 상

국민
- 행정서비스의 신청 등에 필요한 공적증명서는 발급수속이 번잡하기도 하고, 시간이 많이 걸림. 또 의료보험증은 종이카드 형태로 피보험자에게 1매만 발행되므로 휴대하기가 불편.
- IC카드를 이용하면 행정수속을 전자적으로 간단히 처리할 수 있지만, 현재 검토된 카드는 기능이 한정되어 있으므로 다양한 카드를 소지하여야 하는 불편이 있음.
- 카드에 부여하는 기능 및 정보를 선택하기 어려움.
- 카드에 결재기능 없음.
- 카드를 사용할 수 있는 지리적 범위가 한정되어서 이사를 갈 경우에는 카드의 반환과 재발행 신청이 필요.

제 도

- 정부가 제공하는 행정서비스 중에서 대부분 서비스를 원하는 사람들에 대해서 자격이 있는지를 증명하여야 하는데, 거의 모두 공적 기관이 발행하는 종이카드로 된 증명서를 사용(운전면허증, 주민등록증 등).

계획
- 총무성(지방자치단체)은 주민카드, 후생노동성은 보건카드를 발행할 예정. 경제산업성도 독자적인 카드를 배포하겠다고 발표함.
- 각 카드는 각각의 법률상의 규정에 의해 IC 카드에 탑재하는 정보가 결정되므로 응용범위가 한정적임.
- 주민카드는 법률에 의해 각 지방자치단체마다 발행하기 때문에 현재는 이사할 경우에 카드를 반환해야 함.
- 지방자치단체마다 카드에 부가된 서비스가 다르기 때문에 IC 카드가 제공할 수 있는 지리적 범위도 한정적임.
- 주민이 카드발급을 받을 것인지 받지 않을 것인지 선택할 수 있지만, 어떠한 정보를 카드에 담을지 혹은 어떠한 기능을 부가할지에 대해서는 선택권이 없음.

전자정부 구축 후

개 선 안

- 주민이 주민등록증·인감도장·면허증·건강보험, 신분증명, 입국관리, 병력(病歷), 전자메일, 채무카드, 신용카드 등 가운데서 카드에 탑재하고 싶은 정보와 기능을 선택함.
- 전자메일, 채무카드, 신용카드 등의 카드로 결재기능도 부가할 수 있음.
- 자신이 소유하는 IC카드의 매수도 주민이 선택.
- 광역적으로 이용할 수 있음.

국민에게 미치는 영향

국민
- IC카드를 갖고 있음으로써 번잡한 행정수속이 필요했던 서류형태로 만든 공적기관의 증명서가 필요 없어짐.
- 개인의 IC카드에 건강보험증을 탑재하게 되어 휴대가 편리.
- 신분에 맞는 IC카드를 선택할 수 있게 됨.
- 보유하는 카드의 매수와 탑재하는 정보 및 기능을 자신이 선택할 수 있음.
- 카드에 결재기능을 부가함으로써 수수료지불 등에도 활용가능.
- 거주지의 제한을 받지 않고 광역적으로 행정서비스를 받을 수 있음.

행정
- 각종 증명서 발행업무의 격감.
- 행정서비스 제공에 맞추어 전자적으로 간편하게 자격 여부에 대한 인증이 가능.

개선 전 이미지

귀찮은 카드 관리

· 각 부처는 행정수속용 **IC카드**를 각각 발행할 계획
· 카드에 담을 수 있는 정보를 개인이 선택할 권리 없음

전자정부 구축 후 이미지

· 행정관계는 1장의 IC카드로 OK
· 담는 정보는 개인이 선택가능
· 신용, 지불카드 기능을 추가

제언14: 창구기능의 유연화를 통해 주민과의 접촉방법을 개선

전자정부 구축 전후 비교

개선 전

현 상	제 도
국민 **신청서 접수창구** ●수속시 별도의 창구에서 하여야 하고, 복수의 수속을 한 번에 할 수 없어 불편. **문의 및 민원접수창구** ●행정기관에 대한 문의 및 민원신청은 그 업무를 담당하는 부문의 창구가 열려 있는 시간에 전화를 하든가 혹은 방문을 해야 함. **상담창구** ●행정기관이 행하는 각종 무료상담을 접수하기 위해서는 정해진 시간(대부분 평일 근무시간 중), 정해진 창구에 출두해야 함.	**신청서 접수창구** ●행정수속시에 지정된 행정기관을 방문해야 함. (예) 주민등록증취득→ 시청 해당 창구 운전면허갱신→ 경찰서 여권의 수령→ 도청의 여권과 연금관계→ 사회보험사무소 **문의 및 민원접수창구** ●행정기관의 문의 및 민원접수창구는 해당 업무를 부문별로 나누어 담당함. ●문의 및 민원을 제기하려면 전화 혹은 해당 창구방문이 필요. **상담창구** ●건강상담, 법률상담 등 행정기관이 일시를 결정하여 각종 무료상담을 실시함.

전자정부 구축 후

개 선 안	국민에게 미치는 영향
신청서 접수창구 ●각종 행정수속을 일괄해서 접수하는 창구를 역(터미널) 등 편리한 장소에 설치함. **문의 및 민원접수창구** ●이제까지 전화 혹은 직접방문을 하였으나, 전자메일로 문의 및 민원접수가 가능해짐. ●접수된 전자메일은 행정기관측에서 담당부문으로 배부되어 필요한 것은 일정한 기간 내에 회답. ●문의 및 민원을 CRM(Customer Relationship Management), 지식경영DB화하여 분석하고 정책입안에 반영. ●유사한 문의에 대한 표준적인 회답을 DB화하여, 신속하게 함. **상담창구** ●건강상담, 법률상담 등 행정기관이 수행하는 각종 무료상담은 인터넷 상에서 설치한 상담포탈사이트를 통해서 접수함. ●24시간 365일 접수 가능하고, 일정기간 내에 회답. ●도표에 의한 상담시간도 설정.	**신청서 접수창구의 변화** **국민** ●어느 부처·자치단체·부문에 대한 수속이라도 복수의 수속을 하나의 창구에서 마칠 수 있어 편리하게 됨. **행정** ●창구 수를 대폭 줄여 행정경비의 절약과 생산성을 향상. **문의·민원접수창구의 변화** **국민** ●시간 및 장소에 구애받지 않고 문의 및 민원처리를 하는 것이 가능. ●문의 및 민원에 대한 회답을 신속하게 받을 수 있음. ●문의 및 민원을 정책입안에 반영시킬 수 있음. **행정** ●문의에 대한 회답노력을 절감함. ●민의를 반영한 정책입안이 가능. **상담창구의 변화** **국민** ●행정기관이 수행하는 각종 무료상담을 창구에 가지 않고도 자택에서 편리한 시간에 이용할 수 있게 됨.

개선 전 이미지

전자정부 구축 후 이미지

제언15: 세금·수수료·공공요금 등의 지불방법 다양화와 지불정보를 제공하는 포탈사이트의 설치

전자정부 구축 전후 비교

개선 전

현 상	제 도
국민 ●민간의 상행위에 있어서는 신용카드, 지불카드 등으로 지불할 수 있는데, 행정기관의 경우 이를 세금·수수료의 지불수단으로서 사용하지 못해 불편함. ●행정기관이 부과하는 세금·수수료를 납부하려면 평일 근무시간에 지정 금융기관 및 우체국을 방문해야 함. ●세금·수수료·공공요금의 미납통지는 개별적으로 우송하여 관리가 어려움.	●행정기관에 지불하여야 하는 수수료 등은 미리 정해진 시간에 납부해야 함. ●납부방법도 지정 금융기관 및 우체국에서 지불하는 것으로 한정. ●국가, 지방자치단체, 공공서비스기업에 의해 세금·수수료·공공요금의 미납통지가 개별적으로 우송된다. 이용자가 지불기한 및 금액을 관리함.

전자정부 구축 후

개 선 안	국민에게 미치는 영향
●행정기관에 지불하는 수수료는 인터넷구좌 송금, 신용카드·채무카드이채, 지불카드, 지방자치단체 발행쿠폰 등 다양한 방법으로 가능하게 함. ●이용자의 선택에 의해 미납통지는 전자메일 등 전자적으로도 배부. ●세금·수수료·공공요금의 납입상황(언제까지 얼마를 납입하면 좋을지. 이미 납입한 것인지 등)을 각 이용자가 개별적으로 일람하여 확인가능한 개인납입정보 포탈사이트를 설치.	**국민** ●지불수단·시기의 선택폭 확대. ●지정 금융기관이나 우체국을 가지 않고도 자신에게 편한 시간에 납입수속을 밟는 것이 가능. ●납입해야 할 금액 및 그 시기를 화면상에서 간단히 확인. **행정** ●미납·체납이 감소

개선 전 이미지

전자정부 구축 후 이미지

제언16: 다양한 단말기로 서비스를 제공하여 정보격차를 해소

전자정부 구축 전후 비교

개선 전

현　　　상	제　　　도
국민 ●고령자 및 주부들의 경우 아직 PC 보급률이 낮음. ●공공 키오스크단말기를 이용하려면 설치장소인 시민회관 등을 찾아가야 하므로 고령자 및 장애인에게는 불편. ●공공 키오스크단말기에 장애자 등을 배려한 설계가 잘 되어 있지 않음.	●인터넷을 통해 행정서비스를 제공하는 단말기로서는 주로 PC와 공공 키오스크단말기로 상정.

전자정부 구축 후

개　선　안	국민에게의 영향
●행정서비스제공 단말기로서 PC 및 공공 키오스크 단말기뿐만 아니라 이용자인 국민에게 편리하도록 다양한 기기를 이용할 수 있게 함. (예) PC, 휴대전화, 디지털TV, 게임기, 공공 키오스크, 전화(전화센터). ●키오스크 단말기는 도서관, 시민회관, 우체국 등의 공적시설 이외에도 병원 등 고령자가 자주 가는 장소와 통근자가 편리한 터미널(역) 등에도 설치. ●장애인 및 고령자를 배려한 다양한 기기를 활용. (예) 수화·점자기능을 부가한 키오스크.	**국민** ●사용하기 쉬운 기기로 행정서비스를 이용 가능하게 함. ●자택에서 행정서비스에 접속할 수 있는 가능성이 확대됨. ●키오스크를 이용할 수 있기 때문에 자신이 기기를 소유하고 있지 않아도 행정서비스를 받을 수 있게 됨. ●병원 및 역에서 키오스크로 행정서비스를 이용할 수 있음. ●고령자 및 장애인도 손쉽게 자신이 단말기를 이용할 수 있게 됨.

개선 전 이미지

전자정부 구축 후 이미지

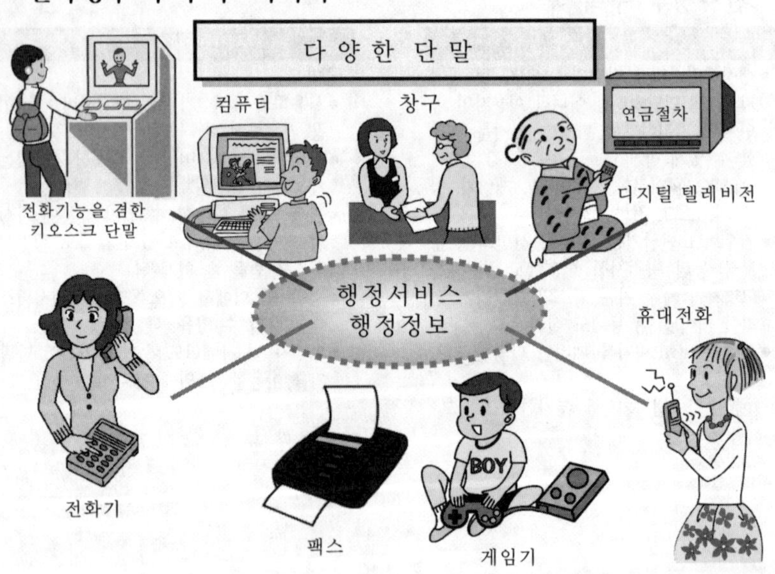

제언17: 정부·지방자치체 홈페이지의 내용을 보증하는 품질보증마크제도

전자정부 구축 전후 비교

개선 전

현　　상	제　　도
국민 ●자신이 접속하는 중앙정부, 지방자치단체 및 공공기관의 홈페이지가 정당한 것인지 아닌지 불분명. ●중앙정부 및 지방자치단체, 공공기관의 홈페이지의 업데이트가 제각각이라 최신의 정보가 어느 것인지를 확인하기 어려운 경우가 많음. ●내용의 충실도가 각양각색이고, 충분한 정보를 얻기도 어려움.	●현재 중앙정부 및 지방자치체, 공공기관 등이 개설한 홈페이지가 정당한 것인지 아닌지를 확인할 수 없음. (예) 미국의 백악관홈페이지는 가짜인 패러디판이 다수 존재함. ●내용의 충실도, 업데이트 빈도 등을 알려주는 지표가 없음.

전자정부 구축 후

개 선 안	국민에게 미치는 영향
●중앙정부, 지방자치단체 및 공공기관 등이 개설한 정당한 홈페이지에는 보증마크를 정부의 관련기관이 부여함. ●새롭고 상세한 정보가 보기 쉽게 제공되었는지를 확인하기 위해 홈페이지의 품질기준을 설계하여 기준을 달성한 것에 대해서는 품질보증마크를 부여하는 제도를 도입함. (품질기준의 예) 발표 후 수 시간 내에 정보를 게재, 업데이트일시의 표시, 담당부서와 연락처의 명시, 보기 쉬운 디자인구성, 이해하기 쉬운 링크, 주요 페이지에 개인정보보호정책의 표시, 해킹에 대한 보안조치 등.	국민 ●정당한 홈페이지를 한 번에 알아볼 수 있게 됨. ●패러디사이트를 진짜로 믿고 틀린 정보를 믿거나 의도하지 않은 상대방에게 정보를 유출할 위험이 감소. ●중앙정부·지방자치단체·공공기관이 품질기준을 만족시키는 홈페이지를 만들게 되므로 정보가 충실해지고 사용이 편리.

개선 전 이미지

전자정부 구축 후 이미지

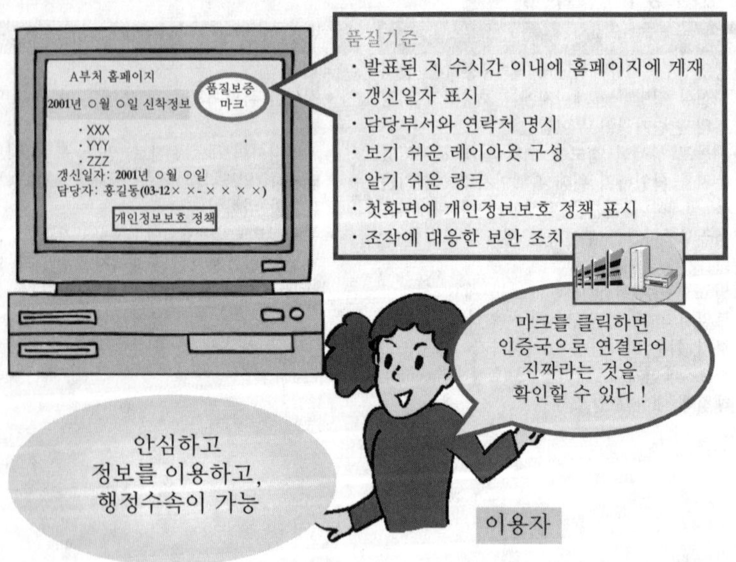

제언18: 자택에서 온라인으로 공적 연금의 수급수속이 가능하게 함

전자정부 구축 전후 비교

개선 전

현　　상	제　　도
국민 ●각종 신고서류제출, 연금계산을 위해 사회보험사무소, 또는 지방자치단체의 창구에 가야 하므로 고령자에게는 부담이 됨. ●창구가 한산한 시간이 한정되어 있기 때문에 직장인이 한산한 시간대를 이용하기가 어려움. ●신고서 제출시에 필요한 각종 서류(주민등록증 등)를 미리 지방자치단체의 창구에서 발급받아 가지고 있어야 함. ●수령하는 연금의 총액에 대한 계산이 어려움.	●일본의 경우 현재 3천만에 달하는 연금 수급자는 각종 신고서류(주소변경, 현황신고서, 사망신고서, 재정청구서 등)를 사회보험사무소, 시군구의 창구 등에 가서 제출. 제도나 변경내용에 따라 약 100 종의 신고서류(청구서, 신청서, 신고서류 등)가 존재. ●신고서류제출시에 필요한 각종 서류(주민등록증 등)를 관계기관으로부터 미리 발급받아 첨부할 필요. ●연금의 계산을 위해서도 사회보험사무소, 시군구의 창구에 출두해야 함. 연금의 계산을 인터넷 홈페이지에서 할 수 있도록 사회보험청이 준비중이지만, 이 시스템으로 입수가능한 것은 기초연금에 관한 정보뿐임.

전자정부 구축 후

개　선　안	국민에게 미치는 영향
●PC 및 키오스크로 각종신고서류를 제출(수급권발부, 성명변경, 연금수혜자의 사망, 재교부 등)이 가능한 시스템 구축. ●신고서 제출시 각종 첨부서류가 필요한 경우, 개인인증정보를 함께 관계기관에 청구하고, 행정기관내의 네트워크를 통해서 필요한 정보를 확인. ●기초연금뿐만 아니라 후생연금 등 개인이 수령하는 연금의 총액을 인터넷으로 계산하는 체제를 구축.	**국민** ●수급자는 창구에 출두할 필요가 없고, 자택의 PC 및 가까운 창구의 키오스크를 사용하여 편리한 시간에 각종 신고서류제출 및 연금의 계산이 가능. ●각종 첨부서류를 미리 발급받아 둘 필요가 없어짐. **행정** ●각종 신고서류제출·연금계산에 관련한 창구업무의 부담이 줄어듦.

제언19: 이용자의 시각에서 만든 포탈사이트로
정부·지방자치단체의 정보를 알기 쉽게 정리

전자정부 구축 전후 비교

개 선 전

현 상	제 도
국민 ●인터넷 홈페이지를 통해 정부 및 지방자치단체의 정보와 행정서비스에 접속할 경우에, 자신이 필요로 하는 정보 및 서비스를 제공하는 부처 또는 부문이 어느 곳인가를 확인한 후에 그 부처 및 부문의 홈페이지에 접속함.	●각 부처 및 지방자치단체가 개별적으로 홈페이지를 개설하고 있고, 이용자의 측면에서 보면 구하는 정보가 정리되어 있지 않음.

전자정부 구축 후

개 선 안	국민에게 미치는 영향
●아래와 같은 포탈사이트를 설치하고 정부·지방자치단체가 제공하는 홈페이지를 정리함.	**국민** ●정보 및 서비스를 어느 부처·부문·지방자치체가 제공하고 있는가를 조사하지 않더라도 자신이 구하는 정보 및 서비스에 쉽게 접속할 수 있음.

행정종합포탈사이트
●정부가 인터넷상에서 제공하는 모든 정보 및 행정서비스에의 창구가 되는 행정종합포탈사이트를 설치.

'요람에서 무덤까지'의 행정서비스 목적별 포탈사이트
●국민에게 물어 '요람에서 무덤까지'의 과정에서 중요한 항목을 선정하고, 이들에 대한 포탈사이트를 설치.
(예)교육포탈사이트, 개호관련포탈사이트 등.

기능별 포탈사이트
●국민·기업과 정부간에 교류하고 있는 부처 및 부문을 기능별로 모두 포함시켜 일원화된 포탈사이트를 개설.
(예)신청서류제출포탈사이트, 조달관련포탈사이트 등.

중앙정부·지방자치단체별 포탈사이트
●부처·지방자치단체별로 정보를 정리한 포탈사이트를 설치.

부문별포탈사이트
●국민을 부문화하여, 각각의 욕구에 대응한 정보 및 행정서비스를 제공하는 포탈사이트를 설치.
(예)고령자전용포탈사이트, 장애인전용포탈사이트 등.

개인포탈사이트
●개개인이 자신에게 필요한 행정관련정보를 선택하여 개인화할 수 있는 포탈사이트의 설치.

관민공동운영의 포탈사이트
●행정정보·서비스와 민간의 정보·서비스를 같은 포탈사이트에 링크시켜 광범한 정보·서비스의 창구가 되도록 하는 포탈사이트를 설치.

4. 창업에서부터 사업발전에 이르기까지 기업을 지원하기 위한 6가지 제언

창업에서 사업발전에 이르기까지
기업활동에 관련된 행정절차를 전자화

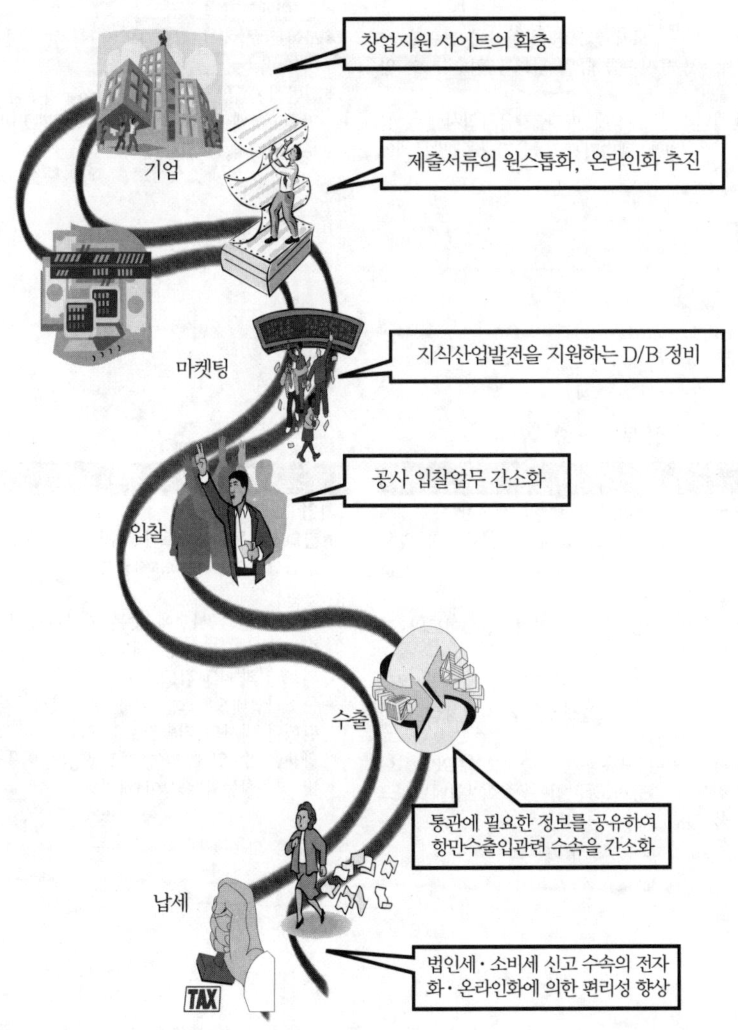

제언20: 창업지원사이트의 확충

전자정부 구축 전후 비교

개선 전

현　　상	제　　도
기업 ●창업수속에 관한 정보를 이용자가 입수하기 어려움. ●사이트를 보지 않으면 창업시에 필요한 서류 및 융자수속 등의 정보를 입수할 수 없음. ●개별적인 사정에 따라 자금차입시에는 상담을 위해 행정기관, 금융기관을 방문해야 함.	●중앙정부, 지방자치단체가 각각 정보제공. 중앙부처와 지방자치단체가 포탈사이트 등을 별개로 관리. ●사이트 상에서 담당자의 연락처를 명기하지 않음. ●일반적·획일적 정보제공만이 이루질 뿐, 업종·업태·입지에 따르는 정보제공이 이루어지지 않고 있음.

전자정부 구축 후

개　선　안	기업에게 미치는 영향
●중앙성청, 지방자치단체가 제휴하는 창업지원포탈사이트의 개설(상담창구의 설치, 창업수속·자금융자에 관한 정보제공과 수속의 실현). ●민간의 금융기관 및 창업지원사이트와 연계. ●각 기업이 차입·변제계획 등 필요한 정보를 개별적으로 홈페이지에 표시하는 것이 가능(개별화함). ●각 기업이 보유하는 기술정보를 DB화하여 검색이 가능하도록 하는 중소기업네트워크를 설립.	**기업** ●창업지원포탈사이트에 접속하는 것만으로 창업상담, 창업수속, 자금융자신청 등이 가능함. ●개별 회사의 사정에 맞는 자금차입(상환)계획 입안 가능. 다른 제도를 이용하는 경우의 조건과 비교검토도 가능함. ●중소기업네트워크를 이용하여 이제까지 곤란했던 타사의 기술정보를 입수할 수 있고, 활용할 수 있게 되어 제조공정의 비용삭감 및 제품성능의 향상이 기대됨.

개선 전 이미지

전자정부 구축 후 이미지

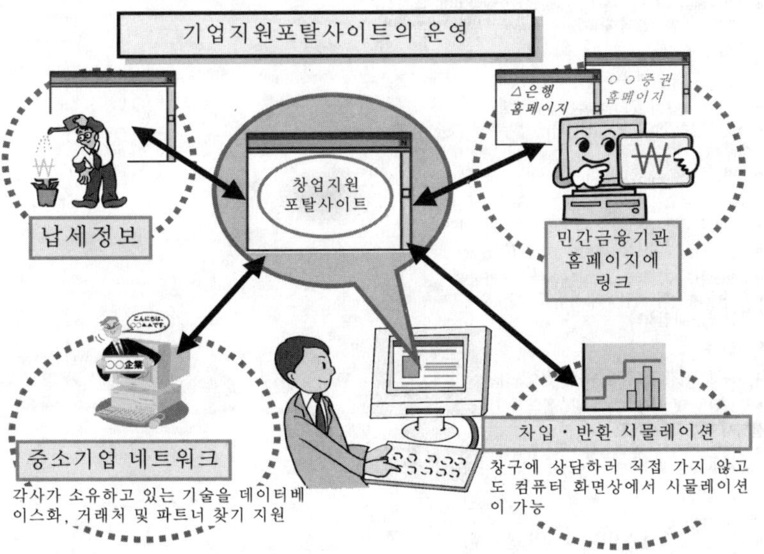

각사가 소유하고 있는 기술을 데이터베이스화, 거래처 및 파트너 찾기 지원

창구에 상담하러 직접 가지 않고도 컴퓨터 화면상에서 시뮬레이션이 가능

제언21: 제출 서류의 원스톱화, 온라인화 추진

전자정부 구축 전후 비교

개선 전

현 상	제 도
기업 ● 신고·신청에 관한 서류의 작성, 제출사무가 번잡. · 종이로 출력. · 날인. · 플로피디스켓에 저장. · 하나의 수속을 위해 복수의 부처·지방자치단체에 서류를 제출. · 각각의 부처·지방자치단체에 따라 다른 양식으로 기입. · 인허가 시에 감독관청에 대해 사전설명을 하여야 함.	● 각종 신청·신고서 제출시에 날인된 서류만 접수하는 경우가 많음. ● 신청·신고서 제출서류 중에는 전자매체(예: 플로피디스켓)에 의한 제출이 인정되는 경우도 있지만 온라인으로 제출하지 못하는 경우가 많음. ● 유사한 신청·신고서 제출서류를 다른 부처에도 제출해야 할 필요가 있는 경우가 많고, 양식도 부처마다 다른 경우가 많음. ● 인허가를 위해서는 감독관청에 사전설명이 필요.

전자정부 구축 후

개 선 안	기업에게 미치는 영향
전자화·온라인화 ● 합병관계 제출서류의 온라인화·공유지(公有地) 사용·점유허가신청·신고서 제출의 온라인화. ● 폐기물관리표의 보고제출을 일괄적으로 온라인화하고, 신고처 보험사무소 홈페이지에서 공개. ● 환경관계의 신청·신고서 제출(대기오염방지법, 수질오염방지법, 해양오염재해방지법, 공장입지법, 폐기물법 등)의 온라인화. ● 발전소 등의 환경자료 제출의 온라인화. ● 원자력안전규제 등의 수속을 온라인화. ● 등록 등 증권업무, 금융선물거래 업무관련 각종 신고의 전자화. ● 특허출원수속의 온라인화. ● 유가증권보고서 등의 서류제출, 열람수속의 온라인화. ● 증권거래법과 관련한 신고서류의 간소화, 전자화. ● 설문조사의 온라인화. ● 고용보험의 자격취득과 상실수속의 온라인화. ● 유사한 통계의 기입양식 통일과 모든 통계조사에 대한 응답의 온라인처리. **원스톱화** ● 건축확인신청 및 관련수속의 원스톱화. ● 도로점유 및 사용수속의 원스톱화. **신청서제출포탈사이트** ● 상기한 전자화·온라인화·원스톱화를 실현한 후에 신청서제출 포탈사이트 개설하고, 인터넷상에서의 접수창구를 일원화. **양식의 통일** ● 유사한 내용의 제출서류는 가능한 한 포맷을 통일.	**기업** ● 신고서제출·신청에 관한 서류의 작성, 제출사무의 시간단축, 비용삭감·각종 수속의 신속화. ● 감독관청에 가지 않고 업무처리 가능.

개선 전 이미지

행정에 신고 및 신청을 하는 데는 시간이 걸린다

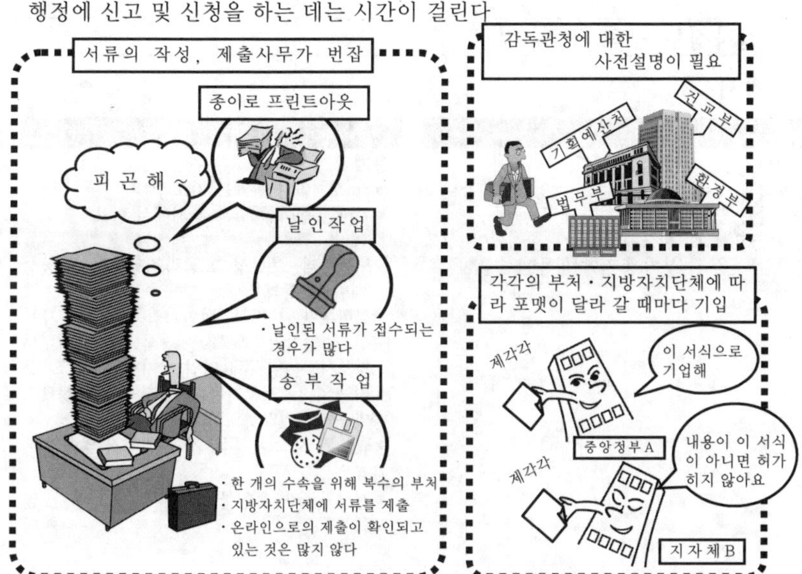

전자정부 구축 후 이미지

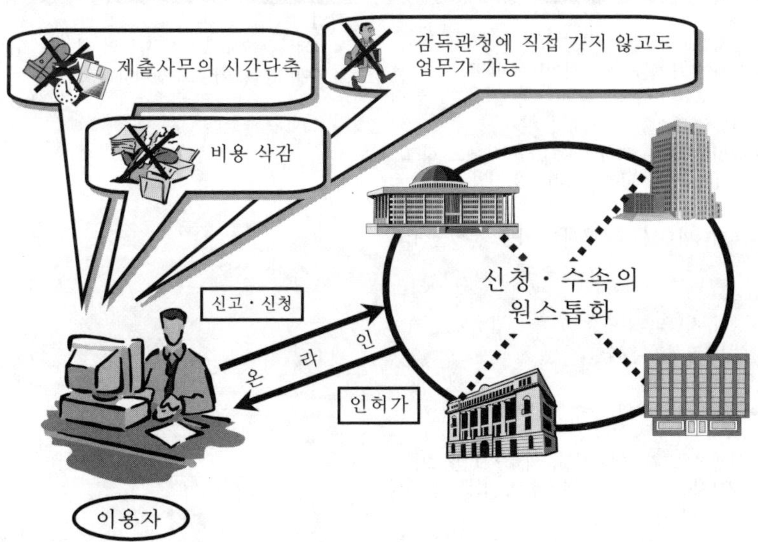

제언22: 지식산업발전을 지원하는 D/B정비

전자정부 구축 전후 비교

개선 전

현 상	제 도
기업 ●현재 정부발표 자료는 마케팅 등 비즈니스 상의 활용이 곤란. ●인터넷으로 발표된 자료가 한정되어 상세한 것은 각 부처에 가야 획득할 수 있음.	**통계** ●각 부처마다 통계를 따로 발표. ●유사한 통계를 다른 부처에서 발표. (예) 노동관계 - 총무성 '노동력조사', 후생노동성 '매월근로통계조사'. 설비투자 - 내각부 '법인기업동향조사', 재무성 '법인기업통계조사', 경제산업성 '설비투자조사', 은행 '주요기업 단기경제관측조사'. ●최근 수치, 세분화된 수치(지역별, 구성요소별 등)를 인터넷으로 획득하기 곤란. ●발표된 자료는 분석, 가공이 쉽지 않음. **자료** ●정부자료가 유인물로 발행되는 경우가 많음.

전자정부 구축 후

개 선 안	기업에게 미치는 영향
통계 ●조사결과의 조속한 공표. ●유사한 통계를 동일 사이트에 발표. ●통계포탈사이트의 강화(부처, 중앙/지방에 상관없이 통계자료에 접속이 가능). ●관련단체가 관리하는 통계사이트에도 링크. ●과거의 통계, 원자료, 통계작성 기법 등을 인터넷으로 공개. ●데이터마이닝을 이용하여 가공, 분석을 쉽게 함. **자료** ●중앙/지방의 전행정 부문이 발행하는 자료 및 보고서의 온라인 발행. **D/B** ●지식산업 D/B의 구축과 인터넷상의 공개. (예) 환경정보, 지식인재정보, 의료·보건정보, 재해방재정보, 육해공 교통정보, 법률·판례정보, 기상정보	**기업** ●인터넷상에서 필요한 자료의 획득이 가능. ●데이터분석, 가공도 편리하게 됨.

개선 전 이미지

전자정부 구축 후 이미지

제언23: 정부공사입찰업무의 간소화

전자정부 구축 전후 비교

개선 전

현 상	제 도
기업 ●업자등록 수속을 위해 복수의 지방자치단체와 복수의 창구를 찾아갈 필요가 있어 업무가 번잡하고 부담이 큼. **행정** ●각 부처, 지방자치단체마다 업자등록 자료가 서류로 보관됨.	**업자등록** ●입찰참가자격신청(업자등록)은 각 부처, 지방자치단체, 산하단체(각각 분할되어 있음)가 개별적으로 행하고 있고, 공사·청부 및 물품에 있어서도 개별신청이 필요. ●업자는 각 부처가 정하는 각종 서류를 준비하고 신청. ●입찰참가는 입찰참가자격신청을 제출한 단체만 유효하고 타지방자치단체는 불가. **공시·입찰·개찰** ●입찰안건은 관보로 공시. ●공공공사, 대형입찰안건에 대해서는 현장설명회를 실시하고 서류입찰, 개찰을 실시.

전자정부 구축 후

개 선 안	기업에게 미치는 영향
업자등록 ●입찰자격심사 신청을 인터넷을 통해 온라인으로 할 수 있도록 함. 특히 제출이 요구되는 각종 서류의 전자화를 인가. ●등록창구를 공통화(부처공통창구, 지방자치체공통창구 등)하고 업자등록을 공통DB화 함으로써 신청이 간편화됨. ●각 부처에서 보관하고 있던 업자에 관한 정보를 일괄관리. **공시·입찰·개찰** ●네트워크상에서 공시, 민간기업은 네트워크상에서 입찰·개찰을 실시. ●지질조사 등 이제까지 업자가 무료로 실시하던 서비스도 기술심사항목으로 선정하여 심사. ●행정부문에 있어서 기술심사노하우의 공유화. ●입찰·개찰에 관한 정보공개를 추진. **평가** ●전자게시판에 토론의 장을 설치하고, 전자투표를 행함으로써 공공공사의 평가를 실시. ●공개된 낙찰정보를 분석하고 담합을 조사. ●공사를 실시한 기업의 실적을 DB화하여 공유.	**기업** ●업자등록사무의 대폭 축소 ●공시, 입찰, 개찰 등 현장설명회에 출두하지 않고도 수속이 가능. **행정** ●문서감축에 의한 업자등록업무의 효율향상. ●적은 부담으로 공공공사에 관한 투명성을 확보 ●업자에 관한 정보를 공유.

제언24: 통관에 필요한 정보를 공유하여
항만수출입 관련 수속을 간소화

전자정부 구축 전후 비교

개선 전

현 상	제 도
기업 ● 수많은 서면수속이 필요하고, 유사한 서류를 복수의 부처에 각각 제출하여야 함. 서류의 처리가 번잡하고 같은 내용을 몇 번이나 기입할 필요. ● 입항 및 항만시설이용 신청수속을 전자화하는 항만EDI와 수출입시에 일련의 통관절차를 온라인으로 처리하는 NACCS(Nippon Automated Custom Clearance System)가 있음. 하지만 양자가 접속되어 있지 않아 각각의 시스템에 거의 같은 신청을 하여야 하기 때문에 불편함. ● 민 - 민업무/관 - 민업무가 따로따로이고 그것도 부분적으로 전자화 · 네트워크화 되었기 때문에 범용성이 없으며 방향성이 불명확하여 불안함. ● 수출입 수속에 시간과 비용이 많이 듦.	● 항만 수출입 수속시에는 다수 부처의 산하기관에 다종의 서류를 제출할 필요. 경제산업성: 수출입허가 재무성: 통관 법무성: 출입국관리 후생노동성: 검역 농림수산성: 동식물검역 국토교통성 또는 항만관리자(지방자치단체): 입항, 정박 신청 등. ● 복수의 부처에 거의 같은 내용의 서류를 각각 제출할 필요. ● NACCS가 가동되고 있지만, NACCS에는 복수의 시스템이 존재하고 비효율적임. 또는 NACCS에의 접속이 허용된 업자 · 업계가 한정적임. ● 더구나 항만EDI와 NACSS는 미접속. ● 행정부문의 대 민간기업간 네트워크화 · 전자화와 기업 및 업계의 네트워크화 · 전자화가 정합성이 없이 별개로 진전됨.

전자정부 구축 후

개 선 안	기업에게 미치는 영향
● 수입기업이 수입신청관련정보를 입력하고, 온라인으로 자료제출 · 수수료납부 · 본인확인을 할 수 있는 체제를 구축함. ● 수출입신청 관련정보 입력이 1회로 끝나고, 경제산업성, 후생산업성, 세관, 농림수산부, 항만관리자 등의 각 기관에로는 온라인으로 자동적으로 필요한 정보가 배포되는 체제를 구축.	기업 ● 수출입수속의 효율화 · 신속화에 의한 경쟁력 향상. 행정 ● 수출입관련 행정업무의 효율화 · 신속화.

제언25: 법인세·소비세 신고수속의
전자화·온라인화에 의한 편리성 향상

전자정부 구축 전후 비교

개선 전

현　　상	제　　도
기업 ●기업의 경리처리가 전자화가 되고 있는 한편, 신고는 서류로 하고 있어 담당자의 부담이 큼. ●방대한 첨부서류의 보관 및 관리가 곤란. ●신고를 하기 위해서는 근무시간 중에 세무서를 찾아가야 하므로 불편. ●전자장부보존법의 적용신청 승인기준이 불분명하고, 시행규칙 및 통지에의 대응이 곤란하며 적용되는 기업은 소수임.	●현재는 신청서를 작성하여 첨부서류와 함께 세무서로 가서 제출. **밀레니엄 프로젝트** ●1999년 12월 '밀레니엄 프로젝트'에서 2003년까지 국세의 전자신고시스템을 구축하고, 일부 세목 등에 대해서 운용시기를 수상이 결정하기로 함. ●2000년 4월 국세심의관 주최의 연구회에서 '바람직한 전자신고제도의 방식에 대하여'를 발표함. 이를 토대로 2000년 11월~2001년 3월까지 전자신고실험을 실시할 예정. **전자장부보존법** ●전자장부보존법을 시행(1998년 7월). ●전자장부보존법과 동시에 발효된 시행규칙 및 통달에서는 새로운 정보시스템 및 기록 작성·관리, 특수한 설비(microfilm, 전용인쇄기) 등을 필요로 함.

전자정부 구축 후

개 선 안	기업에게 미치는 영향
●인터넷을 통해 신고 ●첨부서류는 당장은 별도 제출, 장래에는 전자화하기로 함. ●전자신고를 위한 특별한 중개자를 고안하여 이를 알리는 의무를 지우는 것이 아니라 납세자가 직접 세무당국에 송신하는 것도 허가함. ●동시에 전자신고에 있어서도 서면에 의한 납세신고의 경우와 마찬가지로 세무사를 통해서 신고하는 것도 인가함. ●국고금사무의 전자화에 의해 납부의 전자화도 실현. ●전자정부보존법으로 제공신청기준의 명확화와 시행규칙의 간략화.	**기업** ●기업의 회계처리와 세무신고자료의 작성, 송신에 이르기까지 전자적으로 처리할 수 있게 되어 납세자의 사무가 간편화되고 문서철폐가 가능하게 됨. ●전자신고소프트웨어를 이용하여 보다 간단하게 신고자료를 작성할 수 있게 됨. ●세무서에 나가지 않고도 자택이나 사무실에서 신고가능함. ●토요일, 일요일, 공휴일에 관계없이 24시간 송신가능. ●소비세는 확정신고 외에 연 3회 4반기마다 중간신고가 필요하지만, 전자신고에 의해 생략이 가능함. ●서류 보관공간을 줄일 수 있게 되고, 업무 효율이 향상됨.

개선 전 이미지

전자정부 구축 후 이미지

5. 경쟁력있는 정부를 실현하기 위한 8가지 제언

제언26: 행정종합포탈사이트 설치와 정보공개청구 접수의
일원화에 의한 행정정보에 대한 접근성의 향상

전자정부 구축 전후 비교

개선 전

현 상

국민
- 정보공개청구는 필요사항(개시청구서)을 기재하여 서면으로 제출하여야 함.
- 정보공개청구를 할 때는 자신이 구하는 정보를 갖고 있는 정부·행정부문이 어디에 있는가를 추정하여 청구하는 것이 필요함.
- 전자매체로 개시하는 것에 대해서는 구체적인 방법이 불분명.

제 도

중앙정부
- 2001년 시행된 정보공개법에는 '전자적 기록의 개시방법은 종별, 정보화의 진전상황 등을 감안하여 정령(政令)으로 정한다'라고 되어 있지만, 정령에는 인터넷 등의 수단에 의한 정보공개 규정이 없음.
- 2001년 시행된 정보공개법에 기초하여 정보공개청구는 필요사항을 기재한 서면(개시청구문서)으로 해야 함.

전자정부 구축 후

개 선 안

- 인터넷을 활용한 정보공개 및 정보공개청구 접수를 전제로 법제도를 정비.
- 정부가 인터넷상에서 제공하는 모든 정보·행정서비스의 창구가 되는 행정종합포탈사이트를 설치하고, 정보를 제공하는 부처 및 부문별로가 아니라 이용자의 시각에서 정보를 내용별, 테마별로 분류하여 제공함.
  (정보분류의 예)
  농업·식물, 예술문화, 기업·경제, 환경·에너지, 연금·보조금, 건강·의료, 주택, 교육, 직업, 세금, 여행·레크리에이션, 과학기술 등.
- 행정종합포탈사이트 상에서 '정보공개코너'를 설치함. 정보공개청구 실태를 분석하여 국민들의 청구가 많은 정보는 '정보공개코너'에 포함시켜 상시 공개함. 이 코너에 상시 공개하는 정보도 제공하는 부처 및 부문별로가 아니라 정보의 내용별, 테마별로 분류하여 게시함.
- '정보공개코너'에는 정보공개청구수속에 대한 해설, 담당자 이름, 정보공개청구접수 전화번호, 팩스번호, 전자메일주소는 정보공개청구의 단일창구로서 부처별로가 아니라 행정부문 전체를 대표하여 접수하고, 이를 관련부문에 통보하여 대응하게 함.
- multi - tracking처리(복잡한 청구와 단순한 청구를 나누어서 따로 처리), 그리고 기밀이 아닌 청구는 민간기업에 위탁하여 신속한 대응체계를 구축함.
- 정보는 전자데이터, 팩스, 서면 등 국민이 희망하는 형태로 제공함.

국민에게 미치는 영향

국민
- 일부러 정보공개청구를 하지 않아도 이미 홈페이지상에서 취득할 수 있는 정보가 증가하여 매우 편리함.
- 공개 청구한 정보를 쉽게 취득할 수 있음.
- 자신이 구하는 정보를 보유하고 있는 행정부문이 어디인지를 몰라도 정보를 찾을 수 있고 또 공개청구도 쉽게 할 수 있음.
- 단순한 청구 및 국가기밀로 분류되지 않은 정보의 청구에 대해서는 신속한 회답을 얻을 수 있음.
- 자신이 희망하는 형태로 정보를 입수할 수 있음.

행정
- 정보공개청구를 처리하는 데 걸리는 시간과 비용이 대폭 절감됨.

제언27: IT분야에 있어서 민간부문에의 업무위탁

전자정부 구축 전후 비교

개선 전

현 상	제 도
행정 ● 전자정부와 관련한 프로젝트에는 거액의 초기투자가 필요하므로 개별 지방자치단체 수준에서는 실현 곤란한 것이 많음. ● IT관련 업무부담의 증대. ● 급진적인 기술혁신으로 인하여 시스템이 진부화 되는 위험에 행정부문 스스로가 대응하여야 함.	● 1999년 7월에 '민간자금 등의 활용에 의한 공공시설 등의 정비촉진에 관한 법률(PFI추진법)'이 제정되어 폐기물처리시설, 청사·숙사 등의 공용시설, 공영시설을 중심으로 PFI(Private Fund Initiative)의 도입이 추진되고 있는데, 전자정부 관련분야의 PFI추진사례는 거의 없음.

전자정부 구축 후

개 선 안	행정에 미치는 영향
● 전자정부 구축에 따르는 정보처리 및 서비스제공, 이에 필요한 시스템의 구축 등을 PFI를 사용하여 추진함. 서비스제공을 민간기업에 위탁하고, 주민의 서비스 이용 수수료는 위탁기업에 지불하는 방법도 활용함. (활용례) - 복수의 지방자치단체가 공동으로 주민등록증 발행센터를 설립하고 민간기업에게 운영을 위탁함. - 포탈사이트의 구축과 서비스제공 어플리케이션 개발, 운영을 민간기업에 위탁함. - 민간채널도 공동사용하는 행정포탈사이트를 민간기업이 운영토록 함. - 전자신청시스템의 구축·운영을 민간기업에 위탁함.	**행정** ● PFI등을 활용함으로써 행정부문 자신이 신규투자부담을 억제하면서 새로운 서비스를 주민에게 제공할 수 있게 됨. ● 저비용으로 질높은 서비스를 제공할 수 있게 됨. ● IT 관련업무의 부담을 줄이고, 본연의 업무에 집중이 가능. ● 기술혁신에 따르는 시스템의 진부화라는 위험을 민간기업에 맡길 수 있어 행정부문의 부담이 줄어듦.

개선 전 이미지

전자정부 구축 후 이미지

장 점
- 정부·행정부문의 신규투자 부담을 억제하면서 새로운 서비스를 주민에게 제공
- 낮은 비용으로 질 높은 서비스 창출
- 행정부문의 IT관련 업무부담을 줄여 본래업무에 집중가능
- 기술혁신에 따른 시스템 진부화 위험 경감

제언28: 행정부문 관리업무(경리·인사)의 광역적인 연계

전자정부 구축 전후 비교

개 선 전

현 상
●복수의 부처간, 자치단체간 관리업무가 중복.

제 도
●관리시스템의 독자적 구축. - 서무업무시스템(여비정산 등) - 그룹웨어 - 인사시스템(급여계산) - 회계시스템 ●시설 등의 독자적 관리.

전자정부 구축 후

개 선 안
●지리적으로 인접한 자치단체들이 제휴하여 관리업무를 공통화함. ●ASP·IDC*이용에 의한, 지역전자정부센터를 설립하고, 전자결재시스템, 문서관리시스템 등을 자치단체들이 공동으로 이용할 수 있게 함. ●법령의 DB화, 복수 자치단체의 공동이용 및 검색기능 강화. ●시설관리의 광역화(근린단체시설의 공동관리, 이용신청양식의 공통화 등). ●광의의 행정부문(교육기관, 의료기관)의 관리업무도 공통화, 시스템의 공동이용. * IDC: 인터넷에의 접속회선의 보수·운용서비스 등을 제공하는 시설.

행정에 미치는 영향
행정 ●행정부문 관리업무의 생산성 향상. ●사무·경비 절감. ●행정부문의 투명성 향상. ●관리업무의 표준화.

제언29: 행정에 민간경영관리기법을 도입

전자정부 구축 전후 비교

개선 전

현 상	제 도
행정 ●동일한 행정기관 내에서도 각 부문마다 업무가 중복됨. ●종이서류 및 수기업무가 많아 복잡.	가상관청 ●각 부처의 PC 정비, LAN 도입, 부처간 전자문서 교환시스템 정비 등에 의한 정보화 추진. ●부처의 행정사무 전자화(paperless)를 검토중. 2000년도 이후 3개년 안에 '연락·통지' 및 '정보공유'를 핵심으로 하는 사무를 원칙적으로 전자화하는 것과 함께 '협의·조정' 및 '신청·승인' 관련사무도 가능한 한 전자화를 실현하기로 함. ●그리고 현행 업무운영의 개선도 언급하고 있음. 밀레니엄 프로젝트 ●모든 지방자치단체들을 연결하는 광역적이고 보안성이 높은 '종합행정네트워크'에 대한 구축의 실증실험 및 중앙정부, 즉 가스미가세키WAN과의 접속을 위한 실험을 실시(2000년 목표였음). ●각 지방공공단체의 자주적인 노력에 의해 종합행정네트워크를 정비하고 이것과 가스미가세키 WAN과의 접속이 이루어질 것임(2003년도 목표). ●자치단체를 포함한 전 행정부문에서 보면 PC의 정비, LAN의 도입, 문서교환시스템의 정비는 진행중임.

전자정부 구축 후

개 선 안	행정에 미치는 영향
●종합행정네트워크 도입에 따라서 각종 행정서비스의 네트워크화를 전제로 부처간·지방자치체간 업무표준화 추진. (예) - 지방자치단체의 보조금 신청을 네트워크화. - 국가과학기술프로젝트 관리시스템도입. - 정보공개법에 대응한 문서관리시스템 도입. ●민간부문에서 이용되고 있는 경영관리기법의 도입. (예) - BPR(업무재설계): 업무프로세스의 근원적인 개혁. - 지식경영: 업무노하우의 공유화와 이를 위한 데이터웨어하우스의 정비. - CRM(고객지향관리): 이용자가 많은 표준적인 행정서비스를 선정하여 보다 편리성이 높은 형태로 제공함. * CRMS(Customer Relationship Management System)는 고객관리 프로세스를 자동화한 고객관리시스템을 말한다. CRMS는 기존 고객에 대한 정보를 종합적으로 분석해 우수고객을 추출하고 이들에 관한 각종 정보를 바탕으로 1대 1 집중관리할 수 있는 장점을 가진 것으로 DB마케팅을 한 차원 발전시킨 통합마케팅 솔루션이다.	행정 ●종이 없는 사무실의 실현. ●행정의 생산성 향상. ●행정의 국제경쟁력 향상. ●이음새 없는(seamless) 빠른 행정서비스를 실현.

제언30: 부처간·지방자치단체간에 있어서 물품조달창구의 공통화

전자정부 구축 전후 비교

개 선 전

현 상	제 도
행정	**IT전략회의**

행정
- 결재까지 절차가 복잡하고, 필요한 것을 제때에 획득하기 어려움.
- 문서로 품의하고 결재를 받아 발주하는 사무가 대부분으로 효율이 떨어짐.

IT전략회의
- 중앙부처에서는 2001년도까지 각 부처의 조달정보(공고, 사양서 등)를 일괄해서 종합DB를 구축하고, 인터넷을 통한 제공을 실현할 예정.
- 2001년 1월 정기심사부터 경쟁계약 참가자격 심사·명부작성의 통일을 기하여 부처 중 어느 한 곳에 신청하면 전 부처에 유효한 자격을 주는 원스톱서비스를 실현.
- 인터넷기반기술을 활용한 전자입찰·개찰을 2003년 말까지 도입할 예정임(종전의 방침을 2년 앞당김).
- 발주까지 많은 관리자의 승인이 필요.
- 지방자치단체에서는 중앙부처보다 이와 관련한 시책이 늦음.

전자정부 구축 후

개 선 안	행정에 미치는 영향

- 물품카탈로그를 인터넷에 게재.
- 결재단계를 줄이는 것을 중심으로 한 결재 프로세스의 개선.
- 지역간 제휴를 통하여 물품조달창구를 공통화.
- 중앙부처 및 지방자치단체가 이용 가능한 전자메일의 구축.
- 물품조달의 역경매제도 도입.

행정
- 결재과정의 간소화, 투명화와 종이문서 폐지 가능.
- 전자카탈로그에 의해 선택할 수 있는 물품의 수가 다양해짐. 따라서 담당자의 조건에 적합한 것을 조달할 수 있게 됨.

개선 전 이미지

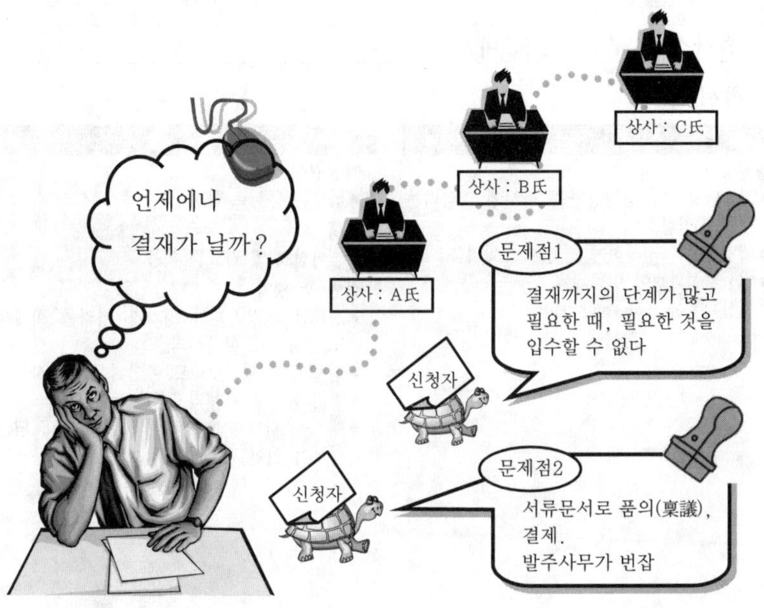

전자정부 구축 후 이미지

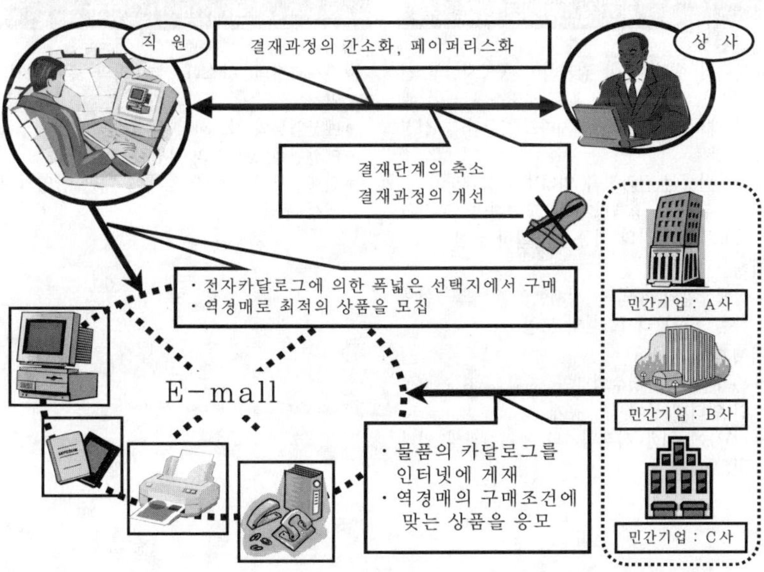

제언31: 정보공개와 관리시스템 도입에 의한 예산편성업무의 개혁

<table><tr><td>전자정부 구축 전후 비교</td></tr></table>

개 선 전

현 상	제 도
행정 ●정책담당자가 집행상황을 적시에 파악하는 것이 곤란함. ●행정비용을 정확하게 평가하기 어려움. ●예산편성과정이 비공개됨. ●예산획득을 목표로 한 예산업무.	**예산편성** ●업무는 문서로 함. **집행** ●종이전표 및 자료를 이용. **집행 후 평가** ●정확한 행정비용의 평가가 어려운 회계제도(단식부기, 현금부의). ●집행 후의 평가보다도 예산편성을 중시. ●평가가 모두 공개되고 있지는 않음. ●행정을 담당했던 당사자가 평가자가 되는 경우가 있어 객관성이 확보되기 어려움.

전자정부 구축 후

개 선 안	행정에 미치는 영향
예산편성 ●복수의 행정부문이 참가하여 공공시설의 건설비용, 운영비용의 세목, 서비스의 질에 관한 데이터를 DB화. 벤치마크(기준점)를 설정함. ●예산편성의 전과정을 인터넷에 공개함. ●행정부문에 정책평가를 도입하여 조직의 목표와 예산간의 연동을 명확하게 함. **집행** ●집행상황의 파악과 정책에의 반영을 쉽게 하는 집행관리시스템의 도입. **집행후의 평가** ●복식부기, 발생주의로의 전환과 B/S · P/L의 인터넷 상에서의 공개. ●제3자에 의한 사후평가와 평가결과의 인터넷 공개.	**행정** ●결재과정의 간소화, 투명화와 문서폐지가 가능. ●예산업무의 간소화와 문서폐지. ●예산편성 종사자의 부담을 경감. ●집행상황의 파악과 정책에 대한 반영의 용이성 증진.

제언32: 업무개선과 서비스향상을 실현하는 실천적 교육프로그램

전자정부 구축 전후 비교

개선 전

현　　　상	제　　　도
행정 ●이용자의 입장에서 서비스를 제공하기 위해서는 단순히 IT를 도입하는 데 그치는 것이 아니라 업무과정의 개선 및 서비스향상을 추진하는 구체적인 노하우의 취득과 업무의 적용이 중시되어야 함. ●외국의 경우 캐나다 정부를 시초로 민간의 경영기법을 도입하여 극적인 업무개선과 서비스향상을 실현한 행정기관이 증가함.	**중앙부처** ●정보시스템통일 연수(기초연수, 전문기술연수, 간부연수)를 실시. (2002년도의 행정정보화 대응방향) ●정보시스템부문 직원의 활용 및 정보시스템통일연수의 활용, 각 부처의 정보시스템관련 연수의 강화 등에 의해 인재육성을 도모함. **지방자치단체** (IT혁명에 대응한 지방공공단체의 정보화시책 등의 추진에 관한 지침) ●외부기관의 연수 이용 및 내부연수를 계획적으로 추진, 자치대학교, 지방자치정보센터 시군구 직원중앙연수원 및 전국 시군구 국제문화연수원 등을 적절히 활용함.

전자정부 구축 후

개　선　안	행정에 미치는 영향
●PC의 조작·네트워크관리 등 정보능력향상에 착안한 정보화교육과 이에 더하여 민간의 경영기법을 활용한 업무과정 및 정보공유 방식의 개편을 구체적으로 검토하는 프로그램이 유효함. (예) -BPR/ 지식경영/ SCM*/ CRM ●강의형식이 아니라 복수 행정기관·부문의 직원참가에 의한 워크샵을 개최함. 참가자 전원의 토론에 의해 구체적인 개선책까지 검토함. 과제의 검토→해결책 책정→도입과 실현까지 염두에 둔 내용임. * SCM(Supply Chain Management)은 제품 생산을 위한 프로세스를 전산화해 부품 조달에서 생산계획, 납품, 재고관리 등을 효율적으로 처리할 수 있는 공급망 관리 솔루션을 말한다.	●IT를 수단으로서 활용하고, 관리기법과 연결하여 실제로 업무효율화와 서비스향상을 추진하는 메카니즘을 구축, 결재과정의 간소화와 문서폐지.

제언33: 차세대 전자정부·국제적 전자정부의 인프라 정비에 착수

전자정부 구축 전후 비교

개선 전

현　　상	제　　도
●밀레니엄 프로젝트 및 e-Japan 전략으로 2003년이 전자정부 구축의 목표연도가 됨. 2003년 이후 세계최고 수준을 유지하기 위한 전자정부 전략은 검토과제임. ●국내의 전자정부 구축과 병행하여 국민 및 기업의 세계화 활동을 지원하기 위해 전자정부의 분야에서 국제적인 협력 및 제도정비의 필요성이 있음.	**밀레니엄 프로젝트** ●경제산업성, 총무성이 중심이 되어 전자정부의 실현에 필요한 공통기반기술의 개발을 추진. (대상분야) - 보안기술개발/ 범용전자신청시스템의 개발/ 공공전기통신시스템의 개발.

전자정부 구축 후

개　선　안	행정에 미치는 영향
●첨단분야와 동시에 기초연구분야는 정부주도로 실시함. 2003년 이후를 시작으로 하는 차세대 전자정부기술연구와 제도정비에 착수. - 정보의 3차원처리·표시: 통계 데이터를 지도상에 표시하는 프로젝트 - 정보의 고도검색시스템: 정부가 축적하고 있는 방대한 정보로부터 필요한 정보만 추출함. - 정보의 분류·구분: 포탈사이트를 통해 들어오는 각양각색의 문의의 내용을 판단해서 해당 부서에 자동 전송함. ●여러 외국과의 협약에 의한 국제적인 전자정부의 실현. - 인증기술·제도의 표준화. - 지식인재DB, 국제통계DB, 환경/기상/위험 정보 공유 지도 ●관민협력하에 구체적인 연구주제를 선정.	●2003년 이후에도 전자정부 구축을 통해 일본의 국제적인 우위성 확립.

부록 Ⅱ
전자지방자치의 대두와 성공조건

Ⅰ. 전자지방자치의 대두

1. 전자정부와 전자지방자치의 의미

최근 서구(西歐)를 비롯하여 아시아의 여러 나라에서도 전자정부를 구축하려는 움직임이 활발하게 전개되고 있다. 특히 1995년을 기점으로 인터넷 이용의 증가, 소위 IT혁명에 의해 주민들이 시간과 공간을 초월하여 행정에 참여하는 환경이 만들어지면서 행정운영의 양상이 일변하고 있는 것이다. 1995년 이전까지만 하더라도 구미(歐美)에서의 정부개혁 작업은 소위 BPR 등을 컴퓨터 시스템으로 실현시키고 효율과 효과를 확보하기 위한 행정시스템을 모색해 온 것이 고작이었다. 그리고 아시아국가에서도 행정의 간소화와 효율화 및 공공분야의 정보화를 외치면서도 그 실천은 아주 지엽적이고도 부분적인 분야에서만 이루어졌다.

그러나 인터넷의 출현에 의해 24시간 내내 민원신청을 위한 접속과 민원처리가 가능해지고 시간과 공간의 제약 없이 행정서비스를 제공할 수 있게 되면서 행정혁신의 분위기와 가능성은 크게 달라지고 있다. 인터넷의 사용이 일상화되기 전까지만 해도 행정기관의 컴퓨터에 주민이 직접 접근할 수 있었던 것은 특정한 경우에만 한정되었다. 그러나 인터넷의 등장과 WWW의 폭발적인 보급에 의하여 행정기관은 서로 앞다투어 홈페이지를 작성하고 주민의 접속을 기다리

[그림 1] 전자지방자치의 구현도

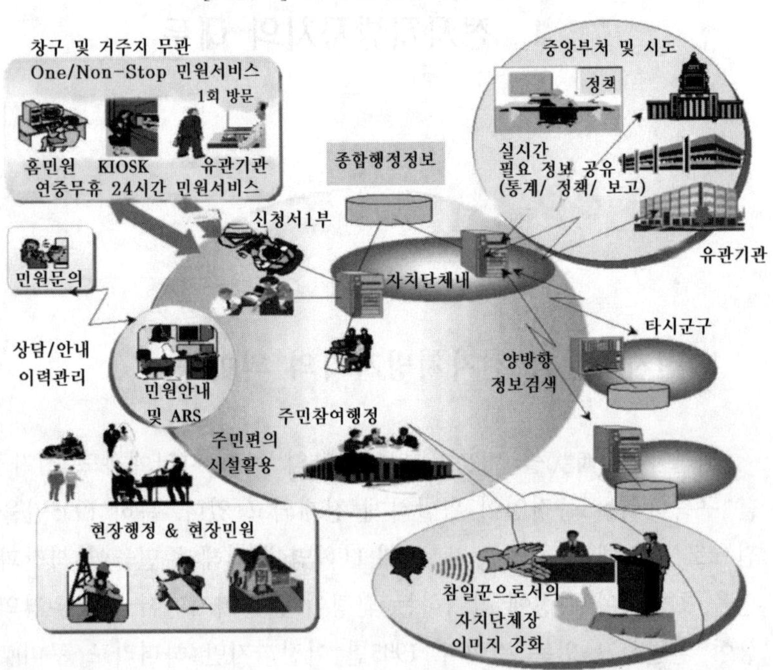

게 되었다.

이처럼 인터넷을 경유하여 주민에게 직접적으로 서비스를 제공하는 것이 가능해지면서 정부경영과 주민참여의 기본양상이 변하고 있는 것이다. 즉, 인터넷을 이용하게 된 이후 종래와는 달리 주민에게 보다 가까이 가는 행정서비스를 모색하면서 주민을 중시하는 새로운 정부의 개념인 '전자정부'가 등장하게 된 것이다.

이러한 사회시스템으로서의 전자정부를 지방자치단체에서 전개하는 것을 전자지방자치라고 할 수 있다. 즉, 전자지방자치는 행정내부뿐만 아니라 행정과 주민 그리고 행정과 사업자들 간에도 서류를 토대로 하거나 대면관계를 기본으로 하여 이루어지던 업무를 온라인화된 정보네트워크를 통하여 부처횡단적(部處橫斷的), 국가·지방 일체적으로 정보를 순식간에 공유·활용하게 하는 시스템을 활용하는 것이다. 그런데 이러한 시스템은 지금까지 시도된 적이 없던 전혀 새로운 형태의 행정을 실현시키고 있다(그림 1 참조). 전자지방자치는 행정 내부에서의 효율과 효과를 추구하는 정보시스템(IS: Information System)으로서만이 아니라 네트워크를 통하여 주민과 민간의 조직도 행정과 일체가 되게 하는 사회시스템으로 새롭게 변모하고 있기 때문이다(글상자 참조).

그런데 전자지방자치는 전자정부의 '지방판'이라고 볼 수도 있으므로 우리는 이를 전자지방정부라고 할 수도 있다. 그러나 구태여 이를 전자지방정부가 아닌 전자지방자치라고 할 때는 다음과 같은 점을 강조하려는 말이다.

전자정부 혹은 전자지방정부라는 개념은 행정 내부의 효율향상과 그를 통한 서비스 제공의 측면을 강조하는, 즉 정보기술주의적 관점에 입각한 측면이 강하다. 그러나 전자지방자치는 이와 아울러 시민

【 IT와 IS의 구별 】

IT(Information technology: 정보기술)란 정보를 처리하는 자동화된 수단인 컴퓨터와 전자통신기술을 말한다. IT는 하드웨어와 소프트웨어 모두를 포함하는 장치개념인데, 통신망으로 컴퓨터와 컴퓨터를 연결하는 것이 바로 정보기술의 증거이다.

IS(information system: 정보체계)는 정보를 획득, 저장, 가공, 산출, 송신하는 인간요소와 기계요소를 결합하는 시스템으로 정의할 수 있다. 즉, IS는 인간의 노력 및 종이문서에 기반한 방법을 IT와 결합하는 것을 의미한다. 예를 들어 재정에 관한 데이터를 모으고 그것을 처리하여 재정의사결정을 위한 보고서를 만드는 데 도움을 주는 재무관리와 컴퓨터를 결합하는 재정정보시스템이 그 예가 된다.

⇒ IT 그 자체만으로는 유용한 일을 하지 못한다. 인간의 행동에 유용한 도움을 주기 위해서는 IT가 IS의 부분이 되어야 한다(자료: Richard Heeks, 2000: 15).

참여의 측면을 강조하려는 것이다. 우리는 정부의 궁극적 목적인 시민을 주인으로서 행동하게 하는 민주주의적 관점에서 행정혁신을 도모할 필요성이 있기 때문이다. 필자는 이러한 점을 강조하여 전자지방정부라는 용어 대신 지방자치의 본래의 개념을 강조하는 전자지방자치라는 용어를 사용하고자 하는 것이다.

따라서 전자지방자치란 IT기술을 활용하여 지방정부의 효율향상과 서비스 향상을 도모할 뿐만 아니라, 시민 혹은 기업 등 민간부문과의 쌍방향 커뮤니케이션의 증대를 도모하는 시스템이라고 정의하고자 한다. 그러나 전자지방자치라는 용어는 아직까지 정립된 용어가 아니다. 전자지방자치가 단순히 오프라인에서의 지방자치를 용어상으로만 대체하는 온라인 지방자치를 의미하는 것 이상이 되기 위해서는 이에 대한 정밀한 논의가 계속되어야 할 것이다.

다만 앞으로의 논의를 위해 이 개념의 본질을 설명한다면, 전자지방자치는 소극적으로는 행정과 주민의 거리를 좁히려는 노력뿐만 아니라 적극적으로는 주민을 행정의 주인으로 위치하게 함으로써 주민이 행정의 공동생산(共同生産)의 주역으로 기능하게 하는 것을 그 이상(理想)으로 삼는 것이다.

2. 전자지방자치의 대두배경

1) 행정환경의 변화와 전자지방자치

인텔사의 창립자인 고든 무어(Goden Moore)가 제창해서 유명해진 무어의 법칙은 반도체의 집적도가 꼭 18개월마다 비용의 상승 없이 2배로 증가한다는 것이다. 이는 기술의 비약적인 진보를 지적하는 것이지만, 최근 행정의 경우도 이만 못지 않은 속도로 그 개념의 질적 속성이 변화하고 있다. 물론 외형적으로는 기존의 정부 그 자체가 없어지거나, 혹은 그 규모가 18개월마다 두 배씩 커지거나 작아진 것은 아니다. 하지만, 행정을 운용하는 원리는 두 배가 아니라 아예 발상 자체가 바뀌고 있다. 행정의 영토적 공간을 그대로 두고 사이버공간에서도 영토를 갖게 되었기 때문이다.

행정의 변화는 행정을 둘러싼 환경의 변화에서 기인하는 것이다. 여기서 Denhardt(1999)의 말을 빌려 행정의 질적 변화를 가져오는 환경변화의 5가지 내용을 살펴보자.

첫째, 새로운 지식과 기술적 혁신의 비약적 발전이다. 둘째, 지식과 기술의 변화가 새로운 정부구조와 행동양식을 요구하고 있다. 셋째, 정치·산업·문화·환경 분야 등에서 통합과 세계화가 계속되고 있다는 것이다. 넷째, 민주주의의 가치가 새롭게 인식되고 시민문화가 다양하게 변형됨으로써 정부의 역할이 달라지고 있다는 점이다. 다섯째, 새로운 도전에 직면하여 전통적인 조직과 제도의 힘이 약화되고 새로운 틀에 적응할 정부구조가 요청되고 있는 것이다.

이러한 환경의 변화에 정부는 두 가지 방식으로 그 행동양식을 바꾸어야 한다. 그 첫째는 안에서 바깥(inside-out)으로, 즉 내부지향에서 외부지향으로 바뀌어야 한다. 둘째, 아래에서 위로(bottom-up), 즉 행정의 결정양식이 하향적 의사결정에서 상향적 의사결정으로 변화하여야 한다는 것이다.

이 두 가지 경향이 궁극적으로 추구하는 바는 결국 행정, 그리고 행정가가 취하여야 할 태도는 민주주의를 신장시키는 방식으로 전개되어야 한다는 것이다. 이는 이미 시민이 객체가 아니라 주체가 되고 행정의 주인은 시민이라는 것을 재인식해야 한다는 것을 말한다. 시민이 행정의 주인이 된다는 말은 공동체의 운명을 결정하는 주권자로서의 권리행사를 한다는 말이다. 대의민주주의 제도로 인하여 선거에 의한 투표참여를 제외하고는 정책 과정에서의 주권행사를 불가피하게 제한받았던 시민이 정보기술의 힘으로 주권자의 위치로 복권

될 수 있게 되었다는 뜻이다. 전자지방자치는 바로 이런 것을 가능하게 하는 수단인 것이다. 이는 전자지방자치를 이끄는 힘이 행정 내외부에서 불어온 혁명적인 변화에 의한 것이라는 추론을 가능케 한다.

2) 정보혁명과 전자지방자치

전자지방자치가 논의되게 된 배경으로 두번째 손꼽을 수 있는 것은 진보된 정보기술(Information Technology)이다.

컴퓨터와 전기통신기술의 발전은 19세기 말에서 20세기 후반까지 꾸준히 전개되어 왔지만, 실질적인 정보혁명을 일으킨 것은 인터넷이라고 할 수 있다. 학자들간의 정보교류를 위해 컴퓨터와 컴퓨터간의 자료전송을 시작한 1960년대까지만 해도 이러한 기술이 세상을 혁명적으로 변화시키라고 생각한 사람은 거의 없었다. 그러나 인터넷이 본격적으로 상용화되고 서비스되기 시작한 1990년대 이래 이제 누구도 그것이 가져올 미래를 예측하기가 어려울 정도이다. 현재 미국에서 거론되고 있는 차세대 인터넷은 동시통보, 멀티미디어 전송, 실시간 연결을 현재의 1000배의 속도로 달성하게 하는 야심찬 계획을 세우고 있는 것이다.

누구라도 정보기술이 가져올 사회의 혁명적인 변화를 성공적으로 그릴 수는 없다고 하더라도, 분명한 것은 진보된 정보기술이 시민들의 정치·행정에 대한 참여를 지금보다 훨씬 효과적으로 할 수 있게 할 것이라는 점이다. 즉, 정보기술에 의한 정치·행정의 참여시스템은 시민들의 적극적 참여욕구를 충족시키는 전자주민회의와 같은 쌍방향 의사소통의 도구로서 기능하게 되었다. 그 결과 과거 행정 내부의 정보공유에서 행정과 시민간의 정보공유 더 나아가서 시민간 정보공유의 필요성과 가능성이 현실화되게 되었다(그림 2 참조).

따라서 시민과 시민간의 의사소통과 관계망 및 정보공유를 통합하여 사이버 커뮤니티가 구축되거나, 직접민주주의의 이상을 사이버

[그림 2] 전자지방자치의 기본모형

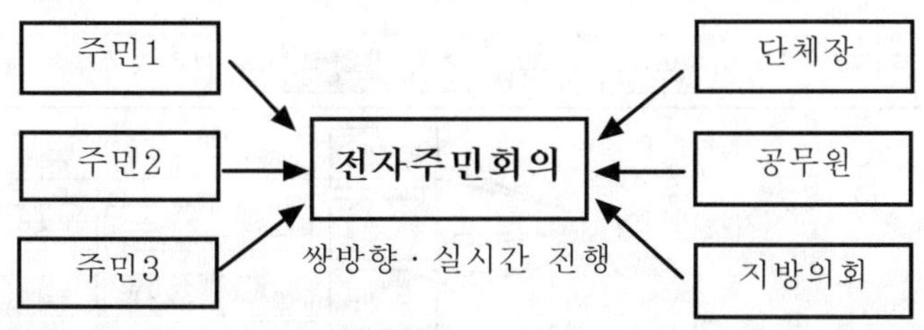

공간을 통해 실현할 수 있는 현실이 바로 전자지방자치의 토양이 된 것이다.

　물론 IT가 가져온 전자정부 혹은 전자지방자치의 실현이 행정의 능률성을 증가시키지만, 행정의 민주성을 증대시키는 방향으로 그다지 기능하지 않는다는 비판도 제기되고 있다. 즉, 정보화를 중시한 전자정부의 구축은 공공서비스에 대한 기술적 능력만을 강화함으로써 전자민주주의(e-democracy)가 아닌 '관리적 민주주의'(managerial democracy)를 강화하는 것에 불과할 수도 있다는 것이다(Bellamy & Taylor, 1998:95). 심지어 전자정부는 지역사회를 파괴하는 전자독재(telefascism) 혹은 파놉티콘(panopticon: 원형감옥) 상황을 만들거나, 정보약자들이 일종의 전자전제주의에 의해 좌지우지되는 상황을 만들 수도 있다는 지적도 있다(ibid). 그러나 정보기술이 가져올 세계가 이렇게 어두운 것만으로 채색되고 있지는 않다. 그보다는 인터넷의 활성화로 인한 사이버커뮤니티의 활발한 전개(인터넷 카페, 문화동호회, 장애인 커뮤니티 등의 확산) 등은 더욱 강력한 시민문화의 출현을 고무시켰고, 개인이나 부문들간 이해관계를 조정하는 장이 되는 계기를 마련하였다. 그리고 정책결정 과정에 다수 시민들의 참여를 불가능하게 했던 기술상의 어려움이 IT기술의 혁명적 진화에 의해 상당부분 풀리게 되었다. 이러한 상황하에서 대의민주주의의 폐해를 극복하고 강한 민주주의(strongdemocracy)를 가능하게 하는 전자지방자치의 실현이 요청받게 된 것이다(그림 3 참조).

[그림 3] 사이버커뮤니티와 전자지방자치의 관계공간

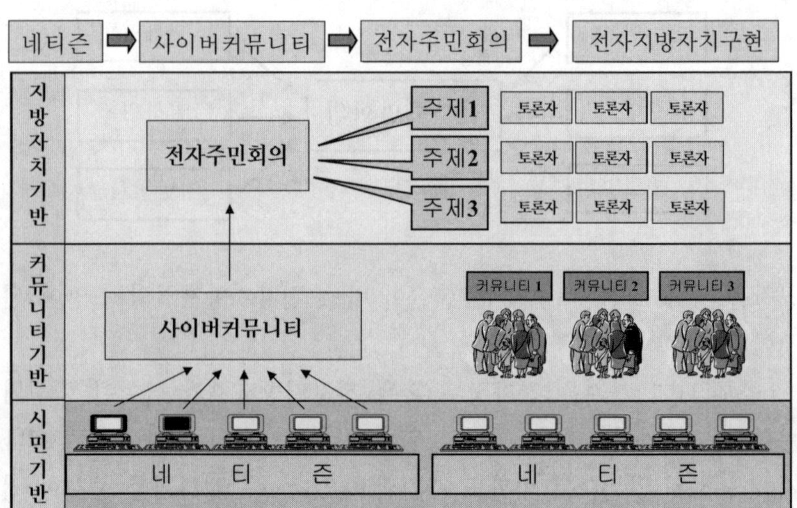

3. 전자지방자치의 가치

전자지방자치의 구축은 행정의 간소화·효율화·투명성 향상과 아울러 주민 및 각종 경제 주체들에게 다양한 이익을 가져다 준다. 전자지방자치의 실현이 가져다 주는 실익은 행정개혁의 추진과 주민 서비스의 비약적인 향상을 가져오게 한다는 점이다. 그런데 이를 좀 더 구체적으로 나누어 설명하면 다음과 같이 정리할 수가 있다.

첫째, 전자지방자치는 행정수속과 신청절차의 전자화에 의한 간소화와 효율화라는 이점을 확보할 수 있다. 그리고 공무원들에게 문서의 정리·보존과 검색이 용이하도록 하고 서류를 꾸미고 주고받는 시간을 줄여서 보다 중요하고 본질적인 업무에 시간을 투입할 수 있게 해줌으로써 행정과 주민이 한결 창조적인 관계로 설정될 수가 있게 된다.

예컨대, 주민들은 지금까지처럼 시간과 수고를 들여 관청에 가지 않고 자택에서 컴퓨터 또는 휴대전화를 통하여 필요한 업무를 처리할 수 있게 되는 것이다. 최근 한국의 지방자치단체에서는 인터넷 입찰이 확산되고 있다. 지방자치단체들이 지금까지 수의계약(隨意契約)으로 해 오던 공사와 소규모 물품의 구매도 인터넷 입찰인 '전자입찰' 또는 '전자수의계약'으로 하는 사례가 늘어나고 있다. 입찰의 모든 과정을 인터넷에 공개함으로써 행정의 투명성을 높이고 공무원의 부정을 막자는 취지로 시작된 이 제도는, 전국에 있는 업자들이 자신의 사무실에서도 입찰에 응할 수 있게 하여 시간과 경비를 들이지 않을 수 있을 수 있다. 또한 전국적인 경쟁을 통하여 보다 저렴한 가격으로 물품을 조달할 수 있다는 이점도 있다.

　이처럼 전자지방자치는 행정서비스의 신속·편리화를 가능하게 함으로써 실질적인 행정서비스의 질적 향상을 가져오게 한다.

　둘째, 전자지방자치시스템은 지방행정의 근본적인 개혁을 전제로 한 것이다. 주민이 자치단체의 청사에 가지 않고도 필요한 정보를 공유하며 필요한 서비스를 향유할 수 있도록 한다는 것은 먼저 현행의 업무양식이 바뀌어야 함을 전제로 하기 때문이다. 따라서 전자지방자치제를 구축하는 핵심은 단지 지금까지 종이를 중심으로 한 수작업 처리를 컴퓨터로 처리하는 데에만 있는 것이 아니다. 그것은 기존 행정시스템(제도·조직·운영)의 양상을 이용자인 주민의 입장에서 재설계하는 등 근본적으로 재정립하고, 이러한 재정립된 시스템을 기초로 하여 전자화를 도모하려는 것이기 때문이다.

　셋째, 전자지방자치는 『열린 지방행정』을 가능하게 해 준다. 주권재민의 정신에 입각할 때 주민은 민주주의의 주체로서 정치와 행정에 참여하는 것이 당연한 것이다. 그러나 이는 이론상의 문제일 뿐이다. 왜냐하면, 현실적으로 이러한 주권재민의 철학이 성립되기 위해서는 기본적으로 정부와 주민간에 정보의 공유가 실현되어 있어야 하기 때문이다. 즉, 정책형성 과정과 결정에 관한 정보 그리고 정책

[그림 4] 전통적 지방자치의 교류방식

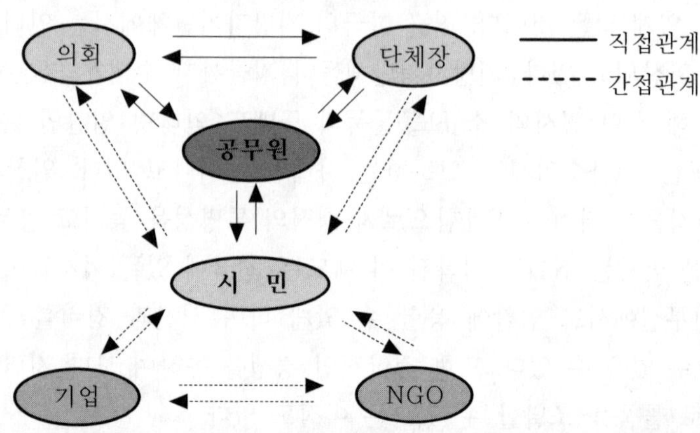

집행정보 및 평가에 필요한 정보 등 주민이 판단하기에 참여 필요성을 느끼는정보를 지방정부가 보다 적극적으로 제공할 때 주민참여의 가능성은 커지는 것이다. 전자정부의 구축이야말로 이러한 기초적인 정보의 공유를 전제로 한 것이므로 당연히 주민의 정치·행정적 참여의 가능 영역과 질적인 수준을 높일 수 있다.

넷째, 전자지방자치가 갖는 가장 적극적인 가치는 명실공히 주민자치의 가능 영역을 넓힌다는 것이다. 오늘날 주민들은 단지 손님의 입장에서는 행정에 참여하려 하지 않는다. 물론 지금까지 대부분의 주민은 현실적으로 시간과 공간의 제약으로 인하여 그저 행정의 수동적인 소비자로 살아가고 있었을 뿐이다. 시민들은 일단 선거를 통해 자치단체장이나 의원을 뽑고 나면 아래 [그림 4]처럼 간접적인 관계로 전락하고 말았던 것이다.

그러나 이제는 우리 주민들은 행정과 정치의 주인으로서 그리고 주권자로서 직접적으로 정치와 행정에 참여하기를 원하고 있다. 전자지방자치는 바로 이러한 주민의 정치적인 소비수준과 현실적인 생활 및 참여제도의 결핍이라는 장벽 사이에 다리를 놓아 주는 역할을

[그림 5] 전자지방자치의 교류방식

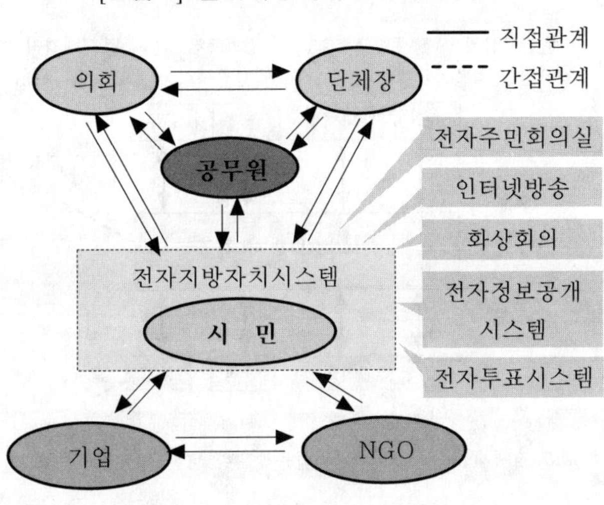

하는 것이다. [그림 5]처럼 인터넷 방송, 전자주민회의실, 전자정보공개시스템 등의 정보기술에 의한 참여채널의 다양화는 지방자치현장의 행위자들 간의 의사소통과 상호관계를 직접적으로 바꾸어 줄 수 있는 것이다. 소위 『사이버 지방자치』 내지는 『E-데모크라시』로 표현되고 있는 주민참여의 양상은 다름 아닌 전자지방자치가 실현되는 모습인 것이다.

4. 전자지방자치의 기본구상과 활용방향

1) 전자지방자치의 기본구상

사이버 지방자치는 주민만을 위한 제도는 아니다. 주민은 정책참여의 기회를 넓혀갈 수 있고, 공무원은 문제해결형 행정관리를 수행할 수 있으며, 단체장은 주민접근형 시정구현을 가능하게 하며, 의회는 주민접근형 의정활동을 가능하게 한다. 주민, 의회, 단체장, 그리고 공무원이 모두 전자주민회의를 통하여 투입(Input)을 할 수 있을 뿐

[그림 6] 전자지방자치 활용의 기본구상

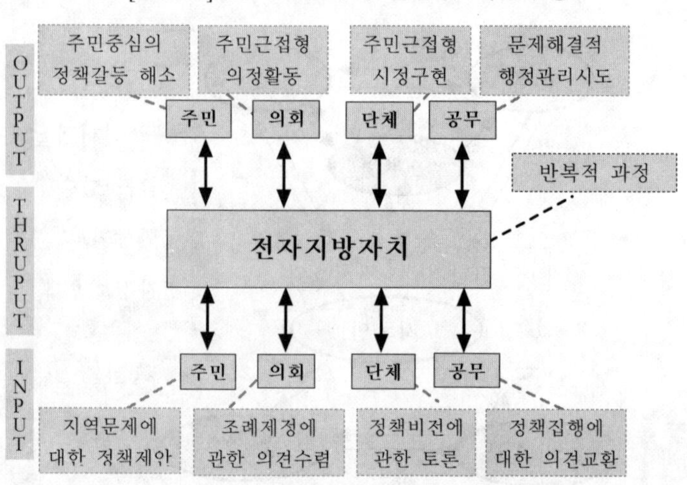

만 아니라, 스스로가 투입(Input)한 사항에 대해 그 산출결과(Output)를 기대할 수 있는 방식으로 활용할 수 있다. 이 과정을 그림으로 표시하면 [그림 6]과 같다.

물론 사이버 지방자치 참여 그룹이 활용하는 내용은 각기 다를 수 있다.

첫째, 주민, 기업, NGO의 활용 내용은 유사하기 때문에, 함께 정리하면, 세 참여그룹은 지역문제에 대한 정책 제안, 토론을 통한 주민간의 갈등 해소, 주민과 민간기업간의 갈등 해소, 그리고 지역주민 사이의 커뮤니티 복원으로 요약할 수 있다. 특히 급격한 도시화로 인하여 전통적 커뮤니티가 와해되고 새로운 유형의 커뮤니티가 복원되지 않고 있는 시점에서 지역주민 사이의 커뮤니티 복원은 사이버지방자치의 가장 큰 효과라고 말할 수 있다.

둘째, 지방의회도 사이버 지방자치를 활용함으로써 의회의 기능을 활성화시킬 수 있다. 현행 지방자치는 간접민주주의 방식을 취하고 있기 때문에 주민과 지방의원의 관계가 소원해질 가능성이 높다.

<표 1> 사이버 지방자치 참여그룹과 활용 내용

참여그룹	활용 내용
시민, NGO, 민간기업	▫지역문제에 대한 정책 제안 ▫토론을 통한 주민갈등 해소 ▫지역주민 사이의 커뮤니티 복원
지방의회	▫조례제정에 관한 의견 수렴 ▫주민근접형 의정활동
단체장	▫정책비전에 관한 토론 ▫주민근접형 시정구현
공무원	▫문제해결적 행정관리 ▫정책집행에 관한 의견교환

뿐만 아니라 주민 위에 군림하는 의회라는 지적도 나오고 있는 상황을 감안하면, 지방의회가 사이버 지방자치를 활용함으로써 주민에게 보다 가까이 갈 수 있는 기회를 마련할 수 있다. 구체적으로 활용방안을 정리하면, 조례제정에 관한 의견 수렴을 할 수 있을 뿐만 아니라 주민근접형 의정활동이 가능하다는 점을 제시할 수 있다.

셋째, 단체장 역시 사이버 지방자치를 활용함으로써 주민과 함께하는 시정을 펼칠 수 있다. 단체장은 정책비전에 관한 토론을 지역주민과 직접 할 수 있을 뿐만 아니라 주민근접형 시정구현을 위한 통로로서 사이버 지방자치를 활용할 수 있다.

넷째, 공무원은 사이버 지방자치를 통하여 문제해결적 행정관리를 할 수 있다. 뿐만 아니라, 정책형성과 정책집행에 관한 의견교환을 할 수 있고, 정책평가도 사이버 지방자치를 활용하여 할 수 있다. 이상의 활용 내용을 정리하면 <표 1>과 같다.

2) 전자지방자치의 활용방향 및 사례

전자지방자치는 다양한 측면에서 활용될 수 있다. 전자지방자치는 정책에 관한 정책회의실이나 자유회의실 등에서 토론을 통하여 정

[그림 7] 전자지방자치의 활용방향

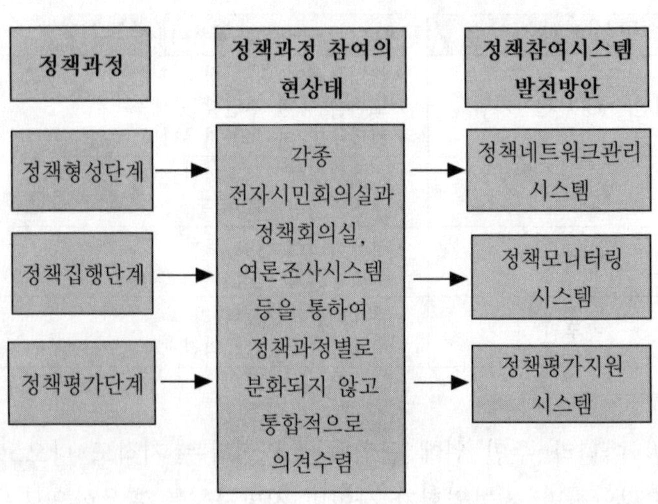

책의 전과정에 참여할 수 있다. 즉, 정책의 형성, 집행, 평가 등 정책의 전과정에 참여할 수 있으며, 이를 활용하는 방안이 설계되어야 한다.

이러한 정책의 전과정 참여를 위해서는 정책형성, 정책집행, 그리고 정책평가로 분화된 시스템을 구축해야 하며, 정책부문의 활용방향으로는 정책커뮤니티관리시스템, 정책모니터링시스템, 정책평가지원시스템 등의 세 가지를 들 수 있다(그림 7 참조). 또한 이러한 과정에서 시행할 수 있는 사례를 살펴보면 다음과 같은 것을 들 수 있다.

3) 전자시민회의시스템

전자시민회의시스템이란 시정 전반에 걸친 의제를 가지고 시민들이 정보시스템을 활용하여 토론, 의견교환, 정리 요약을 함으로써 시정에 영향을 미치고자 하는 인터넷상의 회의체를 말한다. 일종의 웹 포럼(Web Forum)의 성격을 띠며, 세계적으로 정보화 선진국들에서 이

【 三鷹(미다카)시의 시민참가지원시스템 】

○ 시의 장기비전과 시 기본계획을 책정하기 위해 1998년에 공모를 통해 '미다카 시민플랜21회의'를 설립하고, 약 400명의 시민이 10개의 분야로 나누어 활발한 토론을 통해 의견집약을 하게 함
○ 이 시민회의는 면대면 회의와 병행하여 메일링 서비스를 활용한 회의 및 정보공유와 전용 홈페이지를 구축하여 시민회의의 활동 상황 및 회의록 등을 시민에게 공개함
○ 활동결과 2000년 10월 시장에게 최종보고서를 제출하였으며, 여기에 나타난 시의 장기비전과 기본계획안을 시의 홈페이지에 공개하고 인터넷상에서 의견을 교환할 수 있는 '전자시민회의실'을 개설함

자료: http://www.city.mitaka.tokyo.jp/

러한 시스템의 실례들을 쉽게 볼 수 있다.

예컨데, 전자시민회의의 해외사례로는 일본의 후지사와시(藤澤市)의 '시민전자회의실', 미다카시의 '전자시민회의', 필라델피아시의 'Neighborhood.org', 핀란드의 '오타칸타시스템' 등을 들 수 있다. 그런데 전자시민회의실의 운영은 '전자시민회의실 운영위원회'를 시민 위주로 구성하여 운영정책 등을 결정하도록 할 필요가 있다.

전자시민회의실 운영의 효과로는 정책입안시 시민들의 토론에 의한 정책투입으로 시민들과의 시정 공동경영을 달성할 수 있으며, 지역의 온라인 커뮤니티를 활성화하는 계기를 만들 수 있다. 그리고 정책을 입안하는 공무원들의 창안에도 긍정적인 도움을 줄 수 있다.

4) 장기발전계획수립의 전자화

지방자치단체의 장기발전계획 수립시, 보다 많은 시민들의 참여와 관심을 불러일으키기 위하여 인터넷을 통해 자료를 공시하고 시민들의 참여를 도모할 필요가 있다. 이러한 사례로는 일본 미가타시

【 핀란드 전자정책포럼의 홍보전략 】

○ 연혁
 - 1999년 11월에 재무부는 New Technology and Citizen Possibilities라는 명
   칭의 프로젝트를 시행하고, 그 일환으로 2000년 2월 1일에 전자정책포
   럼을 시작함

○ 특징
 - 웹에 기반한 토론의 장(www.oatakantaa.fi)
 - 중앙정부인 재무부가 시작하였으나, 시민과의 의사소통에 초점을 맞춤
   (이 포럼이 중앙부처에서 시작된 이유는 지방정부는 중앙정부와 비교하여
   시민과의 접촉거리가 짧고, 이미 어느 정도의 교류가 되고 있으므로 비교
   적 교류가 적은 중앙부처에서 IT기술을 활용하여 시민과의 거리를 좁히려
   고 함)

○ 홍보전략
 1) 포럼운용 개시일의 선정: 해마다 이 날에 '공공관리축제'가 열리기 때
    문에 공무원 및 시민들의 관심이 집중된 날임
 2) 홍보물의 제작: 보도자료의 제작/전자포럼에 대한 팜플렛 25,000장을
    배포하고 이를 400개의 도서관에 배포
 3) 전략적인 토론주제의 선정: 핀란드의 유명인사인 Sailas재무장관이 직접
    '국가가 예산을 절약할 방법'에 대한 질문을 이 전자포럼에 제시하고
    이에 대한 의견을 시민과 언론에 보도자료 등을 통하여 알림
 4) 토론에 대한 대응: Salias장관은 직접 모든 의견을 읽고 예산에 대한 책
    임이 있는 부서에 이 의견을 통보함

○ 운영결과에 대한 평가 및 발전방향
   시민의 의견을 반영하는 중요한 기제로서 높은 평가를 국내외에서 받
   고 있으며, 이 전자포럼은 2001년 3월에는 시민공청회를 포함시켜 개선
   되었고, 또 재무부뿐만 아니라 각 부처로 그 운영이 확대되기에 이름

의 전자주민회의실과 캄덴바로우의 Planning Online을 들 수 있다.

이를 위해서는 첫째, 장기계획을 위한 시민위원회(추천 및 공모방
식)를 구성하고, 독자적인 안을 내거나 지방자치단체가 제공하는 안
을 검토하게 하여 시민위원회에게 최종안을 낼 권한을 준다. 둘째,
회의 방식은 물리공간에서의 회의와 전자회의실을 병행하되, 회의
결과는 항상 전자적으로 공시하게 한다. 셋째, 최종안은 전자회의실

[그림 8] 장기발전계획수립의 전자화

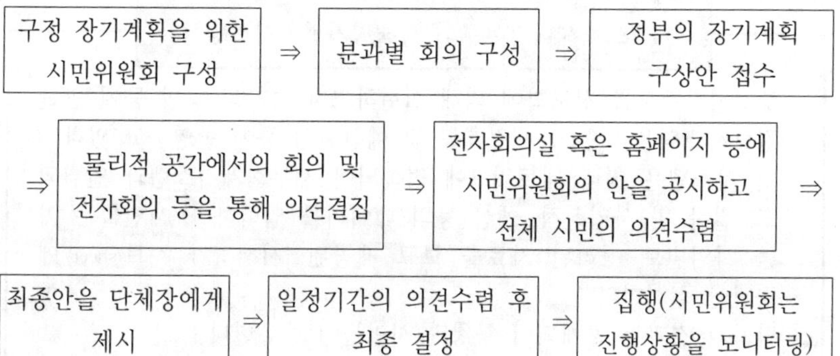

을 통해 최종 공시하고, 시민 전체에게 의견수렴을 받아 지방자치단체장이 최종 결정한다([그림 8] 참조).

5) 전자시민평가시스템의 도입

시민의 시정에 대한 참여의식이 고조되면서 시정의 성과에 대한 관심이 높아지고 있다. 전자시민평가시스템이란 지방자치단체의 행정성과에 대해서 시민들이 쉽게 평가할 수 있도록 정보기술을 활용한 정보시스템을 만들어 평가를 완료하고 시정에 반영하는 것을 의미한다.

이러한 사례로는 서울시가 시민평가제를 도입하여 시행하고 있는 것과 도쿄 세다가야구가 시책평가지원시스템을 도입하여 구정 전반에 관한 평가를 시행하고 있는 것을 들 수 있다.

전자시민평가시스템의 도입방안으로는 첫째, 당해 연도의 주요업무계획에서 선정한 주요사업 중 집행 완료된 사업의 당초 목표와 실적, 예산과 결산, 결과 등을 전자문서로 작성하여 DB를 만들고 이를 시민평가시스템 상에 공개하여 웹 상에 제공된 평가표에 시민들이 평가할 수 있도록 한다.

【 도쿄 세다가야구의 시책평가지원시스템 】

○ 행정평가제도를 정보화에 의해 실현하고자 평가의 방법 등에 관한
  정보시스템을 만들고 재정계획 및 예산편성 등에 반영하고 있다
○ 이 시스템은 청내 네트워크에 접속되어 재무회계시스템과 연결되
  고, 결산 및 사업실적, 예산 등의 데이터를 입력하며, 시민들은 이
  들 사업별로 정리된 자료를 보고 제공된 '시책평가 시트(sheet)'에
  평가를 실시한다
○ 평가의 결과는 공개되어 구청과 시민들이 공유한다

둘째, 행정 및 정책평가를 담당하는 조직에서 이러한 정보시스템의 개발을 추진한다.

셋째, 전용 D/B를 구축하지만, 기존의 재무회계, 정보공개시스템 등의 D/B와 연계하여 운용한다.

넷째, 아웃소싱을 통해 시스템을 개발하지만 다음과 같은 기능을 포함하도록 한다.

다섯째, 시스템의 기능은 행정평가표의 입력과 갱신, 집계와 자동계산, 분석과 보고기능, 검색, 축적, 공개기능이 가능하도록 설계한다.

시민평가시스템의 효과는 무엇인가. 그것은 첫째, "계획 → 집행 → 평가"라는 행정의 과정 중 평가부분을 전자적으로 완수하게 하는 시스템의 도입을 통해 행정의 전문화와 지식화를 꾀할 수 있다는 점이다. 둘째, 시책평가를 과학적으로 하게 됨으로써 일하는 방식을 획기적으로 변화시킬 수 있다. 셋째, 행정평가 결과를 청내 조직간에 공유하고 시민들에게 공개함으로써 과학적인 관리와 민주적인 시정이 가능하게 된다.

6) 전자옴브즈만(e-ombudsman)의 도입

전자옴부즈만(e-ombudsman)이란 시민들의 고정(苦情)을 전자적으로 처리하는 옴부즈만 제도를 도입하는 것을 말한다. 이는 옴부즈만을 온라인 상에서 임명하고 활동하도록 하여 시정에 대한 고객불만을 최소화 하려는 것이다.

전자옴부즈만은 스웨덴 등에서 발전하여 구미 각국에서 활발하게 운용하는 제도인데, 온라인상에서의 전자옴브즈만의 도입은 기존 조직 혹은 정치기제와의 충돌을 최소화하며, 상징적인 의미가 크다.

전자옴브즈만은 간단한 시스템 개발(홈페이지 등)로도 활동할 수 있다. 따라서 이를 도입하는 데에 제기되는 어려움은 기술의 문제가 아니라 제도상 그리고 리더의 의지가 가장 큰 관건이다. 다만, 도입 초기단계에서는 사이버도우미의 성격을 강하게 하여 제도상의 마찰을 피하는 것이 좋다. 따라서 다음과 같은 추진전략을 세우는 것이 좋다.

【 전자옴브즈만 사례 】

○ 이탈리아의 Banking e-ombudsman
 - 이탈리아의 많은 은행들은 전자옴브즈만을 도입하여 고객들의 요구와 불만을 처리하고 있음
 - 고객들은 전자적으로 제공된 불평 및 고정처리 양식을 작성하면, 전자옴브즈만이 활동을 개시하게 되고, 최대 60일 이내에 문제를 처리할 수 있게 됨
   http://www.consumatori.it/banche/ombudsman.htm

○ Arizona의 e-ombudsman
 - 아리조나에서는 시민이 주행정에 불만을 갖게 되면 전자옴브즈만에게 불평을 신고하게 되고, 고정처리를 하게 됨
   http://www.azleg.state.az.us/ombuds/ombuds.htm

첫째, 옴부즈만시스템의 개발(고정처리상담 양식과 활동규정을 담은 시스템), 둘째, 전자옴브즈만의 임명(공무원만 가능한 것이 아니고 의회에서 임명하거나, 시민을 명예옴부즈만으로 임명하는 것도 가능함). 셋째, 이 활동을 보장할 근거 규정의 마련. 넷째, 활동의 결과, 고정처리의 대상이 된 부서들 고정처리의 의무화. 다섯째, 고정처리의 내용과 처리결과는 D/B화하여 지식정부의 근간이 되도록 지식베이스화를 추진하는 단계가 그것이다.

전자옴브즈만의 효과로는, 첫째, 시정에 대한 고객불만을 최소화하는 기제를 도입함으로써 행정만족도를 제고할 수 있으며, 현재 시장에게 몰리는 고정처리를 분담하게 되고, 둘째, 시장에게 정책문제에 몰두할 시간을 줄 수 있으며, 셋째, 선진적인 제도로서 파급효과가 크다는 점 등을 들수가 있다.

7) 사이버 여론조사(Cyber Poll)시스템의 도입

사이버 여론조사시스템은 시민의 욕구와 선호를 손쉽게 파악할 수 있는 솔루션을 의미한다. 시민의 욕구와 선호를 파악하는 것은 이

【 전자투표의 사례 】

○ 전자투표를 선도한 www.vote.com사이트는 클린턴의 정치참모였던 딕 모리스(Dick Morris)가 1999년 10월 30일에 개설한 이래 미국의 정치, 경제, 사회 분야 현안들에 대해 유권자들을 대상으로 인터넷 찬반투표를 실시하고, 그 결과를 국회의원과 행정당국에 바로 전달해 정책에 반영토록 하고 있음

○ 문을 연 첫날에만 5천여 명이 접속해 한 표를 행사하는 열기를 보인 이 사이트의 의의는 여론조사가 보통 1천-2천 명을 대상으로 하는 데 비해 전국에서 1백만 명 이상이 상시적으로 투표에 참여해 영향력이 막강함

제 지방자치에 있어서 가장 기본적인 사항이다(<표 2> 참조). 사이버 여론조사 시스템의 추진방안으로는 첫째, 사이버 여론조사 시스템의 활용이 필요한 분야를 규정 등으로 명시한다. 둘째, 사이버 여론조사 시스템을 활용할 부서가 이 시스템을 손쉽게 이용하도록 시스템을 발전시킨다. 셋째, 시민들이 손쉽게 접속할 수 있도록 시스템디자인과 위치를 변화시킨다. 넷째, 시스템의 운용결과를 정책에 반영하는 기제를 확립한다.

<표 2> 의견수렴이 필요한 업무와 근거

업무	내용	근거법	비고
법제의 제·개정	각종 지방자치단체 법규의 제·개정	전자정부법 제28조	2001년 7월 1일부터 시행
행정예고	·국민생활에 매우 큰 영향을 주는 사항 ·많은 국민의 이해가 상충되는 사항 ·많은 국민에게 불편이나 부담을 주는 사항 ·기타 널리 국민의 의견수렴이 필요한 사항	행정절차법 제46조의 내용을 전자정부법이 보완	행정절차법은 1999년 8월부터 시행
민원업무	민원업무의 개선/여론수집	민원사무처리에관한 법률시행령 제65, 67조	2001년 2월 시행
도시업무	도시계획의 수립 도시개발 및 재개발 교통영향평가	도시계획법 제22조 도시개발법 제7조 및 도시재개발법 제25조 도시교통정비촉진법 제8조	기초조사시 시민의견 반영
환경영향평가	환경, 재해, 교통 등의 영향평가	환경교통재해 등에 관한 영향평가법 제6조	이외에도 산업입지 및 산업단지의 조성/에너지개발/도로의 건설/수자원의 개발/하천의 이용 및 개발/개간 및 공유수면의 매립/관광단지의 개발/산지의 개발/ 특정지역의 개발/체육시설·폐기물처리시설 등에 적용

사이버 여론조사시스템의 효과로는, 첫째, 시민의 욕구와 선호를 파악하여 시정의 서비스를 제공함으로써 시정의 과학화를 달성할 수 있다. 둘째, 시민들의 정책에 대한 투입기제를 확보함으로써 시정의 공동경영에 한발 더 나아가게 된다. 셋째, 긴급하게 시민들의 의견수렴이 필요한 정책 및 행정 이슈에 효과적으로 대응할 수 있다는 점 등이다.

8) 시민배심원제도의 도입

시민배심원제도란 정책의 전 과정에 시민의 의견을 직접 반영하기 위하여 배심원(juror)을 두어 마치 법원에서 평결을 하듯이 이슈가 되는 정책에 대한 토론을 벌여 정책의 타당성 평결을 하게 하는 것을 말한다. 정보기술의 발달과 함께 이 제도는 웹상에서 실현될 수 있게 되었으며, 시민에게 권한을 주어(empowerment) 실질적으로 정책에 참여하는 제도로서 큰 의의가 있다.

시민배심원제도의 추진방안으로는 첫째, 웹에 기반한 시민배심원 지원시스템을 개발하여 해당 정책의 배경자료를 제공받고 해당 정책의 담당자로부터 설명을 들은 후에(화상회의 방식 등), 상호토론을 거쳐 평결에 이를 수 있도록 한다. 둘째, 시민배심원들은 지역에 거주하는 주민으로서 한정하고, 연령·직업·교육·거주지 등에 따라 무작위로 선정하여 대표성을 확보하도록 한다(배심원들의 활발한 토론을 위하여 20명 내외의 배심원을 둘 수 있음). 셋째, 시민배심원들의 의결에 따라 해당 정책에 대한 전문가의 조언이나, 찬반양측의 입장을 들을 수 있는 권한과 책임을 부여하여 정책에 실질적인 도움을 주도록 한다.

이 제도의 도입을 위해서는 다음과 같은 절차를 따르도록 한다. 첫째, 시민배심원제도 도입의 법적, 조직적 근거(이 제도의 운영을 위한 조례의 작성과 담당조직의 지정) 마련. 둘째, 시민배심원제도 운영을

【 미니에폴리스(Minneapolis) 사례 】

○ 시민배심원제도를 1973년부터 활용하고 운용해 온 세계 최초의 사례
로 알려짐. 인터넷의 발전에 의해 사이버공간(www.jefferson-center.org)
으로 활동공간을 넓혀 운용하고 있다

○ 운용주체는 제퍼슨 센터(The Jefferson Center for New Democratic
Processes)라는 민간조직이며, 시민·기업·재단 등의 기부를 받아 운
용된다

○ 이 센터는 연령, 성, 인종, 교육 등의 사회경제적 변수에 따라 무작위
로 선정된 24명의 시민배심원을 선정하여, 현안이 되는 정책에 대하
여 개요 및 예산, 효과 등에 대한 설명을 듣거나, 자료를 제공받고 그
들간의 토론을 거쳐 해당 정책의 타당성을 검증하게 된다

○ 시민배심원들은 소정의 회의비와 활동비를 지급받으며, 그들이 평결
해야 할 문제에 대하여 전문가의 조언을 듣거나, 찬반 양측의 주장도
들을 수 있다

위한 시스템 개발. 셋째, 시민배심원의 임명(시의회의 추천, 시장의 추
천, 시민의 추천을 거쳐 시장이 임명). 넷째, 시민배심원제도의 활동을
위한 예산편성.

　시민배심원제도의 효과로서는 시민의 의견을 듣는 전자민주주의
의 실질적 방안으로서 기능할 수 있다는 점이다. 또한 사이버여론조
사 혹은 전자시민회의 등에 비하여 비교적 적은 수의 시민배심원을
선정하여 정책과정에 참여케 함으로써 운영비용이 저렴하고, 또 시
민배심원이라는 명예가 주어짐으로서 적극적인 참여를 유도할 수 있
다.

5. 전자지방자치의 실현을 위한 과제

인터넷과 퍼스널컴퓨터의 보급 등 정보기술이 지방정부의 운영양상을 변하게 하고 있고, 이러한 분위기에 빨리 적응하는 것이야말로 우리의 경쟁력을 제고하는 첩경이다. 그러나 우리가 처해 있는 상황을 살펴보면 생각처럼 전자지방자치제를 구축한다는 것이 그리 간단한 일은 아니다. 넘어야 할 장벽이 너무도 많기 때문이다.

첫째, 환경의 변화에 대응하지 못하고 있는 법률이 그 장벽이다. 지방정부 직원의 활동은 하나 하나가 법률에 의하여 구속되고 있다. 이 법률은 그것이 존재하는 사회의 규범이고, 이 규범은 그 사회의 생활양식과 가치관을 반영하는 것이다. 문제는 이 사회가 급속도로 변화하고 있고 이에 따라 법률이 기반하는 사회의 생활양식과 가치관이 급속도로 변화하고 있다는 데 있다. 이러한 급속한 사회변화에 법률이 따라가지 못하고 있는 것이다. 따라서 지방정부가 독자적인 정책으로 IT를 활용하려고. 하더라도 뒤쳐진 법률이 이를 가로막고 있다. 예컨대, IT기술의 발달로 인하여 주민참여가 더욱 늘어나고 있지만 지방자치제의 차원에서 주민들의 의견을 어떻게 결집하고 행정 혹은 정책에 반영하여야 하는지, 어느 정도의 의무 혹은 강제성을 두어야 하는지 등에 대한 규범적인 합의를 하고 있는 곳이 거의 없는 현실인 것이다.

둘째, 법제도의 정비보다도 더욱 큰 문제는 변화를 두려워하는 공무원의 의식이다. 전자주민자치를 구축하는 데 있어서 우리가 넘어야 할 큰 산은 지방자치단체의 리더와 이를 뒷받침하는 공무원들이 전자지방자치의 기본을 이해하고 이를 추진하기 위해서 관리시스템의 전반적인 혁신을 수행해야 한다는 점이다. 즉, 행정개혁의 일환으로서 IT를 도입하고, 종래의 업무절차와 조직문화를 변혁시켜 나가기 위해서는 무엇보다도 지도자의 확고한 철학과 리더십이 요구된다.

따라서 지도층이 먼저 IT에 관하여 깊이 이해하고 솔선하여 공무원들을 이끌어 나가지 않으면 IT를 조직문화 혁신의 수단으로 활용할 수가 없게 된다. 그러나 현실을 살펴보면 상위층일수록 오히려 IT활용에 소극적인 것이 우리의 모습이다.

셋째, 경직된 인사제도 또한 지방정부의 IT 혁명을 가로막는 장애물이 되고 있다. 전자주민자치가 성립하는 기본 토양은 정보공유와 전향적인 행정혁신이 일상적으로 이루어지는 것이다. 그러나 현실적으로 우리의 행정실태를 살펴보면 행정 내부에서조차 정보가 공유되지 않는 부처할거주의에 의하여 각종 정보는 사무실의 칸막이로 둘러쌓여진 그 공간이 생존공간이 되고 있다. 또 그 정보를 만든 당사자가 재임하고 있을 때까지만 생존하고 있는 경우가 다반사다. 특히 감점주의적(減點主義的) 인사시스템은 보다 혁신적이고 신사고를 실천하려는 공무원을 키우지 못하고 있다. 또한 순환보직제도에 의하여 담당업무가 빈번히 바뀌는 현실에서는 전문가를 키울 수도 없다.

전자지방자치는 민간기업과도 경쟁하려는 혁신적인 사고에서 출발한 것이다. 따라서 전자지방자치가 성공하기 위해서는 연공서열과 관료제적 계서제(階序制)에서 탈피하고, 업적주의와 유연한 인사채용 시스템을 구사할 때 비로소 그 실현 가능성이 높아지는 시스템이다.

넷째, 행정에 의존적인 수동적·소극적 주민의식도 전자지방자치의 가능성을 줄여버린다. 전자지방자치의 시스템을 마련하는 것은 행정의 역할이지만 이를 적극적으로 활용하는 주체는 역시 주민이다. 따라서 지방정부에서는 주민이 보다 적극적으로 전자지방자치제도를 활용하도록 유인하는 다양한 프로그램을 제시하여, 행정을 주민과 공동으로 경영해 나가는 참여채널을 제공하고 주민이 손님으로서가 아니라 명실공히 주인으로서 참여하게 하는 영역을 확대해 나가야 한다. 이러한 방안에 대해서는 후술하는 전자지방자치의 성공조건에서 보다 자세히 다루게 될 것이다.

Ⅱ. 전자지방자치의 성공조건

전자지방자치가 의도한 대로 구축되고 실효성 있게 기능하려면 많은 것들이 변화해야만 된다. 전자정부 및 전자지방자치에 대한 각종 이론과 사례를 담은 본서가 실효성·있기 위해서도 성공의 전제조건들에 대한 이해와 이들에 대한 성공적인 정비가 관건이다[1].

다음 [그림 9]와 같은 틀을 가지고 전자정부 구현의 성공을 위한 전제조건들을 이해하여 보고자 한다.

전자지방자치가 성공하기 위해서는 첫째, 전자지방자치를 추구하는 리더십의 의지가 있어야 하고 그에 따라 스탭들도 정비되어야 한다. 리더의 추진력과 그를 보좌하는 조직 없이는 정보기술을 활용한 정보시스템을 통하여 행정능률을 달성할 수 있을지 모르나 전자지방자치를 말할 수는 없다.

둘째, 지방공무원의 인사상의 문제가 선결되지 않으면 안 된다. 과거에는 정보인력이 전화교환원과 동일시되거나 타자수와 같은 취급을 받던 적도 있었다. 지금은 그렇지 않다 해도 정보인력에 대한 차별이나 무시가 있어서는 전자지방자치의 성공이란 지난한 것이다. 즉, 인사상의 발상이 바뀌는 것이 전자지방자치의 성공을 위한 중요

---

1) 전자지방자치의 성공을 위한 조건에 대해서는 島田達已(2001)교수가 제시한 것이 참고할 만하여 그의 연구에 상당부분 의존하여 소개하고자 한다. 그러나, 성공조건의 선택이나 사례의 제시나 해석 등은 필자의 견해임을 밝힌다: 島田達已, 情報技術を 活用した自治体戰略(東京: ぎょうせい, 2001).

[그림 9] 전자지방자치 성공의 조건

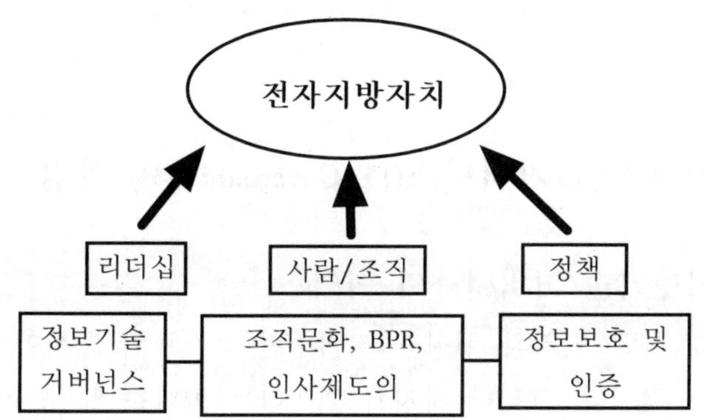

한 조건이다.

셋째, 조직문화가 바뀌어야 한다는 점이다. 조직문화가 보수적이고 안정희구적이면 극심한 기술변화에 의해 야기되는 사회변화 그리고 그에 수반하는 행정변화를 따라갈 수가 없다.

넷째, 업무의 개혁이다. 흔히 BPR로 불리는 이 과정은 지식정보시대에 맞추어 행정의 내부를 바꾸자는 것이다. 속은 그대로 두고 겉만 바꾸는 것으로는 전자지방자치를 성공시킬 수 없다.

다섯째, 지식경영체제의 확립이다. 상급자가 업무상 얻은 지식이나 정보를 노하우로 인식하여 하급자에게 전수하기를 꺼리는 관행은 공무원 개인 혹은 부서에 의한 할거주의, 보수주의, 보신주의로 인해 지식 혹은 정보가 창의적으로 진화하는 일을 방해해 왔다. 따라서 조직 내에 지식의 공유와 공동개발을 가능하게 하는 지식경영시스템의 도입은 전자지방자치를 완성하는 조건인 것이다.

마지막으로, 정보보안과 정보보호의 확립이다. 전자지방자치는 각종 서비스의 제공과 의견교환이 사이버 공간에서 이루어지기 때문에 전자거래 및 전자서비스의 부정적 사용을 막는 것이 매우 긴요하다. 사이버공간에 참여하는 사람들간 상호교섭의 특징은 동시다발적이고 순간적이기 때문에 한번의 부정한 사용도 그 파급효과가 크다. 정보의 부정사용을 막지 않고는 성공적인 전자지방자치란 무망한 것이다.

1. 정보기술 거버넌스(IT Governance)의 확립

1) 정보기술 거버넌스의 의의

지방자치란 지역의 행정을 지역주민 스스로의 의사에 기초하여 펴나가는 것이다. 그러나 자치가 의미하는 바와는 달리, 현실에서의 지방정부들은 사정은 제각각 다르지만 중앙정부의 의사를 어느 정도 따르지 않을 수 없었다. 일천한 지방자치의 역사가 지방정부로 하여금 아직 중앙의존적인 성향을 완전하게 벗어나지 못하게 하고 있다.

그러나 지방자치가 본래의 의미를 다하기 위해서는 지방정부는 중앙의존형이던 관습, 업무양태, 제도 등을 주민지향형으로 바꾸어 가지 않으면 안 된다. 특히 정보화시대에는 지방정부가 과거의 구태를 벗고 '주민의 입장에서 행정의 모든 것을 바라보는'(citizen-based) 시각을 가져야 한다. 주민들은 더 이상 수동적으로 세금이나 내는 자동인형이 아니며, 정부의 비효율과 무능력에 대해 자신의 비평을 전달할 의사와 채널을 갖고 있다.

정보화시대의 주민들은 지방정부가 제공하는 정보 이외에도 인터넷을 통하여 전 세계적으로 자신의 정부가 어떻게 되어야 한다는 기준과 관련된 정보를 끊임없이 전달받고 있다. 이제 주민들은 지방정부가 자신들을 위하는 행정을 펼치는 것이 아니라 중앙정부를 위하여 행정을 펼치는 것을 인내하지 못한다.

또한 쌍방향의사소통을 비약적으로 발전시킨 정보기술은 지방자치가 중앙의존형을 벗어나 주민지향형으로 바뀌기 위한 강력한 도구이기도 하다. 따라서 요즈음 대두된 말로 정보기술 거버넌스(Information Technology governance)를 확립하는 것이 지방정부로서도 중요하고 시급한 과제가 되었다. 정보기술 거버넌스란 지방정부의 실정에 맞는 정보기술전략의 책정과 실행을 통제함으로써 주민들의 참여를 진작시키고 다른 지역에 대하여 경쟁우위를 갖게 하는 관리전략을 의미한다.

지방정부가 정보기술 거버넌스를 확보하기 위해서는 다음과 같은 것을 확립하는 것이 중요하다.

첫째, 지방정부의 리더십은 정보기술의 활용을 정보시스템 담당자에게만 의존하지 말고 자신이 스스로 결정하여야 할 문제라고 인식하는 데서 출발하여야 한다. 정보화의 추진에는 시장, 군수, 구청장 등의 정보화에 대한 이해를 바탕으로 하는 강력한 리더십이 관건인 것이다. 하급 담당직원들에게만 맡겨 두어서는 정보시스템을 도입하거나 이의 도입에 필요한 업무개선을 청 전체에 요구하기에는 그 저항이 크다. 즉, 밑으로부터의 정보화에는 한계가 있는 것이다.

둘째, 시장, 군수, 구청장 등이 직접 CIO를 맡지 않을 때는 부단체장이나 국·실장 중에서 CIO를 임명하도록 해야 한다. CIO가 고급관리자에게 맡겨지지 않고 중급관리자에게로 넘어가게 되면, 정보화의 조직 확산이 그만큼 늦어지게 된다.

셋째, 지방의회는 지방정부 정보화의 중요성을 인식하고 그 추진에 적극적으로 관여해야 한다. 지방자치에 있어서 지방의회의 영향력은 날로 증대하고 있다. 지방의회가 정보화에 대한 조류를 정확히 인식하고 해당 지역의 발전을 선도하는 역할을 하는 것이 그렇지 않은 지역보다 정보화의 열매가 큰 것이다.

넷째, 정보기술전략을 작성하고 그에 따른 집행을 하여야 한다. 다른 데서 하니까 한다는 식의 안일한 발상을 벗어나, '우리의 미래는 어떻게 해야 하나?'(비전), '이를 위한 전략과 이를 실천할 과제는 무엇인가?'(계획), '이를 실천할 정보기술은 무엇으로 할까?'(집행) 등의 질

【 미 워싱턴주의 사례 】

미 워싱턴주는 전자정부 구축시 다음과 같은 지도이념을 정하고 활용하여 미국 내에서 가장 빠르고 효율적으로 전자정부를 구축하고 있다는 평가를 듣는다.

- **제 1의 이념: 시민중심**
  - 시민중심이란 "시민이 단순히 공공서비스의 고객일 뿐만 아니라 공공서비스를 제공하는 정부의 궁극적인 소유자"라는 것을 확인하고, 전자정부의 설계원칙이 되어야 함
- **제 2의 이념: 사용하기 쉽고 편리함**
  - 이는 시민의 입장에서 온라인 어플리케이션을 설계하여야 함을 의미함
- **제 3의 이념: 변형의 원리**
  - 업무의 변형은 전자정부의 성과를 얻기 위해서는 업무의 재편을 수행하고, 어플리케이션, 아키텍쳐, 인프라 및 정책구조를 정비할 필요가 있음을 의미
- **제 4의 이념: 비용과 복잡성의 감소**
  - 이는 전자정부가 이전의 행정수속 등에 비해 시민이 부담하는 비용이 적고, 행정수속이 간편해야 함을 의미
- **제 5의 이념: 능력**
  - 능력이란 전자정부의 구축에 있어서 개별시스템의 비용편익에 중점을 두는 것이 아니라 정부 전체의 능력이 향상되어야 하므로 관련되는 모든 업무 및 조직을 감안해서 시스템을 개발해야 한다는 것
- **제 6의 이념: 생산성과 책무성**
  - 생산성은 전자정부가 업무의 생산성을 향상시키고, 책무성은 데이터의 정확성을 보장하고 감사·보존·검색 등의 기능을 향상시켜야 함을 의미
- **제 7의 이념: First Move**
  - 이는 말 그대로 공무원이 위험을 갖고 기업가적 정신으로 일하여야 전자정부를 다른 곳보다 선진적으로 구축해 나갈 수 있다는 의미임(중략)
- **제 8의 이념: 핵심적 관리(core governance)**
  - 이는 전자정부가 21세기의 새로운 행정관리의 모델이 되어, 공공서비스의 중핵이 되어야 함을 의미함

문을 하면서 실천해 가야 한다. 그러나 정보기술전략은 정보기술의 발전이 극심하기 때문에 그 작성에 걸리는 시간이 6개월이 넘지 않도록 한다.

다섯째, 정보기술의 도입, 구축, 운용의 이념 및 지침을 작성하여 실시하는 것이 좋다. 이념에는 정보기술 도입의 철학을 담고, 지침에

는 하드웨어사양, 소프트웨어, 통신사양 등의 표준화, 시스템 구축 및
운용의 집중과 분산에 관한 방식 그리고 정보보안정책 등을 포함하
도록 한다(글상자 참조).

여섯째, 업무정보시스템과 네트워크시스템의 통합을 도모하는 것
도 필요하다. 현재는 양자가 각자 별도로 개발, 운용되는 경우가 많
다. 업무정보시스템은 주로 정부 내부에서 운용하지만, 이것이 네트
워크상에서 실현되는 방향으로 가야 하고 또 이곳에서 만들어진 데
이터 혹은 정보가 정부 외부에서도 이용되거나, 반대로 정부 외부 즉
시민이 네트워크상에서 입력하면 곧바로 업무DB에 입력됨으로써 업
무의 능률을 높이도록 한다.

2) 정보화추진조직의 편성

(1) 정보서비스업(ISP)으로서의 지방정부

정보화란 단순한 정보기술의 도입, 이용이라는 기술적인 측면에
국한되는 것이 아니다. 도입된 정보기술의 효율성과 실효성을 위해
서는 이를 추진하는 인간의 행동과 연관된 활동이 전제되어야 한다.

행정정보화란 행정조직 내외에 있어서 정보의 공유화, 온라인화
를 추진하는 동시에 정보를 수집, 정리, 저장, 가공, 분석함으로써 정
보의 의미를 해석하고 전략적인 행정운영을 도모하는 것이라 할 수
있다.

행정정보화의 추진을 위해서는 정보의 공유화, 온라인화에 걸맞
는 조직의 변동과 함께 직원의 의식전환, 업무기술의 향상을 도모하
는 것이 필수적이다. 단순한 정보시스템의 도입만으로는 충분한 효
과를 거두기 어려운 것이다.

주민등록DB, 지적DB, 세금 납부, 자동차범칙금 납부 등 지방정부
가 정보기술을 활용하여 주민에게 제공할 수 있는 서비스는 어느 기

업도 제공하지 못하는 독점적 서비스이다. 그러므로 지방정부의 조직은 주민에게 정보서비스를 제공하는 정보산업체의 하나라고 말할 수 있다. 행정서비스를 제공함으로써 존재하고 발전하는 그런 조직이 지방정부인 것이다. 정보서비스를 효과적으로 잘 제공하고 그에 따른 응분의 보상을 받기 위해서는 정보화추진조직을 다음과 같은 관점에서 구축할 필요가 있다.

(2) 직원수의 억제

행정내부 업무를 대상으로 한 정보화의 효과는 효율성의 증대이고, 이는 결국 조직의 간소화로 귀결된다. 인건비 비율을 낮추고, 직원 일인당 생산성을 높이며, 새로운 행정과제에 대응하기 위하여 정보기술을 활용하는 것이다. 그러나 이제까지는 대부분 정보화투자가 조직의 간소화로 이어지지는 않았다. 오히려 정보화투자는 투자대로 하고, 그 효과는 적어 결국 재정낭비만 가져온 것이 아니냐는 비난이 있기도 하였다.

이렇게 된 원인은 행정의 변화에 대한 의식이나 행정철학의 변화 없이 정보시스템 등 설비에 대한 투자를 먼저 하고, 그 이후에 이 시스템을 운영할 법제나 제도를 정비하며, 그 다음에 사람의 의식이 따라가는 우리의 일반적인 정보화 과정의 결과 때문이다. 사람의 의식이 제일 나중에 바뀌다 보니 그 동안 하던 일은 계속하고, 또 애써 들여놓은 정보시스템을 놀릴 수 없어 추가적인 인력이 필요하게 되는 것이다. 따라서 감축은커녕 조직 및 인력이 확대되지 않으면 다행인 형편이 되어버렸다.

따라서 이제부터라도 정보화의 효과를 얻기 위해서는 도입할 정보시스템에 대한 정확한 비용편익분석, 인력판단 등을 선행하여 조직이 감축되는 방향으로 전개되어야 한다.

(3) 아웃소싱의 추진

정부의 할 일은, Osborne과 Gabler가 그들의 명저 'Reinventing Government'에서 말했듯이, 조타수의 역할을 하는 것이다. 노를 젓는 일(rowing)로 비유되는 직접 생산자적인 업무는 민간에게 맡겨야 할 일이다. 즉, 상하수도의 공급, 청소년 복지시설의 공급 및 서비스 전달, 폐기물처리 등과 같이 노를 젓는 것에 해당하는 정부의 일은 아웃소싱(out-sourcing)을 하도록 해야 한다. 지방정부는 정책을 기획하고, 정책대안을 제시하는 지역의 미래를 설계하고 비전을 제시하는 창의적인 활동을 해야 하는 것이다.

아웃소싱을 하는 방법도 정부가 단지 정보기술업체에 시스템개발을 발주하고 이를 납품받아 운용하는 소극적인 방법에 만족해서는 안 된다. 예를 들어 보자. 아웃소싱 업체가 개발완료 후 납품을 하게 되면 그 뒤 운용의 책임은 발주처의 책임이 된다. 정보시스템이나 정보서비스의 경우는 최초 납품도 중요하지만 계속해서 개선하고, 이미 존재하는 것을 진화시키는 것도 중요하다. 따라서 계약을 할 때에 개발완료 후 시스템의 효용성을 측정하여 그 성과를 보고 성과급을 지급하는 조건을 명시하는 것이 한 방편이다. 또 개발 후 유지, 보수, 교육 등의 조건은 계약시에 필수적으로 고려하여 시간이 지나도 행정의 본래 업무를 잠식하지 않도록 해야 하는 것이다.

(4) 광역적인 연대

비슷한 행정서비스를 여러 지방정부가 제공해야 할 경우, 이들 간에 상호 연대해서 시스템을 개발하고 운용하는 편이 더욱 효율적이기도 하고, 또 주민의 생활권의 확대라고 하는 욕구에 부응하는 것이다. 광역적인 연대를 하기 위해서는 주민정보와 서비스에 관한 정보의 일원화가 전제조건이다. 지방정부의 조직 및 업무의 제휴를 도모하기 위해서도 정보기술은 유력한 도구가 되는 것이다.

영국 런던의 Wandsworth Borough, Barnet Borough 등 6개의 구(區)는 2000년 10월에 London Connect라는 광역적 연대를 결성해 사회복지서비스, 교통서비스 등의 행정서비스를 제공하고 있다. 이들은 서로 상대적으로 유리한 시스템을 개발하고 이를 각자 공동이용할 수 있도록 시스템의 호환성을 중시하는 방식을 사용하였다. 즉, 사회복지서비스 시스템 하나를 개발하여 6개의 지방정부가 이를 사용하는 효과를 거둘 수 있게 된 것이다. 한 지방정부의 입장에서 보면 하나의 시스템을 개발하는 비용으로 다른 5가지의 정보시스템을 활용할 수 있게 되었다.

3) 추진조직의 정비

전자지방자치를 추진하는 견인차 역할을 할 조직을 설치하는 것이 다음의 과제이다. 이 조직은 정보화계획, 부서간 조정, 전청적인 시스템의 정비와 운용, 정보화연수, 데이터 및 시스템 표준화의 추진, 부문별시스템 정비 및 운용의 지원 등을 담당하게 된다.

오늘날 지식정보사회에 대한 대비를 위해 다른 전통적인 행정영역보다 정보화에 더 많은 투자와 인력이 투입되고 있으므로 효율성을 확보하기 위한 적절한 조직화가 필요하다. 정보화 추진조직은 대체로 다음과 같은 체계를 갖는 것이 필요하다.

①CIO(정보최고책임자)의 임명
②청내 최고의사결정기구의 설치
- 간부회의, 국장회의 등과 같은 최고 의사결정기구를 둔다. 1998년 제정된 정보화촉진법에 의해 지방정부마다 구성되기 시작한 '정보화추진위원회'도 이러한 기구의 예이다.
③각 부문 정보화 추진조직들의 조정회의
- 청 내 정보화 시책의 운영시에 발생하는 긴장 혹은 갈등을

조정하는 조직이다. 각 부문 정보화 추진조직의 실무자 등
이 모여 회의체로 운영한다.
④테마별 프로젝트 팀
　- 청내 모두에 관련이 있는 정보시스템을 테마별로 정비하기
　위해 관계부문의 실무자들이 모여 구체적인 검토를 하고,
　시스템을 개발하는 등의 업무를 보게 한다.
⑤정보화 전담조직
　- 위와 같은 기구들의 사무국 혹은 간사는 정보화 전담조직에
　서 맡도록 한다.

4) 정보화 전담조직의 구조와 기능

정보화 전담조직에는 아래 [그림 10]처럼 ①정보화기획/사업추진,
②기간정보시스템 개발 및 관리, ③개별정보시스템 개발운영지원, ④
정보교육, 연수 등의 기능을 갖도록 그 조직을 정비하는 것이 필요하
다.

[그림 10]은 전자지방자치를 추진하기 위하여 CIO를 포함한 각 조
직들이 어떻게 협동하는가를 설명하고 있다. 이를 상술해 보면, 첫째,
정보기획 쪽에서는 주무담당으로서 조직 전체를 대변하며, 정보공개
/개인정보보호/문서관리 등 정보정책에 대한 결정과 집행 및 각종
사업에 대한 진척관리를 담당하도록 한다.

둘째, 기간정보시스템의 개발 및 관리 쪽에서는 각종 정보정책을
따르는 동시에 관계 부서와의 협의를 통하여 기간정보시스템을 개발
하고, 이의 조정과 유지, 개선 등을 담당하게 된다. 조직, 인사, 예산
등과 같은 행정업무를 전자화하기 위한 노력을 기울이게 한다.

셋째, 개별정보시스템 개발운영 쪽에서는 각종 정보정책을 다른
부서에서 개발하는 시스템에도 적용하도록 하며, 이들간의 호환과
중복방지를 위해 공동자원관리 등을 담당하도록 한다.

[그림 10] 정보화 전담조직의 임무와 부서간 관계

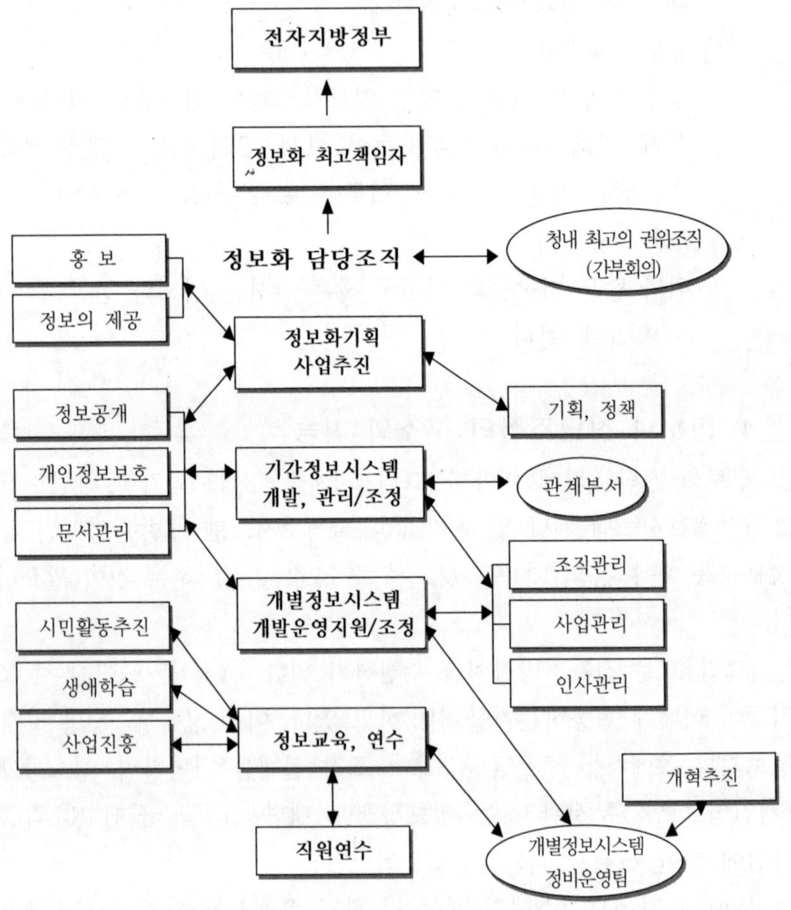

넷째 정보교육 및 연수 쪽에서는 각 종 시민활동을 지원하고, 생애학습과 산업진흥을 위해 필요한 업무를 담당하며, 청 내 직원들의 정보교육을 실시하게 된다.

2. 전자지방자치를 위한 인사제도의 확립

전자지방자치를 성공적으로 구축하기 위해서는 정부에서 일하는 사람 자체가 변화하지 않으면 안 된다. 공무원이 변화하지 않으면 정부내의 그 무엇도 변화하지 않기 때문이다. 아무리 비싼 장비를 들여왔다 해도 이를 사용할 사람이 없으면 그저 고가의 장식품에 지나지 않는다. 비싼 장비가 제값 이상의 기능을 하려면 이를 다룰 줄 아는 사람을 양성해야 하며, 또 이 사람이 제대로 일할 수 있도록 뒷받침해주어야 한다. 따라서 정보화시대에 걸맞는 인사제도가 마련되어야 전자지방자치가 한 걸음 가까이 왔다고 할 수 있는 것이다.

이는 곧 인사개혁을 의미한다. OECD국가들에 있어서도 전자정부를 구축하기 위한 전략적 수단으로 인사개혁을 단행했던 것도 같은 맥락이다.

한국에서도 1998년부터 대대적인 인사개혁을 시도하고 나섰다. 전문적인 인사개혁기구로서 중앙인사위원회를 설치하고, 이 기관의 이니셔티브에 의해 목표관리제, 성과급제, 개방형 직위제 등이 도입되었으며, 실적주의 인사관리를 강화하고자 하였다. 이러한 혁신들이 지금 잘 되고 있다는 증거는 아직 불충분하지만, 이것들은 차세대 전자정부와 전자지방자치를 성공적으로 이끄는 방향으로 전개되어야 함은 분명하다. 전자지방자치의 실현을 위한 인사제도의 발전은 다음과 같은 점들에 착안하여 전개되어야 할 것으로 생각된다.

1) 공무원의 계획적인 경력관리

전자지방자치를 추진하기 위해서는 무엇보다도 공무원이 각 부문의 업무와 조직의 실제를 이해하기 위한 정보기술 및 정보의 취급방법을 알아야 한다. 이런 사람은 한 순간에 만들어지지 않으므로 장기간에 걸친 치밀한 인사계획이나 이와 관련된 정보교육이 필요하다.

장기간에 걸친 OJT(직무훈련)가 필요한 까닭에 인사이동시에는 청내 정보화추진 조직과 각 부문을 적절한 기간 동안 각각 경험시키도록 배려할 필요가 있다. 이것은 공무원 한 사람마다 그들의 적성과 능력에 따라 알맞은 경력관리를 해주어야 한다는 것을 의미한다.

이러한 경력관리제(Career Development Program)를 통해 공무원들의 체계적인 전보와 승진을 도모함으로써 전문성을 축적하고 능력을 발전시킬 수 있도록 해야 한다. 이를 위해서는 승진경로를 합리적으로 설정하는 것이 중요하다. 가능한 한 유사한 직무영역 내에서 장기근무를 할 수 있도록 해야 한다. 그리고 정보화 추진조직에서 타 부분으로 인사이동을 시키는 경우에도 본인의 희망에 따라 정보화 추진 업무를 담당케 하는 것이 경력관리를 위해서, 그리고 전자정부의 지속적인 추진을 위해서도 바람직하다.

2) 재직기간과 인사이동

청내의 정보화추진 조직에 배속된 직원의 재직연수는 일반적으로 업무의 전문성을 고려하여 평균적인 인사이동 연한보다 길게 설정하는 것이 필요하다. 개별적으로는 본인의 희망과 적성에 의해 하여야겠지만, 정보화 업무가 계속적인 기술의 진보가 이루어져 단기간에 습득하기 어렵기 때문이다. 한편, 시민에 대한 서비스의 지속성이나 시스템의 안정적 운용을 위해서도 지나치게 짧은 재직기간은 바람직하지 않다.

정보인력의 효율적인 인력관리를 위해서나 또한 인력이 가져야 할 행정인으로서의 역량을 기르는 데도 한 부서에서의 재직기간이 너무 짧은 것은 좋지 않다. 정보인력으로서 가져야 할 핵심역량은, 첫째, 효율적인 행정정보처리 및 관리 역량, 둘째, 변화에 대한 신속하고 유연한 대응력, 셋째, 시민우선의 의식과 시민의견에 대한 반응성, 넷째, 세계화에 대한 폭넓은 이해와 효과적인 국제협상능력, 다섯째, 민간부문의 다양한 이해관계 조정 및 설득역량 등이다. 이러한 핵심역량이 하루아침에 길러지는 것은 아니다. 따라서 해당 업무에 정통하고 이에 기여할 수 있도록 하는 것을 인사이동의 원칙으로 삼아야 한다.

전문기술 및 지식의 습득, 자격의 취득 등에 대해 정확하게 평가하고 이에 따른 효율향상에 대한 인센티브를 부여하도록 한다. 현실적으로 업무를 소홀히 하면서 자격증을 취득하는 것의 폐해를 지적하는 의견도 있지만, 이는 평가의 방법 및 기준을 명확하게 하는 것에 의해 극복될 수 있을 것이다.

일상업무에 매몰되지 않고 폭넓은 시계와 높은 식견을 갖도록 장려하는 것도 지식정보사회에서는 필요하다. 한 사람 한 사람 직원의 능력을 발휘하는 것이 결국 전자지방자치가 추구하는 소기의 목적을 달성하는 길이기 때문이다.

이는 곧 공무원 보수체계가 획일적 평등주의를 지양하고 차별적 공평주의로 나아가야 하는 것을 의미한다. 획일적 평등주의란 계급과 근무연수가 동일하면 부처가 다르거나 일의 성격이 다르더라도 동일한 보수를 받도록 하는 제도이다. 이미 1세기 전에 테일러(Taylor) 등이 주도한 과학적 관리학파에서 능력과 실적에 따른 성과급(merit system)을 고안해 내었지만, 유독 정부부문에서 만큼은 한 개인의 능력과 실적에 따른 정확한 평가 없이 그저 평등하게 보수를 주는 쪽으로 만족해 버렸다. 이것이 공무원의 창의를 없애는 가장 큰 원인 중의 하나인 것이다.

전자지방자치를 구축한다는 것은 곧 시민 중심으로 정부를 혁신한다는 것이고, 시민 중심으로 정부를 움직인다는 것은 다름 아닌 공무원들이 시민을 위해 존재한다는 의미이다. 또한 시민을 위해 존재한다는 것은 시민의 안녕과 행복에 보다 많은 기여를 해야 한다는 말이다. 이제 시민의 안녕과 행복에 보다 많은 기여를 한 사람을 평가해서 거기에 걸맞는 보상을 해 주지 않으면 누구라도 이전 세대처럼 남과 똑같이 일하는 관행을 멈추지 않을 것이다. 따라서 공무원 개개인이 창의를 다해 시민을 위해 봉사하게 하려면 개인별로 보수 차이가 나도록 보상체계를 재설계하여야 한다. 이것이 차별적인 것이고, 기여만큼 보상을 받는 점에서 공평한 것이다.

3) 아웃소싱의 확대

정보시스템의 일상적인 관리 운용 등은 가능한 한 외부에 위탁하고, 정규직원은 기간정보시스템의 개발 및 운영 등의 중핵업무를 담당하게 함으로써 한정된 인적 자원의 낭비를 줄여야 한다.

또, 지식정보사회에서는 인재가 내부에만 있지 않고 어떤 경우에는 오히려 외부에서 성장한 인재가 청내에 활력을 불어넣어 주므로 외부공개채용과 같은 특수한 충원도 가능하도록 한다.

필자가 전자지방자치를 선도하는 영국 런던의 윈즈워스(Wandsworth) 구를 방문하여 관찰한 사례를 보면, 전자정부를 추진하기 위해 민간기업인 더치-셸 사에 근무하던 중견직원을 스카웃하여 전자지방자치를 구축하는 운영책임을 맡기고 있다. 보상은 물론 민간기업보다 많지는 않지만 고향사람들을 위해 일하는 즐거움이 또 하나의 보수가 되고 있다. 이렇듯 고향을 위해 일하는 것이 즐거운 사람들이 있다는 믿음 하에 지방정부로서는 훌륭한 인재를 찾아 새로운 시대의 견인차 역할을 할 수 있도록 하는 것도 한 방법인 것이다.

4) 정보요원의 분류와 배양

전자지방자치를 구축하는 데 가장 필요한 핵심인력은 아무래도 정보요원이라 할 수 있다. 이 요원들은 전산정보책임을 맡는 부서뿐만 아니라 전자시청의 구현을 위해서는 전 부서에 배치하여야 한다. 이들을 다음의 네 가지로 분류하고 그 채택방안을 설명하여 본다.

①Web Manager : 웹기술에 기반한 전자정부의 운영을 총괄하는 것은 물론, 이의 구축에 필요한 부서간 조정과 정보화정책 수립을 위해 분산된 정보관리 담당요원들과 협동을 하면서 업무를 추진한다. 전자정부 구축의 가장 중요한 인물이라 할 수 있으므로 내부에 적임자가 없을 시에는 외부채용을 하도록 한다.

②Web Staff : 전자정부를 운영하는 데 있어 Web Manager를 보좌하는 기능을 담당하는 인력으로서 기본적으로 정보화기술에 대한 이해 및 시청업무 전반에 대한 이해를 통하여 전자정부의 운영을 원활히 할 수 있도록 한다.

③Program Manager : 데이터베이스 및 응용소프트웨어에 대한 지식을 가지고 전자시청 및 전자주민자치 구현을 위해 필요한 D/B설계 및 아웃소싱과 감리 등을 수행할 기술인력을 의미한다. 이 인력은 전자정부에 대한 이해를 통하여 기술자문 및 정부 내부에서 해결가능한 문제는 직접 치료하도록 교육한다.

④Case Manager : 데이터베이스 및 응용소프트웨어를 활용하여 여러 가지 관련업무를 일괄처리하는 다기능 요원을 의미하며, 이 같은 인력의 다기능화를 통하여 부서의 현존 업무(전통적 업무 혹은 off-line상의 업무)와 온라인상의 신규업무를 조화시킬 수 있도록 각 부서에서 선발하여 교육한다.

3. 조직문화의 변혁

1) 정보화와 조직문화의 관계

정보화는 정부 자체의 조직문화가 바뀌지 않으면 기계 따로 업무 따로 식으로 가게 된다. 자치단체장이나 간부들이 E-메일 하나 주고 받을 줄 모르고 기록을 남기는 것에 대해 거부감을 갖는다면, 정보화는 공염불이다. 윗사람들이 이렇게 되면, 밑의 사람들은 전통적인 업무와 이를 다시 전자화시키는 업무 이 두 가지를 동시에 하지 않으면 안 된다.

정보화시대에 맞추어 주민에 대한 서비스는 점차 정보기술에 의존하지만, 윗사람에 대해서는 여전히 면 대 면으로 보고해야 되고, 결재에 걸리는 시간도 과거와 똑같다. 오히려 만드는 문서만 두 배로 늘어난다. 종이문서와 전자문서 모두를 만들어야 하기 때문이다. 이렇게 되면 정보화에 대해서 좋은 인상을 갖기 어렵다. 따라서 조직의 문화가 전자정부를 구현하는 데 매우 중요한 변수가 된다.

전통적인 조직의 문화를 평균적으로 말하면, 안전지향, 상하관계 지향, 행정내부 지향 등으로 묘사할 수 있다. 안전지향이란 셀 수 없이 많은 감사를 의식해 '만약, 실패한다면'이란 걱정 때문에 위험을 감수하는 어떠한 도전도 하지 않으려는 자세를 말한다. 이런 안전지향이 '보신주의', '복지부동'을 초래하고 전자정부라는 새로운 개혁에도 걸림돌이 된다. 안전지향의 문화에서는 인터넷이라는 외부접속장치에 의해 자신들의 행위가 더욱 쉽게 알려지고, 또 해커 등에 의해 침입받는 것을 두려워하는 것이다. 따라서 신기술의 도입이나 새로운 업무의 증가에 대해서 적대감을 보인다. 이러한 문화 하에서는 리더의 강력한 추진에 의해서 전자정부를 구축한다 하더라도 하드웨어적인 외형을 바꾸는 것에 불과할 뿐, 조직의 업무양태는 변화하지 않는다.

상하관계 지향도 전자정부가 목표하고자 하는 정보 및 지식의 공유에 방해가 된다. 업무에 관련된 정보 혹은 지식은 전통적인 조직문화 속에서는 한 부문 내의 상하관계 속에서만 공유되는 경향이 강하다. 그러나 정보와 지식은 쌓으면 쌓을수록 늘어나는 것이고, 전자정부는 이를 도울 수단인 것이다. 상하관계 지향이 낳은 '할거주의' 등의 결과로 한 부문에서 기껏 애써서 만들어 놓은 정보가 공유되지

못하고, 다른 부문에서 이를 다시 처음부터 만드는 광경을 수도 없이
목격해 왔다. 이것이 행정비용을 증가시키는 원인 중의 하나이다.

　내부지향이란 정부 내부 구성원들간의 교류의 양이 업무가 동질
적일수록 많고, 이질적인 업무를 하는 정부구성원이나 혹은 민간, 전
문가들과의 외부적인 교류는 적은 것을 의미한다. 정부가 교류하기
두려워하였던 외부, 즉 민간부문에서는 정보화시대를 성공적으로 선
도한 기업이나 인물들이 많다. 전자정부를 구축하는 데도 유능한 한
사람의 외부인이 열 사람의 내부인 몫을 능가하는 일이 많다. 이들의
도움을 얻어 전자정부를 실효성 있게 구축하기 위해서는 인재이동이
나 교류 또는 아웃소싱 등으로 외부지향의 문화를 도입해야 하는 것
이다.

2) 변화의 지향과 과정

　전통적인 조직문화를 바꾸지 않으면 신세기의 화두인 전자지방자
치의 정착에 많은 애로를 겪을 것이다.

　조직문화의 변화 방향은 명확하다. 전자정부를 구축한다는 것이
새로운 세계에 대한 대비인 만큼 안전지향보다는 위험을 감수해야 한
다. 또한 그것은 정보와 지식의 공유 및 재창조인만큼 '상하관계 지향'
에서 '횡적인 유대'로 방향을 전환하여야 한다. 그리고 전자정부가 정
부 바깥의 환경과의 효율적인 교류를 통한 생존양식을 추구하는 만큼
'내부지향'에서 '외부지향'형 문화로 바뀌어야 하는 것이다(표 3 참조).

<표 3> 조직문화의 변화방향

안전지향	→	위험 감수
상하관계 지향	→	횡적유대 지향
내부지향	→	외부지향

　조직문화는 저절로 바뀌는 것이 아니다. 리더가 조직문화를 변혁시켜야 한다는 의지에서 출발하여 조직문화에 대한 신패러다임으로 정착할 때까지 전략적으로 노력하여야 한다. 조직문화를 바꾸는 데는 다음 [그림 11]처럼, 첫째, 최상급 리더십이 조직을 전략적으로 흔들기 시작하여, 둘째, 중간관리층에서 이에 화답하여 전술적인 주제를 선정하고 시행하며, 셋째, 업무개혁이 지속적으로 이루어지도록 변화의 연쇄반응을 위한 노력이 필요하다. 궁극적으로 조직문화에 대한 패러다임 변이가 이루어져야 하는 것이다.

　'전략적 흔들기'란 최고행정책임자가 기존의 관행을 깨트리고 새로운 업무방식을 도입하기 위해서 전통적으로 일하는 방식을 흔들어 놓는 것을 말한다. 이때 동원되는 행동은 전략적 목표의 설정, 상징적인 방침 표명, 에피소드의 활용 등이다.

　이에 발맞추어 중간관리층에서는 전술적인 중간목표를 설정하고 달성가능한 정책수단을 연결시키게 된다. 예를 들어, 환경국장은 환

[그림 11] 조직문화 변혁의 개념도

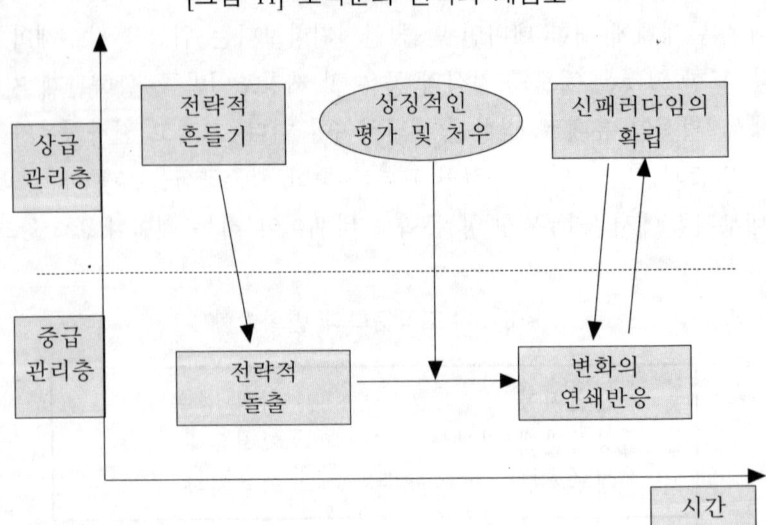

경국의 목표로 지속가능한 생태도시를 전술목표로 설정하고 이를 위해 '차 없는 거리', '디젤차의 추방' 등과 같은 정책수단을 선택하여 집행한다. 이를 통해 내부구성원들과 정책대상인 시민들의 행동양식을 바꾸도록 유도하는 것이다.

중간관리층에서는 종래의 발상 및 행동양식을 철저하게 노출시키고 새로운 정책수단에 대한 정보를 공유하여 협동관계를 창조해야 하며, 사고와 행위의 패러다임을 바꾸도록 이끌어야 한다. 이때 이들은 외부의 시민이나 해당분야의 전문가들과 지식공유시스템을 창조하고 지속시켜 나간다. 그렇게 되면 하나의 단절된 행동에 그치지 않고 변화가 연쇄적으로 발생되어, 새로운 조직문화의 창조가 일어나게 되는 단계로 진화할 수 있게 된다.

리더로서는 이러한 중간관리층의 행동을 평가하여 보상하는 수상제도를 도입하는 등 다양한 인센티브제를 도입하여 조직문화의 변형과정을 도와줄 필요가 있다. 이때 필요한 정보화에 대한 유무형의 투자는 공공사업투자와 비교하여 보면 절대액수는 작을지 몰라도 그 파급효과는 크다.

3) 새로운 네트워크 커뮤니티 형성

'내부지향'과 '상하관계 지향'의 조직문화를 바꾸는 새로운 경향이 네트워크 커뮤니티의 형성에 의해 촉진되고 있다. 지금까지는 공무원들간, 시민과 정부간, 혹은 시민과 지역 커뮤니티간의 의사소통은 지리적, 시간적 제약으로 인하여 활발하지 못하였다. 특히 직장과 주거가 분리된 사회의 대다수 구성원들로서는 지역 커뮤니티와 행정에 참여하는 것이 어려웠다. 정부의 관할 구역이 크면 클수록 이러한 참여의 과소화 현상은 컸다고 볼 수 있다.

그러나 인터넷 및 인트라넷을 사용하여 E-메일, 인스턴트 메세지, 메일링 서비스 그리고 전자게시판 등을 활용할 수 있게 됨으로써 이러한 제약을 극복할 수 있게 되었다. 정부의 구성원들은 자신이 고안한 업무개선 방법을 다른 구성원들과 공유할 수 있게 되었고, 시민들도 정책제안을 할 수 있게 되었다. 즉, 메일링 서비스에 의해 자신의 의견을 작성하여 한 번에 여러 사람에게 전송하는 것이 가능하므로, 다수 대 다수간의 쌍방향 의사소통이 가능한 커뮤니티를 만들 수 있게 된 것이다. 메일링 서비스나 전자게시판에 의한 의사소통은 마치 회의실에서 의견을 주고받는 것과 같아서 전자회의실로 불릴 수 있다. 이 전자회의실의 운영 등을 통하여 각종 다양한 네트워크가 형성될 수 있다.

이렇게 만들어진 네트워크 커뮤니티를 통해 의사소통을 할 때 여러 가지 장점이 있다. 첫째, 시간과 공간의 제약 없이 의견을 주고받을 수 있다. 둘째, 참여자들의 수가 비교적 제한받지 않는다. 셋째, 정보의 공개와 공유가 쉽다. 넷째, 신설과 개폐, 설치 등이 쉽다. 다섯째, 회의록 등의 의사기록의 작성이 용이하다는 점이다. 이러한 장점은 커뮤니티 네트워크를 활성화할 수 있는 수단적 합리성을 제공한다. 전자정부로서는 이러한 장점을 살려 내부 구성원간, 시민과 정부간, 지역사회 커뮤니티 구성원간의 다양한 의사소통을 이끌어 낼 수 있다.

4) 메일링 서비스를 활용한 조직문화 개선 사례

전자정부 구축의 후진국인 일본의 경우를 사례로 살펴보자. 도쿄도에서는 '상하관계'를 초월한 메일링 서비스를 도구로 하여 자발적으로 형성된 네트워크 커뮤니티(비공식조직이라고 하여도 좋을 것이다)가 토의를 통해 업무개선안을 만들고 이를 공식조직에 제시함으로써 실천에 옮기는 등 새로운 정부개혁 모델을 구축하는 데 성공하였다. 이 커뮤니티는 대규모 정부조직이 갖기 어려운 연대성을 보여 주었고, 자료와 정보의 공유와 누적으로 실효성 있는 대안을 만들어 간

것이다.

이 커뮤니티의 이름은 'WAIWAI'라 불린다. 이는 도쿄도 노동경제국의 '산업진흥비전' 작성을 계기로 시작되었다. 이 커뮤니티는 정신적으로 청년 직원이라고 자부하는 도쿄도 직원들의 E-메일 주소를 확보하면서 자연발생적으로 만들어졌다. 이 커뮤니티의 리더는 산업정책 담당부장이 자천타천으로 맡게 되었고, 그를 두 사람의 직원이 보좌하여 E-메일 주소를 관리하도록 하였다. 2000년 현재는 입사 1년차의 신입직원에서부터 국장까지 이르는 14개국의 200명이 참가하는 자발적인 비공식조직으로 발전하였다.

처음에는 이름 그대로 'WAIWAI'(why? why? 라는 뜻)라고 하면서 활발하게 의견을 교환하는 데 목적이 주어졌다. 그러나 의견교환만으로 현실은 변화하지 않았다. 이에 회원들 사이에서 '구체적인 형태'로 의견을 결집하고 이를 업무개선에 반영하자는 쪽으로 발전하게 된 것이다.

이들은 이제까지 지식경영시스템의 도입에 영향을 미치고, 사무의 정보화, 여행명령부의 전자화 등의 업무개혁뿐만 아니라, 도쿄 내의 다른 네트워크 그룹과의 연계활동을 통해 지역 현안을 풀어가는 데 일조하고 있다.

기존의 업무개혁은 피라미드형의 조직구조를 통하여 제출된 제안이 몇 개의 계층구조를 통해 조정되고, 권한을 갖는 부서가 이를 최종 결정한 후 이를 다시 계층을 통해 내려보내어 실시하는 것이 일반적이다. 이러한 방법으로는 정보전달과 내부조정에 시간과 에너지가 많이 소모되고 현실문제의 해결에 그다지 도움이 되지 못한 경우가 많았다.

이에 비해 메일링 서비스를 활용한 정보네트워크인 'WAIWAI'는 청내 오픈소스에 의한 시스템 개발, 과제별 임시작업반, 횡적 연대조직 및 계층을 초월한 토론, 결과만이 아닌 존재기반과 과정을 변화시키는 개혁의 가능성을 열어놓았다. 또한 도청이라는 거대조직의 한 가운데에 직원 한 사람 한 사람이 왜소하게 근무하고 있다는 느낌을 벗어나 서로서로가 연계되어 있다는 연대감을 느끼게 됨으로써, 조직의 활력에도 많은 영향을 주었다. 'WAIWAI'는 메일링 서비스를 활용하여 커뮤니티를 결성하였다는 데 그치지 않고, 도쿄도청의 근본적인 개혁을 목표로 하는 조직문화를 창조하고 있다고 평가받고 있는 것이다.

4. BPR의 실시

1) 정보기술혁명과 정부업무양식의 변화

(1) 정보화에 의한 정부개혁의 방향

정보기술혁명은 본질적으로 경제사회의 구조개혁 그 자체를 의미하며, 이에 대응하지 못하는 정부는 살아남지 못한다. 바꾸어 말하면, 정보기술혁명은 정부가 자신의 업무양식을 개혁하는 강력한 무기가 되어야 한다는 뜻이라고 해도 좋을 것이다.

정부의 존재목적은 시민의 삶의 질에 대한 만족도를 극대화하려는 것이다. 지방정부를 예로 들면, 건전한 재정운영 및 산업의 활성화, 환경보호, 지역 커뮤니티의 창조 등을 통해 주민의 삶의 질을 높여 주는 것이 존재이유이다.

그러므로 중요한 것은, 첫째, 서비스의 실효성과 가치를 높이고, 둘째, 개방적이고 효율적인 정부를 만드는 것이다. 이 두 가지 목표는 금세기 공공부문의 목표이다. 20세기의 정부행정을 산업사회형 행정이라고 칭한다면, 금세기는 정보사회형 행정이라고도 부를 수 있다. 이 정보사회형 행정모델의 특징은 분권형, 네트워크형, 그리고 문제해결 지향형, 고도의 서비스 및 커뮤니티 지향 등으로 특징지을 수 있을 것이다.

이를 그림으로 나타내면 다음과 같다(그림 12). 서비스의 부가가치를 높이는 내용으로는 ①행정절차시 주민부담경감: G2B, G2C의 시간, 노력, 경비부담의 경감, ②서비스의 고도화, 통합화, ③지역사회비용 최소화 촉진: B2B, B2C의 거래비용 최소화 촉진, ④공공 데이터기반의 정비 및 제공 등이 추진되어야 한다. 개방적이고 효율적인 행정을 실현하기 위해서는 ⑤행정정보의 제공·공개, ⑥주민참여형 행정의 전개, ⑦경영의 효율화 등이 추구되어야 한다. 이렇듯 정보화는 단순한 기술의 도입이 아니다. 즉, 단위업무를 자동화하기 위해 복사기 한 대를 들여놓는 행위와는 근본적으로 다를 수밖에 없는 것이다. 정보화가 성공적으로 집행되기 위해서 BPR을 실시해야 하는 이유가 바로 여기에 있다.

[그림 12] 정보화에 의한 지방정부개혁의 기본방향

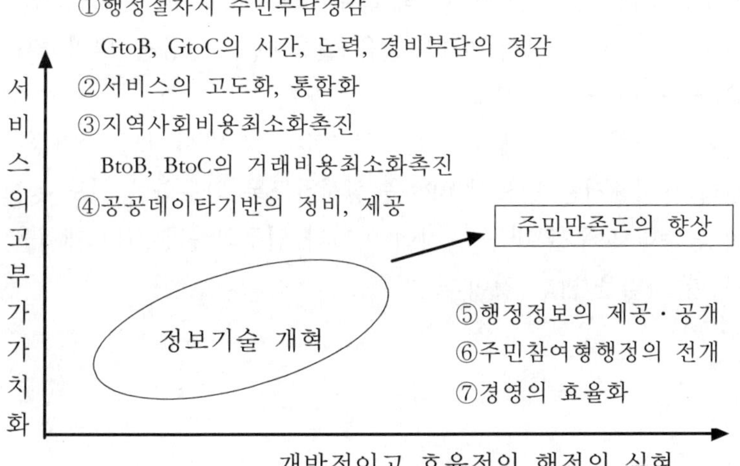

2) BPR의 사고와 실행

(1) BPR의 사고

BPR(Business Process Re-engineering)은 기업에서 발달된 것으로 간단히 말하면 업무절차 개혁이라고 볼 수 있다. 하지만 그 의미하는 바가 자못 크다. 이는 고객만족을 전제로 하며, 업무과정을 개혁함으로써 근본적으로 비용을 줄이고, 고품질의 서비스를 제공하며, 원자재 구입 등의 조달기간까지도 줄이고자 하는 복합적인 목적을 지향하는 것이다. BPR을 최초로 개념화한 Michael Hammer는 "정보처리 기술을 이용한 경영혁신 — 비용, 품질, 서비스, 속도와 같은 핵심적 성과에서 극적인 향상을 이루기 위해 기업의 업무 프로세스를 기본적으로 다시 생각하고 근본적으로 설계하는 것"이라고 하였고, Thomas Davenport & James Martin은 "경영혁신과 정보처리 기술의 유기적 결합을 이용한 업무 프로세스의 재구축"이라고 정의하였다.

이것을 행정현상에 접목하면, 그 개념에는 다음과 같은 요소가 있게 된다. 첫째, 현상의 타파(제로베이스 시각). 둘째, 주민(고객)우선주의. 셋째, 과정지향. 넷째, 권한부여의 확대(empowerment). 다섯째, 성과지향. 여섯째, 추진엔진으로서 정보기술을 활용하는 것 등을 의미하게 된다(Hammer & Champy, 1993).

2001년 3월 말에 제정된 한국의 '전자정부법'에서도 전자정부를 추진하기 위해서는 반드시 BPR을 실시하도록 의무화한 것도 정보기술이 단순히 도구를 바꾸는 것이 아니라 업무의 근본적인 개혁을 전제로 한 것임을 밝힌 것이다.

3) BPR 실시시 유의점

(1) 기대수준의 설정과 벤치마킹

BPR에는 지방자치단체장이 현재의 조직이 갖는 제약을 무시하고 제로베이스(zero-base)에서 기대수준을 설정하는 것이 바람직하다. 기대수준을 설정할 때도 행정이 추구하는 단기간의 목표에 치우치지 않고 장기적인 전략목표에 따른 기대수준도 설정하여야 한다.

그러나 공공부문에서 기대수준을 설정하기란 쉬운 일은 아니다. 민간기업이라면 업계에서 가장 선두에 있는 기업을 벤치마킹하여 구체적인 경영지표(예를 들어 사원 1인당 매출액 등)를 정하고, 그 수치를 달성하기 위해 업무개혁을 추진하는 것이 비교적 쉽다. 행정에서는 구체적인 측정기준과 측정항목을 무엇으로 할 것인가를 정하는 그 자체가 큰 과제이다. 효과적인 측정항목을 설정하지 않으면 생산성의 증대나 경쟁력의 향상은 기대하기 어렵다.

(2) 업무의 주민(고객)우선주의

BPR은 업무 전반을 종합적으로 개혁하려는 접근방법이 아니다. 종합적으로 하게 되면 업무개혁 자체를 실행하기 어렵게 되고 예기치 않은 문제가 속출하게 된다. 그 결과 무엇을 하려고 비싼 돈을 들여 BPR을 했는지 모르게 된다. 그러므로 BPR을 통해 무엇을 달성하고자 하는 것인지에 대한 구체적이고도 핵심적인 목표를 설정하여야 한다. BPR을 하게 되는 원인이 조직의 운영을 조직의 존재목적에 맞추자는 것이므로, 핵심적인 목표는 보통 주민우선주의의 성격을 갖게 된다.

(3) 과정의 설계

업무과정의 수는 정의하기에 따라 다르지만, 핵심 프로세스는 업무마다 2~3개 정도 선택하는 것이 바람직하다. 주민우선주의와 연관이 없는 불필요한 업무는 제거한다는 원칙 하에 전 프로세스 중 주민에게 서비스를 제공하는 것과 연관되지 않은 모든 활동은 재검토되어야 한다. 즉, 전체 프로세스 중 가치를 부가하는 활동 이외의 모든 활동은 제거한다.

업무과정 자체를 재설계 하는 데 있어서 고려하여야 할 사항은 다음과 같다.

첫째, 고객(주민)서비스 면에서 '프로세스가 고객(주민)의 욕구를 만족시키는가?'

둘째, 생산성 혹은 서비스의 품질 면에서 '프로세스의 각 단계는 핵심목표와 연관된 가치를 창출하는가?'

셋째, 효율적인 자원 활용 면에서 '프로세스에 할당된 자원을 적절히 활용하는가?'

넷째, 시스템 활용도 면에서 '신기술의 적용으로 현재 프로세스를 개선할 수 있는가?'

마지막으로, 프로세스의 통제 면에서 '프로세스 통제와 자료의 안전성이 보장되는가?'

4) BPR에 있어서 정보기술 활용의 효과

BPR을 실시할 수 있게 된 가장 중요한 수단이 정보기술이다. 정보기술 투자비용 측면에서 보면, BPR의 실시 결과 단위당 업무비용이 해마다 낮아지게 된다.

정보기술을 활용하면 공간의 제약이 줄어들어 본청과 사업소간에, 혹은 상급자와 하급자간에 기본적으로 같은 정보에 접속할 수 있게 된다. 조직형태 및 계층, 직무권한에 따른 '정보핸디캡'이 적어지는 것이다. 즉, 상급자라고 해서 더 많은 정보를 독점하는 현상이 더 이상 계속될 수 없게 된다. 이 점이 정보화가 조직을 경직되게 하지 않고 연성을 갖게 하는 데 일조하는 증거인 것이다. 조직도에 나타난 대로 정보가 흐르지 않고 동시에 공유되게 됨으로써 계층이 파괴되며, 의사소통의 속도가 빨라진다.

정보화는 또 과거의 직렬적인 업무패턴을 병렬적인 처리패턴으로 바꾸게 된다. 공무원의 업무기술 습득 면에서 과거에는 상급자 혹은 고참이 이를 독점하여 이를 공유하는 것이 어려웠다. 즉, DB화하기 어려웠던 것이다. 그러나 정보기술을 활용하여 정보 혹은 지식을 발굴하고 공유하기가 쉬워졌다.

5. 지식의 네트워크

1) 지식의 공유와 공존

사회의 고밀도 도시화는 수많은 문제를 낳고 있다. 문제의 양은 증가하고 사회의 변화가 극심하므로 문제를 풀 시간은 점점 짧아지고 있다. 지혜를 공유하여 해결에 필요한 정보, 즉 궁극적으로 지식을 공유하지 않으면 문제해결이 곤란하다. 지식이란 어떤 문제를 풀기 위해 효과적인 행동이 가능하도록 가공된 정보를 말한다. 어떤 조직에서 지식이 축적되어 공동활용되면 그 조직의 생산성이 증가하는 것은 당연하다. 오늘날은 정보기술의 발달로 그룹웨어나 인트라넷의 도입을 통해 자연히 ESS(전문가시스템), DSS(의사결정지원시스템) 등을 통합시킬 수 있게 됨으로써 지식경영의 도구가 손쉽게 구축될 수 있게 되었다.

지식이 축적되지 않으면 어떤 문제를 푸는 데 지체시간이 많이 걸리게 된다. 따라서 사회의 각 구성원들간에 지식의 네트워크를 구축하는 것이 전자지방자치를 구축하는 중요한 요소 중 하나가 된다 (그림 13 참조). 지식네트워크를 통해 지방정부와 기업, 개인, 가정 등의

[그림 13] 지식네트워크의 개념

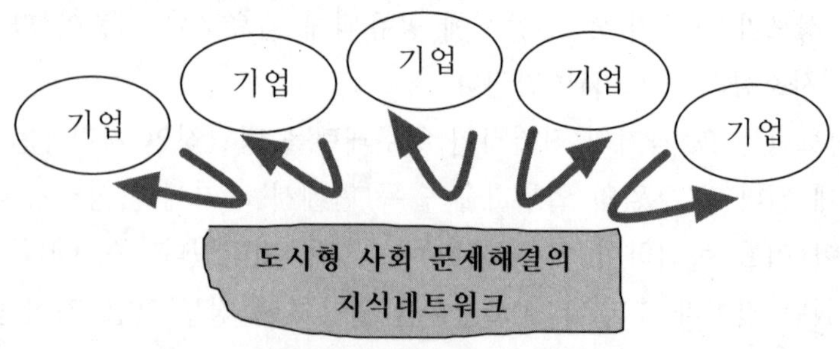

자료: 島田達已, 情報技術を 活用した自治体戰略(東京: ぎょうせい, 2001),
　　　p.100에서 재작성.

민간 행위자들은 자료와 정보, 지식을 공유하는 공동운명체가 되는 것이다. 마치 아래 그림처럼 한 지붕 아래 존재하는 네트워크로 공동의 운명을 갖게 되는 것이다.

2) 정보공유에서 지식공유로

정보공유에는 여러 가지 차원이 있다. 현장정보인 데이터를 공유하지 않으면 정보공유는 시작하지도 못한 것이 된다. 그러나 데이터를 공유했다고 해서 정보를 공유한 것은 아니다.

데이터 공유가 가능하게 되면 다음은 소위 노하우의 공유가 이루어져야 한다. 노하우는 어떤 일을 처리하는 기법 혹은 기술, 기능이라고 할 수 있는데 우리의 현실에서는 이것을 공유하는 것이 쉽지 않았다. 부하에 대한 상사의 권위가 이것에 기초하는 경우가 많았다. 이것을 공유하자는 데서부터 벽에 부딪히게 되므로 의식전환이 필요하게 된다. 자신이 직무 중에 취득한 노하우를 조직사회에 공유할 수 있도록 내놓는 것이 자신의 조직내 권력을 약화시킨다는 소극적인 사고에서 벗어나야 한다. 이것이 되어야 다음 단계의 지식공유가 가능하게 된다.

지식은 문제해결을 위해 데이터를 인과관계를 지어 가공하는 것을 말한다고 할 수 있다. 그러므로 데이터-정보-지식의 순으로 문제의 해결을 위한 직접적인 답이 들어 있다. 그리고 지식경영이란 단순히 데이터를 저장하고 처리하는 것이 아니라 개인에게 내재되어 있는 자산인 지식을 인식하고, 이를 조직 구성원이 의사결정 등에 이용할 수 있도록 자산화하는 것이라고 정의할 수 있다(Prusak).

지식의 공유를 위해서는 정보통신망 및 DB를 이용하여 데이터를 축적, 공유, 활용하는 단계에서부터 노하우를 수록한 문서 등의 공유는 물론이고, 최종적으로 지식을 축적, 공유, 활용하는 지식경영시스템을 개발하도록 한다.

현재 많은 지식경영시스템이 있지만, 가장 일반적으로 사용할 수 있는 것이 그룹웨어이다(그림 14 참조).

[그림 14] 그룹웨어의 예

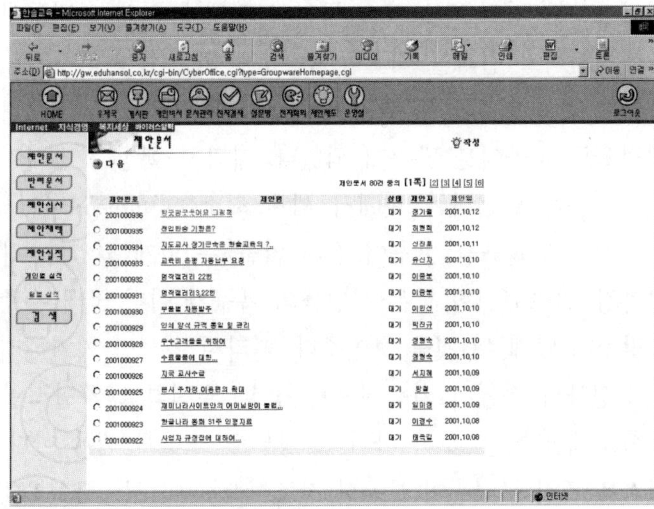

3) 지식경영의 등장 이유

지식경영은 어느 순간 몇몇 사람들의 필요에 의해 우리 앞에 갑자기 나타난 새로운 조직이론이 아니다. 세상을 움직이는 힘의 원동력이 변화함에 따라 자연스럽게 행정과 조직을 경영하는 관점의 전환이 일어나면서 등장한 개념인 것이다.

지식경영의 등장 배경에는 정보기술의 발달, 창조적 지식의 중요성 부각을 들 수 있다.

(1) 정보기술의 발달

지식경영을 수행하기 위한 정보기술의 발달, 특히 가상공간에서 네트워킹의 출현으로 각 개인이 자신에게 필요한 정보를 시·공간을 초월하여 습득할 수 있도록 했으며, 이전까지 불가능해 보였던 신속한 정보처리, 체계적인 분류와 축적, 공유, 관리를 손쉽게 해 줌으로써 지식경영 분야의 발전이 가속화되었다.

(2) 창조적 지식의 중요성 부각

세계화가 지속되고, 정보기술 특히 인터넷에 의해 시민들이 세계 각국의 행정서비스 결과를 비교할 수 있게 되었다. 따라서 이전에는 국내에서 이 정도면 되겠지, 하는 것이 비교의 기준이 되었으나 이제는 세계적으로 눈높이를 맞추게 되었다. 따라서 행정의 방식이 과거 국가 최소수준을 달성하는 것에서 세계 최소수준(national minimum)을 달성하는 것으로 목표를 바꾸어 잡지 않을 수 없게 되었다. 각종 해외 벤치마킹, 자문위원회 등은 시민들의 욕구가 이미 국내 수준에 눈높이를 맞추지 않게 된 것을 보여준다. 따라서 기업만 치열해져 가는 글로벌 경쟁사회 속에서 가속적으로 성장, 발전하고 차별적인 경쟁우위를 확보해야 하는 것이 아니다. 정부도 그렇게 해야 한다. 경쟁력의 원천은 조직 구성원이 보유한 창조적 지식이라는 사실을 정부가

【 정부와 지식경영 】

　정부는 공공기관의 내부업무 효율성 향상과 대국민서비스 개선을 위해 지식경영시스템 구축을 적극 추진하고 있다. 그 때문에 현재 국내 지식경영시스템 시장은 공공기관이 이끌어 가고 있다고 해도 과언이 아니다. 올 상반기 지식관리시스템(KMS) 시장이 경기침체의 영향으로 발주량이 감소했음에도 불구하고 10%대의 성장세를 유지할 수 있었던 것은 바로 공공부문의 수요가 있었기 때문이다. 지난해 국내 지식경영시스템 수요의 25%가 공공기관이 점유하였고, 올해는 이보다 많은 40%에 달할 것으로 전망될 정도다. 정부가 전자정부 구현을 위한 핵심사업으로 지식경영시스템 구축을 내세우고 있기 때문이다.

　정부가 올해 전자정부 구현을 위해 책정한 관련예산은 총 2,490억 원에 달하는데, 이 중에서 지식경영시스템이 차지하는 비중이 족히 20%는 될 것으로 보인다. 올해만도 정부 지식관리시스템을 개통한 행정자치부를 비롯해 기획예산처·정보통신부·국회사무처 등 20여 공공기관들이 KMS를 구축했거나 구축중이다. 또 상당수 다른 공공기관들도 이미 KMS 구축계획을 세워놓고 있어, 올 연말과 내년 초까지 공공부문의 KMS 구축 수요처는 최대 50여 곳에 이를 것으로 예상된다.

　정부 및 공공기관의 지식경영시스템 흐름을 살펴보면 단위 프로젝트의 규모가 커지고 있다는 데서 그 특징을 찾을 수 있다. 정보포털(EIP) 및 기존 애플리케이션과의 통합을 전제로 한 지식경영시스템 구축 프로젝트가 발생하면서 그 규모가 커지고 있는 것이다.

　실제 해양수산부의 경우 2002년부터 2004년까지 110억원 이상을 투자해 '해양수산 지식경영정보시스템'을 구축할 계획이다. 해양수산부가 계획중인 지식경영시스템은 그룹웨어인 '나라21'과 전자결재시스템, 항만운영정보시스템, 선원정보시스템, 선박등록정보시스템, 수산정보시스템과 연동하는 것을 골자로 한다.

　중소기업청도 2000년 11월 지식경영시스템 구축을 위한 마스터플랜을 작성한 뒤 2001년 5월부터 시스템을 구축중인데, 2002년까지 150억원, 2003년까지 185억원을 투자한다는 계획이다. 중소기업청 역시 산업자원부·정보통신부·특허청·통계청 등 관련 부처와 중소기업진흥공단·중소기업협동조합중앙회 등 유관기관과의 연계를 기초로 하여 시스템 구축을 추진하고 있다.

　이밖에 농촌진흥청도 농업기술 지식관리시스템 구축을 위해 63개에 이르는 농업기술과 관련된 연구 및 지도기관과의 정보를 공유하고, 데이터베이스를 구축한다는 방침이다(디지털타임즈, 2001년 9월 21일).

가 인식하게 되면서 기업에서 싹텄던 지식경영이 행정에서도 부각되었다(글상자 참조).

6. 정보보안의 확립

1) 정보보안의 과제와 경향

전자정부를 목적으로 각종 정보시스템이 도입되고 정부의 행정이 인터넷상에서 가능해지면 가능해질수록 의도하지 않았던 부정사용 혹은 해킹이 늘어나게 될 수 있다. 불건전 정보의 유통, 유언비어 유포, 정보시스템 불법 침입 및 파괴, 프라이버시 침해 및 개인정보 오·남용, 인터넷을 통한 범죄행위, 지적재산권 침해 등 예를 들다가 숨이 찰 정도로 부정사용의 종류는 다양하다. 전자정부가 성공적으로 구축되기 위한 조건이 정보보안의 확립임은 당연하다.

미국의 경우 FBI와 CSI(컴퓨터보호국)가 공동으로 538개 기관을 대상으로 조사한 바에 의하면, 2000년 한 해에 이 기관들의 85%가 해킹 등의 침해사고를 당했으며, 64%가 이로 인해 경제적 손실을 입은 것으로 나타났다. 영국에서는 통상산업부가 기업을 상대로 조사해 보았는데, 99년 이후 2년간 해킹을 당한 기업이 60%에 이르렀다고 한다.

한국의 경우에도 정보보안의 침해사고가 점점 늘어나고 있는바, 국가정보원의 조사로는 최근 3년 간의 해킹건수가 99년 18건, 2000년 102건, 2001년 328건으로 해마다 대폭 증가하고 있는 것으로 나타났다. 또 한국정보보호진흥원이 밝힌 민간분야의 피해는 99년 572건, 2000년 1,943건, 2001년 5월 현재 2,278건 등 총 4,793건으로 역시 대폭 증가하고 있다. 지방정부의 실태는 잘 알 수 없는데, 이는 없어서가 아니라 오히려 정보보안에 대한 인식이 제대로 되지 않아 조사 자체가 잘 이루어지지 않기 때문이다.

앞으로 전자정부의 구현이 앞당겨질수록 정보보안 대책을 수립하지 않아 발생할 문제는 더욱 커지게 된다. 정보보안의 문제는 국가나 기업의 문제만이 아니라 지방정부가 보호해야 할 지역과 주민들에 관한 것이라는 점에서 지역정보 보안의 문제에 대한 재인식이 필요하다.

2) 보안대책의 수립

정보보안의 대책을 수립하는 데는 다음과 같은 과정을 따르는 것이 좋을 것이다. 첫째, 기본방침의 책정 및 도입과 운용, 그리고 평가와 시정이라는 일련의 과정에 대응해서 제도화를 모색하는 것이다. 보안대책은 보안정책을 책정하는 것에 그치는 것이 아니고 이를 실효성 있게 하는 지속적 추진책이 마련되어야 한다. 그리고 '어떻게 침해되지 않도록 할 것인가'에 그치지 말고, '침해된 경우에는 어떻게 대응하여야 하는가?'라는 문제에도 대응하는 규정을 갖고 있어야 한다.

또 최근에는 지방정부의 담이 없어지고 있고 아웃소싱이라든가 혹은 민간기업과 NPO와의 제휴가 증가하고 있다. 이 때문에 지방정부 내에서 일하는 민간에서의 파견사원이 증가하고 있다. 이럴 경우 도시계획, 주민등록정보 등의 행정자료가 유출되는 사고가 일어날 수도 있다. 따라서 앞으로는 내부직원만이 아니라 외부에서의 파견직원까지 포함하여 보안을 관리할 필요가 있다.

이럴 경우 방화벽이나 암호만으로 보안을 기하는 것은 불충분하다. 가장 필요한 것은, 첫째, 지켜야 할 정보의 특정화와 중요도의 결정. 둘째, 해당 정보에 접근할 수 있는 사용자를 구별하는 것이 필요하다. 첫째 측면에서는 정보의 종류, 수납장소, 기밀도 등을 명확하게 하고, 둘째의 측면에서는 청내외별, 직급별, 부문별로 사용자를 명확

<표 4> 전자행정서비스에 필요한 보안기술

서비스	보안기술이 필요한 분야
개인인증기반	개인의 정확한 특정화, 증명의 실시, 조직인증, 개정방지, 통신기반으로서 고도의 안전성유지 등
행정수속 등 신청 및 제출, 인허가	신청자, 신청내용의 밀도, 안전한 송부, 부인방지, 접수시 인증, 인허가서의 송부, 개정방지, 수수료결재
증명발행	상기에 준함. 그밖에도 증명서의 송부, 이용회수의 제한, 복사 금지 등
정보공개 등 정보제공	원본의 확보·증명, 복사금지, 유료컨텐츠의 안전한 제공
정보공개	신청자의 인증, 원본의 확보, 개인정보의 보호
개인정보개시	상기에 준함

하게 규정한다. 덧붙여서 개별 정보에 사용자 권한의 구별 및 확정(읽기, 쓰기, 실행, 삭제, 접속권한의 변경 등에 있어 사용자 권한범위를 결정하는 담당운용자의 확정), 지켜야 할 정보자산이 네트워크 상에서 받을 수 있는 위협의 규정, 그리고 위협에 의한 손실범위의 명시 및 보안대책의 확보가 필요하다.

보안상의 위협으로는 내부에서의 부정행위와 외부로부터의 부정행위로 나누어지는데, 이들의 원인과 대응책에 대해서 표로 정리해 보았다. 또한, 전자행정서비스에 있어서 보안기술을 나타낸 것이 다음의 <표 4>이다.

3) 개인정보보호

개인정보보호에 있어 일본의 경우는 전체 지방정부의 반수 가량인 1,748개 단체가(2000년 4월 기준) 조례로 정하고 있다. 이 가운데 개인정보의 이용·제공을 일부 규제하는 '국가 등과의 온라인 금지'를 정하고 있는 지방정부가 418개이고, 그 이외의 지방정부에서는 심의회의 회의를 거쳐 접속을 인정하고 있다.

개인정보의 보호가 먼저인가, 행정의 효율성을 추구하는 것이 먼저인가의 문제는 정보기술이 발달한 오늘날에는 그 양립이 가능하게 되었다. 주민대장, 세금, 공공요금, 재무회계 등의 업무정보시스템과 전자메일, 홈페이지, 전자게시판, 그룹웨어 등의 네트워크시스템은 각각 개별적으로 보안의 필요성이 있다. 앞으로는 이들 두 가지 시스템 군이 상호 연결되는 방향으로 가고 있다. 즉, 전자신청이나 전자수속을 위해 네트워크시스템에서 입력한 자료는 업무정보시스템과 직접 연결이 가능하게 된다. 이렇게 되면, 온라인 원격처리 방식에 의해 개인정보 보호를 하는 시스템의 도입이 쉬워지게 된다.

따라서 앞으로 지방정부의 정보의 공동활용에 따른 안전관리를 강화할 필요가 있다. 특히 개인정보를 제공할 때의 제공기준과 제공받는 기관의 안전관리의무 등이 보다 강화되어야 하며, 제공받은 정보를 부당하게 사용했을 때의 처벌문제 등도 심각히 고려해야 한다. 우리나라는 국가 차원에서 이미 1994년부터 '공공기관의 개인정보 보호에 관한 법률'을 제정하여 관심을 기울이고 있으나, 지방정부에서의 개인정보 보호에 대한 의식은 상대적으로 약하다. 지방정부 공무원들의 자각과 실천의지에 의해서 개인정보 보호정책을 자치법제화하여 운용할 필요성이 있는 것이다.

종래 개인정보 및 사생활 보호문제는 주로 공공부문에 의한 개인정보 수집활동과 관련하여 문제가 되었으나, 앞으로 모든 사회가 네트워크로 연결되게 되면 될수록 민간부문에 의한 개인정보 및 사생활침해가 보다 심각한 사회문제로 대두된다. 이미 지방정부와 비교하여 민간기업에서는 개인정보에 대해서 보호하기보다는 상업적으로 이용할 우려가 크고, 정크메일, 해킹 등 그 침해는 다반사가 되고 있다. 더구나 소비자 선호도와 같이 이전에는 사소한 정보로 생각되던 것들도 이제는 높은 시장가치를 지니게 되었다. 즉, 전자상거래에 있어서는 '언제', '누가', '무엇을' 구매했는지에 대해서 개인단위의 상세한 데이터를 전자적으로 파악하고 DB화하여, '언제', '누가', '무엇을' 구매할 것인가를 예측하고 판촉활동에 사용하려고 열을 올리고 있는 것이다. 본래 개인정보에 대해 오·남용의 위험이 적은 지방정부로서도 이에 대한 대비를 해야 하는 이유는 바로 이런 데 있다. 컴퓨터 네트워크 및 DB의 안전성을 강화할 필요가 있으며, 누구든지 타인의 비밀을 침해하지 않도록 기술적, 제도적으로 대비해야 한다. 또 정보기술에 의한 개인의 프라이버시 침해는 법과 제도에 의해서만 해결되는 것이 아니기 때문에 개인정보를 담당하는 담당자들에 대한 교육을 통해 윤리의식을 제고하고, 정보보호의식을 전청으로 확산시켜야 한다.

역자약력

姜瑩基 (강형기)
충북대 사회과학대학장 겸 행정대학원장
(사) 한국지방자치학회 차기회장

許 燻 (허 훈)
대진대학교 행정학과 교수
대진대학교 지방정부정책연구소장

安善姬 (안선희)
日本 四國大學 경영정보대학원 박사과정
(재) 자치체정보화지원재단 연구원 역임

DIGITAL GOVERNMENT
電 子 政 府 — IT가 정부를 혁신한다 —

초판인쇄 2002년 8월 5일
초판발행 2002년 8월 10일
저   자 白井均·城野敬子·石井恭子
역   자 강형기·허훈·안선희
펴 낸 이 박기봉
펴 낸 곳 **比峰出版社**
주   소/ 서울시 마포구 서교동 480-10 미리내빌딩 3층
TEL/ 3142-6551~5 FAX/ 3142-6556
E-mail / beebooks@hitel.net
등록번호 2-301(1980. 5. 23)
ISBN 89-376-0298-9 03350

값 18,000원